中国式现代化

源起、创新与发展

鲍宗豪 ———— 著

CHINESE
MODERNIZATION

中国出版集团 东方出版中心

图书在版编目（CIP）数据

中国式现代化：源起、创新与发展 / 鲍宗豪著. 一上海：东方出版中心，2023.7
ISBN 978 - 7 - 5473 - 2210 - 9

Ⅰ.①中…　Ⅱ.①鲍…　Ⅲ.①现代化建设-研究-中国　Ⅳ.①D61

中国国家版本馆 CIP 数据核字（2023）第 107960 号

中国式现代化：源起、创新与发展

著　　者　鲍宗豪
责任编辑　张爱民
装帧设计　钟　颖

出 版 人　陈义望
出版发行　东方出版中心
地　　址　上海市仙霞路 345 号
邮政编码　200336
电　　话　021 - 62417400
印 刷 者　上海盛通时代印刷有限公司

开　　本　710mm×1000mm　1/16
印　　张　21.75
字　　数　316 千字
版　　次　2023 年 9 月第 1 版
印　　次　2023 年 9 月第 1 次印刷
定　　价　68.00 元

前　言

　　立足新时代回首世界现代化，它在兴起与发展的过程中有三大辉煌的历史节点：一是 18 世纪 60 年代以来的第一次工业革命，不仅使英国率先成为世界工业国，为英国的资本主义现代化奠定基础，而且创造了巨大生产力，实现从传统农业社会向工业社会的重大变革。二是第二次世界大战后，很多发展中国家摆脱殖民统治，开始追求现代化。20 世纪 50 年代、60 年代形成了"经济成长阶段论""依附论""世界体系论"，以及 20 世纪 70、80 年代后现代主义思想家对西方现代化的种种反思批判，产生经济、政治、文化、社会等精彩纷呈的现代化理论，留下了发展中国家追求现代化的足迹，反映了人类始终不渝地追求美好未来的精神。三是 20 世纪 70 年代末以来，中国在改革开放的实践中，从最初提出"走中国式现代化道路"，到党的二十大吹响全面推动"中国式现代化"的冲锋号，不仅创新了世界现代化的模式、道路及其相关的发展理论，而且丰富了人类文明的新形态。

　　以上，关于全球现代化发展的三大历史节点，表明了世界的工业化和现代化是一个历史的发展过程，"中国式现代化"也不可能离开人类现代化发展的文明大道，所以本书对中国式现代化的研究以"源起"为视域，通过分析西方现代化兴起和发展的历史逻辑、理论逻辑，揭示西方现代化逻辑矛盾的历史必然性。本书的理论创新主要在于：

　　一是形成了中国式现代化的"三维"逻辑结构，即"源起""创新"与"发展"。"源起"逻辑：以对西方现代化发展的历史逻辑、理论逻辑的矛盾分析为基础，扬弃西方现代化不可克服的逻辑矛盾、资本主义以"资本"为核心的制度安排的弊端；"创新"逻辑：从中国的现代化到"中国式现代化"，体现了中国共产党人的追求与创新，从"发展是硬道理"到全面协调可持续发展、科学发展观，再到新发展理念，不仅反映了引领中国式现代化的发展理论的创新，而且体现了对西方现代性、后现代研究对象、研究方法、研究路径的超越；"发展"逻辑：从新中国成立以来追求"四个现代化"到走"中国式现代化"道路，再到以"中国式现代化全面推进中华民族伟大复兴"，充分反映了"中国式现代化"在中国的现代化建设中发展完善的实践。

二是提出了中国式现代化本质上又是中国特色的"社会现代化"。中国特色的"社会现代化"是对近现代以来"经济现代化"缺憾的扬弃；资本"文明化"是社会现代化的动力，要从立足社会主义市场经济、规范并促进资本的"文明化"，有序推进新型城镇化、引导资本"文明化"，以及依法规范企业的经营运作、促进资本的"文明化"三条路径，发挥"资本"在"中国式现代化"中的动力机制作用。

三是在分析阐释21世纪初国内外种种关于"模式""发展模式""发展道路"的基础上，提出了"中国式现代化"模式是"民族复兴的中国式现代化模式"的观点。以"中国式现代化"全面推进中华民族伟大复兴，从跨时空目标任务看，21世纪中叶建成社会主义现代化强国是民族复兴的使命任务；从当下的发展与现代化实践视域看，"中国式现代化"又是实现民族复兴目标的路径、手段。可以说，社会主义现代化强国建成之日，即为中华民族全面复兴之时。所以，民族复兴的中国式现代化模式以其前所未有的既立足中国特色、又超越中国实践的"普遍价值"，既能满足人民对现代化需求、又能丰富人类文明新形态，引领人类走向美好未来的一种现代化模式，而影响中国与世界现代化的发展。

以笔者20多年对"发展""社会发展""社会现代化"的研究为基础，本书根据"中国式现代化"的"三维"逻辑，对中国式现代化作了较为完整的体系构建。但是，"现代化"研究毕竟是一项未尽的研究、未尽的事业，随着中国式现代化的实践发展，还会产生值得进一步探讨研究的课题。本书的出版仅为抛砖引玉，以期引起更多的争鸣与探讨。希望得到专家学者以及实际工作者的批评指正。

目　录

下编 中国式现代化的理论渊源、精神实质及其实践发展

上 编

现代化的历史逻辑
与理论逻辑

- 确立分析研究西方现代化的逻辑起点，即马克思所说"资本主义是从 16 世纪才开始的"。

- 几百年来西方现代化形成的经济增长逻辑、"现代化逻辑"、"生态逻辑"，均无法摆脱"富裕与贫困""发达与落后""解构与重建""渐进与跨越""解构与重建"的五大悖论。

- 英法的工业革命和政治革命引导西欧的德国、荷兰、比利时等国开始迈入现代化世界，形成了"现代性"。以后，西欧的几次政治革命以及美国所确立的政治制度，则固化了资本主义现代化，促进了资本"现代性"的全球拓展。

- 科学发展观是中国式科学发展理论的一个重大成果，是立足中国国情对西方以资本"增长""扩张"为核心的发展理论的扬弃，也是形成中国式现代化理论模式的一个重要阶段。在中国特色社会主义新时代，形成了引导中国式现代化的"新发展理念"。

- "新发展理念"从整体上彰显了引领中国式现代化所具有的科学理性、价值理性和实践理性相统一性的本质特征。

- 新时代，在中国追求符合中国国情、体现共同富裕、"两个文明"协调发展、人与自然和谐共生的现代化新发展理念，从根本上奠定了中国式现代化发展实践的基础，从根基上"扬弃"并超越了"现代性"与"后现代性"对"本质"理解的基础。

- 基于新时代"发展实践"、以建构"中国式现代性""中国式现代化模式"为重要内容的新发展理念，是理解、解读中国特色社会主义发展理论、发展理念的深层基础。

第一章 西方现代化形成与发展的历史逻辑

中国式现代化是对西方现代化的扬弃和超越。为了更全面地认识和把握中国式现代化对西方现代化的超越，就要全面系统地分析阐释西方现代化兴起、形成和发展的历史，揭示西方现代化种种"模式"在新时代所面临的各种弊端，进而说明以"中国式现代化"扬弃西方现代化模式之历史必然性。

第一节 西方现代化的逻辑起点

关于西方资本主义现代化的兴起、形成与发展，有几种不同的历史起点观：一是从 14 世纪到 16 世纪的反映新兴资产阶级要求的欧洲思想文化运动文艺复兴算起，至今已有 700 年了；二是从 15 世纪欧洲国家签订的一系列威斯特伐利亚条约算起（该条约把世界划分为欧洲国家和非欧洲国家两个体系，确定了主权国家、民族国家以及国家之间平等的概念），距今也有 600 多年了；三是从 18 世纪 60 年代英国开始的第一次工业革命算起，西方资本主义的现代化也有 200 多年的历史了。因此，为了科学阐释西方资本主义现代化的形成与发展，必须明确分析研究西方资本主义现代化的逻辑起点。

一、分析研究西方资本主义现代化的理论依据

马克思在《资本论》第 1 卷中提道："资本主义时代是从 16 世纪才开始的。"马克思认为，"资本主义社会的经济结构是从封建社会的经济结构中产生的"，"劳动者的奴役状态是产生雇佣工人和资本家的发展过程的起点。这一发展过程就是这种奴役状态的形式变换。……要了解这一过程的经过，不

必追溯太远。虽然在 14、15 世纪，地中海的某些城市已经稀疏地出现了资本主义生产的最初萌芽，但是资本主义时代是从 16 世纪才开始的"①。

显然，马克思以"产生雇佣工人和资本家的发展过程的起点"为根本标志，作出判断："资本主义时代是从 16 世纪才开始的。"至于 14、15 世纪，马克思认为是"在地中海的某些城市已经稀疏地出现了资本主义生产的最初萌芽"。

根据马克思对资本主义时代开始的理论判断，对资本主义现代化形成和发展的阐释，历史的逻辑起点应从 16 世纪英国的工业化开始。

二、16 世纪英国工业化的兴起

根据马克思的科学结论，分析研究西方资本主义现代化的逻辑起点应定为 16 世纪英国的工业革命。

（一）工场手工业向工厂制大机器生产的飞跃

18 世纪 60 年代的英国工业革命开启了世界工业现代化的历史进程。

19 世纪 30—40 年代，英国成为当时世界上最发达的工业国家；1850 年，英国的贸易总额超过法、德两国总和；19 世纪 60 年代，英国已有铁路 2.4 万千米；19 世纪 40—70 年代，英国机器的出口额增长了 4 倍：欧美各国的工业革命依靠购买英国机器得以推进，当时英国制造的机器武装了不少国家的工业和农业，因此被称为"世界工厂"。正如马克思、恩格斯在《共产党宣言》里所说的："……资产阶级，由于开拓了世界市场，使一切国家的生产和消费都成为世界性的了……（新的工业）所加工的已经不是本地的原料，而是来自极其遥远的地区的原料；它们的产品不仅供本国消费，而且同时供世界各地消费。"②

（二）英国以"机械化"为标志的工业化

蒸汽动力早在古埃及人那里就用于开关庙宇大门。到了 16 世纪，为了找到从矿井里抽水的新动力，于是引起了一系列发明和改进，直到 1776 年英国著名发明家詹姆斯·瓦特制造出第一台有实用价值的蒸汽机。

---

① 《马克思恩格斯全集》第 44 卷，人民出版社 2001 年版，第 822—823 页。
② 《马克思恩格斯选集》第 1 卷，人民出版社 2012 年版，第 404 页。

蒸汽机的发明，推动了机械工业的发展，尤其是促进棉纺工业在 1830 年时完全实现机械化。从 1770 年詹姆斯·哈格里夫斯的多轴纺纱机、1796 年理查德·阿克莱特造出水力纺纱机，再经过多年的改进，到了 19 世纪 20 年代，由蒸汽驱动的动力织机在棉纺织工业中基本上取代了手织织布工。

蒸汽机在棉纺工业中的应用也促进了其他工业中相应的发明。1702 年前后，蒸汽机被广泛地用于从煤矿里抽水。但是，比起它所提供的动力来，消耗燃料太多，所以经济上仅适用于煤田本身。1782 年，瓦特又制成双向式蒸汽机，并在棉纺织业中得到应用。瓦特发明的蒸汽机解放了更多人力，极大地提高了生产效率，被公认为是英国工业革命最重要的发明。

（三）英国传统农业向现代化农业的转变

英国由蒸汽机推进工业化向工业革命发展的过程中，也促进了英国传统农业向现代农业的转型。该转型主要表现为土地产权的重大变化及生产经营方式的转变。

1. 土地产权的明晰

"传统英国农民土地的封建土地保有制的占有权与敞田制之下的共有产权，是一种混合土地产权。"[①] "通过互换条田，农民把原来分散在庄园各处的条田合并成一整块，自己对土地的'占有权'和使用权相统一，消除了条田上的共有产权，明晰了条田的产权归属。农民在互换条田的同时，通过圈占公地消除公地上的共有产权。"[②] 农民排斥了其他人对公地的使用，消除了公地上的共有产权，拥有自主经营权的农民获得了使用土地的自由，从而成为土地的主人。于是，传统的混合土地产权被打破，一种明晰的土地产权得以形成。

2. 资本主义租地农场的形成

随着"占有权"的强化以及共有产权的消除，土地产权的明晰使土地所有权与农场经营权完全分离，于是形成了一种新的经营方式。土地以契约租地的形式租给农场主，农场主在一定期限承租土地，支付协议性租金。这就是以市场为基本目的，主要雇佣自由的工资劳动者，租金基本固定且具有一

---

① 吉喆：《论近代早期英国农民土地产权的变革》，《河南师范大学学报（哲学社会科学版）》2016 年第 4 期。
② 同上。

定生产规模的资本主义租地农场。

15 世纪资本主义租地农场就开始出现，大部分农场主都是一些富裕的农民，他们大多能够看好市场的走向，善于经营自己的地产，利用这种新型的生产经营方式，把农业和农民纳入商品经济当中，促进了劳动生产率的提高。

3. 乡村工业的发展

资本主义租地农场的出现促进了农业劳动生产率的提高，使农产品的剩余量有了大大的提高，而在农业发生转型的期间，英国的乡村工业也获得了发展。

第一，商品经济条件下的乡村工业，是以交换为目的手工业品的生产。15、16 世纪乡村工业已逐渐替代农民原有的家庭手工业，在乡村经济中占有重要地位。在所有的手工业部门中，以毛纺业在乡村的分布最为广泛。"西部毛纺区包括威尔特郡、德文郡、萨默塞特郡、格洛斯特郡，以及多塞特郡和牛津郡的各一部分，15、16 世纪时是英国最重要的毛纺区。"[1] 毛纺业成了英国的"民族工业"，成了英国最主要的手工业经济部门、全国经济的支柱。根据 17 世纪初的资料估算，整个英格兰从事毛纺业的全部人口约在百万以上。"由于这时全国城镇总人口还不到此数之半，况且其中最多不过约 1/5 的人口从事毛纺业，因此全英格兰的毛纺业从业人口中，当有 90% 以上是乡村人口，毛纺业是地地道道的乡村工业。"[2]

第二，乡村工业的发展需要以农业生产力的提高作为坚实基础。随着土地产权的明晰，提高了农民经营土地的积极性，资本主义租地农场的兴起更是加大了经营者之间的竞争。当代著名的政治理论家埃伦·米克辛斯·伍德，曾任职于英国著名左翼期刊《新左派评论》编委会，他在《资本主义起源：一个更长远的视角》中分析英国的乡村工业时，有几段关键的论点：一是"资本主义的起源及其促进积累与受益最大化的独特驱动力并非诞生在城市，而是在乡村"；二是农业资本主义推进资本主义走向成熟的工业资本主义；三是英国乡村的工业化，或"新经济运动规律"，改变了传统贸易原则，

---

① 刘景华：《乡村工业发展：英国资本主义成长的主要道路》，《历史研究》1993 年第 6 期。
② 同上。

并创设了一套全新的商业体系。由此伍德进一步得出结论："如果没有英国的农业资本主义，那么也就不可能推动英国工业资本主义的进程"，"世界上第一个工业资本主义国家亦不可能出现"①。

第二节　西方资本主义现代化的形成

钱乘旦先生在《世界现代化历程》中，将世界现代化从 14、15 世纪到 20 世纪的发展分为五个阶段：准备阶段、启动阶段、成熟与发展阶段、扩张阶段、现代社会的新转型阶段。为了更清晰地勾勒西方资本主义现代化的历史逻辑框架，以下在分析西方现代化逻辑起点的基础上，聚焦西方现代化的发展及其 20 世纪的新扩张。

17、18 世纪西方资本主义现代化的发展，最突出的是英国、法国的工业化和现代化。

一、英国工业化和现代化的特点

17、18 世纪英国的工业化和现代化有以下四个特点：第一，1688 年英国资产阶级革命胜利后，确立了君主立宪制。君主立宪为英国工业革命和资本主义现代化提供了制度保证。第二，从 17 世纪中叶到 18 世纪近一百年间，英国政府通过圈地运动、"海外对美洲和澳洲殖民地土著的残酷消灭屠杀、强盗式贸易、贩卖奴隶和国内人民的剥削，完成资本的原始积累以及扩大资本主义生产的两个先决条件：大批的自由劳动力与大量资本"②。第三，18 世纪中叶英国通过与法国争夺霸权，尤其是在殖民地及海洋统治权战争的胜利，使英国能从殖民地掠夺到巨额财富，为英国的工业革命和现代化提供源源不断的资金保证。第四，17 世纪中叶，随着英国资产阶级利益的重心从流通领域向生产领域的转移，重商主义学说趋于崩溃，"产生了古典政治经济学。其中最具代表性的是亚当·斯密的《国富论》，它为英国工业资产阶级

---

① ［加］埃伦·米克辛斯·伍德著，夏璐译：《资本主义的起源：一个更长远的视角》，中国人民大学出版社 2015 年版，第 84 页。
② 王铭、王薇：《英国工业革命的前提条件》，《辽宁大学学报（哲学社会科学版）》2004 年第 1 期。

的统治提供了理论根据，对英国工业资产阶级的发展产生了深刻影响"①。

二、法国通过政治革命推进现代化

英国在 18 世纪 60 年代爆发工业革命，法国则在 18 世纪 80 年代末爆发政治大革命。

法国大革命的特点是：第一，法国在英法七年争夺殖民地的战争中失败后，法国国王的领地甚至不如一些大贵族。以后，法王借助航海时代带来的新的聚集财富方式，以国家信用为担保从商人那里贷款，雇佣大量雇佣兵，到 18 世纪下半叶即路易十四时期结束了国内的割据状态，这也是法国的政治革命。第二，法国的政治革命虽然不同于英国的工业革命，但两种革命的根源相同，即由于大航海时期造成国内新利益分配的不均衡，并由此影响到各自国内政治力量格局。第三，法国大革命推翻了君主制旧秩序，颠覆了欧洲人心目中的统治王朝的正当性，引发了欧洲其他君主的恐慌，激发了其他各国民众对法国大革命的巨大热情，大量欧洲其他国家民众加入法国革命，法国大革命演变成遍及欧洲、并且持续几十年的大规模战争，即法国革命战争和拿破仑战争。第四，虽然法国与英国两场革命的路径迥异，但英法两国都不约而同地通过一系列制度化机制，形成了对其他欧洲国家的降维优势，迫使欧洲乃至世界上其他国家持续跟进，形成了新的"资本"现代化的世界秩序体系。

三、美国独立战争促进现代化政治体制建立

1775—1783 年间爆发的美国革命战争，或称北美独立战争，是北美十三州殖民地的革命者反抗英国统治、争取民族独立的革命战争。1776 年 7 月 4 日，美国发布《独立宣言》，宣告了美国的诞生。但是，美国的独立战争，直到 1782 年 11 月 30 日，英国新政府与美国达成停战协议才结束。1783 年 9 月 3 日，双方在巴黎签订《巴黎和约》，英国被迫承认美国独立。美国通过独立战争的胜利，实现了国家真正独立，基本确立了现代化政治体制。

① 王铭、王薇：《英国工业革命的前提条件》，《辽宁大学学报（哲学社会科学版）》2004 年第 1 期。

四、西方国家开始走向现代化世界中的"现代性"分析

英国当代思想家吉登斯作过这样的解释，"现代性"意指在欧洲封建社会之后所建立的而在 20 世纪日益成为具有世界历史性影响的行为制度与模式。"现代性"大略等同于"工业化的世界"①。美国现代化理论研究学者布莱克等人指出，"现代性"是与传统相对应的概念，是现代社会的特征，它是社会在工业化推动下发生全面变革而形成的一种属性，这种属性是各发达国家在技术、政治、经济、社会发展方面所具有的共同特征。② 在这一视域下，我们应关注西方如何形成其现代性，西方的现代性又如何向其他地区扩展，以及在西方现代性的扩展下其他地区对现代性的反应。

第一，从英法的工业和政治革命开始，在 17、18 世纪，西欧各国就先后走向了现代世界，形成了现代性，在世界范围内获得了优势地位。按照吉登斯的观点，制度层面的构建应是现代性的重要内容，西欧正是通过几次政治革命首先完成了政治体制的构建。1640 年的英国革命则成为这一系列政治革命的开端。"作为近代世界历史上的第一场政治革命，它的意义就在于，对传统的专制王权的政治体制进行改造，把它转换成为新的现代政治体制。为此，议会通过了以'权利法案'为标志的一系列法案来限制国王的权力，形成了国王统而不治，议会权力不断扩大的君主立宪制的政治体制。由此解决了国家最高权利的归属问题，是代表人民利益的议会而不是专制的国王拥有国家的最高权利，这是人类历史上第一次在政治体制上的更新和构建。"③

第二，英国革命确定了君主立宪政治制度，美国革命则进一步建立了现代政治原则和政治体制。1776 年 7 月，为争取独立和自由，大陆会议发表了"独立宣言"，第一次把天赋人权以宣言的形式加以表达；1791 年，国会又通过了"人权法案"，重申确保人民的信仰自由、言论出版自由、集会和请愿的权利以及身体、住所、文件与财产的权利等。"1787 年制宪议会通过了

① 李宏图：《现代性的形成和扩展——17、18 世纪的世界现代化进程》，《江苏社会科学》2002 年第 2 期。
② 同上。
③ 同上。

宪法，规定以'共和政体'为国家政体，否定封建君主专制政治体制"；"他们坚持立法、司法和行政权的三权分立、相互制约的原则，防止权力在行使过程中的过度扩张和腐败，以保障人民的权利和自由，一旦政府妨碍了这种目的，人民就有权为了自己的安全和幸福而建立新的政府"[①]。

如果说英法的工业和政治革命引导西欧诸国开始迈入现代化世界，形成了"现代性"，那么，西欧的几次政治革命以及美国革命所确立的政治制度，则固化了西方资本主义现代化，促进了资本"现代性"的全球拓展。

第三节 西方资本主义现代化的发展

19 世纪期间，工业革命从英国逐渐向欧洲大陆传播。也就是说，到了 19 世纪西方的现代化又进一步向西北欧等国家扩展、延伸。值得关注的是德国的工业化，在 19 世纪 20 年代开始发展起来。由于国内的分裂局面，18 世纪的德国错失了世界第一次工业革命的机会，但是德国人紧紧抓住了 19 世纪后期的第二次工业革命，经济取得迅速发展。

一、德国的工业化现代化

德国继 19 世纪 50—60 年代的工业高涨之后，从 1870 年初起，工业又出现跳跃式增长。从 1870 年到第一次世界大战前夕的 1913 年，工业生产提高了 4.6 倍。其中，生产资料生产上升了 6.5 倍，消费品的生产上升了 2.4 倍。从德国工业生产的年平均增长率来看，1860—1870 年仅为 2.7%；1870—1880 年上升为 4.1%；1880—1890 年上升为 6.4%；1890—1900 年为 6.1%；1900—1913 年间仍达 4.2%。德国工业生产增长的速度远远超过英、法两国，仅次于美国。[②]

（一）德国新兴产业的形成

19 世纪末 20 世纪初，新兴产业在德国不断出现。德国新兴产业的出现主要是基于先进科学技术的引进，在科研上的资金投入以及在其战略发展中

① 李宏图：《现代性的形成和扩展——17、18 世纪的世界现代化进程》，《江苏社会科学》2002 年第 2 期。
② 樊亢、宋则行：《外国经济史》第 2 册，人民出版社 1981 年版，第 110 页。

投入金融资本和发展高技术部门。

1. 大力发展电气工业

为了适应经济的发展，德国大力发展电气工业。例加在电子工程领域的西门子公司（Siemens）和德国通用电子公司（AEG）率先开始了电气工业的大规模发展，并推动了德国发电机、电动机的制造以及电灯电话等的普及，从而使德国在这一领域独占鳌头。到1896年，德国电气工业中已有39家股份公司，并逐步形成了西门子—哈尔斯克和通用电气公司等7大巨头。

据统计，以1913年德国电气工业生产指数（100）计算，相关年份分别为：1900年为12；1905年为33；1910年为67；1914年则达到110。1891年，德国还只向35个地方供电，而到了1913年，已有1.75万个地方通了电，约有一半的德国居民用上了电。电气工业的迅猛发展势头还可以从柏林交易所电气股份资本的增长中窥见一斑。1890年，电气股资仅为2 350万马克，1900年则已猛增到了3.967亿马克，10年间增加近16倍。而就世界范围而言，当时无一国能在电气工业的发展方面与德国相比。[①]

因此，电气工业的发展进一步推动了德国的工业化进程，改善了德国工业领域动力分布不足的状况。电讯事业的建设不仅推动了德国商业的发展，同时也成为了近代德国经济繁荣的一个重要因素。

2. 化学工业在第二次工业革命中迅速崛起

与此同时，化学工业也成为德国在第二次工业革命中迅速崛起的一项重要产业。为了适应第二次工业革命的发展需要，德国工业界投入了大量的人才、资金和技术对合成染料、人造橡胶、煤焦油、石油、新药品和摄影器材等领域进行综合开发和利用，并最终取得了巨大成就，使得德国在短短几十年里建立了强大的现代化学工业，并取得了近乎垄断的地位。与此同时，德国化学企业如雨后春笋般地涌现出来。其中最具代表性的化工企业有巴斯夫公司（BASF）、阿克发公司（Agfa）和拜耳公司（Bayer）。

例如在1865年到1900年里，巴斯夫公司从一个只有30名工人的小企业

---

① 邢来顺：《德国正确的产业发展战略与高速工业化》，《世界历史》2001年第5期。

发展到了拥有 6 000 多名职工的大公司。到 1900 年，德国生产的合成染料占当时世界总产量的 90%。在 1911—1913 年间，虽然化工企业仅占工业生产比重的 2.3%，但是销售额就已经达到了 24 亿马克，占到了出口商品的 10%。[①]因此，这些新兴化学工业的迅猛发展为德国创造了巨大的经济价值。

（二）德国工业迅速发展的原因

德国工业为什么能取得如此迅速的发展，其原因有以下几点：

第一，德国的统一促成了国内统一市场的形成。在 1870—1871 年的普法战争中德国完成了自上而下的统一。1871 年 1 月 18 日，普鲁士国王威廉一世就在战败的法国凡尔赛宫宣告成立德意志帝国，并宣布自己为德意志皇帝。从此德国便成为由容克（地主）和资产阶级联合专政的统一的国家。国家的统一，结束了长期以来的分裂割据局面，为经济发展创造了一个安定的环境。

新帝国政府建立以后，又在币制、经济法规和铁路管理等领域实施统一的政策措施。例如统一币制。1871 年德国境内流通的还有 126 种硬币、108 种银行钞票和 43 种国家纸币。新帝国政府建立后，便着手进行统一币制的工作，停止了原有各邦的杂币与纸币的流通，确定马克为货币单位。1873 年通过铸币法，确立金本位制，使德国成为当时除英国之外的仅有的金本位制国家。1875 年通过银行法，将普鲁士银行改为唯一握有发行纸币权的帝国银行，从而统一了全国的货币制度和建立了以中央银行为首的银行体系。又如统一经济法规，在 19 世纪 70 年代颁布了一系列法令，诸如商业法、营业自由法、统一度量衡法、民权和迁徙自由法、保护国外的商业法、关税法以及对邮政、交通和银行等事务的管理法。

此外，从 19 世纪 70 年代起，德国铁路事业发展迅速，但铁路管理层次繁多，有帝国铁路线、各邦铁路线、私营铁路线、私人所有而由各邦经营的铁路线、各邦所有而由私人经营的铁路线等，阻碍了铁路的建设和有效营运。帝国政府于 1873 年创立了"帝国铁路局"，协调各所属系统铁路的建设、装备和营运；1877 年统一全国运费率。此外，还通过国家购买，扩大国有铁路的比重，1879 年购买 5 000 多公里，1909 又购买 3.7 万公里。到 1913

[①] 邢来顺：《德国正确的产业发展战略与高速工业化》，《世界历史》2001 年第 5 期。

年，国营铁路营业里程（57 481 公里）占全国铁路营业里程（63 378 公里）的比重达到了近91%。[①]

通过上述一系列政策措施，消除了长期以来经济上的分离状态，德国形成了统一的国内市场，为资本主义进一步发展扫除了障碍。

第二，普法战争的胜利，使德国获得了工业化所需的资金和重要资源。根据1871 年5 月10 日签订的法兰克福和约，德国从法国手中夺取了亚尔萨斯全省和洛林的一部分，并向法国勒索了50 亿法郎的巨额赔款。亚尔萨斯和洛林是法国东北部的两个重要经济区，拥有150 万居民和丰富的煤、铁和钾盐矿藏，使德国的钢铁、化学工业获得了丰富的资源。亚尔萨斯还是纺织工业中心，它的取得，促进了德国轻工业的迅速发展。1873 年法国以公债形式筹资，提前向德国还清了50 亿法郎的赔款。德国将赔款用于巩固金本位制和偿还德意志联邦的负债外，大部分用于工业建设和加强军备。

第三，重视教育和科技的发展。尤其是普鲁士，特别重视普及基础教育，它的识字人口率早在19 世纪中期就已超过英国，居欧洲第二位。德国在工业化时期还积极采取一系列促进科学技术发展的措施，资助和组织科学家的研究活动，并引导科学家在一些重要的有前途的部门做出革命性的发明发现。"据估计，在1851—1900 年间，世界各国取得的重大科学技术成就中，德国最多，有202 项"[②]。

二、西北欧国家工业革命的兴起和发展

19 世纪，荷兰、比利时和卢森堡这三个西北欧国家，受到了英法等国工业革命的影响，开始了其现代化进程。19 世纪中叶，工业化又进一步影响到北欧的丹麦、瑞典、挪威、芬兰等国，促进了工业革命的发展。

（一）19 世纪工业革命在西北欧国家的兴起

1. 荷兰通过使用蒸汽机促进工业化

1823 年，荷兰出现了首家使用蒸汽机的冶金工厂。1825 年已有蒸汽机

[①] 中国社会科学院世界经济与政治研究所综合统计研究室：《苏联和主要资本主义国家经济历史统计集（1800～1982 年）》，人民出版社1989 年版，第612 页。

[②] 李炜光：《论公共财政的历史使命（上）》，《财政研究》2002 年第2 期。

制造厂，1848 年工厂雇佣工人达 800 人。不过荷兰的工业还是落后于南边的邻国比利时。于是，荷兰就从比利时引进资金和人才来发展工业，到 1853 年以后，荷兰的蒸汽机数量从 72 台增加到 392 台。同期荷兰的烟草、糖和食品工业也有较大发展。欧洲的工业化促使具有"海上马车夫"之称的商业帝国走向工业化国家。不过，20 世纪初荷兰的工业化保持在欧洲中等水平。

2. 摆脱殖民统治的比利时的工业革命成就辉煌

1839 年，比利时国家在经历了西奥法荷等殖民统治后宣告独立，加快了工业化的进程。1848 年至 1884 年期间，蒸汽机提供的动力出现了决定性的飞跃。1879 年比利时采用了先进的托马斯炼钢法后，钢产量翻了 25 倍，从 1880 年的 10 万吨左右上升到 1912 年的 250 万吨。比利时工业革命的辉煌成就，令法德这两个人口众多的邻国黯然失色。

3. 卢森堡发展金融业与钢铁工业两大支柱产业

1839 年，卢森堡根据《伦敦条约》与比利时同时获得独立。卢森堡虽然是一个人口才 60 万人的弹丸小国，但它充分发挥其位于法德比三国交界处、物流人流交汇等发展工业的得天独厚的区位优势，聚焦金融业与钢铁工业的发展。

（二）19 世纪工业革命在北欧国家的扩散

北欧国家是英德两国的近邻，它们也较早地感受到了英德两国尤其是英国工业革命的气息，成为世界上首批走向现代化之路的国家。

1. 丹麦的工业化具有农业—工业国家特色

18 世纪末，丹麦的富裕农民开始建立一批资本主义新式农场，到 19 世纪初时，新式农场已占到了当时全国土地的 2/3。

到了 19 世纪中叶，丹麦经济从与英国战争后的衰败中慢慢复苏，在发展农业和畜牧业的同时，发展工业。丹麦的工业化形成了自己鲜明的特色：以农产品出口为基础，丹麦的食品加工业先行于其他部门而充当了工业化的先锋。19 世纪 70 年代也主要是围绕农牧业和食品加工业发展了机器制造业。为了出口农牧产品，造船业也很快地发展了起来。到 19 世纪末时，丹麦基本完成了初步工业化。所以，丹麦的工业化之路有着鲜明的农业—工业国家特色。

2. 瑞典依靠传统制造工业走向工业强国

19 世纪二三十年代瑞典开始工业革命。瑞典的工业革命立足本国国情，借鉴英法德等国的工业革命的经验，扬长避短，依靠铁矿藏和森林资源，加快传统的制造工业发展，快速进入工业化。19 世纪 60 年代以后，瑞典的木材加工业和化学工业已具备了相当强的国际竞争力，同时，采矿、冶金、纺织、造船、交通运输业等也得到了长足的发展。19 世纪中期以后，瑞典坚持永久中立的政策几乎也未遭外国侵略，逐渐发展成世界上高福利、高收入国家之一。

3. 挪威：从"北欧病夫"到世界海运大国之一

挪威在历史上常常处于完全丧失独立或半独立的状态，被称为"北欧病夫"。

19 世纪 40 年代，纺织机传入挪威，纺织业得到迅速发展；六七十年代又因地制宜地发展了造纸业和鱼罐头加工业；80 年代后期电力行业开始飞速发展。

挪威工业化中最大的特色就是海上运输业的发展。19 世纪 60 年代，挪威人发明了捕鲸炮，使得挪威成为世界上最早开始大规模商业捕鲸的国家之一。19 世纪 80 年代，挪威拥有或控制的商船队占全球商船队的 5%，挪威商船队的运输能力则由世界第六跃居为世界第三。挪威在海运业上长盛不衰，至今仍是世界海运大国之一，也是世界上最富裕的国家和最宜居的国家之一。

4. 芬兰的工业化走在民族独立前

18、19 世纪之交，瑞典在同俄国争夺芬兰的斗争中落败，于是原先受瑞典统治的芬兰，在整个 19 世纪又处在俄国的统治之下。尽管如此，18 世纪后期，芬兰的金属加工业、锯木业、纺织业、玻璃制造业等生产部门中已经出现了资本主义的生产关系。直到 19 世纪 60 年代芬兰降低了关税后，资本主义工业才真正获得了迅速的发展。

20 世纪七八十年代以来，丹麦、挪威、瑞典、芬兰等北欧五国，持续推进各国的工业化和现代化，均成为高收入高福利国家。2022 年 3 月 18 日由联合国可持续发展解决方案网络编制的"全球幸福指数"，北欧的芬兰已连续五年蝉联"全球最幸福国家"榜单首名。北欧地区分别垄断了前八名的位置。[①] 北欧国家发达的高等教育、先进科技、政府的高效率以及高福利等因素，使 2021 年北欧五国的人均国内生产总值均超过 5 万美元。[②] 但是，2023年，北欧地区由于受俄乌战争、能源危机、工业低迷等影响，北欧地区现代化也面临诸多考验。

第四节　西方资本主义现代化的不同模式

从 16 世纪英国兴起的工业革命到法国、美国的工业化和现代化，再到西北欧的工业化乃至成为现代化发达国家，形成了资本主义现代化的种种不同模式。分析借鉴西方现代化的不同模式，既是为了客观历史地把握西方现代化的发展逻辑，也是为了从中发现西方现代化所内蕴的种种矛盾，进而更好地把握中国式现代化扬弃西方现代化道路及其模式之必然。

一、英美的"盎格鲁-撒克逊"模式

在近代，"盎格鲁-撒克逊"民族创立了两个强国：大英帝国和美利坚合众国，这两个盎格鲁-撒克逊国家，主导了世界近五百年的命运。所以，我们把英美的发展模式统称为"盎格鲁-撒克逊模式"。"盎格鲁-撒克逊模式"以"资本"的无限制无序扩张为核心，运用市场经济的机制，突出自由竞争，强调劳动力市场的流动性，劳动者享受有限的法定劳动所得和社会福利；企业注重"资本"目标的实现，证券市场在企业投融资中起着举足轻重的作用。

（一）英美"盎格鲁-撒克逊"模式的本质特征

英美两国以个人主义、自由主义文化传统为思想基础，构建了以自由市场经济为基础的"盎格鲁-撒克逊"模式。

第一，该模式立足个人本体论。"个人主义的本体论认为，个人先于社会而存在，独立的个人是社会的本源、基础和终极价值，国家和社会只是个

---

① 数据出自联合国 2022 年 3 月 18 日发布的《2022 年世界幸福报告》。
② 数据来自国际货币基金组织（IMF）公布的 2021 年世界人均 GDP，2022 年 4 月发布。

人为了保障自己的某种权利或实现某些利益而组成的架构。因此，国家和社会发展经济的终极目标与最终目的，只能是最大限度地满足社会成员的需要和个人利益的最大化。"因此，"通过保护'私有财产'、鼓励个人积聚财富，推崇'消费者主权'和'生产者主权'，肯定个人追求自身利益也是为社会作贡献的理念，把这一基本思想和原则发挥到了最大限度"①。

"个人主义强调个人有权追求自己的经济利益，可以通过竞争和市场实现个人利益的最大化，而反对由国家或社会共同体加以干涉。英美自由市场经济模式的核心特征，就是实行个体分散决策的自由企业制度。"② 在英美经济模式中，决策权主要在私人公司，它们可以自由地最大限度地追求短期利润目标，通过金融市场获得资本，人们对社会政治和道德的总体认识是个人主义和自由主义。

第二，该模式"追求经济利益的一种重要方式和途径，就是使个人成为投资主体——股东"。"美国的公司法要求公司经理不仅仅要为少数大股东服务，而且要为公司的中小股东和利益相关者服务。其结果是使得公司持股人越来越多，法人机构持股的比重甚至高达70%。银行在分配信贷方面的作用被大大地降低，股票市场融资成为经济发展资金的主要来源。这种建立在个人主义价值取向上的英美经济模式，适应了资本无限扩张的需要"③。

个人主义的历史文化传统，构成了英美"盎格鲁-撒克逊模式"的文化渊源和思想基础，成为"盎格鲁-撒克逊"模式的本质特征，并持续发展至今。该模式对当今英美经济社会发展的影响仍然十分大。由于市场的蝴蝶效应，大量的资金流入虚拟经济；金融资本的进一步膨胀，中产阶级的财富被大量掠夺，而上层阶级的资本和财富越来越雄厚，越来越多。可以说，该模式的种种内在缺陷引导当代英美的现代化抛弃了初期的工业化和现代化发展的成功经验，让资本主义现代化陷入了种种矛盾和冲突，乃至走向战争的"死循环"。

（二）英美"盎格鲁-撒达逊"模式的式微

英美"盎格鲁-撒达逊"模式的魅力及其影响力，在世界现代化史上持

---

① 韩毅：《文化传统影响经济发展模式》，《中国社会科学报》2011 年 7 月 14 日。
② 同上。
③ 同上。

续了近四百年。尤其是在 20 世纪七八十年代随着英国的撒切尔夫人和美国总统里根上台，推行"撒切尔主义"和"里根经济学"强化了该模式。

英美模式并不是永恒的、唯一可效仿的现代化模式。2008 年全球金融危机以来，美国独超的地位在削弱，美国的政治、经济模式在失色；美债危机、欧债危机的"交互"与"共振"，展现了该模式不可克服的三大内在缺陷：一是追求个人及其资本利益的最大化。为了实现资本的增殖，可以不顾他人、社会，甚至不择手段地打击他人，制造各种矛盾冲突，破坏社会整体的和谐稳定。二是社会的贫富两极分化现象严重。"据英国《卫报》近日报道，自新冠疫情发生以来，英国财富超过 10 亿英镑的富豪数量增加了 2%"；"2023 年英国家庭收入将回落至 2013 年水平，降幅为 7%，为 1956 年有记录以来最大降幅"；"伦敦信托组织发布的《2022 年伦敦贫富状况》显示，疫情发生以来，伦敦的贫困率从 16% 上升至 27%，成为英国贫困率最高的地方"[①]。三是劳资矛盾、罢工浪潮导致英美经济"标志性衰退"。2022 年 2 月 24 日俄乌战争爆发以来，欧美的通胀加速，美国经济出现"标志性衰退"，英国高通胀下罢工潮持续。2023 年 1 月 19—31 日，法国工会组织了两次全国性大罢工，上百万人走上街头抗议示威，2 月 7—16 日，法国多个行业工会又组织了三次大罢工；美国"罢工潮"涉及多个行业，并不断蔓延，连星巴克、加州大学也加入罢工行列。

二、德法的"莱茵模式"

德法"莱茵模式"（Rhineland Capitalism）是由法国经济学家、曾任法国保险公司总裁的米歇尔·阿尔贝尔（Michel Albert）提出来的。他将莱茵流域的西欧国家，主要是德法（还有瑞士、挪威、瑞典等国）所奉行的市场经济模式，称为"莱茵模式"。

（一）对德法"莱茵模式"的不同看法

对以社会"市场经济"为标志的"莱茵模式"，西方学者也有不同的看法。原联邦卡特尔局局长卡特教授指出，"社会市场经济是第三条道路，是

---

① 《英国贫富差距加速扩大》，《人民日报》2023 年 1 月 17 日。

介于资本主义与社会主义经济之间的第三条道路"①。而原汉堡世界经济研究所所长古托夫斯基教授却认为，这不是第三条道路，而是对过去（传统的自由资本主义）经济体系的改善②。艾哈德则把社会市场经济归结为"自由+秩序"，他认为，"社会市场经济建立在自由和秩序的基础上，它们结成为一个不可分割的整体；因为自由不可能存在于那些没有稳定秩序的地方，在那里，自由有坠入混乱的危险；而秩序也不可能存在于那些没有自由的地方，在那里，秩序很容易导致残暴和强制"③。"由此可以看出，德国的社会市场经济是一种'竞争秩序'框架，这种模式的资源配置方式是以市场为主体的，国家的主要作用是通过立法为市场经济建立秩序，扮演公平竞争的仲裁者，同时，通过积极的市场经济政策对经济进行有效的干预，谋求市场自由和社会公平之间的平衡"④。

（二）德法社会市场经济的不同特点

1. 德国社会市场经济模式特点

德法社会市场经济同属"莱茵模式"，但两国又有不同特点。

德国社会市场经济模式，"是在新自由主义理论的基础上吸收了基督教民主经济思想和民主社会主义经济主张的基础上形成和建立起来的"⑤。德国社会市场经济模式的主要特点有三：第一，保护竞争，充分发挥市场机制作用。政府先后颁布了《反对不正当法》《促进经济稳定与增长法》等，促进竞争，反对垄断。同时，建立联邦卡特尔局，负责对各类限制竞争的行为进行监督。第二，保持适度的政府干预。德国政府对于社会市场经济是：尽量少干预，但要进行必要的干预。德国政府干预的范围包括：一些牵涉到国计民生的重要经济部门，受到国家保护；国家承担着维持通货稳定、发展交通运输，以及收入再分配等任务，如通过财政税收政策降低高收入者的收入水平，资助盈利较少的中小企业。第三，建立完善的社会保障体系，维护社会稳定、实现社会公正。二战以后，德国经济能够持续发展，社会稳定是重要

---

① 李振全：《试论莱茵模式的困境》，《欧洲》2001 年第 5 期。
② 中国经济学家代表团：《西德社会市场经济考察》，企业管理出版社 1993 年版。
③ ［德］路德维希·艾哈德：《德国的经济政策·社会市场经济之路》，杜赛尔多夫和维也纳出版社 1962 年版。
④ 李振全：《试论莱茵模式的困境》，《欧洲》2001 年第 5 期。
⑤ 谢汪送：《社会市场经济：德国模式的解读与借鉴》，《经济社会体制比较》2007 年第 2 期。

的前提。"德国政府利用行政和立法的手段，建立了以社会保险、社会福利和社会救济为核心内容的社会保障制度。"① 不以政府为主导，而是强调社会自治原则，充分发挥社会力量的作用，从而减轻了政府的负担。

另外，德国还实行劳资"共参制"，让工人参与企业管理，尽可能处理好劳资关系，避免矛盾的对抗演变，保障社会稳定促进社会市场经济发展。

2. 法国有"计划"特色的市场经济体制

自 1793 年建立资产阶级政权以来，法国市场经济体制经过了 200 多年的演变，逐步形成具有本国特色的"计划体制"、财政税收和金融货币体制相结合的市场经济体制。②

法国经济是一种"混合型经济"：一方面它属于自由市场经济体制，私有经济居主导地位，私有企业数量占多数③；另一方面，法国政府为维护国家主权、保证市场经济的更好运行，1936—1937 年期间，通过国有化运动，"建立了国营铁路公司，控制了两大飞机制造厂，改组了法兰西银行，并将一些军工企业国有化。同时，建立一个庞大的国有部门，加强了对市场的干预，对关键性行业或战略性部门进行控制"④。

到了 20 世纪 60、70 年代，法国政府为扭转对国有企业的干预程度较高，导致企业效益下降、国家财政过重的情况，改革对国有企业的管理，扩大企业的自主权，并将"管理自治"作为指导国有经营的基本原则⑤。

1947—1988 年，法国先后制定了九个国民经济计划。通过政府对经济的宏观调控，促进法国市场经济和现代化发展。

（三）瑞典的"高福利"模式

瑞典作为发达国家的模式之一，虽然与莱茵模式有着一定的相关性，但该模式由于其发展实践的差异而形成的许多独特性，也产生了对瑞典模式的不同评价。最早是 20 世纪 30 年代初的美国记者马克维斯·查尔德斯（Marquis W. Childs）写的《瑞典：中间道路》一书，提出了瑞典模式。

① 谢汪送：《社会市场经济：德国模式的解读与借鉴》，《经济社会体制比较》2007 年第 2 期。
② 郭枫：《德国与法国的经济模式》，《吉林省经济管理干部学院学报》1996 年第 2 期。
③ 同上。
④ 同上。
⑤ 同上。

1932 年，瑞典社会民主党带着"从摇篮到坟墓"的福利主张上台，由此开启了一个西方"高福利"制度发展的模式。

1. 瑞典模式的形成与发展

在 19 世纪末，瑞典是欧洲最穷的国家，经过 100 多年的奋斗，而今它成为欧洲最富的国家之一。2021 年瑞典人均 GDP 为 60 029 美元，在全球排名第 11 位。[①]

"瑞典模式"大致形成于 1870 年到 20 世纪的 60 年代。这个时期，瑞典政府基本上采纳了美国式的"自由市场体制"，政府的作用在于提供以市场经济为基础的法律制度，政府还参与教育、卫生和基础设施的建设。"从 20 世纪 80 年代起，瑞典的普遍福利制度开始形成并逐步加强。公共开支的总额占到了 GDP 比重达到 30% 到 60%"[②]，这就是瑞典的"高税收，高福利"政策的来历。20 世纪 90 年代初加入了欧盟，标志着新的"瑞典模式"的形成，瑞典开始汲取欧盟国家的一些做法，解除了对资本市场和外汇市场的严格管制措施，开始推进以"自由市场经济"为发展方向的全面改革。[③]

2. 瑞典模式的特点及其面临的挑战

总体而言，瑞典模式的特点主要有四：一是主张权利制衡与各阶级合作。二是战后经济发展具有良好环境。20 世纪 70 年代积极发展高新技术产业，21 世纪以来，农业在国民经济中的比重持续下降。三是体现国家调控的混合所有制经济。四是通过高税收建立全社会的高福利保障体系。瑞典的"社会福利，有父母带薪产假、医保、病假补助、失业保险金、养老金、义务教育补助，内容广泛，被称为'从摇篮到坟墓'的保障"。

瑞典模式已经运行了 70 多年，促进社会公平方面的成功实践，值得世界各国借鉴。但是，俄乌战争以来，瑞典的发展面临一些问题：一是"由于高通胀侵蚀了个人支出，且低迷的房地产市场打击了建筑业，瑞典可能是欧盟 2023 年唯一出现收缩的经济体"[④]；二是瑞典的根本利益在乌克兰受到挑战；三是能源危机和持续通胀将导致经济发展前景持续恶化。

---

① 数据来自国际货币基金组织（IMF）公布的 2021 年世界人均 GDP，2022 年 4 月发布。
② 封清：《关注"瑞典模式"》，《中国经济信息》2010 年第 19 期。
③ 同上。
④ 付一鸣：《货币政策剧烈变化拖累瑞典经济预期》，《经济参考报》2023 年 2 月 23 日，第 A08 版。

（四）沿袭西方现代化的"东亚模式"和"拉美模式"

以上重点阐释了改革开放以来对中国产生较大影响的"盎格鲁-撒达逊"模式、"莱茵模式"和"瑞典模式"。20 世纪 60 年代以来，发达国家的发展与现代化实践在东亚、拉美地区产生了广泛、深刻的影响，由此形成了"东亚模式"和"拉美模式"。

"东亚模式"和"拉美模式"都是在发达国家的发展与现代化实践影响下，而开始通过发展与现代化实践进而走向发达国家的"发展模式"；但由于这两种模式基于不同的地理、历史与文化环境，所以才形成了"东亚模式"与"拉美模式"。"东亚模式"中的新加坡、韩国等部分国家是"成功"地走向了发达国家；"拉美模式"走向西方现代化发达国家的步履艰难，以至于出现"拉美陷阱"一说。拉美虽想摆脱西方模式的影响，力图稳定政权、促改革、谋发展，但是面临的种种发展困境，使其至今仍在曲折地沿着西方现代化模式走向发达国家。

以上概述了资本主义现代化"源起"的历史脉络：从西方现代化的逻辑起点即 16 世纪英国的工业化开始，经过 17、18 世纪英国的工业化和现代化、法国以政治革命推进现代化、美国的独立战争推进现代化政治体制的建立，再到德国的工业现代化，进而拓展到西北欧、北欧国家的现代化，形成了英美的"盎格鲁-撒克逊模式"、德法的"莱茵模式"等，既展示了资本主义现代化形成与发展的历史逻辑，又分析阐释了西方现代化在几百年历史发展过程中形成的种种不同模式，从中可看到西方现代化模式有其合理和值得借鉴的成功经验，但又有其不可克服的内在逻辑矛盾，更有其走向未来发展与现代化的种种弊端。

人类的发展与现代化实践不可能停顿，不可能止步不前。人类进步与发展的美好明天呼唤新时代的现代化新模式，呼唤能引领人类持续走向文明和谐幸福未来的现代化模式。

第二章　西方现代化理论及其逻辑矛盾

西方现代化理论的兴起与演变有其客观的历史和现实发展需求。16 世纪英法工业革命和政治革命的兴起，到 19 世纪西方资本主义现代化的世界性的扩展，反映了西方以"资本"为核心，通过争夺殖民地、强盗式贸易、贩卖黑奴而兴起、发展和扩展的一个历史逻辑。资本主义现代化形成和发展的客观历史逻辑，客观上需要现代化理论来论证西方现代化的合理性合规律性。其现实发展需求在于：一是 20 世纪 50 年代以后，世界形成了资本主义与社会主义两大阵营的博弈；二是二战后大多数发展中国家在摆脱殖民统治获得国家独立后，面临着如何发展，如何以工业化推进国家经济社会发展的问题，所以发展中国家需要有一套科学的发展与现代化理论指引其发展。

于是，在 20 世纪 60 年代初，围绕着西方国家的现代化及其现代性，发展中国家的"发展与现代化"研究，形成了不同的现代化理论及其逻辑，在美国、欧洲乃至世界各国开始盛行起来，并努力彰显其发展的"科学性"和生命力。分析西方现代化理论的演变可发现不同理论兴起的"合理性"，但是又有其局限性，有着不可摆脱的逻辑矛盾。

第一节　兴起现代化理论研究的客观历史背景

20 世纪 60 年代，世界发展与现代化理论研究的兴起，与第二次世界大战后世界格局的演变及其资本主义发展的新特点新需求相关。

一、第二次世界大战后世界发展格局的演变

二战后形成的美苏两极格局，既反映了世界发展所呈现的一种两极对立

格局，又在某种程度上阻断了西方资本主义现代化在全球的顺利推进。

（一）二战后两极格局的形成

两极格局是以美苏为中心，在欧洲形成北约与华约两大军事集团对立、在全球形成资本主义阵营和社会主义阵营全面对抗的格局。存在于20世纪50年代初期至90年代初期苏联解体（1991年底）。

1. 两极格局形成的原因

二战以前，美国已经是世界上第一经济强国，战争期间经济实力急剧膨胀。美国以强大的经济实力和军事实力做后盾，在反法西斯战争中发挥积极作用，因此战后确立了资本主义世界经济霸主地位，对国际政治产生巨大影响。

战后苏联迅速崛起，一跃成为仅次于美国的世界强国，成为联合国创始国和联合国安理会常任理事国之一，在国际事务中影响举足轻重，东欧各国则在苏联的影响和支持下走上了社会主义道路，形成了以苏联为核心的社会主义阵营。美国和苏联迅速崛起的同时，意识形态的矛盾重新主宰了美苏关系，两级对立的冷战格局开始形成。

2. 社会主义革命和民族解放运动蓬勃发展

二战后，面对世界上社会主义革命和民族解放运动蓬勃发展，以美国为首的西方统治集团，为了遏制、扑灭这些革命运动的发展，巩固资本主义体系，采用各种手段推行"冷战"政策。

1946年3月5日英国首相丘吉尔访美时在富尔顿发表的反共演说、1947年3月12日美国总统杜鲁门提出的国情咨文的有关内容，标志着美国等西方国家对苏联等社会主义国家正式推行"冷战"政策。1947年9月，美国政论家沃尔特·李普曼出版了《冷战》一书并连续发表了一系列鼓吹"冷战"的文章。从此，"冷战"术语广为流行，冷战政策成为以美国为首的西方统治集团，遏制、破坏社会主义，镇压人民革命的一种重要手段。

（二）二战后40多年美苏两极格局演变的脉络

第二次世界大战后初期形成的美苏两极格局，左右国际形势长达40多年。由于世界各种现实的和潜在的政治经济力量的出现和重新组合，国际力量的对比消长不断变化，两极格局的世界也一直处于不断变化的过程中，其演变脉络如下：

1. 两大阵营的对抗与分化瓦解

1947 年 3 月，美国政府抛出杜鲁门主义，正式揭开战后美苏冷战序幕，接着，又宣布实施马歇尔计划，建立北约，签订《美日安全保障条约》，将一批西方国家联合在一起，形成了以美国为首的资本主义阵营。至 20 世纪40 年代末 50 年代初，又形成了以苏联为首的社会主义阵营。两大阵营形成后，在政治、经济、文化和军事等许多领域，展开了激烈的对抗和斗争。

进入 60 年代，资本主义阵营内部发展不平衡，出现分化。美国实力下降，放松对西方国家的控制，集中有限力量用以维持美苏战略均势和欧洲大西洋防务。社会主义阵营则随着阿尔巴尼亚退出华约与经互会，中苏两国由论战发展到公开分裂，社会主义阵营不复存在。由此，两大阵营的对立逐渐由北约和华约两大军事集团或者说美苏对峙所取代。

2. 美苏两个超级大国争霸世界及其国力的削弱

二战后美国经济军事实力极度膨胀，成为名副其实的头号超级大国。苏联随着经济的迅速恢复和发展，建立了强大的军事力量，成为仅次于美国的世界级强国。60 年代末 70 年代初，苏联在军事上已从战略劣势转变为同美国呈战略均势的超级大国，并走上谋求世界霸权的道路。从 60 年代末起，美苏两国展开了争夺世界霸权的较量。在 70 年代，苏处于攻势，美处于守势。进入 80 年代后，美苏争夺态势转变为美攻苏守。但是，美苏争霸也使两个超级大国因过度军备竞赛和军事扩张而招致国力削弱。到 80 年代中期以后，美国经济政治实力和影响力下降，苏联的经济则处于崩溃的边缘。

3. 世界多极化趋势的出现和发展

在美苏加紧争夺世界的同时，国际力量对比发生着明显的分化改组，其他力量迅速成长。主要表现是：民族独立国家普遍建立和发展中国家的崛起；西欧国家联合图强趋势不断加强；日本由经济大国向政治大国迈进；中国奉行独立自主的和平外交政策，国际地位和影响日益提高。世界各种力量的发展使美苏两极格局不断受到冲击。到 80 年代末 90 年代初，由于苏联东欧地区爆发了一连串突发事件，即东欧剧变和苏联解体，最终使美苏两极格局彻底瓦解，世界走向了多极化的新时期。

二、二战后资本主义的新变化新发展

二战后，随着科学技术的迅猛发展，资本主义国家都加强了对市场经济的干预，国家资本主义也有了新的发展。

（一）二战后西方资本主义的新变化

1. 第三次信息革命爆发，科学技术迅猛发展

当今世界的第三次科技革命，是人类认识世界、改造自然进程中的一次巨大的历史性飞跃。"20 世纪初到五六十年代，核能、半导体、合成化学等技术接踵诞生并得到初步发展。80 年代后半期，微电子技术、信息技术、生物工程、宇航技术、新材料技术、计算机和网络技术迅速发展。所有这一切，仿佛巨大的羽翼，把人类从机器大生产时代一下子提升到以信息技术为核心的自动化生产时代。"[1]

2. 资本主义国家都加强了对市场经济的干预

战后西方资本主义国家盛行主张国家干预经济的凯恩斯主义，促进了西方国家经济的恢复与高速发展，西方国家进入到国家垄断资本主义时期。经济进入快速增长时期，出现战后 20 年经济发展的"黄金时期"。

国家或者利用各种财政和货币政策调节国民经济的运行，"实施一定的税收政策和社会再分配政策，限制过高收入和过度垄断，建立社会福利和保障制度。所有这些自我调节、改良和改善，在一定程度上缓解了资本私人占有对生产力发展的制约"[2]。

3. 劳资关系和分配关系的变化

随着社会生产力的发展，资本家开始采取一些缓和劳资关系的激励制度，促使工人自觉地服从资本家的意志。此外，社会福利制度的普及化、全民化也在一定程度上保证劳动者维持最低生活水平，改善了劳动者的社会状况，促进了资本主义发展。

---

① 《求是》课题组：《资本主义的新变化及其本质上的腐朽性——二论资本主义发展的历史进程》，《求是》2001 年第 4 期。

② 同上。

（二）二战后国家资本主义的新发展

二战后，资本主义新发展的突出表现就是形成了四种国家资本主义的模式。

1. 何为国家资本主义

国家资本主义是相对私人资本主义而言的，"由资本主义国家的政权与资本紧密结合而成的，其内容主要包括两方面：一是国家资本大规模的建立；二是国家政权对经济活动强有力的干预和控制。国家资本主义的主要实现形式是国有制，国家干预的主要形式就是经济调控政策，包括财政政策、货币政策、产业政策、收入分配政策等。"① 推动国家资本主义出现的原因主要有两个：一是1957—1958年世界的第一次经济危机的产生；二是发展中国家迅速崛起并实现工业化赶超，如日本、韩国、新加坡等。"二战后所实行的国家资本主义，基本都是由这两个原因所导致的。在这两种原因的交错作用下，国家资本主义的发展非常迅速，呈现出多种模式并存的状态。"②

2. 国家资本主义的模式

二战后，主要有四种国家资本主义模式，即"赶超式"国家资本主义、"凯恩斯式"国家资本主义、"莱茵式"国家资本主义和"计划式"国家资本主义③。

张建刚分析了在四种不同国家资本主义模式中国有经济的不同经济比重。实行"赶超式"国家资本主义的国家主要有日本、韩国等国家；实行"凯恩斯式"国家资本主义的国家主要是美国、英国等发达国家；实行"莱茵式"国家资本主义的国家主要有德国等莱茵河畔国家和北欧；实行"计划式"国家资本主义的国家主要是印度。在不同模式的国家资本主义中，国有经济的比重有所不同，"赶超式"和"计划式"国家资本主义中国有经济的比重比较高；而在"凯恩斯式"和"莱茵式"国家资本主义中国有经济的比重就比较低。这些不同模式的国家资本主义在进行国家干预时，所使用的政策、手段、方式会有很大不同，干预的程度也会有很大区别。④

---

① 张建刚：《国家资本主义的模式及其发展状况》，《当代经济研究》2010年第3期。
② 同上。
③ 同上。
④ 同上。

国家资本主义得到迅速发展的黄金时期，是从战后初期到 20 世纪 70 年代初。此后，由于第一次石油危机引发了西方发达国家的"滞胀"现象，"凯恩斯式"的国家资本主义受到了更大的怀疑。20 世纪 90 年代后，"新自由主义"卷土重来，"世界各国政策开始转向了自由市场式的资本主义。此后的很长时间内，国家资本主义被人们所忽视，直到 2007 年美国的次贷危机的爆发，才又重新唤起了人们对国家资本主义的重视和思考"①。

第二节　发展中国家的发展与现代化问题

第二次世界大战以后，除少数发展中国家走上"新兴工业化国家"的道路以外，大多数发展中国家在摆脱了殖民统治获得政治独立后，仍然面临着如何发展民族经济、进行社会改革、促进现代化等艰巨任务。

一、发展中国家的"发展"问题

发展中国家所面临的问题多种多样，但具有普遍性的问题则是以下六个方面。

第一，经济结构问题。长期的殖民统治，使获得政治独立后的发展中国家的经济处于畸形状态。主要表现在：① 工业在国民经济中的比重很低，而农业的比重过大。1980 年，在发展中国家的国内生产总值中，采矿业占 11.8%，制造业占 15%，特别是在 30 多个最不发达国家，制造业仅占国内生产总值的 8%；1981 年，在世界制造业中，发展中国家所占比重只有 10.9%。而农业则是大多数发展中国家的经济主体。1980 年，在发展中国家，农业人口一般占全国人口的 65% 左右，有的高达 90% 左右；农业产值在最不发达国家所占比重高达 38%，甚至 50% 以上。② ② 生产结构单一化。长期的殖民统治，使大多数发展中国家的生产结构单一化。许多发展中国家仅靠出口一种或几种初级资源产品来支撑整个国民经济，工业制成品的出口比重甚低，形成过重的经济依附性。

---

① 张建刚：《国家资本主义的模式及其发展状况》，《当代经济研究》2010 年第 3 期。
② 鲍宗豪、张华金等著：《科学发展观论纲》，华东师范大学出版社 2004 年版，第 52 页。

第二，社会结构问题。发展中国家的社会二元结构趋势十分明显。一方面，现代化的生产方式和生活方式日益集中于大城市，使城市规模愈益扩大，向特大城市的方向发展；另一方面，农村落后的生产方式与生活方式仍然得不到改变。同时，分配的不合理，使社会各阶级的收入差距加大，尽管在经济增长的前提下，贫富差距仍然是普遍存在的问题。

第三，人口膨胀、失业、贫困与落后的问题。20 世纪 60 年代，世界人口超过 40 亿，其中三分之二以上的人属于发展中国家。从 1960—1970 年，低收入国家人口的出生率由 4.5% 下降到 3.7%；中等收入国家的人口出生率由 4.1% 下降到 3.4%，其人口自然增长率已经超过 1965 年 2.4% 的峰值；而发达国家的人口自然增长率平均每年只有 0.7%。发展中国家的人口膨胀问题，严重阻碍了经济发展。

人口膨胀所带来的失业与贫困问题是严重的。发展中国家突出的劳动力过剩问题因为人口膨胀而加剧。失业再加上分配不平等所造成的贫困已经十分普遍。1980 年发展中国家的人均国民生产总值为 1 000 美元，而在 30 多个最不发达国家只有 226 美元，有的只有 80 美元。发展中国家失业与半失业人口有 4 亿多，比西方发达国家高 26 倍；有 10 亿左右的人口处于"绝对贫困"的境地，他们的年人均收入只有 50 美元。这种情况使发展中国家人民的生活水平、卫生保健、人口素质、营养水平等指标大大低于发达国家。

第四，对外贸易问题。由于大多数发展中国家经济结构不合理，因而使其出口的产品大多为初级产品，以 1971 年为例，所有发展中国家的产品中，初级产品的比重占 80%；而且发展中国家出口的商品在世界贸易中的比重也很小。初级产品的出口，一般是发展中国家获得外汇的主要来源。这种情况在 80 年代不仅没有改变，而且由于发达国家产业结构向高技术产业结构过渡，对初级资源产品的需求减少，同时由于发展中国家之间的出口竞争又促使初级农产品、矿产品的价格大幅度下降，从而给发展中国家的换汇带来严重阻碍，给经济发展带来始料不及的困难。80 年代贸易保护主义打击了几乎所有发展中国家的外贸格局，构成了对发展中国家经济发展的严重挑战。

第五，债务问题。发展中国家发展经济所缺乏的资金，在国内储蓄不足的情况下，一般都依靠大量向国外举债。另外，由于在对外贸易逆差的情况下，发展中国家偿还债务的能力极低，有些发展中国家年出口收入甚至不能偿还到期国际债务的利息，沉重的债务负担威胁着一些发展中国家国民经济发展的后劲。

第六，发展中国家与发达国家经济差距不断加大。80 年代以来，发展中国家的经济虽然有了一定程度的发展，而且这种发展的势头一直保持高于发达国家的增长率。但是，必须看到由于发展中国家的经济总水平大大低于发达国家，所以，发展中国家与发达国家经济的绝对差距有可能进一步扩大。有西方学者根据计算模型得出了这样一个结论："假定 A、B 两个国家，最初的人均收入分别是 3 500 美元和 240 美元。A 国的增长率保持在 2%，B 国的增长率保持在 4%，根据计算，在今后大约 100 年里，两国的人均收入的绝对差将会继续扩大，直到 130 年后才会小于最初的差距。开始时期的差距约为 15：1，100 年后则下降到 2：1 左右。"[1] 这是已被人们普遍认识到的"扩大中的缺口"，这不能不是对发展中国家为发展所做的努力的冷酷挑战。

总之，发展中国家的发展问题是内外两方面条件导致的综合性问题。尽管在战后 40 年里出现了由于特殊的资源条件而成为中高等收入发展中国家的"石油输出国组织"——"欧佩克"[2]，出现了 11 个新兴工业化国家或地区——亚洲的韩国、中国的台湾和香港、新加坡，拉丁美洲的巴西和墨西哥，欧洲的西班牙、葡萄牙、希腊、土耳其和南斯拉夫。但是，这仍然不能解决大多数发展中国家的问题。对大多数发展中国家来说，发展问题似乎仍有待于自身的努力，有待于谋求的发展和现代化。

二、发展中国家现代化道路的选择

二战以后，发展中国家现代化道路的选择主要受发达国家以下两种现代化道路的影响。

（一）影响发展中国家选择现代化的两种道路

一种是完全的市场自由化，即由市场对经济运行进行自由调节，政府不

---

① 胡鞍钢：《中国现代经济发展的初始条件》，《开发研究》2006 年第 6 期。
② 发展中国家为了争取在石油产量和价格上有自主权，1960 年 9 月 14 日，伊朗、伊拉克、沙特、科威特和南美的委内瑞拉 5 国建立了一个同盟组织——石油输出国组织（OPEC）。之后一些刚独立的石油生产国也纷纷加入，最多时达到了 13 个成员国。

进行干预。这一理论最早是由英国著名经济学家亚当·斯密所提倡的。1776年，他在《国富论》一书中对市场这只"看不见的手"作了详细阐述。他认为，市场这只"看不见的手"是指，通过分工和市场的作用，可以达到国家富裕的目的。亚当·斯密的"看不见的手"所蕴含的经济自由主义思想，影响着资本主义市场经济的兴起和发展。以后经过大卫·李嘉图、詹姆斯·穆勒等人的发展，最终成为长期占据西方经济思想主导地位的新古典主义经济学，并且主导了自由竞争阶段的资本主义国家政策的选择。以后，"看不见的手"更成为表示资本主义完全竞争模式的形象用语。亚当·斯密在《道德情操论》中也提到"看不见的手"，但主要是指道德，即道德这只"看不见的手"指引个人在追求自己利益的时候客观地促进别人以及"大团体"的利益。

另一种则是德国则采取以社会"市场经济"为标志的"莱茵模式"。原联邦卡特尔局局长卡特教授指出，社会市场经济是介于资本主义与社会主义经济之间的第三条道路。而原汉堡世界经济研究所所长古托夫斯基教授却认为，这不是第三条道路，而是对过去（传统的自由资本主义）经济体系的改善[1]。艾哈德则把社会市场经济归结为"自由+秩序"，他认为，"社会市场经济建立在自由和秩序的基础上，它们结成为一个不可分割的整体；因为自由不可能存在于那些没有稳定秩序的地方，在那里，自由有坠入混乱的危险；而秩序也不可能存在于那些没有自由的地方，在那里，秩序很容易导致残暴和强制"[2]。由此可以看出，"德国的社会市场经济是一种'竞争秩序'框架，这种模式的资源配置方式是以市场为主体的，国家的主要作用是通过立法为市场经济建立秩序，扮演公平竞争的仲裁者，同时，通过积极的市场经济政策对经济进行有效的干预，谋求市场自由和社会公平之间的平衡"[3]。

英国和美国的现代化道路主要是"自由市场"资本主义，对英美资本主义在全球的扩展产生了积极影响。但是近 50 多年美国的自由市场资本主义已经从政治、军事和社会等方面腐蚀着美国。从 1975 年到 2023 年，美国经

---

① 中国经济学家代表团：《西德社会市场经济考察》，企业管理出版社 1993 年版。
② ［德］路德维希·艾哈德：《德国的经济政策·社会市场经济之路》，杜赛尔多夫和维也纳出版社 1962 年版。
③ 李振全：《论莱茵模式的合理性及发展走向》，《南京师范大学学报（社会科学版）》2003 年第 4 期。

济下滑明显。美国商务部经济分析局数据显示，美国 2023 年一季度 GDP 年化环比增长 1.1%，大幅低于市场预期的 2%，较上年四季度 2.6% 的增幅有所回落。《华尔街日报》网站报道称，在通货膨胀仍然高企、利率不断上升的情况下，美国第一季度经济增长下滑，增加了人们对今年晚些时候可能出现经济衰退的担忧。"美国经济正在走向衰退。"华尔街经济学家的担忧似乎正成为现实。① 新自由主义在美国最扭曲的一个例子是大众对止痛药的上瘾，这被称为"阿片危机"。企业的堕落、政府的诐媚和医疗界的背叛共同造成了这种泛滥。1971 年以来，美国在打击毒品犯罪上已经消耗 1 万亿美元。2017 年，美国控制毒品滥用成本超过 2 700 亿美元。② 2021 年，全美 107 622人死于药物中毒或过量，创历史新高，其中 66% 关联芬太尼等合成阿片类药物。③

（二）发展中国家的现代化路径选择

第二次世界大战以后，在发展中国家中，出现了现代化发展的两种路径选择。一种是仿效英国和美国，照搬西方一些国家的自由市场理论，靠完全的经济自由化推动经济社会发展。走上这一发展路径的国家，有的在早期取得了很好的发展成效，如拉美的一些国家，但也有不少后来陷入'中等收入陷阱'，经济社会发展长期停滞不前；有的如非洲一些国家，从一开始实行完全的自由市场经济就不成功，国家始终处于不发达状态。"另一种是在国家集权下推进现代化进程，既引进市场经济的基本理论和基本规则，又重视国家对市场的干预，这方面成功的典型，比较有代表性的国家就是韩国和新加坡。总体来看，这类国家的成功具有可持续性，直到今天，这两个国家仍然处于较好的发展中，跨越了'中等收入陷阱'。"④

第三节　西方现代化理论的兴起与演变

二战以后，发达国家对以"资本"为核心的现代化推进、发展中国家对

---

① 高乔：《美国经济衰退风险加大》，《人民日报》海外版 2023 年 5 月 9 日第 10 版。
② 《美国国内毒品问题现状》，新华社 2023 年 2 月 9 日电。
③ 《"阿片危机"蔓延　美国北卡州一年逾 4 000 人死于药物过量》，新华社 2023 年 2 月 24 日电。
④ 赵奇：《落后国家推进现代化的路径选择》，《学习时报》2015 年 9 月 17 日。

发展与现代化的追求，不仅提出了现代化理论研究的需求，而且对发展与现代化提出了以下四种最具影响的观点。

一、罗斯托的"经济成长阶段"

早期现代化理论有较大影响的著作："一是美国经济史学家罗斯托在1960 年出版的《经济成长的阶段》；二是美国政治学家塞缪尔·亨廷顿在1968 年出版的《变化社会中的政治秩序》。"[①]

罗斯托把各国经济成长的阶段一概分为：传统社会、为起飞创造前提阶段、起飞阶段、向成熟推进阶段、大规模高额消费阶段五个阶段；在 1971 年出版的《政治和成长阶段》中又提出"追求生活质量"是第六阶段。[②]

罗斯托认为发展中国家现正在步发达国家已经在过去不同时期通过了"起飞"阶段的后尘。他认为："一国的投入水平达到产出的 10% 以上就可以实现'起飞'。发展中国家的发展面临许多障碍和'缺门'，包括资金、技术、管理能力等，其中缺乏资金则是主要的发展障碍。因此，要依靠西方大国提供这种'缺门'以帮助它们克服发展的障碍。"[③] 这种步西方大国后尘的单线发展观点，有人称它为"有轨电车式"，而不是"公共汽车式"的发展模式。

罗斯托把资金和资金积累视为发展的关键，而美国经济学家阿瑟·刘易斯等其他一些学者则聚焦分析不发达原因，并提出相关的发展战略的观点。刘易斯认为："二元结构的发展中国家通过传统部门劳动力的无限供应来实现现代化部门的资本形成。"拉格纳·纳克斯认为，"穷国之所以穷，就是因为它们穷"，这种同义反复的理论就是所谓"贫困的恶性循环"[④]。利本斯坦则称之为"低水平均衡陷阱"。不发达国家的这种恶性循环就是：

$$人均收入少 \rightarrow 储蓄少 \rightarrow 投资少$$
$$\uparrow \qquad\qquad\qquad \downarrow$$
$$劳动生产率低 \leftarrow$$

[①] 高铦：《当代发展理论与第三世界发展问题》，《求是学刊》1987 年第 2 期。
[②] 同上。
[③] 同上。
[④] 同上。

"他们认为，要摆脱不发达状态，就要增加投资，而且投资量必须足以打破这种贫困的恶性循环。为此，纳克斯和罗森斯坦-罗丹首先提出所谓'大推动'平衡增长战略。主张发展中国家应有一整套补充投资，依靠投资来解决需求。"[1] 这种"大推动"所需要的大量资金依靠两大来源：一是国内储蓄；二是大量外部资金。

罗斯托的"经济成长阶段论"观点，虽然一开始就受到库兹涅茨、杰斯钦克朗等人的批评，"但是许多国家的决策人和国际组织仍受到罗斯托等人的影响。例如，联合国第一个发展十年（1960—1970）提出发展中国家国民生产总值每年增长 5%的目标，所强调的就是资本化的发展，没有强调社会指标"[2]。

二、关于发展中国家的"发达"与"不发达"理论

从 20 世纪 60 年代后期开始，从事发展研究的一批较为激进的学者，一方面认真地审视了现代化理论的不足，一方面对拉丁美洲等发展中国家的发展实践进行了考察和分析，发现了一系列特殊的问题与矛盾。他们阐述的"不发达"问题，引起了众多发展研究者尤其是发展社会学家的兴趣。这些学者一方面有力地批判了现代化理论模式的不可行性，另一方面又提出了一系列新概念、新观点。其核心思想是认为"发达"与"不发达"是同一发展过程的两个相互关联的结果。

一些国家的发达是以另一些国家的不发达为代价的，不发达是世界资本主义体系必要的组成部分。这种情况造成了不发达地区必然受资本主义的剥削，资源和生产剩余被攫夺，成为世界资本主义扩张的牺牲品。这种理论被称为"依附"论或"不发达"理论。值得注意的是，现代化理论家基本上都是发达国家的学者，而"依附"论学派中却有一大批拉丁美洲国家的发展问题专家。

三、不同于发达与不发达现代化理论的"依附论"

依附论观点繁多，学者主张不一。大体可分以下一些倾向或学派：

---

[1] 高铦：《当代发展理论与第三世界发展问题》，《求是学刊》1987 年第 2 期。
[2] 同上。

第一，不发达的发展。这一学派认为，在"中心-外围"的国际格局下，发展中国家不可能取得自主的发展。它们的发展只能是"不发达"状况的发展。因此，"外围"国家不能指望通过融入资本主义国际经济体系来实现现代化，它们的不发达恰恰是由于融入这个体系的结果。发展中国家应当同资本主义国际体系"脱钩"。这派代表人物是长期从事不发达问题研究的联邦德国激进学者 A. G. 弗兰克。他在 1966 年《不发达的发展》一文中最早提出了"不发达的发展"的相关论点。弗兰克的观点在 60 年代受到研究不发达国家的学者和学生的广泛接受。其后，他的论点在依附论学者、发展研究学者中都引起很大争论，多年来在书刊上连篇累牍地相互辩论和反驳。

第二，新依附论。这一学派认为，第二次世界大战后跨国公司确立的技术和工业优势形成了"外围"对"中心"的新依附。这派代表人物是"巴西社会学家西奥托尼奥·多斯·桑托斯。他在 1968 年《依附的新特点》一文中提出了上述观点。后来，他进一步阐述说，依附的类型随不同历史时期而变化：早期是殖民地依附，它反映欧洲与殖民地之间关系的特点。在殖民地国家中，土地、矿山和人力资源都被宗主国所垄断，对外贸易也被别人垄断"①。到了 19 世纪末，伴随着对金融与工业依附的加强，"一方面在霸权中心的资本统治加强；另一方面，在外国殖民地对原料和农产品（供中心大国消费）的资本投资加强。第二次世界大战以后出现了跨国公司的投资，这成为新依附论的基础，多斯·桑托斯把这称为技术-工业依附"②。

第三，依附性资本主义发展。这一学派不同意弗兰克的"不发达的发展"，认为在依附情况下也可以有资本主义发展，即依附性的资本主义发展。这派代表有巴西社会学家费尔南多·恩里克·卡尔多索和墨西哥政治社会学家巴布洛·冈萨雷斯·卡萨诺瓦等。卡尔多索认为，"依附性""垄断资本主义"与"发展"并不矛盾，某种情况下的依附性发展仍可能促进经济增长。比尔·华伦认为，帝国主义本身正在产生发展中国家迅速和持续发展的条件。

第四，以依附论补充和重新阐述帝国主义经典理论。秘鲁社会学家阿尼瓦尔·基哈诺等学者把依附论同经典作家的帝国主义理论联系起来分析。这

① 高铦：《拉丁美洲的依附与依附论》，《拉丁美洲丛刊》1985 年第 1 期。
② 同上。

派学者接受美国经济学家保罗·巴伦、保罗·斯威齐和哈里·麦格道夫对帝国主义垄断资本和跨国公司的分析。智利学者恩里格斯在 1983 年发表《关于依附论及其发展》一文，认为依附论在许多方面补充并丰富了经典马克思主义对帝国主义和不发达问题的看法，其补充的部分是试图阐述关于依附性国家的观点和活动规律。

总之，依附论学派在发达不发达问题上的观点与现代化理论大相径庭。60 年代后期，依附论在西方发展研究中占有一定优势，由此开创了发展研究中两种理论对峙的局面，不再是过去那种欧洲中心主义的"一统天下"。有人说，依附论的挑战在某种意义上可被看作社会科学的"革命"。不过，依附论未能征服早期现代化理论。两者各执一说，缺乏交流与对话，这种情况不利于建立真正科学的发展理论。

四、世界体系论的形成及其观点

早期现代化理论可以说是一种内因论，依附论是一种外因论，二者所采用的两分法，即现代—传统、中心—边陲，都未免过于简单和偏颇。

在现实世界中，并非某种国家是完全依附的或完全独立的，也并非某种国家的发展完全是另一些国家的反应。所有的国家都在相互依赖，同时又依赖由它们所构成的那个体系，只不过依赖的形式、类型和程度不同罢了。相对而言，西欧的依赖性比美国大些，东欧的依赖性比苏联大些。这种基本事实，促使某些学者放弃了单纯的依附概念，进而去探究相互依存的理论。相互依存概念比中心—边陲概念更准确地描述了复杂的世界经济与政治结构。有人把世界的结构比作一艘航船，各国人民好比船上的乘客，所有的人都乘坐在同一艘船上，只不过有的人坐头等舱，有的人坐二等舱、三等舱，各等舱的人在风险中进入救生船的机会不尽相同。

从全球背景方面分析发展问题，形成了世界体系论的观点。实际上，世界体系论与依附论有着密切的联系，正如这一理论的著名代表者 I. 沃勒斯坦所阐释的，20 世纪五六十年代盛行的现代化理论可称为"发展主义"，后来弗兰克、桑托斯、阿明等人提出的不发达理论或依附论可归纳为"世界体系观点"。他认为，这些观点在基本构想上都把现代世界看作一个源于 16 世纪而持续到今天的资本主义世界经济体系。其中的每一个国家都不是孤立的社会，而是整体的一部分。因此，如果说有发展阶段的话，则是指整体的阶段，而不是指个别社会的阶段。沃勒斯坦在评价"发展主义"和"世界体系观点"时认为，二者的分歧不是自由主义与马克思主义的分歧。在他看来，世界体系观点对发展中国家具有实践意义，因为它抛弃了发展主义以早期发达国家的经济为样板、以某些大国的政治领导为中心的观点，它把强权之间的关系看成是整个世界体系中诸多关系的一部分。

沃勒斯坦的世界体系论，尽管也受到了种种批评，但仍应承认，他的世界体系论对发展研究作出了新的贡献；他所提供的框架，对研究 20 世纪 60 年代以来发展中国家发展的外部制约因素，具有重要参考价值。

第四节 对西方现代化理论的反思

20 世纪 70 年代以来，西方学者不仅反思了早期现代化理论，而且对西方的经济增长方式、以资本增长为核心的现代化又作出种种反思批判。70 年代以来对西方现代化理论的反思，沿着两条路径推进：一是西方的后现代主义对西方早期现代化理论的批判；二是对西方以"资本"为核心的经济现代化以及如何"认识"发展与现代化的关系进行反思与论证。

一、后现代主义对现代化的反思

后现代主义起源于西方发达国家。根据韦氏辞典，后现代（postmodern）指 20 世纪中叶在西方艺术、建筑和文化等领域兴起的思潮，它分析现代社会的种种问题和危机，反对现代化运动的哲学和实践，主张复兴传统要素和技术。有些后现代主义者倾向于对现代思想的否定和解构，有些后现代主义者比较重视后现代社会的建设和创造。有些后现代主义者把社会发展分成三个阶段，即传统社会、现代社会和后现代社会。

（一）后现代主义的不同理论

几乎与现代化理论研究同步，西方学者对发达工业国家未来的发展进行研究，并提出了许多种新理论。例如，后资本主义社会（达伦多夫，1959）、后工业社会（贝尔，1973）、后现代主义（利奥塔，1984；罗斯，1991；格里芬，1997）、后现代化理论（克鲁克，1992；殷格哈特，1997）、知识社会（莱恩，1966）、信息社会、网络社会和数字化社会等，其中，后工业社会和后现代主义是与经典现代化理论紧密相关的，后现代化理论则与经典现代化理论相对应。

在 20 世纪 50 年代末，美国社会学家丹尼尔·贝尔就提出了后工业社会的思想，1973 年正式出版《后工业社会的来临》一书。他认为，人类社会的发展分为前工业社会、工业社会和后工业社会三个阶段，在今后 30 年至 50 年间，发达工业国家将进入后工业社会。

（二）后现代主义的特征

后现代主义是产生并流行于西方世界的一种理论范式和社会思潮。"它颠覆了西方传统的价值观秩序和话语方式，走向了一个新的理论思维和文化世界。作为一种理论和社会文化思潮，后现代主义不仅显现于建筑、文学、音乐、绘画等文学艺术领域，还影响了哲学观念、思维语境及社会价值取向的改变"①。

解构与重构作为后现代主义的特征，又被分为"积极的"和"消极的"后现代主义。"积极的"后现代主义者重估传统价值时也在建构，其中也有诸多如基于"主体间性"之上的责任理念的构建等积极思想。但后现代文化中，历史感、价值意义、普遍本质反映等，在根本上是被解构了。而消解历史意识、削平意义深度，实质上消除了文化的精神特性。詹姆逊分析说，后现代主义"在理论中也出现了一种新的平面感，无深度感，……旧式的哲学相信意义，相信所指，认为存在着'真理'，而当代的理论不再相信什么真理。"②"消极"的后现代主义者，解构普遍基础，解构对知识、价值的信仰，也解构掉了人类社会价值的相对共识标准和相对确定性。

二、对片面追求"经济增长"的反思

20 世纪 60 年代，一些发展中国家通过单纯的经济增长方式加快了经济

---

① 葛晨虹：《后现代主义思潮及对社会价值观的影响》，《教学与研究》2013 年第 3 期。
② ［美］弗雷德里克·杰姆逊，唐小兵译：《后现代主义与文化理论》，北京大学出版社 2005 年版，第 183 页。

增长速度。就发展中国家整体来说，也达到了国际社会所设定的国民生产总值年增 5% 的指标。然而，仅有经济增长的现代化并没改善发展中国家千百万人的生活状况，甚至经济增长还带来了种种意想不到的不良后果和灾难性后果。① 这使人们对发展中国家以"经济增长"为目标的社会发展观开始了怀疑与反思。

人们注意到，20 世纪六七十年代巴西经济增长率很高，甚至一度超过了欧共体的经济增长率，跻身工业 16 国，可谓经济起飞神速。但到了 80 年代，巴西为经济起飞付出了沉重的代价："农民极度贫困，社会两极分化严重、社会动荡不安，反对派遭到血腥清洗，巴西 1.3 亿人口中有 7 000 万居民实际生活水平下降。"② 到了 21 世纪后，巴西的贫穷状况更糟糕。根据国际货币基金组织（IMF）的数据进行的一项研究表明，和全球趋势相反，2011—2020 年的十年间，巴西人变得更加贫穷。巴西国内的咨询机构 Pendências 的调查表明，2011—2020 年的十年以来，巴西月收入属于中低阶层的巴西家庭所占比例由 48.7% 增加到 51%。显然，20 世纪六七十年代的巴西经济增长不过是一颗彗星。

随着 1973 年前后石油价格的上涨，伊朗的工业化快速发展。比起 60 年代，伊朗的人均国民产值增长了 10 倍多。但是，"伴随着经济的增长，执政者们的欲望也在膨胀，巴列维要做 20 世纪的'传奇英雄'，伊朗要做军事强国，在经济增长后每年竟要支付一百七八十亿美元购买军火"。同时，巴列维政府又把大量资金耗费在修建德黑兰地铁之类资金密集型大项目上，统治阶层中普遍贪污腐化。"伊朗的新财富，不仅没有促使伊朗社会进一步稳定，反倒使本国大多数人民不满。人们觉得国家的财富正在为一小撮贪污腐化分子所垄断。加上巴列维没能很好地处理与宗教界的关系，结果爆发了长达一年之久的示威和暴乱。原来 95% 拥护巴列维'现代化'的人们又推翻了巴列维和他的军队。伊朗经济起飞后又猝然而止。"③ 伊朗的发展，被学者们称为"一个经济神话的破灭"。

① 孟宪忠、李今朝：《面向 21 世纪的社会发展理论与社会发展战略》，《社会科学战线》1995 年第 3 期。
② 赵丽红：《全面发展是构建和谐社会的基础》，《中国社会科学院报》2007 年 3 月 29 日。
③ 孟宪忠、李今朝：《面向 21 世纪的社会发展理论与社会发展战略》，《社会科学战线》1995 年第 3 期。

三、对发展与现代化的论证

正是有增长无发展、恶的增长、增长与社会现代化的不一致及负相关的现象，激起西方许多学者开始反思增长与发展，提出种种新发展观。20 世纪 90 年代以后，中国学者也开始研究发展理论。

（一）"发展"与"增长"的区别

1. 对"发展"必须重新下定义

英国苏塞克斯大学发展研究所主任杜德利·西尔斯明确指出："调查一国发展情况应提出的问题是：贫困状况怎么样？失业状况怎么样？不平等现象又是怎么样？如果这三方面都已不是很严重了，那么就这个国家而言，无疑已处于一个发展的阶段了。倘若这三个中心问题中的一个或两个更加严重，特别是三方面都更为恶化，那么把这种结局称作'发展'就是一件怪事，即使人均收入业已大幅度提高。这方法当然也适用于将来。一个没有包含减少贫困、失业和不平等现象诸目标的'计划'，难以被认为是'发展计划'。"①

波士顿大学教授、世界发展研究所所长保罗·P. 斯特里登也要求"发展必须重新下定义，应叫做向当今世界主要'敌人'：营养不良、疾病、文盲、贫民窟、失业和不平等开战。若按总增长率来衡量，则发展已取得了显著成绩，但若是按工作、公平和消除贫困来衡量，发展则是失败的或仅仅取得了局部成功"②。

2. 要区分"增长"与"发展"两个不同范畴

针对 20 世纪 70 年代以前西方经济学把"增长"与"发展"混为一谈的观念，美国学者西尔斯在《发展的含义》一文中，明确区分了"增长"与"发展"是两个不同的范畴。

发展与增长的区别正在于"发展不纯粹是一个经济现象。从最终意义上说，发展不仅仅包括人民生活的物质和经济方面，还包括其他更广的方面。因此，应该把发展看成包括整个经济和社会体制的重组和重整在内的多维过

---

① ［美］塞缪尔·亨廷顿等著：《现代化：理论与历史经验的再探讨》，上海译文出版社 1993 年版，第 51 页。
② ［美］迈克尔·P. 托达罗著：《经济发展与第三世界》，中国经济出版社 1992 年版，第 50 页。

程"，"发展是集科技、经济、社会、政治和文化，即社会生活一切方面的因素于一体的完整现象"。"发展应该被看成是复杂的多元化的：经济的、社会的、科学的、文化的……它必须具有一种综合的特点，即包括社会生活的多种表现形式，并符合植根于各国人民的历史财富和道德的文化的目的"①。

美国著名政治学家塞缪尔·亨廷顿认为发展应该包括五大目标：增长、公平、民主、稳定、自主。"落后社会是贫穷的、不公平的、压制性的、粗暴的依附于人的。发展就是从后者转变为前者的过程。"② 另一位美国著名政治学家阿尔蒙德则指出："政治经济增长、发展、现代化、进步，不管如何称呼，都包含着由四个因素支配的积极和向前发展的运动，即包括四个变量：两个政治变量，两个经济变量。" "两个政治变量"是：（1）政府能力（或权力），（2）人民参政情况（或民主化）。这两个变量叫作两个"P"（因为权力 power、参政 participation 都以字母"P"开头）。"两个经济变量"是指经济的增长和分配或者是财富和福利，这两个变量叫作两个"W"（因为财富 wealth、福利 welfare 都以字母"W"开头）③。

在这里值得我们特别注意的是，亨廷顿与阿尔蒙德不但确定了发展过程包含多种因素互相作用，而且还特别提出了发展诸目标之间的复杂关系、诸因素之间作用的复杂性。亨廷顿、阿尔蒙德都指出：发展诸目标、诸因素之间的关系是一种矛盾的辩证关系。诸目标诸因素相互制约、相互促进，形成完整的发展过程，才能有完整的发展目标的实现。当然，不可能"所有好事一起发生"。的确有一些国家在某些目标上取得了进展，但在其他目标方面则失败了。甚至出现增长与公平、速度与稳定目标之间两难选择的境地，出现速度与稳定性相悖现象。这就要求人们要从多重角度、多顺序角度合理平衡各个发展目标的顺序，合理平衡各个发展因素的作用，掌握发展这个全面的范畴。

（二）"发展"是一个全面的范畴

基于发展是一个全面的范畴认识，国际社会在 70 年代开始扬弃以"经

① 鲍宗豪：《"发展"逻辑论》，《学术月刊》2007 年第 3 期。
② ［美］塞缪尔·亨廷顿等著：《现代化：理论与历史经验的再探讨》，上海译文出版社 1993 年版，第 333 页。
③ 同上书，第 361 页。

济增长"为核心的发展观，倡导综合的社会发展，认为发展不单单是一种经济现象，而是经济、社会和人的全面、综合与协调发展过程。综合的社会发展观具有以下特点：

第一，强调经济发展与社会发展的均衡。这二者是同一发展过程的两个方面，不能顾此失彼：经济发展是社会其他发展的物质前提，社会发展是经济发展的重要保证。例如，联合国的第二个十年发展计划（1970—1980）指出："发展的最终目的是对收入和财富实行更平等的分配，以促使社会公正和生产效率，提高实际就业水平，更大程度地保证收入并扩大和改善教育、卫生、营养、住房及社会福利设施以及保护环境。因此，社会性质和社会结构的变迁必须同迅速的经济增长并驾齐驱，而且应切实减少现存的地区、部门和社会内部的不平等。这些目标是发展的决定性因素和最终结果，因而它们被看作是同一动态过程的合成体……"[1] 这一发展目标说明，社会发展已不再是单纯的经济增长，社会制度和社会结构的变迁以及社会福利设施的改善具有同等重要的地位，经济发展与这些方面必须保持均衡。

第二，强调发展是"整体的""综合的"和"内生的"。"'整体的'和'综合的'发展，是将社会看作是一个由人口、环境、政治、经济、科学技术以及其他相关系统组成的有机整体，其发展不是各个部分发展的简单总和，而是各要素之间或各子系统之间的协调运行过程，最终求得总体的最佳效应（或效益），而不是某一部分的最佳发展。因此，任何方面的发展都必须从人类社会整体的角度去认识。某一部分的发展不应以牺牲另一部分的发展为代价，不应妨碍系统的协调运行，而要以服从整体的发展为前提。"[2] "内生的"发展，则"要求一个国家必须依靠其内部力量和资源及其合理的开发和利用，充分发挥人们自身的力量，运用适当的技术在国内生产维持他们生活需要的各种东西，同时不破坏他们通常的传统习惯。尤其是发展中国家，不应照搬西方国家的生产模式，重复工业化国家发展的老路，而是要自

---

[1] 联合国国际发展战略是联合国为促进发展中国家经济和社会发展而制定的战略规划，每10年为一个规划期。20世纪60年代实施了《联合国第一个十年国际发展战略》；70年代实施了《联合国第二个发展十年国际发展战略》。这两个战略方案提出要缩小穷国和富国之间的差距，建立更好、更有效的国际合作制度，创立一个公正的世界经济和社会秩序，但目标远未达到。

[2] 陈江旗：《社会发展观上的突破》，《社会科学主义》1996年第1期。

力更生，寻找新的发展途径，努力去实现必要的合作和自由发展之间的协调一致"①。这一事实已被发展中国家的发展历史所证明。

第三，强调发展中人的因素。人是社会发展的主体，是社会发展的规划者和决策者，同时又是发展的参与者和实践者。因此，社会发展必须以人为中心，人是一切发展的最终目标，其他发展都是为人的发展创造条件或机会。同时，只有依靠人才能获得发展，人是发展的动力，没有人的参与，任何发展都是不可能的。社会能否取得发展，完全取决于人的素质。美国学者阿历克斯·英格尔斯在《人的现代化》一书中认为，"落后和不发达不仅仅是一堆能勾勒出社会经济图画的统计指数，也是一种心理状态"②。由此可见，社会的发展首先是人的发展，是依靠人来取得发展的过程。

需要指出，从以经济增长为核心到以综合的社会发展为宗旨这一发展观念上的转变，"在实质上是从'狭义的发展'到'广义的发展'的转变，是社会发展的客观要求。它并不意味着对传统发展观的全盘否定，而只是将经济的发展看作是社会总体发展的一个方面"。经济发展无疑是社会其他方面发展的物质前提，没有经济发展，也就谈不上社会的其他方面的发展；同时，社会其他方面的发展，又是保证和促进经济发展的必要条件。因此，"这种发展观的转变，突破了经济增长就是社会发展这一狭隘观念，扩大了'发展'的概念和范围"③。新的发展观将社会的发展看作是全面的、综合的、协调的发展过程。

第五节　西方现代化理论的逻辑矛盾

20世纪70年代以来，西方学者对西方现代化的反思，对"增长"与"发展"范畴的论证，以及种种试图避免西方以"资本"为核心的掠夺、扩张式现代化的弊端所作的种种努力，均未有根本改变。尤其是近年来资本主义现代化导致的能源危机、生态危机以及民族冲突、局部战争再到美国在乌

---

① 陈江旗：《社会发展观上的突破》，《社会科学主义》1996年第1期。
② ［美］阿历克斯·英格尔斯：《人的现代化》，四川人民出版社1985年版，第3页。
③ 卢扬：《中国共产党对中国特色社会主义进步标准的实践探索》，《云南行政学院学报》2011年第3期。

克兰发动的"代理人"战争，使以"资本"为核心的现代化遭到了世界各国学者的批判。西方现代化为什么一直难以走出"发展与现代化"的困境？西方现代化理论的内在逻辑又是什么？

一、西方现代化理论的三种"发展"逻辑

"发展"是自然界与人类社会永恒的主题。关于"发展与现代化"理论的研究，兴起于 20 世纪 60 年代初的美国和欧洲。"发展"研究作为一个跨学科的领域，力图通过对那些与人类命运攸关的全球性和地区性的"发展"问题的探索，去阐释发达国家现代化的路径、经验与模式，提出占世界人口绝大多数的发展中国家的现代化道路。世界发展与现代化理论研究所形成的不同的"发展"逻辑，有其历史的合理性。但是，由于未能置于"发展"逻辑的历史演进之中，因而未能揭示其内蕴的逻辑矛盾，未能揭示"发展"的辩证逻辑对不同的"发展"逻辑理论建构的意义和价值。[①]

20 世纪 70 年代以来，世界上关于发展与现代化的理论大致可归纳为三种"发展"逻辑，即"经济增长逻辑""现代化逻辑""生态逻辑"。"经济增长逻辑"的矛盾在于，其客观上内蕴着愿景与现实、富裕与贫穷、发达与落后、渐进与跨越、解构与重建五个悖论；"现代化逻辑"缺乏对现代化本质和现代化过程在发达国家与发展中国家之间差异的分析，缺乏对绝对现代化与相对现代化辩证关系、辩证逻辑的揭示；以可持续发展为内核的"生态逻辑"，还没有真正摆脱人类中心化的影响，还没有达到"自然与人和谐"、共存共生共荣的境界。对西方三种"发展"逻辑的辨析，有助于人们在扬弃"经济增长逻辑""现代化逻辑""生态逻辑"的基础上，构建一种历史逻辑与现实逻辑相统一，自然逻辑与人文逻辑、社会逻辑相统一的科学发展的逻辑。

二、经济增长的逻辑矛盾[②]

增长（尤其是经济增长）不等于发展，目前已成为学术界内外的共识。

---

① 鲍宗豪：《"发展"逻辑论》，《学术月刊》2007 年第 3 期。
② 这部分研究阐释见鲍宗豪：《"发展"逻辑论》，《学术月刊》2007 年第 3 期。

但在 20 世纪 60 年代初，美国经济史学家沃尔特·罗斯托（W. W. Rostou）的"经济成长阶段论"之所以能被国际社会普遍接受，联合国也将国民生产总量增长作为"第一个发展十年（1960—1970）的目标"，甚至到了 20 世纪 90 年代，一些发展中国家还很容易接受加快"资金积累""做大蛋糕"实现增长的发展理念，并且把国内生产总值（GDP）高低当作考核政绩的首要指标，这里既有把"增长"等同于"发展"的片面理解与认识上的原因，也有一方面说增长不等于发展、另一方面又不得不通过"增长"来实现"发展"的原因。问题在于：为什么片面理解"增长"、通过"增长"来实现"发展"会导致"增长"的误区、"发展"的陷阱？其实质在于，"增长"客观上内蕴着五大逻辑"悖论"①。

（一）愿景与现实的悖论

从客观影响看，罗斯托的"经济成长阶段论"由于线性、直观且又完整地勾勒了当时各国经济增长经历的阶段，既能较容易地获得发达国家的认可，因为他们就是这样"发展"过来的；又能为急于摆脱落后或贫困的发展中国家接受，都乐于把罗斯托强调的"资金和资金积累"看作增长的关键，试图通过"资本"的增长、投入的增加来实现"起飞"，实现"增长"的愿景。

经济增长的"诱惑"还在于它有"看得见"的好处：经济在"成长""壮大"。所以，"增长"的目标愿景——"蛋糕做大分而食之"，"GDP"增加了、一切问题随之迎刃而解了等理念就成为不同时期人们的追求。也正因为如此，罗斯托的"经济成长阶段论"观点虽然一开始就受到经济学家库兹涅茨、杰斯钦克朗等人的批评，但是许多国家负责经济发展的决策者都愿意选择"增长"，乐于谋取"增长"、留下"增长"的痕迹。然而，"经济成长阶段论"面临的困惑是：经济成长不可能是直线的递进，经济成长过程是一个利益与资源重新组合、分配的过程，经济成长的结果有一个少数人还是多数人享受增长成果，能否让大多数人摆脱贫困、落后的状况等问题。

如此说来，"经济成长""经济增长"实质上是一种复杂的社会经济关

---

① 五大"悖论"分析参见鲍宗豪：《"科学发展"的逻辑意蕴》，《学习与实践》2007 年第 3 期。

系的变化与重组的过程。经济成长不可能像人们所期望或所直观感受的那样从一个阶段过渡到另一阶段，复杂的社会经济活动使人的期望、愿景与当下的感受、现实的结果始终是有矛盾的。不懂或忽视这一内在的矛盾，一味地强调"经济成长""经济增长"，最后必然不能摆脱现实的困惑，即经济成长了，但它并没有改变当时"起飞"的一些发展中国家人民的生活，反而带来了意想不到的后果——社会两极分化、动荡不安，负效应冲淡了正效应。

（二）富裕与贫穷的悖论

经济增长是走向工业化和现代化的一条重要路径。早在 19 世纪中叶，马克思和恩格斯就已对英国技术进步、经济增长导致工业革命所引发的巨大生产力无比赞叹："资产阶级在它的不到一百年的阶级统治中所创造的生产力，比过去一切世代创造的全部生产力还要多，还要大。……过去哪一个世纪料想到在社会劳动里蕴藏有这样的生产力呢?"[1] 既然工业化带来了社会生产力的巨大发展、社会财富的巨大增加，那么，工业社会应能消除农业社会的贫困、让每个人都过上富裕的生活，但现实却是，工业化的推进导致了富裕与贫困的悖论。

以往人们习惯上认为，是资本主义的工业化造成了富裕与贫困的悖论。但世界各国发展的实践表明，富裕与贫困的悖论不仅在欧美较早进行工业化的国家中出现过，在正进行现代化的新兴发展中国家也不断地重复出现。而且，在很多情况下，"物质进步不仅不能解脱贫困，实际上它产生贫困"[2]。究其原因，主要有三：① 追求工业化、现代化过程中行为方式的问题。如把经济增长作为工业化、现代化的唯一目标，而忽视社会公正、平等与幸福，忽视法律、道德等方面的建设，这必然会拉大富裕与贫困的距离。② 社会分配不公，缺乏对社会财富进行合理分配与调控的机制。③ 不同国家和地区原有的自然环境、经济基础、基础设施、信息传播以及思想观念的差异。可以说，通过经济增长走向工业化和现代化进程中产生富裕与贫困现象的原因，是客观的可能性（内蕴的悖论）加上主观片面性的诱导而造成的。以"经济增长"为根本取向的工业化、现代化，富裕与贫困的悖论将伴随一个国家或

① 《马克思恩格斯选集》第 1 卷，人民出版社 2012 年版，第 405 页。
② ［美］亨利·乔治：《进步与贫困》，商务印书馆 1995 年版，第 16 页。

一个地区的经济增长、发展与现代化的全过程。

（三）发达与落后的悖论

由于一个国家内部各地区间原有发展基础的差异，故追求经济增长的现代化的目标不可能同时给各地区间带来普遍的福音。发达地区与落后地区的差距不仅存在于经济增长的起步时期，同时将贯穿于国家整个经济增长、发展与现代化过程的始终。当然，"发达"与"落后"在实现现代化目标前后的性质是不一样的。实现现代化目标之前，表现在是否达到现代化目标的质的差异，之后则是现代化水平的量的差异。

认识与把握国家内部各地区经济增长、发展与现代化进程中"发达"与"落后"的悖论，一是要认识经济增长、发展与现代化的推进，其发展是不平衡的，也正因为有不平衡、有差距，才会有发展，才需要统筹发展，统筹发展就是为了缩小差距；二是发达地区应更好地向不发达地区辐射，并产生示范效应；三是不发达地区需要不断转变观念、勇于创新，形成适合自己迅速赶超发达地区的发展与现代化战略，避免差距的扩大、"发达"与"不发达"鸿沟的加深，形成发展与现代化推进中的良性互动和可控性不平衡。

（四）渐进与跨越的悖论

后发国家、落后地区在通过经济增长走向现代化的过程中，为了能缩小与发达国家、发达地区的差距，一般都会选择"跨越式"发展的战略。但是，在如何理解"跨越式"发展、如何实施"跨越式"发展战略方面，则还有一些分歧和失误。

国内学术界和实际工作者在以下四种场域中提出了"跨越式"发展：一是在讨论马克思的东方社会理论时，一些学者认为东方社会可以在生产关系和上层建筑领域跨越"卡夫丁峡谷"，但生产力是不能跨越的；二是在改革开放之初，确立中国改革的方式是"渐进式"还是"激进式"时，提出了"渐进式"改革、"跨越式"发展的思路；三是在 21 世纪新一轮城市现代化建设中，不少城市提出为了"率先"实现现代化，必须实施"跨越式"发展的战略；四是一些相对落后的地区，为了缩小与发达地区的差距，一度曾把"跨越式"发展演绎成"高增长"战略，并津津乐道于 GDP 的高增长。

实际上，生产力与生产关系是一个矛盾的统一体，离开了统一体的一面——生产关系去谈"跨越"生产力，是没有意义的。试想，一个国家、一个地区的生产力"跨越"到了工业社会，但组织、管理生产的生产关系还是农业社会的，这行吗？如今所倡导的"跨越"式发展，本是人类在进入知识经济、信息社会后所带来的一种历史性机遇。发展中国家或相对落后的地区，完全可以利用已经出现的历史机遇，通过对先进技术的学习和运用，可以在较短时间内在一些尖端技术领域赶上甚至可能在某一方面超过发达国家、发达地区，并由此而产生"跨越"效应，迅速增强本国、本地区的综合经济实力。"跨越式"发展作为知识经济、信息经济时代所具有的一种历史性机遇，一方面，它对任何国家和地区来说，都是一种实现"跨越式"发展的可能；另一方面，实施"跨越式"发展将打破一个国家、一个地区的"渐进"发展模式，打破一个国家、一个地区的平衡，从而产生种种问题和矛盾，反过来有可能制约"跨越式"发展。在这个意义上说，"跨越"与"渐进"是一个悖论。所以，正确实施"跨越式"发展战略，不仅要善于把"跨越"的历史性机遇变为现实的可能，而且要善于面对打破（但不是悖论的解体）"渐进"发展而带来的种种挑战。

（五）解构与重建的悖论

经济增长客观上会促进一个国家、一个地区的发展与现代化。但是，发展与现代化本质上则是一个国家、一个地区的社会结构变迁的过程。正如美国学者吉尔特·罗兹曼在其主编的《中国的现代化》一书中所指出的，我们把现代化视作各社会在科学技术革命的冲击下业已经历或正在进行的转变过程。一个国家、一个地区的社会结构是该国、该地区的地域空间内的社会群体在生存与发展的实践活动中按照一定的规则与秩序所形成的相对稳定的关系。社会结构包括人口结构、家庭结构、就业结构、阶层结构、城乡结构、区域结构、组织结构以及群体的心理结构等等。发展与现代化促进了一个国家、一个地区社会结构的变迁。变迁中的该国、该地区的社会结构，就是该国、该地区的"互动场域"。社会作为一种"互动结构体"，其"场域互动"处在一个连续不断的过程中，或者说是一个无限的过程。在该国、该地区的"冲突式互动场域中"，冲突可导致该国、该地区的社会结构的变动，互动则是该国、该地区的社会结构的磨合与转型。一个国家、一个地区伴随着发展与现代化进程而转型的社会结构，将开始在新的社会结构平台上开始新的"冲突与互动"。

　　总之，认清经济增长逻辑内蕴的五个悖论，一是提醒政府部门、理论和实际工作者，由经济增长走向发展与现代化是一个充满矛盾的过程，关键在于如何正确地认识和对待上述悖论；二是"悖论"如同上下、左右、天地一样，是矛盾的统一体，在矛盾转化条件不成熟（或者说在"悖论"统一体还不易解构的条件下）时，不善于认识、把握和利用增长、发展中的"悖论"，随意破坏"悖论"，常常会导致"悖论"的解体，出现矛盾激化；三是在正确认识与把握"悖论"特征与规律的情况下，能使"悖论"处于从增长走向发展与现代化进程中"可控"的和谐环境与条件之下；四是以新发展理念为指导的中国式现代化，是在继承、发展和完善改革开放 40 多年来发展和现代化理论的基础上，把控发展的种种"悖论"，破解发展的"困境"，而不断走向科学发展的。①

三、现代化逻辑的"现代化"②

　　经济增长客观上促进了社会关系的变动、社会结构的转型。但是，由于"经济成长论"或"经济增长论"只讲经济"成长"（增长），不讲社会变化发展的逻辑认知、逻辑判断的失误，所以它很快被 20 世纪 70 年代发展起来的世界现代化的理论所淹没。这一现代化逻辑至今还在发展与完善，还在不断地走向"现代化"。因此，探讨"发展"理论必须对"发展"的现代化逻辑有一个基本的认识与评价，进而才能发现现代化逻辑的"现代化"历程，才能发现"发展"的辩证逻辑对现代化逻辑的超越，以及"发展"的辩证逻辑的意义和价值。

　　（一）世界现代化的三次浪潮和三种模式

　　"发展"的现代性标志是"现代化"。从工业革命开始的对发展与现代化的追求，到信息时代的发展与现代化，世界经历了三次浪潮。第一次现代

---

① 鲍宗豪：《"发展"的悖论与科学发展观》，《红旗文稿》2007 年第 12 期；《中国需要什么样的城市现代化?》，《河北学刊》2004 年第 2 期。
② 这部分研究阐释参见鲍宗豪：《"发展"逻辑论》，《学术月刊》2007 年第 3 期。

化的浪潮是英国工业革命启动的，大约历时一百年（约 1760—1860），首先把西欧和美国卷入工业化和现代化的浪潮中；第二次现代化浪潮是伴随第二次科技革命而来的，时间是 19 世纪下半期至 20 世纪初（约 1860—1930），它是一个工业化在西欧和北美核心地区取得巨大成就并向其他地区扩散的过程；第三次现代化浪潮是一次真正世界性的大浪潮，它是一次席卷亚、非、拉广大地区的真正全球性的大变革，这次浪潮从 20 世纪 40 年代起步，经历了整个 20 世纪下半叶，它促使 20 世纪前期实现了工业化的国家相继步入了现代化的高级阶段，并形成了以资本密集、技术密集、资源浪费、劳力节省、大众消费和福利主义为特征的资本主义"文明"。

在世界现代化的三次浪潮中，大致形成了三种模式：第一种模式是追赶型的现代化，主要有北欧诸国、加拿大、澳大利亚、新西兰、南非和日本。第二种是依附型的现代化，主要是拉美国家。拉丁美洲长期是西班牙、葡萄牙的殖民地，在 18 世纪末、19 世纪初的民族独立战争中获得了民族独立。然而，19 世纪下半期欧美资本主义发展高潮对拉美原料和市场的需求，英、美等国资本和技术向拉美的转移，使拉美国家的现代化带有明显的"依附性"特征。第三种是防御型的现代化。在早期殖民主义时期，亚洲、非洲一些古国尚未被殖民主义者征服，如亚洲的中国、泰国、土耳其，非洲的埃及、摩洛哥、突尼斯和埃塞俄比亚等，走的是防御型的现代化路径。

正是世界持续了 250 多年的现代化浪潮以及不同的发展模式，促使各国普遍关注"发展与现代化"理论的研究，形成了种种不同的"发展与现代化"理论。

（二）对"发展"与"现代化"概念的辨析

"现代化"作为"发展"的现代性标志，它们是既有联系又有区别的两个概念。

——关于"发展"。"增长"与"发展"是两个不同的范畴。发展与增长的区别在于"发展不纯粹是一个经济现象。从最终意义上说，发展不仅仅包括人民生活的物质和经济方面，还包括其他更广的方面。因此，应该把发展看成包括整个经济和社会体制的重组和重整在内的多维过程"，"发展是集科技、经济、社会、政治和文化，即社会生活一切方面的因素于一体的完整现象"①；"发展应该被看成是复杂的多元化的：经济的、社会的、科学的、文化的……它必须具有一种综合的特点，即包括社会生活的多种表现形式，并符合根植于各国人民的历史财富和道德的文化的目的"②。波士顿大学教授、世界发展研究所所长保罗·P.斯特里登也认为，"发展必须重新下定义，应叫做向当今世界主要'敌人'：营养不良、疾病、文盲、贫民窟、失业和不平等开战。若按总增长率来衡量，则发展已取得了显著成绩，但若是按工作、公平和消除贫困来衡量，发展则是失败的或仅仅取得了局部成功"③。

美国政治学家阿尔蒙德也指出，政治经济增长、发展、现代化、进步，不管如何称呼，都包含着由四个因素支配的积极和向前发展的运动，即包括四个变量：两个政治变量，两个经济变量。两个政治变量（2P）是：① 政府能力（或权力），② 人民参政情况（或民主化）。两个经济变量（2W）是指经济的增长和分配或者是财富和福利。发展诸目标、诸因素之间的关系是一种矛盾的辩证关系，它们相互制约、相互促进，形成完整的发展过程，进而导致完整的发展目标的实现。国外学术界关于"发展"概念的研究启示我们：① 发展是一个过程；② 要重视发展过程中诸目标、诸因素矛盾的互动与协调；③ 发展是整体目标的实现。

——关于"现代化"。"现代化"概念可从两个层面解读：一是绝对意义上的"现代化"，它表示的是"传统"社会向"现代"社会转化的历史过程；二是相对意义上的"现代化"，它指的是落后国家向发达国家转变这一相对关系上的现代化。当然，相对意义上的"现代化"，也内含着落后国家以发达国家的"现代"社会为参照，从"传统"向"现代"社会的转变。但我这里之所以把它视为相对意义上的"现代化"，因为落后国家是以发达国家一定时间达到现代化的水平为参照，借鉴发达国家现代化的经验，站在工农业并存的地平线上，以工业化与信息化为双重任务，实现其现代化的。可以说，落后国家的现代化是一种缩小与发达国家的差距、并逐渐向发达国

① 联合国教科文组织：《发展的新战略》，中国对外翻译出版公司 1990 年版，第 4 页。
② ［西班牙］费德里科·马约尔：《不要等到明天》，社会科学文献出版社 1993 年版，第 29 页。
③ ［美］迈克尔·P. 托达罗：《经济发展与第三世界》，中国经济出版社 1992 年版，第 50—51 页。

家转变的现代化，是一种达到当时发达国家曾达到的现代化水平为标准的现代化。在这个意义上说，落后国家即使达到了发达国家现代化曾达到的水平，它与发达国家新的现代化（或者说"后现代化""第二次现代化"）之间仍有一定的张力与距离，它只能是一种相对意义上的现代化。

——关于"发展"与"现代化"的关系。在当今时代，"发展"与"现代化"均是一个"过程"概念。它们在同一个意义上使用的情况是："发展的目标是现代化"，"发展是从传统社会向现代社会转型的过程"；"发展是技术更新、财富增长、劳动生产率提高、社会进步和人的全面发展"；"在全球化时代，发展的现代性标志是现代化"等。

"发展"与"现代化"概念的差异在于："发展"作为一个过程概念，在指称世界各国的发展和现代化时，用"发展中"（developing）和"发达"（developed）来表示其不同的水平。英文的"发展中"（developing）和"发达"（developed）为同一词根，用以区别不同的状态。前者指处于成长过程中，距成熟或预期的较高级或高级水平尚有一定潜力或一段距离；而后者多指处于成熟或较高级或高级的、已经或趋于完成的状态。中文将"发展"界定为一个哲学概念，指"事务由小到大、由简到繁、由低级到高级、由旧质到新质的运动变化过程"；"发达"则指事物"已有充分发展"。英文的"发展"包含有"发育"的内容，指在生物有机体的生活史中，个体和或群体的构造和功能从简单到复杂的变化过程，成熟或发育充分的标志是达到能够繁衍延续的水平。不仅如此，"发展"的这种"发育"内涵不仅仅限于生命有机体的成长演化过程，而且也用于社会经济生活的方方面面，如成熟的社区，发达的工农业，健全的法制等。又如，对于经济发展或发育程度较低的或鼓励发展的待开发地区，则称为欠发达地区（Underdevelopment Area）或开发区（Development Area）。也正因为有"发展中"与"发达"的差异，所以，人们一般又把西方国家称为"发达"国家，是实现了现代化的国家，把发展中国家称作"不发达"国家，是有待于实现发展和现代化的国家。

（三）对现代化逻辑的剖析

对现代化逻辑解读的核心概念是"传统"向"现代"的转变问题。许多早期现代化理论家都曾从不同的学科领域视角研究现代化，探讨"传统"与

"现代"的特征与差异。如以塞缪尔·亨廷顿、戴维·伊斯顿、阿尔蒙特等为代表的现代化研究的政治学方向；以沃尔特·罗斯托、西蒙·库兹涅茨、格尔申克隆等为代表的现代化研究的经济学方向；以塔尔科特·帕森斯、马里昂·列维、丹尼尔·勒纳等为代表的现代化研究的社会学方向；以阿历克斯·英克尔斯、麦可勒兰德等为代表的现代化研究的人文学方向；以西里尔·布莱克和艾森斯塔特等为代表的现代化研究的制度学方向。早期的现代化理论家都认为，"现代化"是一个逐渐消除"传统"特征，同时获得"现代"特征的过程。现代化作为一个过程，它是一个彻底的转变过程，是一个系统的过程，是一个长期的过程，是一个阶段性的过程，是一个内在的过程，是一个全球化的过程，是一个趋同化的过程，是一个不可逆转的过程，是一个进步的过程。

1. 早期现代化理论的缺陷

早期现代化理论有三个明显的缺陷：第一，理论模式与事实之间的矛盾。即以对西方国家现代化过程和经验的总结来套用非西方发展中国家的现代化，常常难以解释发展中国家的现代化所遇到的种种问题。第二，对"传统"与"现代"这两个概念及其关系理解过于简单和抽象。"传统"和"现代"并非对立的两极，"传统"也不等同于"落后"，"现代"也不等同于"先进"；同时，"传统""现代"以及现代化过程又都不是脱离具体时空条件的，不然，就难以避免沿用、套用发达国家现代化的模式而带来的困难和失误。第三，种种现代化理论都偏重于定性研究，缺乏定量评估与分析。

2. "新现代化""后现代"和"第二项现代化"理论的不足

20世纪八九十年代出现的"新现代化"理论、"后现代"理论，都对早期的现代化理论进行了批判的反思，都对"现代化"研究作出了新的推动。"新现代化"理论虽然仍具有早期现代化理论所具有的一些特征，如仍将"传统"与"现代"作为自己的核心范畴①，仍将现代化看作是从"传统"向"现代"的转变过程，但同时又对早期现代化理论作了或多或少的修正，

---

① 如美国学者布莱克的《比较现代化》、德国学者茨阿波夫的《现代社会的现代化》等。

为现代化研究提供了一些新的理论基础，开启了一片全新的研究领域。

"后现代"理论则对"现代性"这个"现代化"理论的核心概念从根本上加以质疑，否定"现代性"以及作为其基础的"理论"（严格地说应该是"工具理论"）作为人类最高价值的合法性，从而也就是对"现代化"本身的价值，以及对探讨、促进"现代化"过程为己任的一切"现代化"理论的价值提出了质疑。不可否认，"后现代"即使在西方也还是一个含义模糊的概念，"后现代"理论对"现代性"的批判也有过激之处。但是，"后现代"以对现代西方社会问题的诊断为基础，从一个新的角度揭示了西方社会已有的"现代性"及现代化模式的弊病，这与"新现代化"理论对早期现代化理论的批评有着某种异曲同工之处，这对正处于现代化过程之中的非西方发展中国家来说，有一定的警示意义。

20 世纪 80 年代，中国的罗荣渠等学者开始反思现代化的理论与历史经验。1988 年，何传启提出"第二次现代化"理论，认为第一次现代化是以发展工业经济为基础的经典现代化，而第二次现代化是以发展知识经济（新经济）为基础的新现代化[①]。"第二次现代化"的观点，开拓了现代化研究的新视野，但它偏重于现代化发展阶段的量的分析与判断，缺乏对现代化的本质和现代化过程在发达国家与发展中国家之间差异的分析，缺乏对绝对现代化与相对现代化辩证关系、辩证逻辑的揭示。

3. 要把握现代化的本质

从对"现代化逻辑"的解读中我们还可以看到：无论是"现代化"理论还是"后现代"理论、"第二次现代化"理论，都将"现代化"作为人类奋斗目标，都是以现代化过程作为自己的研究对象，以探讨如何才能实现现代化的战略、策略作为自己的根本任务。从这个意义上说，它们要解决的都是"发展的现代化逻辑"问题。但它们之间的分歧与争论，还是源于最核心的问题：什么是现代化？究竟如何把握现代化的本质？笔者认为，现代化的本质是随着现代化实践的深入、现代化本质特性逐渐显示的过程中，逐渐把握、逐渐深化的。当今，对现代化本质的认识应考虑以下四大因素：

---

① "中国现代化报告"课题组：《中国现代化报告》（2001）"序"，北京大学出版社 2001 年版。

首先,"现代化"是一个"目标集"概念。它是人类对经济、政治、文化等目标的理想追求在"现代化"概念上的集中体现。人类的现代化不仅仅是经济的现代化,还应包括政治的现代化、文化的现代化、社会的现代化、制度的现代化等。正因为它是"目标集"的概念,才会有西方学者从政治学、经济学、人文学、制度学等不同视角对"现代化"的探讨。尤其是新时代中国式现代化,它更是一个基于人口大国,要实现共同富裕、"两个文明"协调发展,以及人与自然和谐共生等五大特征目标的"现代化"。

其次,对现代化的追求是一个"全过程"(全面的发动与转变的过程)。当世界各国都把"现代化"作为目标追求时,它必然是一个不间断的"传统"向"现代"转化的过程,是一个"传统"化"现代"的过程。但"传统"与"现代"的关系不像西方"现代化理论"家们理解的那么简单、抽象。"传统"与"现代"既不能简单地以"好"与"坏"来区分,也不能把两者截然隔离。实际上,"传统"与"现代"是一个相互依存、相互补充、相互转化的过程。过去的"现代"便是未来的"传统",未来的"传统"中又蕴含着过去的"现代"。正因为"传统"向"现代"的转化过程是一个长期的过程、阶段性的过程,所以,现代化过程中充满着矛盾,科学地认识矛盾、合理地解决矛盾,才能不断推进现代化进程。

再次,现代化的社会本质就是当今世界的社会现代化。社会现代化不同于第一次、第二次现代化,或者说不同于一般意义上的现代化(以工业化、信息化为核心的现代化)。它主要有四个明显特征:① 社会现代化将现代化的重心由经济、技术、知识转向社会、社会发展。经济、技术、知识都是社会人的创造,创造应有助于社会大多数人共享,所以,社会现代化突出关注社会福利、社会公平、社会权益。② 转型社会的现代化。在从农业社会向工业社会,工业社会向信息社会,以及计划经济向市场经济转型的过程中,社会职业、社会阶层、社会结构开始相对固化,这不同于转型之初社会职业、社会阶层的流动与分化较明显、较有可能;相对固化的社会阶层、社会结构实质上是新的社会结构的一种重建,需要关注这种重建的合理性及其进一步发展完善的张力。③ 社会现代化本质上也是一场非常深刻的重构当代城镇人民生活方式的革命。当今世界发达国家已开始了由现代性社会向后现代社会的转型。伴随着"后现代社会""后现代化时代"的到来，以获取物质财富为主要动机的"生产本位论"正为"生命本位论""生活本位论"所取代。在"后现代化时代"，全球都市公民更加关注和重视生命、生存与生活的质量。④ 社会现代化的目标是社会文明化，是人与自然、人与社会关系的品质不断提升而又文明和谐的社会现代化。

最后，关于现代化的表征。现代化的表征主要有四：一是数量表征。一个国家或一个地区（城市）的现代化，通过人均国内生产总值、城市化比例、预期寿命、大学普及率等数据来衡量或测度。二是质量表征。通过一个国家或一个地区（城市）的"经济质量""生活质量"等，来标示一个国家或一个城市的现代化质量。三是形态表征。一个国家尤其是一个城市的现代化，其城市建筑、道路交通设施、公共场所和绿地，是一个城市现代化的直观表征。四是社会文明化表征，即社会现代化给社会带来的是文明和谐，是社会文明程度的提高。

总之，所谓的现代化，从本质上说，就是自工业革命以来，不同国家、不同民族顺应世界经济、社会发展潮流，在促进经济、社会转型的过程中，不断提高人与自然、人与社会文明程度，不断促进人类社会文明和谐发展的过程。

四、"生态逻辑"的历史建构①

无论是"经济增长"的逻辑还是"现代化"的逻辑，它们的共同缺陷均是在关注"增长"或"发展"的逻辑中，缺乏生态、自然环境的角色与地位，缺乏对生态资源环境支撑"发展"能力的认识与评价。因此，从生态视角探讨与倡导现代化就成为一种必然。

（一）"生态逻辑"的合理价值

人类对"生态逻辑"的认知与建构是一个历史过程。它经历了 20 世纪四个十年的努力，且不同的年代对"生态逻辑"的建构具有不同的特征。

——发展的资源支撑问题。当 20 世纪 60 年代"经济成长阶段论"以及

---

① 这部分阐释参见鲍宗豪：《"发展"逻辑论》（《学术月刊》2007 年第 3 期）；《对当今世界发展理论三种逻辑的超越》（《红旗文稿》2009 年第 2 期）等文章。

第三次世界性现代化浪潮推进之际，1962 年，美国出版了莱切尔·卡逊的著作《寂静的春天》。该书列举了大量污染的事实，说明"人类一方面在创造文明，另一方面又在毁灭自己的文明"，环境问题如不解决，人类将"生活在幸福的坟墓中"。1966 年，美国的鲍尔丁提出"宇宙飞船理论"，指出：地球好比一个宇宙飞船，飞船上的人口不断增加，经济不断增长，最终导致资源耗尽，船舱全被污染。"宇宙飞船理论"大大增加了人们的资源和环境危机感，人类长远发展的资源支撑问题开始引起人们的关注。可以说，这是人类从发展的生态资源支撑视角对"生态逻辑"的最初认知。

——发展的系统过程理念。经过十年的努力，以 1972 年 6 月联合国在瑞典的斯德哥尔摩召开的人类环境会议上发表的《人类环境宣言》为标志，人类对发展的"生态逻辑"的认知和建构，纳入了系统过程的理念。第一，不能狭隘地只从环境保护的角度来看待资源环境生态问题，必须从人类生态系统的大视角清晰地认识到资源环境与生态问题是关系到人类能否维持的大问题。第二，不能只从各国局部的经济利益和环境利益来处理资源环境生态问题。这一问题是全球化的。人类必须认识到"地球的整体性和相互依存性"，认识到每一个国家自身都不可能独自完全解决环境生态问题，只有携起手来，才能取得成功。第三，不能沿袭传统的发展模式，必须突出"过程"的理念，必须把环境与发展统一起来思考。20 世纪的资源、环境、生态破坏问题，主要是由产业革命以来"高生产、高消费、高污染"的传统发展模式造成的，而且，20 世纪的资源、环境、生态问题还带有不可逆转性，这就要求人们必须寻找新的环境与发展模式，抛弃"先污染，后治理"的老路，确立"过程"的理念，"校正过程优于校正结果"，把防治环境污染、生态破坏放在重要位置。

——可持续的发展观。20 世纪 80 年代，经过第二个十年的探索，人类对发展的"生态逻辑"的认知与追求又有了一个新的突破，即以发展的系统过程理念为基础，提出了人类可持续发展，建设一个能承受当下与未来的可持续发展社会的"生态逻辑"。1981 年，世界观察研究所所长莱斯特·R. 布朗在《建设一个可持续发展的社会》一书中，首次从生态、环境、经济协调发展等方面出发，提出要保护我们生存所赖以维持的自然基础，建立一个可持续发展的社会，并声称在世界各地，向一个持续发展社会的过渡正在进行中，人们已经从不可否定的事实中认识到全球正面临着自我毁灭①。至此，人类的发展的"生态逻辑"观（或者说可持续发展观）已基本形成。

——可持续发展的战略。20世纪90年代，以可持续发展为内核的发展的"生态逻辑"转变为世界各国的战略目标、战略规划和实践。1992年6月，联合国历史上空前的一次"地球首脑会议"——联合国环境与发展会议在巴西的里约热内卢召开，183个国家的代表团和联合国及其下属机构等70个国际组织的代表出席了会议，102位国家元首或政府首脑到会讲话。会议通过和签署了《里约热内卢环境与发展宣言》《21世纪议程》《关于森林问题的原则声明》《联合国气候变化框架公约》《生物多样性公约》等重要文件。

里约热内卢会议后，可持续发展思想已成为各国政府的共识，成为当今时代的最强音。它表明，人类饱尝传统发展道路的惨痛教训之后，终于理智而明确地选择了人口、环境、经济和社会可持续发展的发展战略。这是人类的历史性转折，是人类开创新文明和开拓新的发展道路的重要标志。

由上可见，人类对发展的"生态逻辑"的认知与建构是一个艰难的历史过程。直到人类可持续发展观、可持续发展战略的形成，才基本完成了发展的"生态逻辑"的建构，人类对发展的认知开始进入了一个"自觉"的状态，规定了发展的合理的"权限"，即在满足当代人需求的同时不能损害后代人的发展需求。这种发展的合理"权限"虽然在不同国家、不同地区、不同民族、不同群体乃至个人那里都是有差异的，但是，这并不能否定发展合理"权限"的合理价值。也正是从这个意义上说，以可持续发展为内核的"生态逻辑"对人类的可持续发展具有重大意义。

（二）"生态主义逻辑"的缺憾

以可持续发展为核心的"生态逻辑"，在其历史建构的过程中一再面临挑战。20世纪70年代初，罗马俱乐部发表了《增长的极限》的报告，它既向人们提出了生态环境方面的警告，又引发了全球性的"发展是否有极限"

① 参见［美］莱斯特·R.布朗：《建设一个可持续发展的社会》，科学技术文献出版社1984年版。

"是停止增长还是继续发展"的争论。20世纪80年代，发生了生态运动中的"深绿派"与"浅绿派"之争。"浅绿派"反对破坏环境的技术，"深绿派"则否定一切技术，主张"生态原教旨主义"，甚至主张"人类应该重返于原始的朴素技术，每个人都应尊重手工劳动并从事农耕；人们应该在自己居住的地块上，凭着自己的双手来谋生"。显然，"深绿派"的一些人从生态中心主义走向了反人类中心主义。这也表明，只要在"生态逻辑"方面多跨一步，就可能走向片面、极端以至形成了以生态为中心、唯"生态"为是的"生态主义逻辑"。

生态主义逻辑从"发展"难免会在不同程度上损坏环境的视角，主张"农耕"、主张"缓慢发展"，以维护人类生存的生态环境。但全球的现实是，人类不可能不发展经济、不可能停止发展，那么，发展的"生态逻辑"如何回应挑战？如何以新的经济发展模式实现人类社会的可持续发展呢？20世纪80年代末至90年代初，北欧、北美等发达国家为提高综合经济效益、避免环境污染而以生态理念为基础，重新规划产业发展，提出一种新型发展思路——循环经济。近年来，"循环经济"在西方发达国家、在中国已经逐渐成为一股新经济的潮流和趋势。

"循环经济"（Recycling Economy）的本质是以生态学规律为指导，通过生态经济综合规划，设计社会经济活动，使不同企业之间形成共享资源和互换副产品的产业共生组合，使上游生产过程产生的废弃物成为下游生产过程的原材料，实现废物综合利用，达到产业之间资源的最优化配置，使区域的物质和能源在经济循环中得到永续利用，从而实现产品清洁生产和资源可持续利用的环境和谐型经济模式。它不同于传统经济的"高开采，低利用，高排放"，而是通过系统内部相互关联、彼此叠加的物质流转换和能量流循环，最大限度利用进入系统的物质和能量，达到"低开采，高利用，低排放"的可持续发展目标。

"循环经济"既回应了"生态主义逻辑"的挑战，又进一步完善了"生态逻辑"。笔者不赞成以生态中心主义为标志的"生态主义逻辑"，但同时也注意到，以"可持续发展"为内核的"生态逻辑"，主要也是着眼于人类可生存发展的自然环境遭到破坏、受到威胁，着眼于人类优越于其他"物种"

（而不是物种平等），优先考虑人类发展的可持续发展思想，还没有真正彻底摆脱人类中心化的影响，还没有达到"天人合一"、"自然与人和谐"、"社会与人和谐"、共存共生共荣的境界。党的二十大报告提出的"人与自然和谐共生"的逻辑，才从根本上超越了"生态主义逻辑"。

综上所述，"经济增长逻辑""现代化逻辑""生态逻辑"均有其合理性与历史价值，它们是人类不同时期追求发展与现代化过程中对"发展"逻辑的认知与建构，并成为不同国家追求发展与现代化过程中的选择。然而，人类反思的本能，人类对发展模式、发展逻辑科学性与合理性的追求，激励人类不断地超越发展的逻辑与发展的模式。21世纪的"发展"逻辑，应是一种"发展"的辩证逻辑，它要吸收"经济增长逻辑""现代化逻辑""生态逻辑"的积极成果，实现"发展"的历史逻辑与现实逻辑的统一、自然逻辑与人文逻辑及社会逻辑的统一。在自然逻辑中，渗透着人文与社会的要素；人文逻辑既是自然的、又是社会的；社会逻辑则在人性化、遵循客观自然规律的基础上，强调人、自然、社会的和谐发展，突出人与社会的全面发展，突出社会的文明和谐①。

---

① 参见鲍宗豪：《"发展"逻辑论》（《学术月刊》2007年第3期）、《"科学发展"的逻辑意蕴》（《上海社会科学界第五届学术年会论文集：2007》）等论文。

第三章 扬弃西方现代化的理论逻辑

资本主义的现代化经历了几百年的发展之后，"资本"的扩张本性、掠夺本性仍然没有改变，资本主义的现代化带来的贫富两极分化、种族歧视、社会分裂、对自然环境的危害以及给人类带来的种种灾难，也引起了西方国家思想家的种种批判与反思，西方思想家也试图为人类探索一条新的发展与现代化之路。种种对西方现代化、"现代性"的批判与反思，虽然多元竞争、艰难曲折，但均未跳出西方以"资本"为制度安排的现代化的框架，只是借助对"现代性"或"后现代"的批判反思，探索新的完善"资本"现代化之路。中国在改革开放 40 多年的实践中，形成的中国式现代化发展理论，扬弃了西方现代化"增长"的理论困惑，扬弃了把"增长"等同于"发展"的理论逻辑。

第一节 后现代对西方"现代化"的批判及其理论困惑

前面一章提出了后现代思想家对西方现代化的反思。尤其是帕森斯、霍尔和艾森斯塔特把作为历史概念的现代化（主要概括欧洲的现代化经验）作为一个普遍的概念，提出社会现代化的发展观。吉登斯、鲍曼、福科、大卫·格里芬等学者的风险社会、生态主义、解构主义、建构主义对"增长"与"发展"理论的种种探索及其观点，实质上反映了他们对破解西方现代化、"现代性"危机的困惑。

一、后现代对西方"现代性"的批判和超越

如前所述，马克思从现代社会的层面反思"现代性"，但马克思站在历

史唯物主义的立场上，揭示现代资本主义社会的本质，这比德国和英国思想家有关现代性与现代社会（社会结构转型）的分析更加深刻。马克思对资本全球化现代性扩张本质的反思和批判，"为我们在众说纷纭的'现代性'理解中，找到了揭示'现代性'本质的根本路径和方法，即回归发展中的'现实社会'"①，在对"资本"全球增长、扩张现代性发展的实践中反思和批判"现代性"。

20世纪90年代以来，对"现代性"的反思与批判，随着"后现代性""后现代主义"思潮的出现，又进入了一个新的阶段。

（一）后现代主义对"现代性"的批判

后现代主义试图以马克思的批判为基础，形成了对"现代性"批判和超越的两个相反的取向。

1. 马克思主义对西方社会的"现代性"批判

马克思、恩格斯对西方现代社会的批判，主要侧重于政治、经济和社会层面，所以，马克思的理论又被称为政治经济学批判。马克思、恩格斯生活的时代，正值资本主义蒸蒸日上，西方社会处于自由竞争的资本主义阶段。在这个时期，西方社会尽管创造了巨大的物质财富，但也产生了诸多矛盾和问题。如经济危机不断发生；资产阶级和无产阶级的阶级对立和贫富差距；流水线生产导致了人性异化；资本私有制和社会化大生产的矛盾。在马克思、恩格斯看来，只有彻底消灭资本主义私有制，建立以公有制为基础的共产主义社会，才能最终消除西方现代社会的矛盾和问题。所以马克思在《共产党宣言》中，提出了科学社会主义理论。

2. 两种后现代主义对西方"现代性"的批判

一种是居于主流的所谓"否定性"的后现代主义，通过对具有现代性意义的事物的普遍否定来超越现代性，解构是其根本性策略；另一种是"建设性"的后现代主义，从科学的层面关注人与世界、人与自然的关系问题。他们的共通之处是：对现代性的批判与反思，特别是对其根基的摧毁，是首要的和基础性的。但是，在建设性后现代主义看来，这个世界的病态不仅表现

---

① 鲍宗豪、赵晓红：《现代性视域下的中国社会秩序重建》，《天津社会科学》2004年第3期。

为对自然环境的破坏，而且表现为精神文明的衰落，表现为人的心灵的毒害。与自然环境的破坏相比，人的精神文明的破坏是"一个更阴险、更深层的罪恶"。也正是这一点，将他们与否定性的或激进的后现代主义区分开来。

不过，否定性与建设性后现代主义，均因脱离了"现代"与"后现代"资本主义在 20 世纪面临的种种新的"发展"问题，只是在"现代性"批判的圈子里寻求不断更新、不断自我突破的创造精神，实际上是在构造一种新的精神乌托邦。所以，他们不可能找到破解西方以"资本"增长和扩张为根本的"现代化"危机之路的方法、路径及其相关理论。

（二）对后现代主义"超越"现代性的评价

那么，后现代主义是否超越了现代性？"后现代主义"对"现代性"可以说是"超越"又没有"超越"。如果我们在"反思""批判"地对待"现代性"态度的意义上来界说"后现代"主义（包括西方马克思主义），来评价"后现代主义"对"现代性"的超越，其超越既表现在对"现代性"的种种负面效应的否定，对"现代主义"思想体系的抵制，又表现为对资本主义更彻底的批判，即后现代主义通过对权力、理性和等级制的批判、颠覆，从根基上摧毁了有关资本主义发展的一切神话，并重构了人类文明的蓝图。

说"后现代主义"未超越"现代性"，是因为"现代性"与"后现代性""后现代主义"一样，都诊断了现代社会（资本主义社会）的病症、现代社会发展与现代化的风险、危机，但从思想文化的发展来看，后现代主义更多的是作为 20 世纪后期的另一种社会文化思潮，是一种挑战和扬弃传统思维方式的"后现代"思维方式，是对资本主义的文化批判，并未找到一条扬弃西方"现代性"局限、走向人类美好明天的现代化发展之路。

马克思曾说过：批判的武器不能代替武器的批判。"现代性"与"后现代主义"思想家停留于思想文化层面诊断全球现代性风险、资本主义社会病症、社会危机，他们从知识与思想文化层面对资本主义本质的揭露与批判是很深刻的，但基本上停留于"批判的武器"层面，且远离"实践"或"现代化实践"，远远未达到马克思以"实践"为基础的对"资本"和"资本主义"本质的深刻批判水平。以后也不可能导致"革命实践"意义上的对资本主义制度的否定，也就难以成为中国乃至世界各国追求发展与现代化的实践模式。

二、后现代对西方"现代性"研究的理论困惑

后现代主义思想家在批判地研究西方的"现代性"和"现代化"（在后现代思想家中的视域中，"现代性"与"现代化"具有相对一致的意义），故有所超越，但又陷入以下四大理论困惑，所以其理论超越也不彻底。

（一）西方"现代性"研究思路的困惑

第一，原有的以一个民族国家或以"发展中国家"为范式、为背景研究发展与现代化的思路，受到了质疑。"发展与现代化的重要结果就是：人类在全球范围内被联系、被组织成一个有机系统，全球范围内的人类社会不再是各国各民族社会的集合体，而成为具有系统性、有机性的整体，各国各民族不过是全球系统中不可分离的一个组成部分；各国各民族的发展与现代化日益强烈地受到全球系统整体状况的影响。"[1] 诸如 2008 年美国的金融危机以及 21 世纪 20 年代以来的能源危机、生态危机、高通胀，对全球经济发展产生了很严重的影响，西方现代化模式不再像 20 世纪八九十年代那样受追捧、被模仿。

依附理论、世界体系理论，虽然是以世界眼光探讨民族国家的，但它们的根本目的主要是探讨一个国家如何走向现代化，如何依附发达国家，如何成为核心国家以及如何由边陲半边陲国家向核心国家过渡[2]。实际上，受全球现代化浪潮深刻影响的民族国家，或发展中国家，均面临脱离还是融入全球化，发达国家（如德法等国家）的后现代化如何深化，是照搬、依附还是借鉴西方发达国家的现代化模式等问题。

第二，研究思路如继续沿用西方发展与现代化理论范式是难以破解这类难题的。美国后现代思想家柯布教授认为，西式现代化在许多发展中国家的遭遇，已证明它是成问题的，不具有普世性。因为这种现代化是建立在个人主义之上的。西式现代化另一最严重的恶果就是环境恶化。他还强调，非常悲哀的是主流经济学理论无视这一点。所以在现代思想庇护下的现代化全都恶迹累累。西式现代化实际是以殖民化为实现手段的资本形成、资本扩张的

---

① 鲍宗豪：《全球化与当代社会发展研究》，《社会科学》2001 年第 11 期。
② 鲍宗豪：《全球化与中国特色社会现代化》，《福建论坛（人文社会科学版）》2009 年第 1 期。

过程。① 在当今的全球政治经济条件下，现代化的发展路径更是不可重复、不可照搬的。现代化需要新的发展理论，更需要有适合不同国家的现代化发展道路。

（二）西方"现代性"研究对象的困惑

发展与现代化的研究对象，伴随着全球化的进程而呈现出"立体化"的趋势，它仅以某个"国家"或"社会"为分析单位的"平面"研究对象，遇到了解释困境。传统或现代发展理论，无论是以发达国家还是发展中国家为研究对象，都难以解释全球化深入过程中，尤其是在"后现代社会"所面临的各种问题。因为全球化时代发展与现代化推进所面临的矛盾是全方位的，是复杂、多样的。

后现代社会要破解的"立体化"矛盾主要表现为：全球化的深入发展要求与世界各地区之间发展不平衡的矛盾；全球化、信息化与"贫富差距的鸿沟""数字化鸿沟"的扩大；资本的全球性质与社会制度的矛盾；跨国金融垄断资本与民族国家安全的矛盾；人类当前的发展要求与不可再生能源、资源有限性、生态平衡规律之间的矛盾；全球化与全球极端天气、社会风险的增多矛盾，等等。面对纷繁多样、纵横交错的发展与现代化矛盾，面对"立体化"的研究对象，已有的发展经济学、社会学等现代化理论，显然难以作出合理解释。②

（三）西方"现代性"研究方法的困惑

发展与现代化研究的方法，伴随着全球化的进展而凸显"多元化"的特征，原有的以某一"国家"的发展，推导、演绎另一"国家"的解释方法常常因"误解""误读"而陷入困境。一些发展经济学家、发展社会学家，往往习惯于以对某一国家、某一"社会"解剖的知识去推导、演绎另一国家、另一"社会"的发展，以植根于某一特定民族、历史的具体境遇的文化发展去说明与解释另一民族的文化现象，很难给人以满意的解答，以至于我们在对待西方文化时常常可见到"西方化"与"本土化"的论争；21 世纪初期

---

① 《西式现代化不是普世价值——温铁军教授与美国柯布博士关于现代化道路的对话》，《红旗文稿》2013 年第 2 期。
② 鲍宗豪：《全球化与中国特色社会现代化》，《福建论坛（人文社会科学版）》2009 年第 1 期。

国内有些学者常常又津津乐道于研究和介绍当代西方著名的现代化理论，并用以解读当代中国的现代化，结果常常进入"误读""误解""误导"的困境。[①]

全球化的深入虽然使当今各国的发展与现代化在某些方面（如社会的知识化、信息化、社会的福利化等）有趋同的趋势，但是不同民族、不同地区、不同国家发展与现代化的不同特点、不同目标和不同的道路、不同的制度安排，不断凸显"多元化"的特征。"如何找到一种能作为诠释不同发展目标、道路的理论范式及其方法"[②]，则是对新时代现代发展理论的客观需求。

（四）西方"现代性"研究结果的困惑

近年来，后现代思想家对"经济学就是幸福学"的质疑，对西方现代化模式的反思与批判，实质上也是对种种发展与现代化理论研究结果的困惑，即理想的研究目标及其价值取向，为什么常常与现实相悖？如在物质生产不发达、社会财富不充裕的二战后"短缺资本主义"时代，人们认为快乐和幸福主要依赖物质财富是很自然的事情。然而，到了 20 世纪 60、70 年代，当人们梦寐以求的"丰裕社会"正在变为现实时，"生存所需的收入稳定了，要让人更幸福就不太容易了"[③]。美国著名经济史学家伊斯特林教授对1946—1970 年间美国资料的跨时分析而得出的"伊斯特林悖论"（East-erlin Paradox），又改变了人们对"经济学就是幸福学"的看法。"实际上，无论是从个体的心理和生理因素，或通过发展经济、增加物质财富来提高大多数人的幸福感，或运用各种手段与方法提高测量幸福感，由于背离了'文明发展'的理念、价值取向和方式，都未能真正诠释影响大多数人幸福感的根本原因。"[④]

几百年来资本主义的发展实践也证明：以"资本"为核心和本质取向的资本主义制度安排，是一种掠夺自然与社会资源的"不文明发展"![⑤] 所以，

① 鲍宗豪：《全球化与中国特色社会现代化》，《福建论坛（人文社会科学版）》2009 年第 1 期。
② 同上。
③ ［英］理查·莱亚德，陈佳伶译：《不幸福的经济学》，中国青年出版社 2009 年版，第 10 页。
④ 鲍宗豪、赵晓红：《以"文明发展"解构"增长主义"》，《上海交通大学学报（哲学社会科学版）》2014 年第 3 期。
⑤ 鲍宗豪：《以文明发展诠释幸福与幸福感》，《上海师范大学学报（哲学社会科学版）》2013 年第 1 期。

无论是经济学还是心理学和社会学，再科学合理的诠释都不能为大多数人带来幸福。党的二十大报告强调要"坚定不移走生产发展、生活富裕、生态良好的文明发展道路，实现中华民族永续发展"，走"文明发展道路"这既是对中国改革开放以来现代化实践经验的理论总结，更是中国乃至人类当今和未来实现科学发展、永续发展、增进全人类福祉的根本保证。

三、借鉴后现代思想成果，超越"后现代主义"

后现代思想家对资本"现代性"危机的种种批判，虽然并未找到引导人类走向美好明天的现代化之路，但是他们对西方"现代性"危机的深刻批判，还是值得借鉴的。

（一）后现代主义对"西方中心论"的理论的批判

20 世纪末八九十年代在全球广泛传播的后现代主义，如法国哲学家让-弗朗索瓦·利奥塔尔 1979 年首次出版的《后现代状况——关于知识的报告》，引发 20 世纪 80 年代西方哲学的激烈争论。利奥塔尔在其著作中将后现代主义定义为"对元叙事的不信任"，即对西方启蒙思想关于"永恒真理""普遍主义"庇护下的"西方中心论"的批判，都为我们推翻"西方中心论"、现代化就是"西化"提供了有力的理论佐证。

后现代主义思想家似乎大都讨论认识论问题，但实质上他们的基本倾向是政治性的，他们所力图表达的是反抗情绪、反抗精神和反抗意志。在这种意义上，后现代主义是一种政治学。以罗尔斯为代表的政治哲学家试图提出某种政治主张或政治理想，并且为它们提出使人信服的证明。

后现代主义理论实质上是一种反抗的政治学。利奥塔的后现代主义政治学是一种异教主义（paganism）。"利奥塔用'异教主义'来表达一种反正统、反权威、反特权的思想。异教主义反对以主体和理性为基础的人类中心主义，也反对以西方思想看待一切的西方中心主义，承认异端的合法性，在真理和价值问题上采取对所有主张一律平等的民主主义。"[①] 人们可以在任何问题上作出自由的判断，没有一个统一的标准来衡量这些判断是否

---

① 姚大志：《何谓正义：自由主义、社群主义和其他》，《吉林大学社会科学学报》2008 年第 1 期。

正确。

（二）后现代主义对西方"普遍主义"的批判

后现代主义也要驳倒西方"普遍主义"的谬论。"启蒙思想家关于人类解放的思想是普遍主义的，它要'解放'的不仅仅是西方人，而是世界上的所有人。启蒙哲学倡导思想如康德所说的'普遍的人类历史观念'，这种观念主张全人类会逐步趋向同一，世界上的所有民族最终都会接受同样的价值、信仰、制度、目标、方向和实践。启蒙思想家认为，要达到这种全人类同一的方式就是现代化。在这种意义上，启蒙为全世界树立了一种社会发展模式"①，而西方所走的现代化道路为所有国家提供了现代化的榜样。这种"普遍主义"在当代社会的典型表现就是西方向全世界极力推销它们自己的政治和经济制度。

"普遍主义"的要害是"西方中心论"。启蒙思想以来，西方文明在全世界一直处于统治地位，而"普遍主义"则是西方推行其政治、经济和文化霸权的工具。换言之，"普遍主义"是一种用来压制非西方文明的意识形态，是"文化帝国主义"的另一种说法。"西方启蒙思想把西方文明推举为高级文明，将其他文明都视为'原始的'或'野蛮的'；将西方的社会、政治和经济制度向所有非西方文明高压推荐，而这些'原始的'或'野蛮的'非西方文明都必须接受西方的'启蒙'。在这种历史处境中，'普遍的人类历史观念'意味着全世界都要沿着西方的道路前进，即'现代化就是西化'。"②

（三）借鉴当代西方马克思主义对后现代主义的批判

特里·伊格尔顿（Terry Eagleton）是英国当代马克思主义学者，他坚定"维护马克思主义，批判后现代主义的虚无立场。马克思主义理论立场始终贯穿伊格尔顿的作品，在他的理论研究中，批判后现代主义占据了重要位置。通过对后现代主义的批判，伊格尔顿强调了马克思主义的科学性和真理性"③。

第一，反对绝对否定启蒙运动，认为启蒙运动开创了资本主义现代文

---

① 姚大志：《朝向二十一世纪的西方哲学》，《浙江学刊》2002 年第 1 期。
② 同上。
③ 王雪冬：《伊格尔顿对后现代主义的批判》，《中国社会科学报》2022 年 3 月 28 日。

明。继法兰克福学派的两位代表人物霍克海默（Max Horkheimer）和阿多诺（Theodor W. Adorno）批判西方工业文明，揭示了启蒙的辩证法之后，后现代主义者将启蒙运动和理性主义批判推向极端，力图打破启蒙理性设置的种种"神话"和"幻想"，全面否定启蒙运动的历史意义。对法国哲学家利奥塔（Jean-Francois Lyotard）和福柯（Michel Foucault）等后现代思想家来说，理性主义最终将发展成野蛮的极权主义。在他们看来，法西斯主义就是启蒙理性宏大叙事的可怕终点。①

面对后现代主义对启蒙运动的全面否定，伊格尔顿提出："我们从现代性的黎明中走来，因此不能否认启蒙运动创造的辉煌成就，不能否认它在人类文明进步方面的重要意义。"至于法西斯主义，伊格尔顿强调，它不是理性主义发展的必然结果，而恰恰是反启蒙的非理性主义泛滥的最终结果，因此，不能将启蒙理性视为原罪②。

值得注意的是，伊格尔顿对马克思主义对待启蒙运动和理性主义的科学态度。他认为，与后现代主义将历史商品化或抹去历史的做法相反，"马克思主义始终强调要用辩证分析的态度对待历史。在这一原则基础上，马克思主义既肯定了启蒙运动推动现代社会发展的巨大成就，也揭露了现代社会存在的种种弊端；既肯定了资本主义对生产力的积极影响，也深刻揭露了资本主义的剥削本质。因此，伊格尔顿说，马克思主义'既是启蒙运动的后裔又是它的内在批判者'。"③ 在他看来，马克思主义努力变革或完善启蒙运动创立的社会秩序的态度，这是绝大多数后现代主义激进思想家所缺少的。

第二，反对肆意解构马克思主义。20 世纪 60 年代以后，"随着西方左翼力量的衰落，西方知识界中的一些人对马克思主义的真理性及其存在价值产生了怀疑。在此过程中，后结构主义和解构主义等后现代主义思潮充当了批判和解构马克思主义的先锋"④。伊格尔顿认为，法国哲学家阿尔都塞（Louis Pierre Althusser）虽然试图"保卫马克思"，但实际上，他"不再严肃地对待马克思主义——不是真正地反思而是一味解构马克思主义。利奥塔等

---

① 王雪冬：《伊格尔顿对后现代主义的批判》，《中国社会科学报》2022 年 3 月 28 日。
② 同上。
③ 同上。
④ 同上。

后现代主义者将马克思主义视为一种宏大叙事、一种形而上学，他们要打破的正是这种'宏大叙事'及其存在的社会语境，解构马克思主义的一系列话语进而消解这种'解放政治'本身"①。一些学者大肆解构马克思主义的"阶级""人民""民族"等核心概念，否定工人阶级在社会主义革命中的主体地位，代之以身份多样的多元主体。

面对一些学者大肆解构马克思主义的"阶级""人民""民族"等核心概念，伊格尔顿强调："要消除马克思所提出的资本主义的异化状态，就不能绕过阶级，而只能彻底穿越它。一厢情愿地试图摆脱阶级或民族，一味强调并人为制造多元差异，除了导致无政府主义，对压迫者有利，不会收获任何有价值的东西。"②伊格尔顿还揭露了西方解构主义的代表人物德里达（Jacques Derrida）对待马克思主义的晦暗和狡黠的态度。他说，德里达"一边利用马克思主义，一边解构马克思主义"。德里达利用马克思主义宣称我们这个时代不能没有马克思，又宣称自己的解构主义理论就继承了马克思的批判精神，成为一种"后马克思主义"。伊格尔顿一针见血地指出："德里达只是将马克思主义作为'进行痛斥的方便工具'，舒服地占有了马克思主义。'他想要的其实就是一种没有马克思主义的马克思主义。'"③"德里达只是利用马克思主义，他宣称继承了马克思的批判精神，实际上是借批判之名行解构之实，颠覆了马克思主义的唯物史观，肢解了马克思主义。"④

20世纪七八十年代以来，现代化的追求发生了很大的变化。一方面，东亚一些国家（特别是新加坡）在实现现代化的过程中仍较好地保留了自己的传统文化，这表明"现代化并非西化"；另一方面，在20世纪末21世纪初兴起的后现代主义中的女权主义、多元文化主义和后殖民主义思想家、知识分子，越来越"意识到了西方文明的局限性，意识到了西方现代化的弊端，认识到了西方启蒙思想中包含的'西方中心论'的危害"⑤。尤其是西方当

---

① 王雪冬：《伊格尔顿对后现代主义的批判》，《中国社会科学报》2022年3月28日。
② 同上。
③ 同上。
④ 同上。
⑤ 姚大志：《朝向二十一世纪的西方哲学》，《浙江学刊》2002年第1期。

代马克思主义伊格尔顿对后现代的批判是彻底的。所以，他们都要寻找新的现代化理论、现代化路径。

由上可见，西方后现代思想家为了摆脱西方"现代性"弊端，在研究思路、研究对象、研究方法、研究结果方面的困惑，根本原因是以"资本"为核心和制度安排的"现代化"理论，不可能从根本上诠释"现代性"危机，资本主义的"现代化"也不可能走"文明发展的现代化道路"。中国在改革开放的 40 多年的实践中，从反思后现代对西方"现代性"的批判，找到科学发展的路径、形成科学发展观再到科学发展新理念，走出了一条不同于西方的增长和发展的现代化道路。

在中国特色社会主义新时代，中国既要在较短的时间内实现西方发达国家在较长的时间内所实现的现代化，又要在同一过程中消除西方国家现代化过程中所经历的"现代化痛楚""发展性危机""社会风险"等问题[1]，就要找到一条超越西方的"现代性"与"后现代性"、避免贫富分化、物质文明与精神文明协调发展的现代化之路，即能推进中国式现代化的文明发展之路、科学发展之路。

第二节　对西方"以物为本"现代化取向的扬弃

20 世纪八九十年代以来，后现代思想家对西方现代性（现代化）导致的各种危机、灾难的批判反思，试图找到一种科学发展的方式、道路来摆脱西方"资本"现代性危机的困惑。联合国《1996 年人类发展报告》提出了五种有增长而无人类发展的情况[2]。进入 21 世纪，亚洲开发银行以"对穷人友善的增长"为基础，率先提出包容性增长的理念；世界银行 2006 年在《世界发展报告 2006：公平与发展》中，也提出了包容性增长的理念[3]；世界各国领导人 2016 年通过的《2030 可持续发展议程》，都是为了从全球发展的价值目标，发展方式和发展路径上，约束"资本"为核心的

---

① 鲍宗豪：《全球化与中国特色社会现代化》，《福建论坛（人文社会科学版）》2009 年第 1 期。
② 联合国《1996 年人类发展报告》，中国财政经济出版社 1997 年版，第 89 页。
③ 世界银行：《世界发展报告 2006：公平与发展》，清华大学出版社 2006 年版。

"不文明发展"。

一、从"以物为本"到以"人"为中心的发展

人类发展的理念与价值取向，从"以物为本"到"以人为本"的转变，经历了漫长的历史过程，人类曾为此付出了沉重的代价。从人类认识和改造物质世界的价值取向来看，大体经历了以下三个阶段：从"以物为本"到以"人"为中心，再到"以人为本"的三个发展阶段。

（一）"以物为本"价值取向的双重性

工业革命既标志着"以物为本"的价值取向的成功，同时也给人类的生存发展带来了危机。

第一，在以农耕为主的自然作物交换方式占统治地位的时期，由于生产规模的狭小，限制了人们对自然界的认识和改造的能力，人们对自然界的神秘力量充满了敬畏感，人们匍匐在天地神祇的脚下，祈求风调雨顺、五谷丰登，占统治地位的是在大自然面前无所作为的"靠天吃饭"的观念，人所能做的，充其量只是"赞大地之化有"，即参与自然化育万物的活动。虽然也有几个哲人提出过一些重视人的主观能动性的观念，如墨子提倡勤劳的美德、荀子讲"明于天人之分"和"制天命而用之"、刘禹锡讲"天与人交相胜"等，但没有、也不可能超出农业社会的狭隘眼界。中国古代有过很丰富的保护自然生态环境的思想，强调"人君不能保其山林薮泽者不可以为天下王"。但主要着眼于维护天人之际的既定和谐，并常常与神秘主义的风水迷信结合在一起，与现代文明是不可同日而语的。

第二，近代大工业的诞生，引发了对于自然界的态度上的一场巨大变革。传统的小生产者在自然面前无所作为、维护人与自然之既定和谐的态度为近代人雄心勃勃地征服自然的态度所代替。自然界仿佛蕴藏着无尽的宝藏，只要人向它索取，就会获得巨大的财富，而财富则被看作是幸福生活的源泉。生物进化论告诉人们，整个生物界都处于生存竞争、自然选择、适者生存、不适者淘汰的过程之中，受这一学说的启迪，人们普遍认为，一个民族要在人类社会的生存竞争中立于不败之地，就必须大力发展社会生产力，就要尽可能获得控制和操纵巨大自然力的能力，因而要与天奋斗，与地奋

斗。大工业迅速崛起后创造的巨大生产力，大大超过了以往数百万年人类创造的全部生产力的总和；而高潮迭起的科学技术革命，则引导着人类不断地向生产的深度和广度进军，替自己创造日益增多的福利事业。人在自然界面前证明了自己的能力，并且使许多人相信，科学技术是万能的，人类能够完全地认识自然，并且征服自然。

第三，当我们过分陶醉于对自然界的胜利时，"自然界都对我们进行报复。每一次胜利，起初确实取得了我们预期的结果，但是往后和再往后却发生完全不同的、出乎预料的影响，常常把最初的结果又消除了。……因此我们每走一步都要记住：我们决不像征服者统治异族人一样支配自然界，决不像站在自然界之外的人似的去支配自然界，——相反，我们连同我们的肉、血和头脑都是属于自然界和存在于自然界之中的；我们对于自然界的整个支配作用，就在于我们比其他一切生物强，能够认识和正确运用自然规律。"[①] 这是恩格斯于 1876 年 6 月写的《劳动在从猿到人转变过程中的作用》一文中向人们揭示的真理。

此后，恩格斯在评论达尔文的"生存斗争"学说时亦曾指出：达尔文以前，生物学家只强调有机界的和谐与合作；达尔文以后，这些人又只看到斗争。两者都有一定的道理，但两者都是片面的。自然界的事物的相互作用，既包括和谐也包括冲突，因此，在自然界中决不允许单单标榜片面的斗争。遗憾的是，在大半个世纪中，人们对这一真理熟视无睹，"征服自然"的隆隆机器声湮没了哲人的微弱呼唤；直到 20 世纪 50 年代，科学家们才开始不断地向人们发出"地球生态告急"的警报。自然生态危机本质上乃是人类"以物为本"的价值取向、发展理念给人类生存带来的危机。

（二）工业社会与以"人"为中心的综合发展观

工业革命促使人类进入了工业社会、后工业社会。在人类欢庆陶醉工业化社会的到来、享受工业化社会为人类提供的富裕的物质财富的时候，罗马俱乐部以其敏锐的洞察力，向"以物为本"的发展观提出了尖锐的挑战。

罗马俱乐部在《增长的极限》中，重点描述了片面追求经济增长所带来

---

① 《马克思恩格斯选集》第 3 卷，人民出版社 2012 年版，第 998 页。

的环境污染、资源贫乏、人口爆炸、社会邪恶上升和核威胁等各方面的严重负面问题，及其给人类造成的困境。其代表人物佩鲁强调指出：二战之后许多发展中国家实行"赶超发展战略"，对发达国家单纯地赶超和模仿，只追求经济增长，不注意社会整体的综合协调发展，从而"打破了各种传统的一致形式，使普通老百姓的各种需要和愿望受到忽略。为了使产品制造得像进口货那样好，为了填补技术上的空白，结果是牺牲了老百姓的利益，并使他们对国外的依赖长期存在下去"[①]。由此，他提出了以"人"为中心的综合发展观，用来克服片面的"经济增长观"所造成的人自身的代价问题。

表面看来，发达工业社会的代价是由片面追求经济增长的发展模式所造成的，但从根本上看，则与资本主义工业化追求"以物为本"、以"资本"的物质利益无限增长取向分不开的。

法兰克福学派着重从技术异化的角度描述西方工业化社会"以物为本"的发展观对人类所造成的危机。弗洛姆、马尔库塞和哈贝马斯等人认为"科学技术在机器大工业中的应用使人成了机器的零件和物的奴隶；科学技术对人的奴役广泛地侵入人的日常生活世界，造成人的焦虑、不安、孤独、软弱等各种精神疾病，使人成为单向度的人；资本主义社会中科学技术的意识形态化加剧了对人的日常生活和精神世界的统治，使人丧失了反思和批判社会体制的能力；科学技术在工业化过程中的无限制开发和利用，使人类生存环境遭到严重破坏"[②]。

罗马俱乐部主张要通过"人的革命"来克服畸形发展及其代价。这里所讲的"人的革命"，"一是要挖掘人未曾使用过的潜力；二是克服人性中的缺陷，提高人的素质，提高人的自我反省、自我节制和自我组织能力；三是调整人的价值取向和活动重点，把人看成是自然的一部分。以人为中心的综合发展观主张以'可持续发展'来消除发展中人自身所付出的代价，并矫正发展中国家的畸形发展。法兰克福学派也主张以'人的革命'来扬弃发展中的代价，与罗马俱乐部稍有不同，法兰克福学派所讲的'人的革命'主要指的

---

① ［法］弗朗索尼·佩鲁：《新发展观》，华夏出版社 1987 年版，第 122 页。
② 韩庆祥、张曙光、范燕宁：《代价论与当代中国发展——关于发展与代价问题的哲学反思》，《中国社会科学》2000 年第 5 期。

是完善人的心理结构，修正人的价值观念，注重价值理性，改变传统的'人是自然界的主人'的文化价值观。"①

二、继承"以人为本"的哲学理念

罗马俱乐部的"增长极限"论带有悲观主义气色彩，法兰克福学派对以"物"为中心的发展观的批判有偏激之处，但是，他们提出的以"人"为中心的发展观对人类社会的健康发展是有积极意义的；他们提出的以"人"为中心的综合发展观是西方人本哲学思想的映射，汲取了西方人本哲学（尤其是现代西方以"人"为中心的综合发展观）的积极思想，弘扬了中国儒学中人本哲学理念的优秀成果。

第一，19 世纪德国哲学家费尔巴哈首先把人本主义原理引入了哲学。人本主义一般是以抽象的人为出发点，即抽去人的具体历史条件和社会关系而仅把人看作是一种生物学意义上的存在。当费尔巴哈拒绝抽象思维而诉诸有血有肉的人时，这个人仍然是非历史的、不是真正从事物质实践活动的人。因而在自然领域，费尔巴哈是唯物主义者，而在历史这个领域，他并没有摆脱唯心主义的窠臼。

现代的人本主义则完全演变成宣扬非理性的唯心主义的哲学了。例如，弗洛伊德主义认为，决定人的行为的不是人的意识和理性，而是人的情欲；在人的整个心理过程中，"无意识"起决定作用。法兰克福学派的弗洛姆把社会学化的弗洛伊德主义和人本学化的马克思主义结合起来，从人本主义出发构想出"人本主义精神分析学"和"人道主义的社会主义"，企图借助精神分析学和异化理论来对当代资本主义的社会病进行心理上的诊断，并设计出走向"健全社会"的方案。其非理性的唯心主义本质是十分明显的②。

第二，中西方人本哲学的共同之处是具有强烈的人文精神。"二者有什么不同呢？其一，西方的人本哲学和人文精神的一个突出特点是以自我为中心。相对于自然来说是以人类为中心，相对于他人来说是以个人为中心。自

---

① 韩庆祥、张曙光、范燕宁：《代价论与当代中国发展——关于发展与代价问题的哲学反思》，《中国社会科学》2000 年第 5 期。
② 王锐生：《"以人为本"：马克思社会发展观的一个根本原则》，《哲学研究》2004 年第 2 期。

我是目的，他人是手段，他人都是为实现自我而服务的。"所以"自我中心论"强调工具理性，是一种科学主义。"西方人从对科学的迷信中产生出一种机械的人生观，不是将人当作目的，而是把人看作实现自己目的的原材料"，可以"按照各种奇思异想和科学方法对人进行加工处理。这种观念把人仅仅看成是劳动力和消费者，把生产和消费的增加作为人的最高目标。生产不再以满足人的需要为目的，人的需要乃至人本身被异化为生产扩张的条件——生产活动把人变成了为自身开辟前进道路的手段。"① "西方的人本哲学和人文精神的另一个突出特点是反对神性。……启蒙思想使西方人注重世俗生活和追求物质利益，形成了一种强烈的物质主义，相对来说轻视精神价值。"② 其二，"儒家思想与此不同，它追求的是万事万物的指归与理想，让每一个人、物都各得其所、各尽其性，充分地实现自己。在儒家看来，天下的每一个人都是心性相通的，是一体的，每个人的一生都是天道流行的一种展现。"③ 自我的实现与他人的实现是一体的。在儒家那里，"天、地、人、物都是一体的，万物和人一样是有生命、有德性的"，人追求的最高的精神境界——"天人合一"。所以儒家认为，人"不会为了一己之利而去残害生灵、戕害自然，更不会把人当作一堆原材料去进行加工处理"④。

第三，中西方人本哲学在对待他人和自然方面有明显的差异。"西方持一种个人中心主义、西方中心主义和人类中心主义的态度，儒家则持一种集体主义、天下主义和宇宙主义的态度。这两种全然不同的态度产生了截然相反的两种结果。"⑤

西方思想内蕴人与自然、与他人之间的冲突。西方对自然资源的过度开发、过度利用、过度征服，引发了生态危机以及各种灾难性后果。另一方面为了"资本"的利益，不断扩张、不断挑起区域性战争，造成粮荒、油荒和通胀，引发地区动荡和难民潮，给世界人民带来了极大的灾难。儒家思想倡导和谐精神，追求人与自然的和谐共生；追求个人与他人、个人与社会的

---

① 白如祥：《从儒家思想看全球化的问题》，《管子学刊》2002 年第 2 期。
② 同上。
③ 同上。
④ 同上。
⑤ 同上。

"和而不同"。所以人与人之间既要和谐友善，又要尊重不同人的人格、不同人的个性差异。延伸到民族之间、国家之间，也应尊重"和而不同"，这样才能促进多元文化、多元发展模式、多元发展格局的构建。显然，中西方的人本文化、人本精神具有不同的价值取向。也正因为中西方人本哲学价值取向的巨大反差，西方的人本哲学在完成反封建使命，宣布"上帝死了"之后，西方的人本精神也逐渐走向没落。相反，中国的人本精神在历史的传承中，不断发扬光大，乃至成为中国式现代化的核心理念、核心价值取向。

第三节　形成"以人为本"的科学发展观

以上阐释说明，"以人为本"发展观的提出，不仅走过了一段艰难曲折的从"以物为本"到"以人为中心"的道路，而且表明，"以人为本"的科学发展观，传承并光大了中西方关于"人本哲学"、人本思想的理论。所以，它能走出西方以"增长"为核心的现代化困境，为中国的现代化道路提供一种科学发展理论的支持。不仅如此，当代中国特色的"以人为本"科学发展理论的形成，以马克思主义的"以人为本"思想为指导，提炼中外思想史上"人本哲学"的思想成果，借鉴与总结西方形成以"人"为中心发展观的历史经验，从提出"以人为本"的全面协调、可持续发展观到形成"以人为本"的科学发展观。

一、提出"以人为本"的人的全面发展思想

当马克思和恩格斯确立自己的历史观时，他们首先以"人"为出发点。为了保证这个出发点能够导向社会历史观的唯物主义方向，他们对这个出发点的"人"作出了严格的规定。他们认为，"我们的出发点是从事实际活动的人"，唯物史观把现实的人作为历史研究的出发点，也就是把人的物质实践活动、现实生产劳动作为出发点。这样就能把握一切社会生活的本质，就能同历史唯心论划清界限。马克思主义在运用"以人为本"时，扬弃了费尔巴哈人本学和现代人本主义者对人的抽象理解，把具体的、从事实践活动的

人作为前提，即把实践作为人的存在方式。

我们党以马克思主义的人的思想为指导，在不断总结改革和发展的经验教训基础上，提出以人为本的全面、协调、可持续发展观。江泽民同志在2001年的"七一"重要讲话中，鲜明地论述了人的全面发展问题。党的十六大报告把人的全面发展列入全面建设小康社会的战略目标之中。十六届三中全会通过的《中共中央关于完善社会主义市场经济若干问题的决定》，在提出全面、协调、可持续的发展观的同时，鲜明地提出"坚持以人为本"，"促进经济社会和人的全面发展"。从此，以人为本成为我们全面建设小康社会、推进社会主义现代化建设的一个重要思想。

中国全面、协调、可持续发展观的理念和宗旨应当是以人为本位，它有两层含义：人在发展过程中应当具有主体的意义，发展的根本目的在于实现人人共享、普遍受益。

（一）人在发展过程中的主体意义

经济的因素是整个社会形态存在与发展的终极原因，这是毫无疑问的。但是，如果把这一本来是正确的观点给予绝对化和"泛化"，使之超出了本来所适用的范围，那么，就会不可避免地陷入误区。正如恩格斯所指出的那样，"如果有人在这里加以歪曲，说经济因素是唯一决定性的因素，那么他就是把这个命题变成毫无内容的、抽象的、荒诞无稽的空话"[1]。

必须看到，"人在发展过程中应当具有主体的意义，只有这样，方可解决发展的最终目的这一根本性的定向问题。发展的最终目的在于满足人们各种层次的需要，就此而言，追求经济的发展只是手段性的东西。不仅如此，只有以人为本，方可最大限度地开发以人力资源、智力资源为主要内容的社会资源，为发展形成一种持久有效的推动力量。需要特别指出的是，以人为本位的发展并不意味着要否定经济问题的重要性"[2]。

经济对于人类社会的发展是至关重要的。但是不能将经济的发展视为人类社会发展的唯一目的和全部内容。产生"经济至上论"或者说"经济增

[1] 《马克思恩格斯选集》第4卷，人民出版社2012年版，第604页。
[2] 李青、王多吉：《改革反思与新改革共识——"以人为本"的共享式改革观探要》，《开发研究》2007年第2期。

长"至上论的一个重要原因是人们对于大工业生产的盲目崇拜。应当承认，大机器工业的出现，结束了延续数千年的小生产方式，实现了人类历史上的一次巨大飞跃。但早期大工业也使人们产生了一种盲目的大工业崇拜热，并进而认为只要凭借着高度发达的生产能力，便可以改天换地，成为天下万物的主人。人们也就很自然地形成经济万能、经济乃一切社会现象之动因的观念，进而逐渐导致机械的、绝对的"经济增长"论，只有确立人在发展中的主体地位，才能确立"以人为本"的发展价值取向、价值理念。

（二）人人共享、普遍受益

现代社会"以人为本"的发展，"还应当具体表现为人人共享、普遍受益。人人共享、普遍受益的含义是，社会发展的成果对于绝大多数社会成员来说应当具有共享的性质，即：随着社会发展进程的推进，每个社会成员的尊严以及平等、自由的权利应当更加得以保证，每个社会成员的基本需求应当持续不断地得以满足，生活水平应当相应地得以不断的提高"①。

随着社会主义市场经济的发展，社会成员的个体意识也得以增强，促进了人的尊严的形成。与人的尊严相连的是平等和自由。对于现代意义上的平等，恩格斯是这样解释的："一切人，作为人来说，都有某些共同点，在这些共同点所及的范围内，他们是平等的，这样的观念自然是非常古老的。但是现代的平等要求与此完全不同；这种平等要求更应当是从人的这种共同特性中，从人就他们是人而言的这种平等中引申出这样的要求：一切人，或至少是一个国家的一切公民，或一个社会的一切成员，都应当有平等的政治地位和社会地位。"② 自由与平等这两个概念密切相关，难以分割。不过，"平等侧重于对个体人基本权利的肯定和保护，而自由则是侧重于对个体人所具有的个体差异的尊重和保护"③。

"人人共享、普遍受益的含义还应包括，每个社会成员的基本需求应当相应地持续不断地得以满足，其生活水平应当相应地得以不断的提高。相反，如果社会财富越来越集中在少数社会群体、少数社会成员一方，那么就

---

① 吴忠民：《我们需要一个什么样的公正社会?》，《社会科学论坛》2002 年第 7 期。

② 《马克思恩格斯选集》第 3 卷，人民出版社 2012 年版，第 480 页。

③ 李青、王多吉：《改革反思与新改革共识——"以人为本"的共享式改革观探要》，《开发研究》2007 年第2 期。

说明社会发展的成果只是为少数社会群体少数人所享用。"① 这样的发展不是真正的发展，而是另一种意义上的"无发展的增长"。在社会经济资源匮乏但又比原始社会经济水准相对要高的传统社会的条件下，只能出现一个等级、特权的社会。这种等级、特权的社会充斥着剥夺、压迫的现象，是以践踏大多数社会成员的尊严，损害大多数社会阶级、阶层民众的利益为其自身存在前提的。只有当一个社会的生产力发展到较高水平，才能为人人共享普遍受益提供必需的物质条件。正如马克思主义所强调的，只有"把生产发展到能够满足所有人的需要的规模；结束牺牲一些人的利益来满足另一些人的需要的状况；彻底消灭阶级和阶级对立；通过消除旧的分工，通过产业教育、变换工种、所有人共同享受大家创造出来的福利，通过城乡的融合，使社会全体成员的才能得到全面发展"②。

（三）以人为本就要以"人民福祉"增进为目标

以人为本的发展，意味着中国的发展要以人本身的发展为路径，以人为发展动力，以人的福祉增加为目标；坚持以人为本体现了中国共产党的一贯宗旨和执政理念。

经济发展需要以人民的福祉增进为终极目标，"就要一切从人民的利益和要求出发，在经济发展的同时，不断提高人民群众的物质文化生活和健康水平。不仅要满足生存的需要，还要满足安全、享受和发展的需要，不仅要满足物质生活需要，还要满足精神文化需要；就要保障人民的政治、经济和文化权利，保障人民在教育、就业、收入、财产和发明创造等方面的合法权益"③；创造有利于人们平等竞争、全面发展的环境和条件，不断提高人们的思想道德素质和科学文化素质。

以人为本是我们制定发展战略和各项有关政策的基本出发点。至于人民利益和要求在多大程度上得到实现，取决于生产力发展达到的水平，取决于通过经济建设创造了多少财富。坚持以人为本就要充分地满足人们的物质和

---

① 李青、王多吉：《改革反思与新改革共识——"以人为本"的共享式改革观探要》，《开发研究》2007 年第 2 期。
② 《马克思恩格斯选集》第 1 卷，人民出版社 2012 年版，第 308—309 页。
③ 李忠杰：《科学发展观的内涵》，《当代贵州》2004 年第 7 期。

文化需求，不断增进人民福祉，实现人的全面发展。

二、科学发展观彰显扬弃西式"现代化"的理论特征

2003 年 8 月底 9 月初，胡锦涛在江西考察时明确提出"科学发展观"的概念，指出要牢固树立"全面发展、协调发展、可持续发展的发展观"，又从理论上分析了发展概念与增长概念的异同。在 2003 年 10 月召开的中共十六届三中全会上，胡锦涛发表讲话，明确阐明了科学发展观。

党的十六届三中全会第一次完整提出"科学发展观"，意味着中国共产党在探索"中国式"发展理论和实践方面迈出了重要的、关键性的一步，从根本上扬弃了现代化必须走西方的"增长"与"发展"道路的理论，也从根本上扬弃了西方的"普遍主义""西方中心主义"的现代化理论，为发展中国家提供了一种新的发展理论、新的发展方式。

（一）发展的全面性

"在早期大工业阶段，由于社会机体的相对简单以及上面所提及的经济本位论，致使人们在考虑发展问题时采用了一种简单直观的线性因果式的思维方式，认为一因之后总有确定的一果与它相对应，而经济增长是因果链条上的始端，进一步看，经济又主要是一个大工业化的问题，所以，只要大工业得以发展，其他的一切便会自然而然地获得发展。因此，大工业便是一切。"[①] 这是一种典型的片面发展观。

实践证明了这种片面发展观的局限及弊端。随着经济社会的发展，"社会有机体的各个层面、各个环节愈益复杂化，其分工愈益明显。同时，社会有机体的各个层面、各个环节之间的相互依赖、相互制约、相互促进的系统有机性日趋增强。社会有机体中的任何一个层面或环节如若脱离其他层面或环节的有效支援就无法存在与发展。因此，发展是社会各个层面、各个环节的协调并进"[②]，发展是社会有机体的全面协调、可持续的推进。社会有机体中任何一个层面、任何一个环节的迟滞都会影响到整个社会的发展。

---

① 吴忠民：《发展的意蕴》，《社会科学研究》1991 年第 5 期。
② 同上。

（二）发展的内生性

民族（国家意义上的"民族"）是人们赖以生存的最重要的社会群体。每一个民族都具有发展的潜质。发展的需求、发展的动力来自民族的内部，而不是外在的。外在的压力等因素固然可以对发展起着促进或阻碍的作用，但是，这种外在的影响因素存在一个转换为内在动力或内部阻力的问题。

发展的"内生性"对于后发国家来说是至关重要的。它要求后发的发展中国家，要立足一个国家、一个民族的内在需求，确立发展的战略目标，构建发展的新格局，形成发展的新路径。在发展实践中不断满足自身发展的需求，并不断提升和完善发展的内在的目标追求、人人共享发展成果的需求。

（三）发展的协调性

以人为本的科学发展观强调"自然、经济、社会"复杂关系的整体协调。第一，努力把握人与自然之间关系的平衡。当今全球所面临的"环境与发展"问题，其实质就是要如何协调、平衡人与自然的和谐共生关系。只有尊重自然、顺应自然、保护自然，寻求人与自然和谐共生关系的"合理性"状态，才能促进人与自然之间的生命共同体建设。第二，努力实现人与人之间关系的和谐。要以社会主义核心价值观倡导的文明、和谐，以及诚信、友善精神为引导，以宪法为依据，以法律法规为约束，以道德规范为内在"律令"，不断促进人与人之间、人与社会之间的文明和谐、公平公正的发展。

（四）发展的开放性

发展是一个开放的系统。对于任何一个民族来说，要想有效地推进发展进程，就必须对外开放。

开放，对于一个民族的发展是至关重要的。一是，"开放能提供必要的压力，从而最大限度地启动一个民族的原动力"；二是，"通过开放，本民族可以从别的民族那里获得一些有益的借鉴与参照，从而尽可能地获得事半功倍的效果"；三是，"通过开放，各个国家之间可以进行一些对发展而言是必不可少的资源交换以及资金及人力的对流，以他人的优势来弥补自己的劣势"①。总之，开放是一个民族、一个国家的发展所不可缺少的一个重要环

---

① 吴忠民：《发展的意蕴》，《社会科学研究》1991 年第 5 期。

节，是一个民族、一个国家走向世界、融入全球发展的根本途径。

（五）发展的可持续性

发展的可持续性，是一种注重长远的经济与人口、资源、环境相协调发展的观念，它既要满足当代人不断增长的物质与文化需求，又不能对下一代人满足需求的生存环境、发展空间、发展能力造成危害。因此，我们必须坚持走生产发展、生活富裕、生态良好的文明发展道路，保证人类社会一代一代地永续发展。

科学发展观以上述五大特征的有机统一，彰显了它在引领中国经济社会可持续发展，推进中国式现代化方面的价值，彰显了科学发展观优于西方种种"增长"与"发展"理论的本质特征。

第四节　新发展理念超越现代、后现代发展理论

科学发展观是中国式科学发展理论的一个重大成果，是立足中国国情对西方以资本"增长""扩张"为核心的发展理论的扬弃，也是形成中国式现代化理论模式的一个重要阶段。然而，发展理论不会停滞不前，中国式发展理论在中国特色社会主义新时代，又有了新的跨越，即形成了引导中国式现代化的新的发展理念。

一、准确把握新发展理念的理论精髓

2015年10月，党的十八届五中全会提出了创新、协调、绿色、开放、共享的发展理念。2016年1月，习近平在省部级主要领导干部学习贯彻十八届五中全会精神专题研讨班开班式上，对落实新发展理念作出系统阐释。

新发展理念是创新发展理念、协调发展理念、绿色发展理念、开放发展理念、共享发展理念所构成的一个有机整体，不仅体现着辩证唯物主义和历史唯物主义的方法论和系统观，而且体现着我们党对当代社会经济发展一般规律的最新科学认识，标志着我们党对中国特色社会主义经济发展规律的认识达到了一个全新的高度和境界。深入学习和全面贯彻习近平经济思想，必须深刻认识新发展理念的理论创新性，准确把握其中所体现的科学方法论和

理论精髓。

（一）新发展理念揭示了发展的规律

第一，新发展理念全面揭示了当代社会经济发展一般规律，是马克思主义发展理论的重大创新。总体来看，新发展理念是在深刻总结国内外发展经验教训的基础上形成的，也是在深刻分析国内外发展大势的基础上形成的，集中反映了我们党对经济发展规律认识的深化。马克思主义的历史唯物主义理论，从生产力与生产关系、经济基础与上层建筑的对立统一运动出发，深刻揭示了人类社会发展一般规律。新发展理念全面深刻地反映了当代世界和人类社会发展面临的新矛盾新特征和新要求新趋势，深刻揭示了创新、协调、绿色、开放、共享发展的当代世界发展共同趋势和内在要求，是历史唯物主义理论的重大发展，具有深刻的方法论价值和世界意义。

第二，新发展理念全面反映了新时代中国特色社会主义发展规律，是我们党对中国特色社会主义经济发展和建设规律理论认识上的又一次升华，是中国特色社会主义政治经济学的重大创新。创新发展理念凸显了创新在当代经济社会发展中的第一驱动力地位，丰富发展了中国特色社会主义政治经济学关于科学技术是第一生产力的理论；协调发展理念体现了关于发展的平衡与不平衡的辩证法和系统论，丰富发展了中国特色社会主义政治经济学关于发展的整体性理论；绿色发展理念反映了可持续发展规律的内在要求，拓展了新时代人民美好生活需要的价值内涵；开放发展理念反映了经济全球化的时代潮流和内在要求，体现了构建人类命运共同体的理想追求，丰富发展了中国特色社会主义政治经济学的对外开放理论；共享发展理念反映了实现全体人民共同富裕的社会主义本质要求，指明了发展为了人民、发展依靠人民、发展成果由人民共享，不断实现好、维护好、发展好最广大人民根本利益的根本立场[①]。

（二）新发展理念是一个理论体系

习近平总书记指出，新发展理念是一个系统的理论体系，回答了关于发展的目的、动力、方式、路径等一系列理论和实践问题，阐明了我们党关于

[①]　邱海平：《系统把握习近平新时代中国特色社会主义经济思想》，《理论导报》2021 年第 7 期。

发展的政治立场、价值导向、发展模式、发展道路等重大政治问题。从战略层面讲，新发展理念既包含着一些最关键的发展原则，也包含着新发展阶段治国理政的科学方法，它起着指挥棒和红绿灯的作用，为实现高质量发展提供了遵循。

第一，坚持创新发展，全面提升国家整体创新能力，才能避免经济出现报酬递减趋势。创新是发展的第一动力，经济发展水平越高，创新的作用就越重要。创新发展不仅包括科技、管理与商业模式等基础性创新，也包括制度和宏观治理等规制性创新。随着我国经济逐步进入新发展阶段，经济发展特别是工业增长进入报酬递减的过程，摆脱报酬递减的最有效方式就是大幅增加创新投入、完善创新发展机制，全面提高创新能力，形成创新驱动型经济。

第二，坚持协调发展，全面提升发展的整体性和协调性，才能发挥供需双方的巨大潜力，实现更高水平的动态均衡。发展不是单一的经济发展、单一优势的发挥，也不是一部分人、一部分地区、一部分行业的发展，而是整体发展。非均衡、不充分发展不仅是实现高质量发展的障碍，而且会累积形成巨大的风险隐患。只有实现了整体的高质量发展，经济社会的集合力、综合绩效、韧性才能充分展现，发挥出最大的整体竞争优势。

第三，坚持绿色发展，实现人与自然和谐共生的现代化，才能保证发展的长期可持续性和安全性。人类发展必须尊重自然、顺应自然、保护自然，否则就会遭到大自然的报复，这个规律谁也无法抗拒。绿色低碳发展不仅是人类发展方式变革的重点，而且是人类社会长期可持续发展的客观规律。

第四，坚持开放发展，形成全方位高水平开放新格局，才能对内促活力增动力，对外保安全掌握主动权。高质量发展，必须是高开放高安全下的高水平发展。不断对外开放，充分运用人类社会创造的先进科学技术成果和有益管理经验，是改革开放 40 多年我国创造"两大奇迹"的最重要经验之一。在推进高质量发展中，必须坚持开放发展，全面主动扩大开放，在全方位开放中壮大自己。

第五，坚持共享发展，着力践行以人民为中心的发展思想，才能走好全体人民共同富裕的道路。共享发展是高质量发展的一个基本特性，共享理念实质就是坚持以人民为中心的发展思想，走共同富裕、全面发展的道路。共同富裕，是马克思主义的一个基本目标，也是自古以来我国人民的一个基本理想。在高质量发展阶段，必须坚持共享发展，循序渐进，量力而为，努力促进全民共享、全面共享、共建共享以及渐进共享等方面取得更为明显的进展。

总之，创新、协调、绿色、开放、共享的发展理念，高度关联、有机配合、相互促进，成为我国在高质量发展阶段对新发展趋势的一种更高的价值追求，为我国推进高质量发展提供了一套整体性解决方案。

二、新发展理念的本质特性[①]

新发展理念从整体上彰显了在新时代中国发展过程中，中国式现代化所具有的科学理性、价值理性和实践理性相统一的本质特征。

（一）新发展理念的科学理性

新发展理念的科学性在于：它在科学诠释什么是"发展"，怎样实现全面"发展"，如何以"发展"推进现代化，并在该基础上建构起科学的"发展"理论。因而，任何一种科学的发展理念、科学发展理论，它要具备以下四个要素：① 发展理论内蕴的世界观与方法论，即能否在世界观的高度回答发展问题；② 发展理论能否反映"发展"的客观本质，在多大程度上反映"发展"的客观规律；③ 发展理论自身的逻辑是否符合大多数国家经济社会发展的客观逻辑；④ 不同发展逻辑的继承与发展。

以上四个要素，无论是在世界观高度，还是在多大程度上反映"发展"的客观逻辑以及不同"发展"逻辑的继承，都离不开"当下"的发展理论所基于的"发展实践"，都以"当下"与"未来"追求发展与现代化实践（简称"发展实践"）的客观逻辑为基础。改革开放40多年来，从"摸着石头过河"到以人为本科学发展观的提出，再到科学的新发展理念的形成，与中国的发展与现代化实践的客观逻辑进程是一致的。

① "三大理性"相统一的本质特征，参见鲍宗豪：《坚持"科学发展"的理性精神》，《文汇报》2007 年 6 月 25 日；《"科学发展"的逻辑意蕴》，《学习与实践》2007 年第 3 期；《上海市社会科学界第五届学术年会文集（2007 年度）》（政治·法律·社会学科卷）2007 年 6 月 30 日。

（二）新发展理念的价值理性

新发展理念的价值理性凸显的是：以新时代"发展实践"为基础构建发展理论、发展理念的宗旨和目的，即发展为了什么，发展以什么为目的或者说衡量发展合理性的终极价值是什么。近现代以来，人类发展的价值取向从"以物为本"到"以人为本""以人民利益实现为本""以人的全面发展为本"再到科学的"新发展理念"，既是发展理论、发展观的重大转变，更是发展的价值理性的确定。新发展理念的价值理性，是在新时代"发展实践"中认识和把握的，是在"发展实践"中并妥善处理"人本性与自然性""经济性与人文性""实效性与科学性"的矛盾关系中实现的。

——人本性与自然性的对立统一。人来自自然又高于自然。人一旦对其生存的自然界有所意识，其生存与发展的行为便可能与自然发生矛盾与冲突。历史上关于人与自然关系的"奴仆说"或"主人说"，都是对人与自然、"人本性"与"自然性"关系的扭曲；近现代以来人类发展的价值取向从"以物为本"到"以人为本"的转变，正是在"发展实践"中，认识与把握了"人本性"与"自然性"的对立统一关系之后，才形成人与自然应和谐相处的价值理性的。

——经济性与人文性的对立统一。发展的"经济性"是"以物为本"价值取向的直接表达，经济增长、经济发展也是实现"以人为本"价值取向的基础；但仅仅追求经济发展的"物本性"取向与"人本性"的矛盾冲突，在现当代表现为"经济性"与"人文性"的矛盾与冲突，使人在不同程度上成为"经济人"，在不同层面、不同程度上推动"经济增长"；人在经济增长中的"经济化"意识、行为，必然弱化人的"人文价值""人文精神"，有碍人的自由而全面发展。然而，发展又不可能不以"经济增长"为基础，关键在于认识与把握新时代"发展实践"中的"经济性"与"人文性"的对立统一关系，以实现发展的价值理性。

——实效性与科学性的对立统一。发展的价值理性内蕴着发展的实效，即发展必然要关注发展的"有用性"和"结果性"，并从发展的结果性——如发展带来的数量变化、形态变化、结构变化等来验证发展的实效性。发展的实效性是在发展的科学性指导下所取得的实效、实绩。因此，对发展实效性的认识与评估，常常是一项较为复杂的科学系统的工作。但人们又容易把"实效性"简单化或简化为"实用性""有用性"，这就抽掉了"实效性"中的"科学性"内涵，发展的结果就没有真正的"实效"，可能是部分"实效"（如发展只惠及部分人、部分单位、部分地区），也可能是"虚假实效"（如发展带来的"泡沫"、虚假繁荣以及发展的"陷阱"）。这种背离了发展科学性的"实用性""有用性"价值取向，实际上是偏离了"当下"的"发展实践"，在发展的"实效性"方面多跨了一步，走向了发展的"实用主义"。因此，如何提高对"当下"与"未来""发展实践"的自觉意识，是保证新发展理念的"科学性"对"实效性"的引领，保证"实效性"不滑向"实用性"，进而实现新发展理念价值理性的关键。

（三）新发展理念的实践理性

新发展理念的科学理性、价值理性统一于新时代中国的发展与现代化的实践理性之中。发展的实践理性的含义是：在发展与现代化实践中善于通过实践理性的功能整合发展的科学理性与价值理性，并自觉地以"发展实践"的结果来验证发展的科学性与价值性。发展的实践理性在以下三个层面整合着发展的科学理性与价值理性。

——实践过程理性的整合。"发展实践"是作为一个过程展开的。在宏观意义上，"发展实践"过程如同时间空间一样，难以确定其起点和终点。但就某一客观事物、某一区域发展实践来看，有起点、阶段与结果。自觉地认识与把握"发展实践"在发展起点、发展阶段、发展结果上的不同特点，并善于根据上述不同的特点整合发展的科学理性与价值理性，这是实践过程理性的要求。

——实践功能理性的整合。基于发展实践的新发展理念内蕴着"创新实践""协调实践""绿色实践""开放实践""共享实践"。当然，这五种类型有交叉、重叠，笔者只是从不同实践的主导目标和价值对它们作一相对的区分。对五种实践类型的相对区分是想说明，不同实践类型的功能也有相对区别。认识不同实践类型的不同功能，目的是要善于在不同的实践中，以不同实践类型所具有的功能理性，来整合"发展实践"中的科学理性与价值理性。

——实践结果理性的整合。具有科学性与价值性的"发展实践"，必须通过"发展实践"的结果来检验其新发展理念的科学性与价值性。"发展实践"结果理性对新发展理念科学理性与价值理性的检验，既是实践理性本身所具有的功能，又是新发展理念的科学理性与价值理性进一步指导"发展实践"的要求；即只有通过实践理性对科学理性与价值理性的检验（也是一种整合，即发现发展实践中不科学、不合理的东西，或不完善的方面，加以修正与完善），才能完善发展理念的科学理性与价值理性，以更好地指导发展实践。改革开放从确立发展是硬"道理"的理念，到以科学发展观指导改革和社会主义现代化，以新时代新发展理念指导中国式现代化发展实践，是最具典型意义的诠释。

值得注意的是，实践理性对科学理性与价值理性的整合是客观具体的，也是多方面的、有层次的；一定的实践理性水平，只能在一定的层次、方面检验和修正发展的科学理性与价值理性。所以，不断改进实践基础、实践条件、实践环境，提高实践理性的水平，能使我们更好地发挥实践理性对科学理性和价值理性整合的作用。人类在发展的实践中走向未来，人类也必须学会在"发展实践"中认识、把握并解决好新发展理念的科学理性、价值理性与实践理性的统一性问题，这也是"发展实践"深层次的本质及其要求。

三、新发展理念超越现代、后现代发展理论

正因为"新发展理念"具有科学理性、价值理性与实践理性相统一的特征，所以"新发展理念"扬弃了现代与后现代思想家种种"增长"与"发展"理论，并在新时代引领中国式现代化的实践中，全面扬弃了后现代的研究范式、研究基础、研究路径、研究方法，彰显了它对促进中国式现代化乃至发展中国家形成科学的发展理论所具有的普遍价值。

（一）新发展理念对后现代研究范式的扬弃

1. 对"现代性""后现代性"研究的理论范式

"现代性"与"后现代主义"思想家，对"现代性""后现代主义"的研究都有其理论范式。"如果说黑格尔奠定了现代性批判话语的基础，韦伯则提供了对现代性分析的社会理论模式。他最先明确地把现代性理解为合理

化过程，并从这一过程中诊断现代性的命运。韦伯对合理化过程的分析运用了两个不同的合理性概念。"① 在解释宗教和形而上学世界观向现代意识转化时，韦伯运用了复数、多元的合理性概念。在分析社会的合理化时，他运用的是狭义的工具合理性概念。

哈贝马斯则希望通过理论范式的转型超越马克斯、韦伯、卢卡奇以及霍克海默和阿多诺等人的研究方法和结论困境。他说："向交往理论的范式转型实际上回过头来从工具理性批判终止的地方重新开始；这允许我们把社会批判理论未能完成的使命重新承担起来。"② 德里达的"解构"范式又是对海德格尔"解构"（destruction）（原意分解、消解、揭示等）概念的继承和发展等。

但是，我们要确立研究范式，决不能简单地理解"范式"。库恩说过范式代表着一个特定共同体成员所共有的信念、价值、技术等构成的整体，但不能像有的学者那样，把研究的不同路径、不同的研究思路、不同的研究方法当作"范式"转换。实际上，库恩有关"范式"的思想，还突出强调了两点：一是"从一个处于危机的范式，转变到一个常规科学的新传统能从其中产生出来的新范式，远不是一个累积过程，即远不是一个可以经由对旧范式的修改或扩展所能达到的过程。宁可说，它是一个在新的基础上重建该研究领域的过程，这种重建改变了研究领域中某些最基本的理论概括，也改变了该研究领域中许多范式的方法和应用"③。二是库恩在 1992 年在题为"历史的科学哲学之困境"哈佛演讲中明确指出，这本书（《科学革命的结构》——笔者注）中最中心的观念，一方面是"革命变化"，另一方面是称为"不可通约性"的某种东西。这就意味着在库恩那里，"范式"的本质规定性乃是"革命性"与"不可通约性"。

2. 新发展理念对后现代理论研究范式的超越

基于新时代发展与现代化实践的新发展理念，扬弃了现代性与后现代性研究的种种理论范式，科学回应了近现代以来世界各国对"发展"的追求、

① 汪行福：《"新启蒙辩证法"——哈贝马斯的现代性理论》，《马克思主义与现实》2005 年第 4 期。
② ［德］尤尔根·哈贝马斯：《交往行为理论》第 1 卷，上海人民出版社 2004 年版，第 369 页。
③ ［美］托马斯·库恩：《科学革命的结构》，北京大学出版社 2003 年版，第 78 页。

"现代化"的期待，在重建中国特色的发展与现代化理论过程中，及时"转换"并形成能满足新时代追求中国式现代化的理论新范式。所以，在一定意义上说，基于新时代"发展实践"基础上的"新发展理念"，又是一种研究发展与现代化的"理论范式"，也是对人类发展、当今世界各国发展与现代化追求具有普遍性意义的理论范式的概括。也可以说，一部人类发展史是人类基于不同的"发展实践"阶段和水平而追求新的"发展"、形成新的发展理论及其范式的历史。但是，其中的关键是能否立足新的"发展实践"，根据新的发展需求"重建"发展理念、发展范式，引领发展道路。

（二）新发展理念对后现代研究基础的扬弃

1. 后现代主义对现代性的批判反思

哈贝马斯批判现代性、现代化运动、现代文明社会，"但不认为现代性、现代化运动、现代文明社会已不可救药"①。他认为，我们要像马克思对待黑格尔那样对待现代性，"务必小心翼翼，切莫将婴儿和洗澡水一起倒掉，然后再翱翔于非理性的天空"②。他认为，现代性是不能抛弃的，需要的是救助它。他向世人公开宣布自己"不放弃现代性计划"，"不屈尊于后现代主义和反现代主义"③。哈贝马斯认为，拯救现代化的唯一出路是由主体哲学转向语言哲学，由工具理性批判转向交往理性，"把研究的重点从认识—工具的合理性转向交往的合理性"④。当然，哈贝马斯交往的合理性并不能拯救现代性的危机。

再从后现代主义对现代性（如本质主义）的批判反思来看，也不是全盘否定。"在后现代主义的冲击下，理性的权威瓦解了，思维开始自我怀疑了，本质也就被消解了。可是，现代性与其说死了，不如说改变了自己的形态，变得更加符合现代性了，现代性更加自觉和成熟了。"实际上，"从笛卡尔以来，启蒙思想就开启了理性自我怀疑的哲学原则，而自我怀疑的能力也是一种本质的确证。由此看来，本质并不能够彻底消解，我们只能改变理解本质

---

① 陈学明：《辩证地对待现代性——"西方马克思主义"给我们的启示》，《求是学刊》2004 年第 3 期。
② ［德］尤尔根·哈贝马斯：《哈贝马斯访谈录》，上海人民出版社 1997 年版，第 37 页。
③ 同上书，第 56 页。
④ J. Habermas, Theorie des Kommunikativen Handelns, Suhrkamp Verlag, 1988, p. 525.

的形式"①。

2. 后现代主义的新理论特征

不过，后现代主义在批判本质主义的同时，也表现出其自身的新的理论特征："现代性是立足于确定性发现的怀疑，是建设性的破坏；后现代性是立足于不确定性的怀疑，是破坏性的破坏。现代性是为了发现确定的本质，后现代性是为了确立本质的不确定性。因此，现代性体现为本质主义，后现代性则体现为反本质主义。"②

后现代性反本质主义又采取了两种策略："一是说根本不存在本质，一是说人的思想无法了解客观的本质。前者从根本上质疑万物的客观存在，后者怀疑我们能否认识、理解和表达本质。后者认为，既然人们不能认识、理解和表达本质，那么是否对存在、本质的认识就成为一个无法回答的伪问题。"③ 显然，"在后现代语境中，人们对本质的理解已经发生了"发展实践"根本性的变化。因此，我们再也不能简单地以理性的方式理解'本质'、对待'本质'，而是应该在充分领悟后现代挑战的基础上"④，重构实践性的本质范畴。

3. 新发展理念扬弃了后现代对"本质"理解的基础

重构"发展实践"的本质范畴，关键要把握：现代性与后现代性语境中人们对"本质"的理解何以会发生根本性的变化？后现代理解"本质"的基础与现代性是否一致？如上所述，后现代只是在"更现代"的基础上理解"本质"，把握"本质"的不确定性。那么，可以说它们对"本质"理解的基础都是一致的。遗憾的是他们都未触及"本质"的基础，即都未触及"本质"在不同时代、不同国家的发展与现代化实践基础。脱离了"发展实践"的本质分析，只是空洞、抽象的"本质"观，对"解构"或"建构"发展的"现代性"或"后现代性"，都是软弱无力、毫无意义的。

新时代，在中国追求符合中国国情、体现共同富裕、"两个文明"协调

① 韩震：《本质范畴的重建及反思的现代性》，《哲学研究》2008 年第 12 期。
② 同上。
③ 同上。
④ 同上。

发展、人与自然和谐共生的现代化新发展理念，从根本上奠定了中国式现代化发展实践的基础，从根基上"扬弃"并超越了"现代性"与"后现代性"对"本质"理解的基础，走出了一条独特的中国式现代化道路。

（三）新发展理念对后现代研究路径的扬弃

从历史进程看，现代性的发展也可以说经历了两个阶段：一是强一元论阶段，一是强多元论阶段。以工业化为主导内容的早期现代性更多体现出一元强制性、弱选择性。

1. 现代性的一元论和多元论

所谓现代性的一元论，实际上反映了以工业化、城市化、市场化、民主化等为基本内容的现代性的发生的客观性、不可回避性。

所谓现代性的多元论，是指 20 世纪中后期，随着工业化的普及、深化，或者说随着后工业社会的到来，当代社会生产方式呈现出多层次、多质性、多样态并存的复杂局面，"不同的政治—经济—文化生态的多样态并存日益成为现代性的重要显性特质"[①]。在这一背景下，当代社会的现代性，日益成为多元的、可选择的现代性。

2. 多元的可选择性为新发展理念的形成提供了时代条件

可选择的现代性时代的到来，也可以说是"发展与现代化实践"（即"发展实践"）发展的结果。"发展实践"将"一元的现代性"推进到"多元的现代性"，依据多元的"现代性"、可选择的"现代性"，发展中国家的发展与现代化可以选择一条不同于西方发达国家的现代化道路。如从马克思的东方社会理论到中国特色社会主义，也可以说是基于不同时代、不同国家的现代化"发展实践"而对"中国现代性"路径的选择。

当然，有关马克思"中国现代性"的分析还有不同的观点，我们不想展开有关中国的现代性是被迫启动还是自主建构的讨论，只是强调，中国现代性、中国式现代化选择的路径是：马克思主义不断中国化的过程也是现代中国文化主体性不断实现自我理解与自我确证的过程，从马克思恩格斯的经典论述到毛泽东、邓小平再到党的十六、十七大有关科学发展观，直至新时代

---

① 陈忠：《发展伦理、和谐世界与可选择的现代性》，《马克思主义研究》2008 年第 11 期。

科学发展新理念的理论体系，越来越强调中国现代性、中国式现代化建构的自主意识、独特品质与首创精神。

3. 基于新时代"发展实践"基础的"新发展理念"扬弃了"殖民主义的现代性"、结构主义的"后现代性"

从马克思主义中国化的提出到"中国特色"社会主义现代化道路、制度的确立，基于中国"发展实践"的不同基础。基础既包含着马克思主义中国化和中国特色社会主义的不同需求、不同任务、不同特点，又反映了马克思主义中国化和中国特色社会主义的水平、趋势，从而，系统地表达出新时代"发展实践"所具有的构建一种不同于"现代性"或"后现代性"形式的新时代"现代性"的历史意向和功能：它在扬弃了西方学者的"殖民主义现代性"、西方现代化理论意义上的"现代化"以及解构主义者意义上的"后现代性"的同时，内在地培育出一种反思性机制的"新现代性"，规定了未来中国式现代化的创新发展、协调发展、绿色发展、开放发展、共享发展的理论、道路和制度。

（四）新发展理念对后现代研究方法的扬弃

在方法论方面，现代性研究有两个路向：一是以韦伯为代表的理念论、观念论路向；二是以马克思为代表的社会本体论路向。马克思认为，社会存在决定社会意识，"手推磨产生的是封建主的社会，蒸汽磨产生的是工业资本家的社会。"[1] "现代性的发生本质上源于生产方式的转换，生产方式、社会存在是理解社会本质、社会发展、社会发展理念的根本指导。古莱等西方发展伦理学家往往从文化观念这个层面揭示不同文化主体具有建构本土发展理念的合理性，这实质上是一种用观念论证观念的循环论证方法"[2]。

基于新时代"发展实践"的以建构中国式现代性、中国式现代化模式为重要内容的新发展理念，是新时代新发展理论、新发展理念，也是理解、解读中国特色社会主义发展理论、发展理念的深层基础。立足新时代"发展实践"认识新发展理念，既要求我们从"发展实践"的客观基础、客观水平认识和理解新发展理念，又要求我们转换分析研究、理解和诠释的视域，即对

---

① 《马克思恩格斯选集》第1卷，人民出版社2012年版，第222页。
② 陈忠：《发展伦理、和谐世界与可选择的现代性》，《马克思主义研究》2008年第11期。

新发展理念的理解和认识,既不能纯粹地从理念论、观念论路向分析解读新发展理念,也不能纯粹地从社会发展本体论的路向分析解读新发展理念,而是应将综合了观念论和本体论的新时代"发展实践"作为分析解读新发展理念的方法论。因为"发展实践"不会停留于一个时代、一种水平、一种方式,它要求我们对新发展理念的解读,既不能脱离"发展实践"的基础,又必须坚持"发展实践"的路径与方法。也正是在这个意义上说,新时代"发展实践"又是一种扬弃了"现代性""后现代性"研究的"观念论"与"社会本体论"的科学方法论。

立足新时代发展与现代化实践的"新发展理念",内含创新、协调、绿色、开放、共享五大理念。五大理念具有内洽一致的逻辑关联,所以,新发展理念又是一种理论体系,是一种对当今世界各国发展与现代化追求具有普遍意义的发展理论。当然,新发展理念也需要在持续推进中国式现代化的"发展实践"中完善。新发展理念在未来"发展实践"中不断完善的过程,也是新发展理念引领中国式现代化、彰显其"普遍价值"的过程。

下　编

中国式现代化的理论渊源、精神实质及其实践发展

- 马克思主义对资本主义社会的"现代性"批判以及东方社会的理论，成为中国特色现代化的理论渊源；改革开放 40 多年的实践，为中国形成科学的发展理论，走向中国式现代化提供了发展实践的基础。

- 马克思当年从揭示资本主义社会生产关系本质的层面批判资本的"社会现代性"，比近现代德国以及当代英国吉登斯、鲍曼等思想家有关现代性与现代社会（社会结构转型）的分析要更为深刻。

- 对中国现代化理解要把握两个概念：一是"中国的"现代化，即中国共产党以及仁人志士对中国如何走向近代化、走向现代化的探索；二是"中国式"现代化，这也就是党的二十大报告强调的："在新中国成立特别是改革开放以来长期探索和实践基础上，经过十八大以来在理论和实践的创新、突破，我们党成功推进和拓展了中国式现代化。"

- 中国式现代化的一个重要特征是"物质文明与精神文明协调发展"。"两个文明"协调发展（为了阐释更方便，简称"文明发展"），作为"中国式现代化"的特征，从根本上区别于西方千百年来在物质经济领域追求"资本"增殖的片面的现代化模式。

- 中国式现代化在一定意义上说也是中国特色的"社会现代化"，只有"社会领域"实现了现代化，才可能既真正摒弃资本"非文明化"各种弊端，又积极发挥"资本"在促进经济、保护生态、实现社会和谐方面的作用，这才是资本的"文明化"！"资本"的"文明化"才是中国式现代化所需要的动力机制。

- 当代中国的现代化正以"民族复兴的中国式现代化模式"来反映和标志中国式现代化与西方现代化的本质区别。

第四章　马克思主义对资本主义的"现代性"批判

以上三章分析了资本主义现代化形成的历史逻辑、理论逻辑，揭示了资本主义现代化理论不可克服的逻辑矛盾，以及科学发展、新发展理念对现代、后现代发展与现代理论的超越。西方现代化形成和发展的历史，给世界各国走向现代化提供了不同的坐标参照。马克思主义对资本主义社会的"现代性"批判以及东方社会的理论，成为中国特色现代化的理论渊源；改革开放 40 多年的实践，为中国形成科学的发展理论、走向中国式现代化提供了发展实践的基础。

第一节　马克思主义视域中的资本的"现代性"

在马克思的文献资料中并没有"现代性"与社会"现代性"的提法。但是，马克思对以资本增殖及其运作逻辑为特征的资本主义社会的剖析，实质上是对由"资本"衍生出的"现代性"与社会"现代性"的分析诊断。马克思对"社会现代性"的分析研究，立足"资本"的社会生产方式，从"资本"的社会生产方式揭示资本主义的剥削、资本主义的社会制度。马克思主义对资本主义社会的"现代性"批判，受德国黑格尔等近代哲学家的影响，且又远远超出了以后的马克斯·韦伯等德国哲学家对"现代性"的分析和研究。

一、德国近现代哲学家对"现代性"的分析

德国近现代哲学思想传统始终贯穿着一种现代性的问题意识。黑格尔对

市民社会的批判、韦伯的合理化理论、哈贝马斯的"生活世界殖民化"，"卢卡奇的物化理论以及霍克海默和阿多诺的工具理性批判，其核心都试图对理性在现代性中的命运做出诊断"①。哈贝马斯则是在这一传统中确定自己研究方向和问题的，正如他自己所说："阅读阿多诺给了我勇气，去系统把握卢卡奇和科尔施历史地陈述的作为韦伯意义上的合理化的物化理论。也就是在那时，我关心的问题就变成了现代性问题，即理性在历史中以扭曲形式实现的现代性病理学。"②

如果说黑格尔奠定了现代性批判话语的基础，韦伯则提供了对现代性分析的社会理论模式。他最先明确地把现代性理解为合理化过程，并从这一过程中诊断现代性的命运。"韦伯认为，西方的现代性起源于宗教和形而上学世界观的'去魅化'。在这个过程中，产生了现代经验科学、自律的艺术和普遍的道德和法律意识，正是依靠文化合理化的条件，独立于传统伦理关系的抽象劳动雇佣制度以及现代国家才有可能。"③

哈贝马斯进一步对"现代性"作出了实质性的判断："生活世界殖民化。"这一判断针对的不是合理化的一般过程，而是资本主义合理化的特殊形式。"虽然生活世界殖民化是现代性危机的主要症状，但是，哈贝马斯并不把它视为现代性的内在趋势，也不认为是社会合理化的必然结果。他认为，生活世界殖民化不是由于系统和生活世界之间的分化，而是由于它们力量的不平衡和冲突。"④

哈贝马斯认为，"西方发达国家的现代性病症有着特殊的表现，它既与现代社会的一般特点有关，又与晚期资本主义社会的结构有关"⑤。这种相关集中表现为系统和生活世界的不平衡和冲突，即现代性冲突导致西方发达国家的现代性病症。"可以说现代性是以资本主义的社会结构为其实现形式的，而资本主义的社会结构又无法完全释放现代性的理性潜能，所以，他认为必

① 汪行福：《"新启蒙辩证法"——哈贝马斯的现代性理论》，《马克思主义与现实》2005年第4期。
② ［德］Jürgen Habermas, "The Dialectics of Rationalization: An Interview with Jürgen Habermas," Telos, 49 (Fall, 1981), p. 7.
③ 汪行福：《"新启蒙辩证法"——哈贝马斯的现代性理论》，《马克思主义与现实》2005年第4期。
④ 同上。
⑤ 同上。

须要改变资本主义的社会结构。"①

哈贝马斯作为德国近现代哲学家的杰出代表，虽然提出了要改变资本主义的社会结构以克服"现代性"的冲突，但是，他并没有揭示资本主义社会的"现代性"（简称资本的"社会现代性"）的本质。

二、马克思主义对资本"社会现代性"的理论分析

马克思所生活的时代，是一个经过了文艺复兴、完成了宗教改革之后的"启蒙的时代"，也即一个上帝自然化、人本化的"祛魅"的"资本的时代"。对马克思来说，资本主义是现代性的第一个（过渡性）阶段，人类真正解放的现代革命就始于对资本主义现代性的批判和超越。马克思对现代性的揭示自始至终站在历史唯物主义的立场上，从对现代资本主义社会关系，特别是其本质性的生产关系，即资本与劳动力的关系的审视与批判切入的。可以说，马克思当年从揭示资本主义社会生产关系本质的层面批判资本的"社会现代性"，比近现代德国以及当代英国吉登斯、鲍曼等思想家有关现代性与现代社会（社会结构转型）的分析更为深刻。

（一）资本的"社会现代性"是马克思的独特研究视域

以资本为核心的社会现代性，一直是马克思关注的重中之重。他对资本的独到见解使其视域中的社会现代性呈现出鲜明的特色。

第一，"马克思关注社会现代性，资本居于核心地位。在马克思主义视域中，资本主义社会与现代性密不可分，社会现代性在马克思的视域下更多的是资本肇始的现代社会所具有的那种不同于传统社会的特性，也即社会现代性呈现出明确的资本逻辑。"② 并且马克思主义将资本作为现代社会的核心意象加以审视，分析现代社会（资本主义社会）的本质属性。在这个意义上，对资本的"社会现代性"的研究也是对资本主义所开启的现代社会研究的起点。

第二，马克思观察社会现代性的视角为"资本"。马克思主义对社会、人类形态演进的分析研究，要有一个视角、一个立足点。马克思、恩格斯身

① 鲍宗豪、赵晓红：《现代性视域下的中国社会秩序重建》，《天津社会科学》2014 年第 3 期。
② 汪斌锋：《超越资本现代性——兼与郁戈先生商榷》，《社会主义研究》2014 年第 4 期。

处资本主义社会，"作为现代社会肇始的资本主义社会有很多对象都值得关注，如宗教、政治、文化等等，之所以一针见血的选择'资本'作为其关注社会现代性的独特视角，是因为马克思所考察的资本主义社会不同于以往任何社会的独特逻辑——资本逻辑——贯穿于整个社会生活的方方面面"①。在资本生产面前，传统的"一切等级的和固定的东西都烟消云散了"②。因此，"资本"成为马克思研究分析社会现代性的最佳选择。

（二）马克思揭示了资本的社会现代性导致全球性扩张的根源

社会现代性必然是全球性的。社会现代性之所以能全球性，在于资本对剩余价值的追逐，驱使资本在全球的扩展这也是资本创造世界历史的理论与实践确证。"因为，资本主义建立在现代大工业生产的基础之上，但现代大工业决不会凭空出现，它只有在资本掌控了整个社会的生产关系时才有可能，只有当生产资料在市场上遇到了能够自由支配自己的劳动力时才会发生。因而，资本主义生产的前提同时也就是社会现代性得以发生的条件。这两个条件分别表征着社会现代性中客观必然性与自我意识这两极。只有资产阶级社会的商品生产才能把劳动力的商品化与自我意识普遍化、必然化过程统一起来。这是一个历史辩证法展示其自身发展潜力的过程，它激发了前所未有的社会生产力，彻底改变了社会生活的面貌。"③

（三）马克思揭示了资本社会现代性扩张的历史是在矛盾中运行的特点

总体来说，"资本在把人从中世纪的宗法社会关系中解放出来的同时却又把人置入资本本身的统治下，使人受到自己创造出来的社会关系的束缚。而且，资本主义雇佣劳动制在马克思看来只是新的奴隶制，它用新的统治形式代替了旧的，用对交换价值的追求代替了人文理想，用劳动力的商品化取代了人身依附关系，现代性呈现出一幅令人极度失望的讽刺画"④。

资本全球性扩张的实质不仅依赖于资本的无限扩张本性，而且依赖于这种扩张本性借以实现自身的"谋取方式"，即理性形而上学依靠启蒙而开展

① 汪斌锋：《超越资本现代性——兼与郗戈先生商榷》，《社会主义研究》2014年第4期。
② 《马克思恩格斯文集》第2卷，人民出版社2009年版，第34—35页。
③ 张一兵等：《神会马克思——马克思原生态的当代解释》，中国人民大学出版社2004年版，第99页。
④ 夏林：《启蒙现代性与历史现代性——商品拜物教与资本生产的两种现代性视野》，《人文杂志》2008年第6期。

出来的、对存在者的控制方案和统治形式。"'资本'借助形而上学的同一化力量，冲破了血缘、地域、民族、国家、语言、宗教、文化等界限，使历史第一次具有了世界历史性质。而正是由于资产阶级社会里资本与形而上学的'联姻'，建构起了同一性的抽象的'无形之网'和强大的'无底黑洞'，最终导致了'个人受抽象统治'这个资产阶级社会的现代性实质。"①

"抽象"之所以能成为"统治"，"在马克思看来，与资本的本性有关。资本的唯一本性就是无限增殖自身，而资本为了增殖自身，就必须把一切都纳入到资本逻辑的强大的抽象同一性之网中。在资本主义社会里，这种'抽象的力量'是通过以资本增殖为核心的市场交换价值体系具体体现出来的"。"交换价值"和"交换原则"成了压倒一切的主宰力量，"人与物的一切关系都被颠倒了，不是人支配和使用物，而是物反过来控制和奴役人，人的一切棱角和个性都被夷平了，世界被彻底'同一化'了"②。

显然，在现代资本主义社会里，由于资本逻辑与理性形而上学的联姻，致使"资本"成了一种无形的抽象力量，取代和控制着人的一切。这也就成了社会现代性分裂的根源。因此，马克思哲学的最终目标，就是瓦解资本的逻辑，打倒拜物教，推翻奴役人的一切关系，变资本的独立性和个性为人的独立性和个性，最终通过"每个人的自由发展"实现"一切人的自由发展"③。

三、马克思主义对资本"社会现代性"的实践批判

对资本"社会现代性"的批判，马克思、恩格斯在《政治经济学批判大纲》《英国工人阶级状况》《雇佣劳动与资本》《经济学手稿》《资本论》等著作中，都有分析与论述。马克思在1844年的《经济学—哲学手稿》中，首先揭露了资本主义制度下劳动者成为"最贫困的商品"的现象。

（一）马克思揭露劳动者成为资本主义制度下"最贫困的商品"

马克思认为，由于资本家占有资本，而劳动者一无所有，所以，工人对

① 白刚：《马克思的现代性批判》，《社会科学研究》2009年第1期。
② 贺来、白刚：《"抽象对人统治"的破除与马克思的现代性批判》，《马克思主义哲学研究》2009年第6期。
③ 《马克思恩格斯选集》第1卷，人民出版社2012年版，第422页。

资本家处于从属的地位，工人的生存有赖于资本的运用和资本家的兴致。工人的工资就是他在劳动期间的最低的生活费用，再加上使工人能够养家活口并使工人种族不致死绝的费用。工人完全和一匹马一样，只能得到维持劳动所必需的东西，或者说，工人的工资只是"为了保持车轮运转而加的润滑油"①。不论什么情况下，只要资本对劳动的统治不变，工人的结局都必然是：劳动过度和早死，沦为机器，沦为资本的奴隶，发生新的竞争以及一部分饿死或行乞。马克思在分析了资本主义各种社会状态对工人生活的影响后，得出如下结论："工人成了商品"，"工人的生存被归结为其他任何商品的存在条件"②。然而，"在社会的衰落状态中，工人的贫困日益加剧；在财富增进的状态中，工人的贫困具有错综复杂的形式；在达到繁荣顶点的状态中，工人的贫困持续不变。"③ 这是对资本主义发展时期工人贫困状况的最彻底揭露。

（二）恩格斯调查了工人阶级住贫民窟、地下洞穴，吃质量很坏的干酪等贫困状况

恩格斯又在《英国工人阶级状况》一书中，以详尽的调查研究所获得的大量实际材料，生动地描绘了工人阶级贫困化状况，并揭示了造成工人阶级贫困现象的原因。关于贫困的原因，我们将集中阐释，这里通过恩格斯对工人阶级贫困状况的调查与分析，从中得出革命结论的情况。

第一，从恩格斯对工人阶级现状的考察来看，他是从了解工人的生活入手的。为了了解工人的生活情况，他对工人阶级居住所在的城市考察得非常仔细，他观察整个城市，也考察各个市区。他研究城市的布局，房屋的建筑方式和用材，包括街道、院落、小胡同甚至一些偏僻的角落。他特别注意的是工人的住宅，他们房屋的大小，居住的人数，房间的布置，家具的好坏，租金的高低，卫生设备的情况，等等。他认为，仅仅了解一个城市还不能对整个英国工人阶级状况有一幅明确而具体的图景，因此，他也到其他城市去考察。

---

① 《马克思恩格斯全集》第 42 卷，人民出版社 1979 年版，第 105 页。
② 同上书，第 49 页。
③ 同上书，第 53 页。

第二，通过对各个城市的考察，他发现，"每一个大城市都有一个或几个挤满了工人阶级的贫民窟。的确，穷人常常是住在紧靠着富人府邸的狭窄的小胡同里。可是通常总给他们划定一块完全孤立的地区，他们必须在比较幸福的阶级所看不到的这个地方尽力挣扎着活下去。英国一切城市中的这些贫民窟大体上都是一样的；这是城市中最糟糕的地区的最糟糕的房屋，最常见的是一排排的两层或一层的砖房，几乎总是排列得乱七八糟，有许多还有住人的地下室。""这里的街道通常是没有铺砌过的，肮脏的，坑坑洼洼的，到处是垃圾，没有排水沟，也没有污水沟，有的只是臭气熏天的死水洼。城市中这些地区的不合理的杂乱无章的建筑形式妨碍了空气的流通，由于很多人住在这一个不大的空间里，所以这些工人区的空气如何，是容易想象的。"① 他看到，"把地下室当做住宅，在这里是很普通的，凡是可以挖洞的地方，都挖成了这种深入地下的洞，而很大一部分居民就住在这样的洞穴里面"②。

第三，调查了解工人的生活。当然，居住条件只反映工人生存状况的一个侧面，要全面而客观地得出工人生存现状的明确结论，还必须了解工人生活的其他情况。恩格斯也正是这样做的。他深入调查工人的食、衣等各个方面。他弄清了食品供应情况："工人所得到的都是有产阶级认为太坏的东西。……工人买的土豆多半都是质量很差的，蔬菜也不新鲜，干酪是质量很坏的陈货，猪板油是发臭的，肉又瘦，又陈，又硬，都是老畜的肉，甚至常常是病畜或死畜的肉，往往已经半腐烂了。"③ 他看到，"绝大多数工人都穿得很坏。……男人们大都穿着粗布及其他粗棉织品做的裤子和同样的料子做的上衣或夹克。粗布（fustian）甚至成了工人服装这个名词的同义语，工人被叫做 fustian-jackets（粗布夹克），而工人也这样称呼自己，借以和那些穿呢子（broad-cloth）的老爷们相区别，而呢子也就成了资产者的标志。"④ "很多很多工人，特别是爱尔兰人，他们的衣服简直就是一些破布，上面往往连再打一个补丁的地方都没有了，不然就是补丁连补丁，连原来的颜色都

---

① 《马克思恩格斯全集》第 2 卷，人民出版社 1957 年版，第 306—307 页。
② 同上书，第 323 页。
③ 同上书，第 351 页。
④ 同上书，第 349 页。

认不出来了"①。

恩格斯还考察了工人的健康，有哪些流行的传染病，发病率高低，医疗的方法，医院床位的多少，费用如何，药物质量，儿童、妇女、男人的死亡率，平均寿命，事故多少，死亡原因，等等。他的调查研究，除了当时占工人多数的纺织工人外，还涉及其他生产部门，如机器制造业、陶瓷业、煤矿业，甚至农业工人的状况，他也没有放过。

（三）造成工人阶级贫困状况的原因

马克思、恩格斯关于工人阶级贫困原因的分析，也是随着对资本主义认识的发展而深化的。恩格斯在《英国工人阶级状况》中，说明了贫困状况是资本主义制度下资产阶级剥削无产阶级的必然结果。马克思在《雇佣劳动与资本》等一些著作中，以及在 19 世纪五六十年代写成的一些《资本论》手稿中，继续论述这个问题，甚至已经作出了这样的结论，即在雇佣劳动制度下，"资本增长得愈迅速，工人阶级的就业手段即生活资料就相对地缩减得愈厉害"②。并且认为这是从资本和劳动之间的本质关系中必然发生的普遍规律。然而只是在《资本论》中，特别是在第一卷第七篇中，马克思才对工人阶级贫困状况的原因作了系统的全面的阐述，即说明了资本积累和无产阶级贫困化之间的辩证关系，并把两者的内在联系明确地表述为资本主义积累的一般规律。

1. 资本主义的剥削造成工人贫困

恩格斯在《英国工人阶级状况》一书中指出，在资本主义社会里，资产阶级不仅垄断了一切生产资料，而且垄断了一切生活资料，无产阶级则一无所有。"无产者在法律上和事实上都是资产阶级的奴隶，资产阶级掌握着他们的生死大权。"③ 从表面上看，工人似乎是自由的，他们似乎可以任意同哪一个资本家签订劳动合同，用自己劳动换取一定的工资，好像双方进行"等价交换"。其实"工人，仅仅被看做一种资本，他把自己交给工厂主去使用，

---

① 《马克思恩格斯全集》第 2 卷，人民出版社 1957 年版，第 350 页。
② 《马克思恩格斯全集》第 6 卷，人民出版社 1961 年版，第 506 页。
③ 《马克思恩格斯全集》第 2 卷，人民出版社 1957 年版，第 360 页。

厂主以工资的名义支付给他利息"①。虽然在这里，恩格斯还没有揭示出资本家剥削工人剩余劳动和剩余价值的秘密，但是他已经看到了资产阶级和无产阶级之间的剥削关系，实际上仍是一种新型的奴隶制关系。工资掩盖着资本家对工人的剥削，"等价物"的大小完全是"由资产阶级任意规定的"②。无产者除了接受资产阶级向他们提出的条件，或者冻饿而死以外，别无其他选择余地。

恩格斯指出，这实质上是一种比旧式的奴隶制更坏的、更伪善的奴隶制，"这种奴隶制和旧式的公开的奴隶制之间的全部差别仅仅在于现代的工人似乎是自由的，因为他不是一次就永远卖掉，而是一部分一部分地按日、按星期、按年卖掉的，因为不是一个主人把他卖给另一个主人，而是他自己不得不这样出卖自己，因为他不是某一个人的奴隶，而是整个有产阶级的奴隶。"③ 尽管马克思主义经济学说，尤其是剩余价值的理论尚未形成，但对资本主义剥削而造成工人贫困原因的分析，也可谓是入木三分了。

马克思在 1847 年的《雇佣劳动与资本》一书中，已深刻地认识到"资本"不是物，而是一种"社会生产关系"。他指出：资本"是资产阶级的生产关系，是资产阶级社会的生产关系"④。不仅如此，他还进一步说明资本是在一定的社会历史条件下才产生出来的，脱离了这样的条件，资本也就不存在了。马克思写道："黑人就是黑人。只有在一定的关系下，他才成为奴隶。纺纱机是纺棉花的机器。只有在一定的关系下，它才成为资本。脱离了这种关系，它也就不是资本了，就像黄金本身并不是货币，沙糖并不是沙糖的价格一样。"⑤ 显然，马克思在 19 世纪 40 年代已经深刻地认识了资本的本质，不过还没有完成资本有机构成的学说。

2. 工人阶级日益贫困的规律来自资本积累的本质

《资本论》巨著中，马克思又进一步发展了这些理论。他论证了工人阶级的状况愈益恶化的规律，而这个规律来自资本积累的本质自身。他首先研

---

① 《马克思恩格斯全集》第 2 卷，人民出版社 1957 年版，第 300 页。
② 同上书，第 360 页。
③ 同上书，第 364 页。
④ 《马克思恩格斯全集》第 6 卷，人民出版社 1961 年版，第 487 页。
⑤ 同上书，第 486 页。

究了资本积累的"一个特殊阶段"或"原始形式"，这就是马克思所说的
"单纯积累"。这时资本只发生数量的增加，而不发生质量的变化，即随着资
本积累并未产生资本有机构成的变化。然后马克思研究了随着资本量的增加
而发生质的变化的积累。在这种情况下，随着资本积累的进行，资本有机构
成高位化了。这是资本积累的一个规律。

马克思便由资本有机构成的提高使可变资本相对减少的趋势，说明了资
本积累会不断地产生出一个相对过剩的劳动人口。他指出："工人阶级中相
当大一部分人，对资本的增殖来说就不再是必要的，失去了存在的理由，成
为多余的、过剩的。既然这种情况还会随着积累的增长过程不断反复出现，
积累就会带来不断增长的过剩人口。"[①] 在资本主义制度下，"雇佣工人阶级
生产出资本的积累并随着它在这一方面所取得的成功，同时它自身就生产出
解雇自己或者把自己变成相对过剩人口的手段。这就是标志着资本主义时代
的特点并且同它的特殊的生产方式相适应的人口规律……"[②] 马克思认为，
这种"过剩人口"在资本主义社会里形成一个绝对隶属于资本的产业后备
军，他们不仅是"积累或资本主义基础上的财富发展的必然产物"，而且
"反过来又成为积累的最强有力的杠杆，成为处在全面发展过程中的资本主
义生产的存在条件"[③]。资本的突然扩大所需要的人数，是由"过剩人口"
供给的；而资本主义生产由活跃、高涨到危机和停滞的周期性的循环发展，
也是以产业后备军的不断形成为基础的。马克思深刻地论证了相对过剩人口
是资本主义生产方式不可避免的伴侣。

3. 资本主义对剩余价值的追求必然使无产阶级贫困化

马克思依据他对资本主义人口规律的论证，严厉地批判了马尔萨斯的人
口理论，指出："……每一历史的社会生产方式都有它特有的人口规律……
抽象不变的人口规律只对植物和动物来说才存在，而且还只有在这些植物和
动物不受到人的影响下才存在。"[④] 马克思分析了资本主义制度下相对"人口
过剩"的三种主要形式即流动的、潜在的和停滞的"过剩人口"，并指出它

① 《马克思恩格斯全集》第 43 卷，人民出版社 2016 年版，第 676 页。
② 同上。
③ 同上书，第 678 页。
④ 同上书，第 676 页。

们是一个统一整体，深刻地论述了无产阶级贫困化的必然性。

马克思有力地证实，资本家为了获得尽可能多的剩余价值，不惜牺牲劳动者的健康和生命，竭力把工资降低到工人维持生存所必需的生活资料的最低限度。有时发生（通常是由于工人们的斗争）工人们的工资有些增加，但伴随而来的则是资产阶级的利润的更大的增长，即社会的另一极的财富难以置信的增长。工人们即使"待遇高一些，食物丰富一些，衣服体面一些，特有财产多一些，不会消除奴隶制的锁链，同样，也不会消除雇佣劳动制的锁链"①。马克思又运用大量实际材料，淋漓尽致地刻画出资本主义剥削制度下工人早衰早死、因工伤亡、智力和体力衰退、劳动和居住条件极端恶化、疾病流行等等触目惊心的情景。

4. 资本主义积累的一般规律是加剧无产阶级同资产阶级的对抗

马克思关于资本主义积累的一般规律的学说，一方面深刻地阐明了资本主义制度的历史暂时性，及其必然走向灭亡的历史命运，同时也揭示了资本主义条件下无产阶级贫困的真正原因。无产阶级的贫困化，是资本主义发展的必然趋势，是由资本主义的客观经济规律所决定的。无产阶级为争取改善自己生存状况而进行斗争，只能在一定限度内延缓这一趋势的进展，而决不能消除趋势本身。资本主义积累一般规律的作用，是资产阶级同无产阶级之间阶级对抗日益加剧和加深的深刻根源。因此，无产阶级要从根本上砸碎资本的枷锁，永远摆脱贫困，彻底改善自己的生存状况，就必须推翻资本主义制度，建立社会主义制度。

（四）马克思主义对资本"社会现代性"走向侵略扩张的批判

马克思主义揭露批判了资本主义社会现代性从贩卖黑奴进行种族压迫和剥削走向侵略扩张的本性。

1. 揭露奴隶制、种族特权与私有制的血缘关系

马克思在分析资本原始积累时指出："由于封建家臣的解散和土地断断续续遭到暴力剥夺而被驱逐的人，这个不受法律保护的无产阶级，不可能像它诞生那样快地被新兴的工场手工业所吸收。另一方面，这些突然被抛出惯

---

① 《马克思恩格斯全集》第 43 卷，人民出版社 2016 年版，第 659 页。

常生活轨道的人，也不可能一下子就适应新状态的纪律。他们大批地转化为乞丐、盗贼、流浪者，其中一部分人是由于习性，但大多数是为环境所迫。"① 一旦成了流浪者和贫民就会受到惩罚。如在英国，当时被"告发为游惰者，就要判为告发者的奴隶。……主人应当用面包和水，用稀汤和他认为适当的肉屑给自己的奴隶吃。他有权用鞭打和镣铐强迫奴隶从事一切令人厌恶的劳动。""如果流浪者谎报籍贯，就要被罚充当该地、该地居民或社团的终身奴隶，并打上 S 字样的烙印。任何人都有权把流浪者的子女领去当学徒，男的当到二十四岁为止，女的当到二十岁为止。……为了便于识别和更加保险起见，每个主人可以在自己奴隶的脖子、手或脚上套一个铁环"②。

在英国，这种教区的奴隶，在游荡者的名义下一直保留到 19 世纪。在法国，17 世纪中叶在巴黎建立了一个流浪者王国。当时规定，"十六岁至六十岁的身体强壮而没有生存资料或职业的人，都要罚做苦工"。这样，被"暴力剥夺了土地、被驱逐出来而变成了流浪者的农村居民……通过鞭打、烙印、酷刑，被迫习惯于雇佣劳动制度所必需的纪律。"③ 马克思指出："使小农转化为雇佣工人，使他们的生活资料和劳动资料转化为资本"的，正是"资本主义制度"④。

2. 鞭挞贩卖黑奴、进行种族压迫和剥削的资本主义殖民制

马克思不仅分析了流浪者沦为奴隶的社会根源，而且强烈谴责、鞭挞了以最残酷的暴力为基础，贩卖黑奴、进行种族压迫和剥削的资本主义殖民制度。

马克思在《资本论》关于资本原始积累的分析中，揭露了一些老殖民主义在这方面的暴行。他指出："荷兰——它是 17 世纪标准的资本主义国家——经营殖民地的历史，'展示出一幅残杀、背信弃义、贿赂、卑鄙行为的绝妙图画'。最有代表性的是，荷兰人为了使爪哇岛得到奴隶而在西里伯斯岛实行掠夺当地人的制度。他们专门训练了一批人员来进行这种新式的诱拐新式的诱拐。盗贼、译员、贩卖人就是这种交易的主要代理人，土著王子

① 《马克思恩格斯选集》第 2 卷，人民出版社 2012 年版，第 292 页。
② 《马克思恩格斯全集》第 43 卷，人民出版社 2016 年版，第 794—795 页。
③ 《马克思恩格斯选集》第 2 卷，人民出版社 2012 年版，第 293 页。
④ 同上书，第 294 页。

是主要的贩卖人。"① 第一个充分发展了殖民制度的荷兰，就是直接依靠"贪污、掠夺和杀人越货而夺得的财宝，源源流入宗主国，在这里转化为资本"②。马克思又从当时的商业编年史中，揭露了英国殖民主义贩卖黑人的卑鄙行径。他指出，"英国在乌得勒支和谈时通过阿西恩托条约③，从西班牙人手里夺走了经营非洲和西班牙美洲之间贩卖黑人的特权，而在此以前，英国只经营非洲和英属西印度之间的这种买卖。英国获得了到 1743 年为止每年供给西班牙美洲 4 800 个黑人的权利……人肉买卖是这个正教城市进行原始积累的唯一方法"④。马克思通过对贩卖黑奴、进行资本原始积累的殖民制度的分析，得出了这样一个精辟的结论："资本来到世间，从头到脚，每个毛孔都滴着血和肮脏的东西。"⑤

第二节　马克思主义的社会形态理论与资本主义 "现代性"被扬弃的必然性

马克思主义关于扬弃资本"社会现代性"必然性的思想，内蕴于马克思主义的社会形态理论之中。也就是说，马克思主义之所以要探索社会形态的演进及其相关理论，就是要说明，资本主义的"现代性"不是"永恒"的，它只是人类社会演进中的一种形态，资本的"社会现代性"必然被后续社会形态中的"现代性"所扬弃。在一定意义上说，分析阐释马克思主义的社会形态理论，为社会主义社会的中国式现代化的"出场"，提供了客观的必然性。

一、马克思主义社会形态概念的界定

马克思的社会形态理论是历史唯物主义的核心内容，尽管马克思之后的理论家对这种理论提出过质疑，但是它至今仍然是国内外各种发展与现代化

---

① 《马克思恩格斯全集》第 43 卷，人民出版社 2016 年版，第 814 页。
② 同上书，第 816 页。
③ 按照阿西恩托条约规定，西班牙在 16—18 世纪授给外国和私人以特权，把非洲黑奴贩卖到它的美洲属地。
④ 《马克思恩格斯全集》第 43 卷，人民出版社 2016 年版，第 822—823 页。
⑤ 《马克思恩格斯选集》第 2 卷，人民出版社 2012 年版，第 297 页。

理论所依据的一种理论，也说明马克思主义的社会形态理论从人类社会演进的宏观视野揭示人类社会发展演变的规律以及与不同社会形态相适应的经济社会发展方式（如现代化模式），至今仍有跨时代意义和价值。

（一）马克思的"社会"概念

马克思立足人们物质生活的生产和再生产，从物质生活的生产过程中所结成的社会生产关系来界定"社会"。

马克思对社会有两个著名的规定：其一，"社会——不管其形式如何——是什么呢？是人们交互活动的产物"[1]；其二，"生产关系总合起来就构成所谓社会关系，构成所谓社会"[2]。这两个规定具有有机的联系，都是从人们社会生活的生产和再生产的角度加以概括的。

再结合马克思关于社会的其他论述，我们可以从中进一步概括出马克思关于社会的简明定义：① 社会是人们相互作用的产物；② 生产关系总和构成所谓社会关系，即构成社会，构成在一定历史阶段上的社会；③ 社会不是一个固定的结晶体，而是一个能够变化而且不断在变化的有机体；④ 生产关系总和构成社会的经济结构，即有法律的政治的上层建筑竖立其上并有一定的社会意识形态与之相适应的现实基础。社会形态（社会整体）由经济基础与上层建筑规定。

（二）"社会经济形态"与"社会形态"[3]

在界定"社会"概念的基础上，马克思又进一步阐释了"社会经济形态"与"社会形态"概念的含义。

"社会经济形态"的概念，是马克思在《〈政治经济学批判〉序言》中首次提出来的。在这篇高度概括和经典性表述历史唯物主义一般原理的著作中，马克思确立了"社会经济形态"的概念，他指出："大体说来，亚细亚的、古希腊罗马的、封建的和现代资产阶级的生产方式可以看做是经济的社会形态演进的几个时代。"[4] 显然，马克思的"社会经济形态"概念，是指社会的生产关系、社会的经济生活领域，它不同于马克思的"社会形态"

[1] 《马克思恩格斯选集》第4卷，人民出版社2012年版，第408页。
[2] 《马克思恩格斯选集》第1卷，人民出版社2012年版，第340页。
[3] 这部分的阐释参见鲍宗豪、张华金：《科学发展观论纲》，华东师范大学出版社2004年版，第71—73页。
[4] 《马克思恩格斯选集》第2卷，人民出版社2012年版，第3页。

概念。

"社会形态"概念在马克思、恩格斯的著作中，是一个多义性概念。在多数情况下，它是指生产关系总和或生产关系体系、社会经济结构；也有指生产力和生产关系的统一，即生产方式；还有指经济基础及与其相适应的上层建筑。而在谈社会形态发展时，又把生产力、生产关系、上层建筑看作一个内在联系的统一整体，实际上是把社会形态看作所有这些社会要素的总和。

我们认为，"社会形态"概念的多义性，是这个概念不完善的表现。在科学史上，任何概念都是发展的，都有一个由含义不够确切到更加确切、由内容不够确定到更加确定、由多义性到一义性的过程。"社会形态"这个概念也不例外。如果对马克思、恩格斯的论述，采取实用主义态度，断章取义，各取所需，为我所用，不同的人就会对"社会形态"概念的涵义和内容作出不同的解释。这样做，显然无助于社会形态概念的进一步完善。

综合马克思、恩格斯关于"社会形态"的种种论述，我们可以给它下一个定义：社会形态是由历史上一定的生产力、生产关系及其上层建筑等全部社会要素组成的统一的完整的社会体系，是按照本身特有的规律运动、变化、发展着的活的社会机体。这个定义主要包括以下五层意思：

一是一定的社会形态是由一定的生产力发展水平决定的。生产力是组成社会形态的重要因素之一，是决定社会形态的性质及其具体特点的最后根源。

二是一定的生产关系是构成一定社会形态的骨骼，它是由生产力的发展水平决定的，同时又决定其余一切社会关系。一定的生产关系是决定该社会形态性质的直接标志。

三是社会形态除骨骼外，还包括使骨骼有血有肉的上层建筑及其他一切社会现象和社会关系（如家庭、民族等各种人群共同体）。社会形态具有十分丰富的内容。

四是社会形态是由全部社会要素构成的一个有机联系的完整的社会体系，而不是由这些要素机械地拼凑起来的东西。

五是社会形态是一个活生生的社会有机体。"社会形态"和"社会有机体"这两个术语反映的内容是完全相同的，"社会形态"是个科学概念，"社会有机体"是个比喻性概念。把社会形态比喻为动植物一样的有机体，表明社会形态是生动的、具体的、内容丰富的、发展变化的、社会形态不是死板的、凝固的、贫乏的、抽象的。每一个社会形态都有其特殊的本质和特殊的发展规律，有其产生、发展和灭亡的历史，一个较低的社会形态必然为另一个较高的社会形态所代替，人类社会的历史就是社会形态更替的历史。[①]

二、马克思主义社会形态的基本理论

对马克思主义社会形态概念的界定，为我们进一步把握马克思主义的社会形态理论奠定了基础。这里在分析马克思主义划分社会形态的标准或者说理论依据的基础上，说明一下马克思主义关于"五形态"与"三形态"的基本理论。

（一）划分社会形态的不同依据

任何事物都是一个复杂的矛盾统一体，有多方面的质。社会有机体也不例外。社会有机体各方面的质都有一个发展过程，社会的发展和演化是多线条的。这样，对社会形态就可以从多角度去考察。不同视角划分社会形态的尺度是不同的，常见的社会形态划分尺度有：社会物质生产方式尺度、社会主体尺度、社会横向经济联系方式尺度和社会技术尺度等。

以社会物质生产方式为尺度，也就是以生产关系（即经济基础）的性质为标准，从这一角度划分的社会形态称为社会经济形态；以社会主体为尺度，也就是以社会的主体状况（主体与社会的关系）作为标准，从这一角度划分的社会形态称为社会主体形态；以社会横向联系方式为尺度，也就是以社会中占主导地位的经济运行方式为标准，从这一角度划分的社会形态称为社会交换形态；以社会技术为尺度，也就是以社会产业技术特征为标准，从这一角度划分的社会形态称为社会技术形态。在诸种社会形态划分标准中，以经济基础为划分社会形态的主要标准，但也不可忽视其他方面的社会形态划分标准。马克思在划分社会形态时，就运用了生产力、经济基础、社会主

[①] 以上定义分析参见鲍宗豪等：《当代社会发展导论》，华东师范大学出版社 1999 年版，第 86—90 页。

体状况等系统综合标准，区分出了不同侧面的社会形态。

20世纪下半叶，总结新技术革命对社会进程的影响作用，美国未来学家托夫勒和美国社会学家贝尔等以技术产业特征为标准，分别把社会划分为"农业社会、工业社会、信息社会"和"前工业社会、工业社会、后工业社会"等社会形态演进系列。这一划分类似于马克思的社会交换形态划分法，丰富了社会形态理论，有其合理之处，也有其不足。马克思主义的社会形态演进理论着眼的是人类社会演进的规律及其趋势，而不是从某一种技术变迁方面的特征来界定社会形态。当然，科学发明、技术进步、社会进步能在一定程度上促进社会变革，但还不是马克思主义对社会形态演变规律性的分析。

（二）马克思主义社会形态演进的"五形态"与"三形态"理论①

依据马克思主义立足社会形态演变规律的思想，我们就可更准确地理解马克思关于社会演进"五形态"与"三形态"的理论，进而把握马克思主义关于资本主义"现代性"随着社会形态演进而被扬弃的客观必然性思想。

1. 关于社会形态演进"五形态"与"三形态"理论的提出

在《德意志意识形态》中，马克思和恩格斯第一次比较完整地提出了人类社会演进的阶段图式，他们以分工和所有制的不同特征来说明人类历史上出现过的各种社会制度。他们提出的所有制形式依次为：部落所有制、古代公社所有制和国家所有制、封建的或等级的所有制、现代资产阶级私有制，最后是共产主义制度。

在《政治经济学批判（1857—1858年草稿）》序言里，马克思提出了人类社会演进的五大形态，即"亚细亚的、古希腊罗马的、封建的和现代资产阶级的生产方式可以看做是经济的社会形态演进的几个时代"②。

在《政治经济学批判（1857年—1858年草稿）》中，马克思以社会主体为视角，聚焦物质生产活动的主体，围绕人与自然的关系、人与人之间的关系来说明不同的社会形态的特征，提出了人类三大社会形态的构想。他写道："人的依赖关系（起初完全是自然发生的），是最初的社会形式，在这种

---

① 这部分分析阐释参见鲍宗豪等：《当代社会发展导论》第四章第2节，华东师范大学出版社1999年版。
② 《马克思恩格斯选集》第2卷，人民出版社2012年版，第3页。

形式下，人的生产能力只是在狭小的范围内和孤立的地点上发展着。以物的依赖性为基础的人的独立性，是第二大形式，在这种形式下，才形成普遍的社会物质变换、全面的关系、多方面的需求以及全面的能力的体系。建立在个人全面发展和他们共同的、社会的生产能力成为从属于他们的社会财富这一基础上的自由个性，是第三个阶段。第二个阶段为第三个阶段创造条件。"① 在马克思上述论述中，资本主义社会占有中心位置，它与传统社会的一切形式有着本质的区别。但它也包含着自身不可克服的矛盾、"对抗"，它是"人类社会史前时候"的最后一个社会形态，它为未来的人类社会创造条件。所以马克思设想，资本主义以前的社会可概称为第一大社会形态；资本主义社会被列为第二大社会形态；第三大社会形态是马克思在理论上设想的共产主义社会。

2. 马克思的社会演进"五形态"与"三形态"的统一性

马克思关于社会演进"五形态"与"三形态"的划分，在本质上是统一的。"以自然经济为基础、以农业为主导、以人身依附关系为特征的社会往往同前资本主义社会（原始社会、奴隶社会、封建社会）有着必然联系，因为自然经济条件下的生产力状况只能产生这样性质的生产关系；商品经济高度发展的结果，必然是伴随着机器大生产的资本主义雇佣劳动制，而且延续到目前的社会主义社会，因为只有这样的生产关系才能容纳现代社会的生产力。"② 马克思所说的真正的自由个性和自由人联合体，只有在未来的共产主义社会才可能出现。当然，不同的社会形态具有不同特色，不能相互替代，甚至混为一谈。

第一，三大社会形态划分法比五种社会形态划分法具有更高的抽象性、概括性，而五种社会形态划分法能更细致地说明社会发展不同阶段的区别。

第二，三大社会形态划分法着重于人与人的关系、人与自然的关系；而五种社会形态划分立足人类社会演变的规律，聚焦不同社会形态中的经济基础与上层建筑的矛盾运动，并进一步说明了当一种社会形态中的上层建筑不能适应经济基础，甚至成为一种社会形态的生产关系、经济基础完善的阻力

---

① 《马克思恩格斯全集》第 30 卷，人民出版社 1995 年版，第 107—108 页。
② 贺善侃：《经济发展需要哲学透视》，《上海行政学院学报》2000 年第 3 期。

时，就会发生矛盾、冲突，乃至爆发革命。封建社会形态取代奴隶社会，资本主义社会形态取代封建社会的社会形态更替、演进规律的内在机理便如此。

第三，三大社会形态和五种社会形态的演进规律也有区别。五种社会形态的演进规律是就人类社会发展历史的整体而言的。在人类社会演进的历史中，不同国家、不同民族，由于具体的历史条件和发展水平的差异，在有些国家和民族可以跳跃五种社会形态的某一个或几个社会形态，不一定按部就班，一个紧挨一个地演进，也不一定非经历各种社会形态的典型形式。三大社会形态的演进序列就不同，每个国家每个民族都必须依次经历，不能随意跳跃。从"人的依赖关系"到"以物的依赖性为基础的人的独立性"，均离不开生产力、促进生产力的发展。不同的国家、不同的民族，即使处于不同的社会形态（无论是奴隶社会、封建社会还是资本主义社会），均不能离开发展生产力，均不能跨越发展经济、促进生产力发展这一阶段，否则就不能向更高阶段的社会发展。

总之，以对社会演进"五形态"与"三形态"统一性认识为基础，把握马克思关于"五形态"和"三形态"阐释的不同特点，进而科学理解马克思主义关于社会形态演变的理论，坚信资本主义只是人类演进中的一种社会形态，坚信资本主义的"现代性"、资本主义的现代化被扬弃的客观必然性。

三、马克思主义关于人类社会演进"五形态"的佐证[①]

如前所述，社会演进"五形态"与"三形态"在本质上是一致的。不过，由于人们普遍认同"五形态"的理论，而且又体现在大多数民族国家的社会历史上，它被视为社会形态运行常规或通则。所以，这里结合相关的史料，对"五形态"作出如下论证，以便我们能加深对马克思主义社会演进"五形态"的理解，更全面深刻认识扬弃资本主义现代性的客观必然性。

（一）奴隶制文明的形成和扩展

早在公元前40世纪前后，在尼罗河流域和美索不达米亚出现了两个古

---

① 这部分分析论证参见鲍宗豪、张华金等：《科学发展观论纲》，华东师范大学出版社2004年版，第75—81页。

代东方式的奴隶制文明。公元前 30 世纪前后，依次出现了卡伦河、卡尔河流域的老埃兰文明，印度河流域的哈拉巴文明，克里特岛的米诺斯文明。公元前 21 世纪前后出现了黄河流域的中国文明。同时，埃及文明向努比亚、利比亚、西奈半岛和巴勒斯坦、叙利亚地区扩展，苏美尔文明扩展为巴比伦文明。这时，一切文明仍然是东方式的奴隶制文明。

（二）封建制的萌芽与形成

公元 1 至 10 世纪，是一个全世界封建化的大纪元。在欧亚一整片奴隶制文明中，蛮族入侵先后发生，西欧有日耳曼人，东欧有斯拉夫人，西亚、北非有阿拉伯人，中亚、南亚有嚈哒人和突厥人。当时的奴隶制社会已产生了封建制度的萌芽，各地区经过渐变或突变形式向封建社会发展。日耳曼人的征服促成了西欧社会向封建制的突变，斯拉夫人的入侵加速了东欧社会向封建制的渐变，嚈哒人的入侵没有影响印度社会向封建制的渐变，"伊朗社会则基本上独立完成了向封建制的渐变。游牧的阿拉伯帝国征服西亚、北非、游牧的突厥帝国征服中亚，都不是通过征服促成被征服地区向封建制突变（像日耳曼人在西欧那样）的，因为它们没有给土地所有制注入新的因素，所以只能在征服后随着被征服地区的渐变节奏转入封建制"①。

（三）在封建文明时代，非洲、美洲的一些国家还保持奴隶制文明，个别还保留原始公社

在公元 1 至 10 世纪中，越南、朝鲜、日本在中国封建制的影响下，缅甸、柬埔寨、印度尼西亚在印度封建制的影响下，基辅罗斯及黑海地区在拜占庭封建制的影响下，都经过短暂的奴隶制阶段而迅速转入封建制。在非洲，东苏丹和埃塞俄比亚等奴隶制小国在阿拉伯人的征服下衰落了。只有西非的加纳、马里、桑海等国及东非的沿海各小国，由于相对与世隔绝，继续保持着奴隶制。在美洲，中美的玛雅文明和南美的莫契卡文明，成为新兴的奴隶制文明。

从公元 10 至 20 世纪，文明扩及了整个地球，由于各地发展起点、速度不一，"非洲、澳洲、美洲还有大片的原始公社地区。同时，非洲和美洲还在陆

---

① 吴泽：《社会形态发展规律的几个基本理论问题》，《探索与争鸣》1990 年第 12 期。

续产生诸如加涅姆博尔努国、豪萨城邦、卡伦加国及阿兹蒂克国、印加国等等奴隶制文明。欧亚大草原上的游牧民族先后摆脱了奴隶制游牧帝国的统治，在蒙古帝国的扩张过程中，全被卷入了中国式或阿拉伯式的封建制社会"①。

（四）16 世纪以后西欧开始向资本主义过渡，20 世纪的俄国、中国开始社会主义

16 世纪以后，西方社会开始了封建制向资本主义的过渡。"从 17 世纪至 19 世纪，除了法国、美国以突变形式实现资本主义之外，英、德、日、俄等一大批国家都通过渐进形式完成了向资本主义的过渡。20 世纪起，随着殖民地半殖民地人民的民族解放运动，获得独立的国家纷纷跨入了资本主义社会。"② 与此同时，社会主义革命在俄国、中国等一系列国家获得成功，开启了社会主义社会的新纪元。

"可以十分确切地说，截至公元初年已经形成奴隶制文明的一切民族和国家，都经历了原始社会、奴隶制社会，而且后来也都经历了封建制社会、资本主义社会，有的已进入社会主义社会。这些没有跨越过前四种社会经济形态的民族和国家，当时的领土面积约是今天世界所有国家领土面积的五分之一，其所占人口在当时也是所有蒙昧和野蛮部落人口总和的几倍。"③

在今天，社会主义社会尚未在全世界实现的时候，如果硬要以全部经历过五种社会形态的国家为事实根据，那就只能把社会形态的演进规律局限于目前为数不多的几个社会主义的国家范围内。认识马克思主义关于人类社会形态演进的规律，不仅要从人类社会发展的大趋势上把握社会形态更替演进的内在规律、内在机理，而且要认识当下所处社会形态在人类社会历史演进的长河中，都是短暂的，都是其中的一个阶段、一种社会形态。所以资本主义不可能"永恒"，资本主义现代化也不可能不被新的现代化样式所取代。

四、关于"跨越"某种"社会形态"现象的分析

从人类社会发展的大趋势上把握马克思主义关于五种社会形态演进的理

---

① 吴泽：《社会形态发展规律的几个基本理论问题》，《探索与争鸣》1990 年第 12 期。
② 同上。
③ 同上。

论，还不能回避世界文明史中个别国家"跨越"某种"社会形态"的问题，不然无法回应对马克思主义社会形态演进客观规律的质疑。

（一）个别国家出现"跨越"某种"社会形态"现象与"征服"相关

个别国家确实曾出现过一种跨越某种社会形态的现象，什么原因呢？细细分析可以看到这种现象都与征服有关。"就暴力在历史上的作用而论，革命是社会形态演进之内因的表现，征服则是社会形态演进之外因的表现。如何看待征服呢？人们常常以为征服是一种纯粹偶然的、非历史的现象，社会形态演进的常规是由于这种偶然加入而被打乱的。我们认为，这种看法尚未触及问题的实质。实际上，征服也是社会经济发展引起的有其自身变化规律的现象，它对社会形态的演进常规来说，只是一种变异因素，而非异己因素。"①

（二）"征服"现象的根源及其历史形成

一切征服现象都导源于社会生产方式。"征服的历史形式可以概括为三大类：第一类是原始征服，可分为结盟式原始征服和贡纳式原始征服；第二类是蛮族征服，可分为游耕式蛮族征服和游牧式蛮族征服；第三类是文明征服，可分为古代式文明征服和近代式文明征服。纵观所有具体的征服形式，无一不与社会生产方式密切相关。"② 这三类征服给社会形态的演进造成了复杂、丰富的变化。原始征服造成了向奴隶制社会演进过程中的变化；蛮族征服造成了向封建制社会演进过程中的变化；文明征服则造成了特定社会形态自身发展的各种变化。

吴泽在其《社会形态发展规律的几个基本理论问题》的论文中，阐释了两种原始征服形式：结盟式原始征服与贡纳式原始征服。原始征服是原始部落对原始部落的征服。以结盟式征服为基础的部落联盟进行的扩张战争，其结果是产生一系列纳贡的周边部落，这就产生了贡纳制原始征服的一种情况。贡纳制原始征服也可以兼具结盟的形式（如果游牧部落打算以此为根据地的话），如斯基泰人、米低人、波斯人都起源于游牧的征服者与农耕的臣服者部落之间的联盟。

吴泽还分析了两种蛮族征服形式，即游耕式蛮族征服与游牧式蛮族征

① 吴泽：《社会形态发展规律的几个基本理论问题》，《探索与争鸣》1990 年第 12 期。
② 同上。

服。蛮族征服是野蛮部落对文明民族的征服。游牧蛮族与游耕蛮族的最大区别是游牧部落不存在村社制度；游牧蛮族征服的目的不是凭借村社制度举族迁徙以求在文明地区扎根，而是以草原为大本营通过扩张取得贡赋并实现超经济的统治。

总体来说，蛮族征服与社会形态由奴隶制社会向封建制社会演进，没有必然的联系。只是蛮族征服的成功大多数适值奴隶制衰落、封建制萌芽之时，起了或大或小的推动作用而已，或者只是起到了改朝换代的作用。

（三）两种文明征服的形式

文明征服是文明民族对原始部落或落后国家的征服。文明有两种征服形式：古代式文明征服与近代式文明征服。在古代式的文明征服中，腓尼基人对北非的柏柏尔人、西班牙人对伊比利亚人的征服，都只是把原始部落强行带进奴隶制文明的门槛，因此，并未出现跨越社会形态的现象。

在近代式的文明征服中，即"欧洲人对非洲、美洲、澳洲的殖民征服，则往往是把尚处于原始社会阶段或至多处于奴隶制社会阶段的部落和国家，强行带到了资本主义文明的大门，这就产生了跨越社会形态的现象。如美国、加拿大、澳大利亚这样的资本主义国家，那里的殖民征服并没有使本地社会获得某种发展"[1]。在历史上，殖民主义者是实行血腥的暴力征服，采取"杀光""赶光"政策，基本上消灭了土著人，并主要依靠欧洲移民来建立新国家，复制了一个个欧洲式的资本主义社会。

中国清王朝统治下的封建社会是在帝国主义暴力征服后沦落为半殖民地半封建社会的。这个社会虽然受外国资本主义的影响，但不能等同于一般独立的资本主义社会。中国共产党领导中国人民推翻帝国主义、封建主义、官僚买办"三座大山"之后建立的社会主义新中国，是对社会发展形态的跨越。

第三节　马克思的"东方社会"理论及其启示

马克思在论述社会演进一般要经历五种社会形态的同时，并不否认某些

---

[1]　吴泽：《社会形态发展规律的几个基本理论问题》，《探索与争鸣》1990 年第 12 期。

国家曾出现跨越某种社会形态的现象如原始征服、蛮族征服以及近现代"资本"对非洲、美洲的殖民征服。更值得关注的是马克思对东方社会跨越"资本主义社会"形态的研究，提出了东方社会可以跨越"资本主义社会"，强调资本主义现代化并非世界各国都必须选择的现代化道路，及其现代化样式的现实可能性，揭示了东方社会不同于西方社会的发展规律，预言了东方社会可以选择适应东方社会历史与国情的发展道路，以及东方社会的社会主义将展示人类美好未来的观点。

一、马克思关于跨越资本主义的"东方社会"理论的提出①

马克思创立关于跨越资本主义的东方社会理论的历程，大体上可以分为早、中、后期三个阶段。1853 年之前为早期即这个理论的孕育阶段，对东方社会的探究偏重于哲学思考；1853—1873 年为中期，对东方社会的系统研究侧重于经济学分析；1873—1883 年为后期，对东方社会进行多侧面全方位的研究，着重探讨东方社会超越资本主义卡夫丁峡谷②的可能性，试图揭示东西方社会殊途同归走向未来的共产主义社会的历史必然性。③

（一）马克思东方社会理论的来源

古代希腊文献中有关东方的记载，是东方社会理论的第一个来源。青年马克思就是通过古希腊文献了解东方，初识东方社会的。

19 世纪德国古典哲学家的东方社会观，是东方社会理论的第二个来源。青年马克思摒弃了黑格尔的世界历史观的唯心主义外壳，吸取其合理内核，提出了"东方从属于西方"的论断，断言"西方式""欧洲式"的道路是东方社会发展的必由之路。

17 世纪西方旅行家的东方行记、游记，是东方社会理论的第三个来源。中年马克思研读这些行记、游记，逐渐深化了对东方社会结构的认识，看到东方一切现象的基础是不存在土地的私有制。

---

① 这部分研究阐释参见鲍宗豪：《当代社会发展导论》，华东师范大学出版社 1999 年版，第 140—162 页。
② "卡夫丁峡谷"典故出自古罗马史。公元前 321 年，萨姆尼特人在古罗马卡夫丁城附近的卡夫丁峡谷击败了罗马军队，并迫使罗马战俘从峡谷中用长矛架起的形似城门的"牛轭"下通过，借以羞辱战败军队。后来，人们就以"卡夫丁峡谷"来比喻灾难性的历史经历，并且卡夫丁峡谷成为"耻辱之谷"的代名词，可以引申为人们在谋求发展时所遇到的极大的困难和挑战。
③ 朱坚劲：《马克思东方社会理论形成的文化背景》，《上海社会科学院学术季刊》1993 年第 2 期。

英国经济学家的东方社会观，是东方社会理论的第四个来源。中年马克思在深入研究东方社会经济结构时，"吸取了亚当·斯密、穆勒父子、理查·琼斯的理论成果，首次提出了'亚细亚生产方式'这个概念，用以从理论上概括东方社会的经济结构，并指出：土地公有、农村公社、专制制度三位一体是亚细亚生产方式最本质的特征。马克思吸取西方学者对印度这个东方大国的研究成果，以印度为典型，把资本主义入侵前的东方社会视为长期停滞的社会，并对这个历史事实做出理论上的说明"①。马克思指出，当时的"单个人对公社来说不是独立的，生产的范围仅限于自给自足，农业和手工业结合在一起。""自然经济组织"自身包含着再生产和扩大再生产的一切条件，不断地按照同一形式把自己再生产出来，当它们偶然遭到破坏时，会在同一地点以同一名称再建立起来。②

18世纪法国启蒙学者的东方政治观，是东方社会理论的第五个来源。中年马克思在深入探研东方社会结构时，"沿用启蒙学者最早使用的'东方专制主义'这个概念，用以从理论上概括东方社会的政治结构。在马克思看来，东方专制主义，一是指高度集权的政府的监督劳动和全面干涉；二是指东方的普遍奴隶制"③。

被美国、英国、俄国学者称为"民族学笔记"的四部著作（《古代社会》《古代法制史讲演录》《文明的起源和人类的原始状态》和《公社土地占有制，其解体的原因、进程和结果》），可以说是东方社会理论的第六个来源。晚年马克思吸取了民族学、人类学、社会学、法制史等领域的研究成果，着重探讨了东方社会非资本主义发展的现实性，从而改变了早期关于东方社会必然走西方式道路的看法，展望了东方社会发展前景。

（二）马克思第一次表达俄国可能走一条不同于西欧现代化道路的思想

1877年马克思在给《祖国纪事》杂志编辑部的信中，第一次表达了俄国有可能走一条不同于西欧工业化现代化发展道路的思想，即俄国是应该像它的自由派经济学家们所希望的那样，首先摧毁农村公社以过渡到资本主义

① 朱坚劲：《马克思东方社会理论形成的文化背景》，《上海社会科学院学术季刊》1993年第2期。
② 《马克思恩格斯全集》第46卷（上册），人民出版社1979年版，第484、473页。
③ 朱坚劲：《马克思东方社会理论形成的文化背景》，《上海社会科学院学术季刊》1993年第2期。

制度呢，还是与此相反，发展它所特有的历史条件呢？"如果俄国继续走它在 1861 年所开始走的道路，那它将会失去当时历史所能提供给一个民族的最好的机会，而遭受资本主义制度所带来的一切灾难性的波折。"①

1881 年，在致俄国革命家查苏里奇的复信中，马克思重申了他的这一思想："在俄国，由于各种情况的特殊凑合，至今还在全国范围内存在着的农村公社能够逐渐摆脱其原始特征，并直接作为集体生产的因素在全国范围内发展起来。正因为它和资本主义生产是同时代的东西，所以它能够不通过资本主义生产的一切可怕的波折而吸收它的一切肯定的成就。"② 1882 年 1 月，在《共产党宣言》俄文第二版序言中，马克思态度鲜明地宣称："俄国公社，这一固然已经大遭破坏的原始土地公共占有形式，是能够直接过渡到高级的共产主义的公共占有形式呢？或者相反，它还必须先经历西方的历史发展所经历的那个瓦解过程呢？对于这个问题，目前惟一可能的答复是：假如俄国革命将成为西方无产阶级革命的信号而双方互相补充的话，那么现今的俄国土地公有制便成为共产主义发展的起点。"③

二、马克思关于跨越资本主义的"东方社会"理论的内容

"从马克思早期的思想认识看，他认为无产阶级革命只能在经济、文化发达的资本主义国家首先取得胜利。因此，他把希望寄托在英、法、德等先进工业国家的无产阶级身上，希望他们首先起来推翻资本主义。但是，由于社会发展的多层次性和急剧变化性，马克思在运用革命理论指导工人运动的时候，也存在着对具体情况把握和分析的不全面性，据此所做出的预言及美好的愿望都来实现，就在两方革命陷入低潮之时，东方已经觉醒，并显示了深厚的革命潜力和美好诱人的前景，使人们看到了世界历史新纪元的曙光。"④

（一）马克思关于跨越资本主义"卡夫丁峡谷"，走社会主义道路的思想

马克思东方社会理论是马克思晚年研究人类社会历史发展，尤其是研究

---

① 《马克思恩格斯全集》第 25 卷，人民出版社 2001 年版，第 143 页。
② 《马克思恩格斯全集》第 19 卷，人民出版社 1963 年版，第 431 页。
③ 《马克思恩格斯全集》第 25 卷，人民出版社 2001 年版，第 548 页。
④ 李根才：《马克思对未来社会理论研究的视角转换及其对我国社会主义建设的启示》，《河南大学学报（社会科学版）》1996 年第 4 期。

科学社会主义取得的一个十分卓越的思想成果。马克思社会主义东方理论认为：经济落后的东方国家由于它所处的历史环境，有可能跨越资本主义的"卡夫丁峡谷"，而直接享受资本主义的积极成果，走上社会主义道路。

第一，社会发展是多样化的过程，东方社会与西方社会不同，东方社会是有自身在内特性的社会发展的自我系统，保持着古老社会结构的东方社会并不简单的等同于古希腊、罗马社会或封建社会。

第二，东方社会不必遵循西方的发展道路——先走资本主义而后发展到社会主义。东方社会走资本主义采用与本国社会条件不同的英国式租佃制度来拯救其社会的危机，不仅不能促使其发展反而会导致更大的危机，甚至引起倒退。

第三，与西方无产阶级采用革命的手段推翻资本主义不同，东方社会是进化发展的，它完全可以利用它所处的具体历史环境，通过内部和外部条件的有机结合，特别是利用资本主义所创造的一切文明成就，改造现存的社会机制，在世界历史背景下，跨越资本主义制度的"卡夫丁峡谷"而建成社会主义。

第四，"跨越"本意中也包含了资本主义生产力的超越，即不仅仅是指对资本主义生产关系的超越。世界历史的形成虽然无法改变整个人类社会生产力发展阶段的循序渐进性，却使某一个国家、民族、地区有可能借助世界先进科学技术力量，绕过一切从头开始来实现生产力发展个别阶段上的超越。①

（二）科学理解马克思关于跨越"卡夫丁峡谷"，建成社会主义的思想

理解马克思"东方社会"理论有关跨越"卡夫丁峡谷"的思想，还需要强调两点：其一，马克思晚年确实对东方落后国家如何走向社会主义这一问题给予了认真思考，但还不完善和成熟。倘若无限拔高马克思的这一思想，赋予它本身根本没有的内涵，那就是对马克思的一种曲解；如果否认马克思这一问题上的独立思考：东方社会可以走一条不同于西方的现代化道路的预言，则与历史不符；其二，马克思关于跨越"卡夫丁峡谷"的观点仍然没有

---

① 以上四个结论参见鲍宗豪等：《当代社会发展导论》，华东师范大学出版社 1999 年版，第 140—142 页。

摆脱世界历史理论与世界革命论的影响。马克思当时仍然认为在世界历史的背景下，社会主义革命始终是世界性的，"同时发生"的，单独一国是不可能孤立的完成社会主义革命的全过程；其三，马克思恩格斯从来没有离开过资本主义而去抽象的谈论社会主义，在他们看来，社会主义是对资本主义的积极的扬弃，因此，东方走社会主义道路、推进社会主义现代化是一种现实的可能。

三、马克思关于跨越资本主义"东方社会"理论的意义①

马克思的东方社会理论，是一个十分光辉而卓越的思想，是根据人类社会历史发展尤其是社会主义运动的发展而不断修正其学说得出的理论成果，是在探索社会主义取代资本主义的历史规律演进中迈出的重要一步，它不仅为后来东方落后国家跨越资本主义发展阶段进入社会主义的实践提供了一定的理论预言、现实可能，而且直接或间接地影响和指导着 20 世纪世界社会主义运动的兴起，引领着社会主义道路、社会主义现代化模式的选择，具有重大的理论和实践意义。

（一）批判资产阶级思想家关于私有制自古有之并长期存在的唯心史观

马克思的东方社会理论，深刻批驳了资产阶级历史学家和思想家关于私有制自古有之并长期存在的唯心史观，通过对东方社会和人类社会原生形态的研究，试图解决社会形态更迭过程中私有制的历史地位，证实和捍卫其恪守的私有制的暂时性和最终必然重新被公有制所取代的唯物史观。

马克思、恩格斯早在 1846 年《德意志意识形态》中，就根据生产和分工的不同发展阶段，指出人类社会的"第一种所有制形式是部落（stamm）所有制"②，从而确认了部落所有制的初级地位。但由于当时的材料有限，对这种部落所有制的难点难以作出准确的回答。"到了晚年，马克思逐渐把研究目光转向东方社会，并且成功地从东方社会普遍存在的亚细亚生产方式中，即从东方国家普遍存在的以农村公社为基础的土地公有制中找到了人类

---

① 这部分论证分析参见鲍宗豪、张金华：《科学发展观论纲》，华东师范大学出版社 2004 年版，第 78—90 页。
② 《马克思恩格斯选集》第 1 卷，人民出版社 2012 年版，第 148 页。

社会原生形态的基本特点。"①

"马克思认为,东方社会的这种亚细亚生产方式不仅存在于资本主义之前,而且由于它的公有性质,还可以设想它存在于整个私有制之前。因此,正是在这个意义上,马克思在《资本论》手稿中把亚细亚生产方式当作前资本主义社会的历史形式;并认为,在其原始形式上,它必然充当从史前土地公有制向土地私有制过渡的原初形式或中介。可以说,亚细亚生产方式的发现,正是马克思研究东方社会的一大成果。"②

(二)批判了"欧洲中心主义",揭示东方国家社会发展规律

批判资产阶级学者所鼓吹的"欧洲中心主义",马克思将英、法、德等西欧资本主义国家和不发达的东方国家放在一起进行比较研究,试图揭示东方国家社会发展的规律和特点,从历史发展的多样性中总结出人类社会历史发展的统一性。

长期以来,资产阶级学者在论述欧洲以外的社会历史发展状况时,总是有意无意地从欧洲中心主义出发,立足于西欧的历史,去证实和理解整个世界,去创造无所不包的历史哲学体系,认为西方的文明是举世无双的,可以不受兴衰盛亡规律的支配。在这种布满民族偏见的唯心主义历史哲学指导下,资产阶级学者在看待包括东方在内的前资本主义形态的国家历史时,布满着歪曲、误解甚至伪造。对此,马克思勇敢果断地予以严词批驳,并通过对东西方社会深入的比较研究,得出了人类社会发展是同一性与多样性的统一,社会主义必然代替资本主义的历史结论。

(三)中国特色社会主义是对马克思东方社会理论的丰富和发展

如果说马克思主义对社会形态的分析研究,揭示了人类社会演进的客观规律,那么东方社会理论则预言了俄国、中国等东方社会国家可以跨越资本主义"卡夫丁峡谷"、直接进入社会主义的可能性。中国特色社会主义则把马克思关于"东方社会"跨越资本主义"卡夫丁峡谷"的可能性预言转变为"现实性"。因此可以说,中国特色社会主义的实践是对马克思东方社会理论的丰富和发展。当然,中国特色社会主义的实践既不等于马克思所讲的

---

① 赵春荣:《马克思东方社会理论的若干问题探讨》,《探求》2000 年第 6 期。
② 同上。

未来社会，也不是完成了的社会主义，而是发展着的中国特色社会主义。

　　由于中国的社会主义不是资本主义高度发展的产物，而是在经济、文化落后，生产力发展水平低下的情况下，通过中国共产党领导新民主主义革命和社会主义革命而建立、发展、完善的。当今中国的社会主义还不是发达的社会主义、成熟的社会主义。中国特色社会主义现代化建设，还不可避免地与资本主义发生着经济、政治、文化等方面的广泛联系。尤其是在百年未有大变局加速演进的背景下，中国式现代化建设面临着种种难以预料的挑战，这就要求我们坚定不移地走中国特色社会主义道路，以"两个文明"协调发展的中国式现代化，推进中华民族的伟大复兴。

第五章　现代化的启蒙与初步实践

　　中国的现代化形成与发展的历史逻辑，大致可分为以下五个阶段。第一阶段：鸦片战争以后到中国共产党成立之前，中国社会仁人志士对中国向何去、中国如何走向现代化的探索；第二阶段：中国共产党成立以后到新中国建立之前，中国共产党在运用马克思主义指导中国革命实践中对现代化的追求；第三阶段：新中国成立以后到改革开放之前，中国共产党开始了中国现代化的实践；第四阶段：改革开放以后到党的十八大，中国共产党在改革开放实践中成功推进和拓展"中国式"现代化；第五阶段：进入中国特色社会主义新时代之后。以习近平同志为核心的党中央，全面开启了"中国式"现代化的大幕。党的二十大报告完整系统地提出了中国式现代化的理念、中国式现代化的本质、中国式现代化的特色等理论，并以中国式现代化全面推进民族复兴的目标追求，直至2050年建成社会主义现代化强国。

　　理解中国现代化五个阶段时要把握两个概念：一是"中国的"现代化，即在第一、二阶段，中国共产党以及仁人志士对中国如何走向近代化、走向现代化的探索；二是"中国式"现代化，这也就是党的二十大报告强调的："在新中国成立特别是改革开放以来长期探索和实践基础上，经过十八大以来在理论和实践的创新、突破，我们党成功推进和拓展了中国式现代化。"

第一节　鸦片战争迫使中国人看世界、认知现代化

　　中国现代化的启蒙源自鸦片战争，是鸦片战争迫使中国打开闭关锁国的大门，迫使中国人认知西方资本主义现代化。

一、鸦片战争迫使落后民族走向近代化

鸦片战争前夕，以英国为首的几个主要资本主义国家先后完成了产业革命，确立了资本主义制度在全世界的统治地位。诚如《共产党宣言》所指出的："它那商品的低廉价格，就是它用来摧毁一切万里长城、征服野蛮人最顽强的仇外心理的重炮。它迫使一切民族都在惟恐灭亡的忧惧之下采用资产阶级的生产方式。它迫使一切民族都在……自己那里推行所谓文明制度，……变成资产者。简短些说，它按照自己的形象，为自己创造出一个世界。"[①] 也就是说，"当时的世界资本主义潮流，正在迫使所有落后民族走向近代化，亦即走向资本主义现代化。中国当然不可能例外。英国下决心发动鸦片战争，用大炮轰开中国闭关的大门，正是不自觉地充当了强迫中国走向近代化的历史工具。"[②]

"当时，中国仍然是一个不折不扣的封建社会，仍然是一头做着'天朝大国'封建美梦的睡狮，仍然闭关锁国自绝于世界资本主义潮流。当然，中国封建社会内部的商品经济的发展，已经孕育着资本主义的萌芽，如果没有外国资本主义的影响，中国也将缓慢地发展到资本主义社会。"[③] 之所以说也将"缓慢"发展到资本主义，因为当时已孕育了资本主义萌芽。学者姜铎从以下三个方面对近代中国所孕育的资本主义萌芽的分析有一定启发。

第一，中国仍然是小农经济和家庭手工业紧密结合的封建自然经济，在商品经济发展基础上孕育着的资本主义萌芽，虽然拥有长达 300 年左右的历史，遍及 30 多个手工业行业；但上升为资本主义生产方式的诸条件，均未成熟，只有少数行业出现了手工工场，大部分行业仍停留在萌芽状态。也就是说，鸦片战争前夕中国封建社会内部孕育着的资本主义萌芽，仍然不成气候，对它不能作过高估价。

第二，明末清初以黄宗羲、顾炎武、王船山为代表的反对封建专制、要求民主政治的呼声，虽曾一度露头，但仍然是中国古代儒家"民贵君轻"思

① 《马克思恩格斯全集》第 4 卷，人民出版社 1958 年版，第 470 页。
② 姜铎：《略论鸦片战争与中国近代化》，《上海经济研究》1990 年第 6 期。
③ 同上。

想的延续和发展，并不反映近代民主的要求，而且很快遭到封建势力所扼杀。中国社会始终没有出现第三等级、市民阶层等要求近代民主的新兴势力，封建专制结构仍然牢不可破，原封未动。封建专制所采取的一系列经济政策，如重农抑商，横征暴敛等等，严重摧残着工商业，抑制和阻挠着新生的资本主义萌芽，向资本主义生产方式的顺利发展。

第三，在文化思想上，虽也出现了如古典小说《红楼梦》中所反映的冲破封建礼教束缚等新因素，但毕竟很微弱，没有出现西欧那样的文艺复兴思潮。中国人的头脑仍然被"三纲五常"等封建传统思想禁锢着，积重难返，西方资本主义文明之风，一时还吹不进来。[①]

但是，清政府继续采取的闭关锁国政策，对世界资本主义的发展潮流，闭目塞听，昏庸无知，仍然以"天朝上国"自居。所以，如果仅仅依靠中国本身力量，要从封建社会向资本主义近代化迈进，必然是十分缓慢的。

二、鸦片战争迫使中国走向近代化

1840 年鸦片战争后，中国逐渐沦为半殖民反封建社会。帝国主义列强强迫腐败无能的清政府签订了一系列不平等条约。中国被迫开放广州、厦门、福州、宁波、上海五处为通商口岸，实行自由贸易，西方资本主义文明陆续输入，半殖民反封建社会向资本主义近代化迈进。经过半个多世纪的历程，至 19 世纪末，中国的经济、政治、文化开始走向近代化。

（一）走向近代经济

19 世纪末，中国走向近代经济的主要表现有以下五个方面。

第一，自给自足的封建自然经济体制，已开始解体。1899 年，全国进出口货值 264 748 千海关两，出口货值 195 785 千海关两，两笔共达 460 533 千海关两。这就是说，中国经济已基本纳入世界资本主义市场。

第二，使用机器的近代工矿企业陆续出现。据统计，1895 年，全国近代工矿企业总数达 200 家，资本总额 5 004 万元。[②]

第三，近代交通运输业陆续出现，近代轮船公司约 20 家，拥有大小轮

---

① 姜铎：《略论鸦片战争与中国近代化》，《上海经济研究》1990 年第 6 期。
② 黄逸峰、姜铎：《中国近代经济史论文集》，江苏人民出版社 1981 年版，第 338 页。

船约 300 艘，吨位总数约 10 万吨。已建成的台湾铁路及京奉铁路天津至山海关段共 364 公里，卢汉铁路（即北京的卢沟桥至汉口）已开始修筑。电报及邮政等事业，已通达全国主要省份。

第四，近代商业也陆续出现。外资在华开设的洋行总数达 400 余家。中国旧式商业，正在适应外资洋行经营进出口商品的需要，逐渐出现经营洋布、西药、生丝、茶叶等新兴行业。以上海为例，19 世纪末，上海在旧有商业的土布、米、木材、糖、绸缎等行业的基础上，又新兴起洋广什货、五金、西药、纸业、棉纱等四五十个行业。其中洋布公所全部同业一百三四十家，五金钢铁业 58 家，丝栈、丝号 100 家左右。[1]

第五，近代金融业也应运而生。外国在华的银行保险业已近 20 家，包括总行设在中国、资金较为雄厚的英国汇丰银行。中国本国第一家银行——中国通商银行，于 1897 年设立。旧式钱庄业也开始转向近代化。

（二）走向近代政治

走向近代政治主要表现在以下三个方面：

第一，原已走下坡路的清王朝封建政权，经过国外侵略势力和国内农民革命的几度冲击，已无法照老样子统治下去。在"灭亡"威胁面前，一部分封建统治阶级，不得不转化为洋务派，推行洋务运动，实施"同光新政"（即同治维新和光绪新政的总称）[2]，在全国展开了工业运动。该运动从 1861 年底开始，至 1895 年大致告终，持续了近 35 年。洋务运动虽然没有使中国富强起来，但洋务运动引进了西方先进的科学技术，使中国出现了第一批近代企业，客观上对中国民族资本主义的产生和发展起到了促进作用[3]，封建政权开始向资本主义近代化倾斜。

第二，随着近代企业的出现，不仅引进了西方的生产技术，同时将引进西方的社会制度、政治民主化开始提上了中国的议事日程。"从洋务派中分化出来的早期改良派"[4]，如当时官至两江总督的张树声，在他弥留之际的《遗折》中，第一次提出了"开议会"，即设立议院的建议，由君主专制向君

① 根据上海社会科学院经济研究所《上海商业史》编写小组提供的材料。
② 姜铎：《略论鸦片战争与中国近代化》，《上海经济研究》1990 年第 6 期。
③ 密祥峰：《浅谈洋务运动与社会变迁和文化转型》，《剑南文学》（经典教苑）2012 年第 1 期。
④ 姜铎：《略论鸦片战争与中国近代化》，《上海经济研究》1990 年第 6 期。

民共主转化，反映了中国新兴资产阶级的呼声。

第三，康梁为首的"百日维新"，把早期改良派君民共主要求，"通过光绪皇帝的诏书，付诸实施，虽然中途夭折，以'六君子'壮烈牺牲而告终，但毕竟是中国新兴资产阶级企图登上政治舞台的一次尝试"①。

（三）文化思想的西学东渐

西学的真正东渐是在戊戌变法失败之后，"甲午海战中北洋水师全军覆没的惨景和戊戌变法喋血午门的事实，惊醒了国人，认识到中国传统文化已到了病入膏肓的地步，非动大手术不可，并进而认识到西方文化并非仅仅是在技术层面上先进和优于中国文化，对西方文化的引进与输入并非可以单纯停留在技术和器物层面上，需要进一步向纵深开掘"②。于是掀起了科举和学校之争、新学和旧学之争、中学和西学之争三次大的论争，并使"中学为体，西学为用"的观念受到前所未有的质疑和挑战。从此，中国采取了走出去和引进来的方式进行文化变革和政治改革，打破了以前的"闭关锁国"政策和文化中心情结。

1. 系统介绍西方资本主义文化思想

严复是中国近代史上第一个比较系统地介绍西方资本主义文化思想的先进人物。蔡元培在《五十年来中国之哲学》中称赞道："五十年来，介绍西洋哲学的，要推侯官严复为第一。"③ 特别是1898年《天演论》的翻译出版及其科学进化论的传入在中国文化学术界引发一场地震，有石破天惊的效果。书中阐述的"优胜劣汰""物竞天择""适者生存"的思想，在广大知识分子中激起强烈反响，具有振聋发聩般的影响力和号召力，起了积极推动作用，当时几乎所有知识分子都狂热迷恋和崇拜进化论。

这种情形一直持续到20世纪20年代末，达30余年之久，故有人称19世纪末至20世纪30年代之前，是达尔文主义征服中国的时代。翻开当时国内外的中文报刊，几乎触目可见"物竞天择，优胜劣汰"的论调和主张，进

① 姜铎：《略论鸦片战争与中国近代化》，《上海经济研究》1990年第6期。
② 沈占云：《中国公共图书馆与图书馆学起源的探索之旅——读〈晚清图书馆学术思想史〉之感想》，《图书馆杂志》2006年第5期。
③ 蔡元培：《五十年来中国之哲学》，收入欧阳哲生编：《中国近代思想家文库·蔡元培卷》，中国人民大学出版社2014年版，第388—390页。

化论一时成为广为流传的口头禅，介绍和宣传进化论的书籍杂志更是如雨后春笋，层出不穷。鲁迅直到 1932 年，其进化论思想才被"轰毁"，代之以阶级论，他在《〈三闲集〉序言》中曾说："我一向是相信进化论的，总以为将来必胜于过去，青年必胜于老年……然而后来我明白我倒是错了。这并非唯物史观的理论或革命文艺的作品蛊惑我的，我在广东就目睹了同是青年，而分成两大阵营，或则投书告密，或则助官捕人的事实！我的思路因此轰毁。"[1]

2. 进化论对中国人的影响

进化论对 20 世纪中国知识分子的影响从胡适的一段自述也可略见一斑。胡适在《四十自述》中曾说："《天演论》出版之后，不上几年，便风行到全国，竟做了中学生的读物了。读这书的人，很少能了解赫胥黎在科学史和思想史上的贡献。他们能了解的只是那'优胜劣败'的公式在国际政治上的意义。在中国屡次战败之后，在庚子辛丑大耻辱之后，这个'优胜劣败，适者生存'的公式确是一种当头棒喝，给了无数人一种绝大的刺激。几年之中，这种思想像野火一样，燃烧着许多少年的心和血。'天演'、'物竞'、'淘汰'、'天择'等等术语，都渐渐成了报纸文章的熟语、渐渐成了一班爱国志士的'口头禅'。还有许多人爱用这种名词做自己或儿女的名字……我自己的名字也是这种风气底下的纪念品。"[2]

进化论为中国人带来了发展观和变化观："一是确立了直线式向前的观念，打破了儒家和道家宣扬的退化论发展观和循环论发展观，冲击了因循守旧的观念；二是确立了发展演变的观念，对封建卫道士所宣扬的'天不变道亦不变'的主张以毁灭性的打击。对当时的人来说，中国文明历来是静的文明，直到后来'五四'时期仍有人强调中国文明的特点就是'静'，有别于西方的'动'的文明。许多人正是有感于中国会被天演淘汰，方才要求发奋图强，致力于维新或革命活动的；三是改变了中国的时间观和空间观，以前是'华夷之辨'，而现在中国人忽然发现目己原来已经被逐出了世界的中心，或者更确切地说是世界文明的中心。20 世纪就是中国重返中心的努力的过

① 吴传玖：《我与鲁迅诗歌的不解之缘》，《鲁迅研究月刊》2011 年第 12 期。
② 胡适：《四十自述》，《胡适文集》卷 1，北京大学出版社 1989 年版，第 71 页。

程，是由边缘向中心的位移过程；四是树立了创新性和创造性重要的观念。"①

3. 传播西学的开始办新式学堂，派遣留学生出国深造

19 世纪 60 年代后期北京、上海等地开办的同文馆和广方言馆，先后培养了 300 人左右翻译和办洋务的人才。从 1872 年开始，清政府采纳容闳的建议，"陆续选派了 120 名学生赴美国留学，目的是培养军政、船政、步算、制造诸学科的人才。这批留学生虽于 1861 年后中途撤回，未能完成学业，但大部分已在美学习 5 年以上，对各种学科有一定基础，回国后分配在陆海军、各军事工业及电报、铁路等局任职，成为洋务运动的得力助手。其中有一些人后来还成为著名的官僚、军阀和技术人才，如著名的铁路工程专家詹天佑等"②。

进入 20 世纪留学教育达到高潮，先是留日热，再是留美热，再是留法热。留学浪潮一浪高过一浪。在 1911 年《论 20 世纪初中国的发展》一文中就指出："拿破仑曾经说过：'当中国动起来的时候，它将震动全世界。'而中国现在就正在动起来，正在猛烈地动起来。多少年来它一直是面向过去，而且一直在设法仿效过去。今天它正在面向将来，而且在设法预先占有将来。世界历史上最伟大的社会变革已经在中国发生。它已经放弃了它那古老而受尊敬的教育制度，采用了最近代的西方学校和学院里的最新课程作为代替……成千上万出自名门望族的青年人正在出洋留学，许多人是自费，许多人是官费并受政府的指导，他们要在英、法、德、比、日、美各国最优秀的院校里的最优秀教师的门下住上五六年，然后返回中国，把他们所受的训练的好处带给他们的国家。"③

推动留学热的主要原因是救亡救国的使命感和责任感。留学与救国爱国紧密联系起来，留学就是救国，或者说是救国的唯一出路，留日热典型地体现了这一点。本来中国人是瞧不起日本的，但甲午战争却败给了日本，于是朝野上下异常震动，纷纷寻求日本强大的原因。朝中重臣张之洞认为日本兴

① 周云芳：《严复眼中的现代化》，《前线》2014 年第 8 期。
② 梁爽：《论鸦片战争与中国近代化关系》，《云梦学刊》2007 年第 6 期。
③ 《"黄祸论"历史资料选辑》，中国社会科学出版社 1979 年版，第 184 页。

盛的重要原因就是向国外派遣了大批留学生。20 年前，日本害怕欧洲殖民主义者的入侵，就派大批青年学生前往欧洲留学，"或学政治工商，或学水陆兵法，学成而归，用为将相，政事一变，雄视东方"。像日本的伊藤博文、山县有朋、陆奥宗光等政府中的重要人物都是"二十年前出洋之学生"（《劝学篇·游学》）。而随着维新派破除了中国文化的神话，留学生出国学习的科目也由理工转向文科。这之前人们只承认西方武器和技术先进，而把中国的文武制度吹得神乎其神，戊戌变法破除了这种陈腐的观念，提出了学习西方先进的社会制度，于是出国留学的青年开始注重文科。留日学生的热门是文科，尤以法政最时髦；而以前则绝大多数学习理工农医，其中工程技术最吸引人，这之后的留日学生却不大愿意学理工。

而推动留美高潮到来的直接原因是庚子赔款留美生的选派。1900 年八国联军入侵中国后，美国通过不平等的《辛丑条约》得到一笔巨额赔款。1908 年，一些美国议员出于在华的长远利益考虑，由国会通过议案，决定退还大部分赔款，作为资助中国派遣留学生赴美的经费，并规定自拨还赔款之年起，四年内中国应派遣留学生约 100 名，从第五年起则每年至少派 50 名学生赴美留学。1909 年，美国开始退还部分赔款，为此中国当局在北京设立了游美学务处主管赴美留学事务，在美国设立了游美学生监督处，并设清华学堂作为赴美预科学校，后改为清华大学。从而在 20 世纪初，以清华为中坚掀起了 20 世纪第一次留美高潮。辛亥革命前的留学运动还对当时的革命起了先锋和桥梁的作用，像中国最早的资产阶级革命政党——"同盟会"就诞生于当时在日本东京的留学生中。

留学生不仅是西方文化的吸收者，同时也是东方文化的传播者，促进西方国家对东方文化的了解和对中国的兴趣，甚至还改变着留学所在国的教育方针，如赴美就读的庚子赔款生，就影响了美国的教育方针：由培养文化输出者转为培养文化交流和协调者。

4. 陆续出版发行报纸杂志，冲破了封建统治的沉闷空气，反映了要求政治民主的呼声

旧中国历史最久、规模较大的上海两家大报——《申报》和《新闻报》，先后于 1872 年 4 月、1893 年 2 月创刊。特别在 1895 年维新运动进入高潮期

间，各种报刊，如雨后春笋，纷纷创刊，如北京强学会创办的《中外纪闻》、上海强学会创办的《强学报》和《时务报》、湖南南学会创办的《湘报》等等，对推动维新运动起了号角作用①。

随着西方资本主义近代文明的逐步输入，中国维持了几千年的封建传统思想，已开始从根本上发生动摇，人们的价值观念逐步在向近代化、现代化转变。

三、鸦片战争对中国现代化起了双重作用

鸦片战争在迫使中国进入半殖民地半封建社会的同时，也迫使中国向近代社会转变，开始现代化的探索。

（一）鸦片战争迫使中国进入了半殖民地半封建社会

鸦片战争，是1840年至1842年英国对中国发动的侵略战争。战争结果，签订了第一个不平等条约——《南京条约》，从而使独立的中国走上了半殖民地、半封建的苦难道路。因此，鸦片战争是中国人民遭受外国侵略者压迫、剥削、欺凌的开端，同时也揭开了近代中国人民反抗外来侵略的历史新篇章。鸦片战争既迫使中国从封建社会走向资本主义近代化，又促进了中国近代化。可以说，鸦片战争是中国近代化的开端。实际上，"战争对中国近代化所起的双重作用，即既刺激和促进了中国走上近代化的道路，又压迫和抑制了中国近代化的顺利进行，不得不走上半殖民地半封建的畸形道路"②。

（二）鸦片战争迫使近代中国开始现代化的探索

第一，"中国人睁眼看世界，承认自己落后，逐步消除'上国天朝'、'惟我独尊'、'夜郎自大'等等虚骄之气，不得不向西方资本主义学习，引进近代化生产技术和社会制度，把自己变为资产者。林则徐、魏源等进步先驱，是第一批自觉地这样做的人，提出了'师夷之长技以制夷'的响亮口号"③。洋务派奕䜣、曾国藩、左宗棠、李鸿章等，开创了一系列中国近代化事业；顽固派则从近代化的"绊脚石"，转而被跌跌撞撞地带进了近代化。

① 梁爽：《论鸦片战争与中国近代化关系》，《云梦学刊》2007年第6期。
② 姜铎：《略论鸦片战争与中国近代化》，《上海经济研究》1990年第6期。
③ 同上。

"早期改良派和维新派，则总结和吸收了中国近半个世纪近代化的经验教训，响亮地提出'救亡图存''变法维新'的政治纲领，反映了新兴资产阶级对中国近代化逐渐成熟的要求。"①

第二，移植近代大机器工矿交通企业，大大缩短了中国近代化的历程。英国的工业化，经历了 300 年左右，而中国近代机器大工业的出现，如江南制造局，则是跳过了简单协作和手工工场两个阶段，直接从外国移植过来，从筹备到建成，只花了三年左右时间。不过，曾国藩开始对仿造洋炮洋船的想法很简单，认为外洋器物"购成之后，访募覃思之士，智巧之匠，始而演习，继而试造，不过一、二年，火轮船必为中外官民通行之物"②。于是他便于 1862 年，在安庆内军械所开始用手工仿造洋炮洋船。"先试制出中国第一部蒸汽发动机，接着又试制出木壳轮船'黄鹄'号，试航结果，'行驶迟钝，不甚得法'，失败了。他只得改变办法，于 1863 年，选派最早留学美国的容闳，赴美购办'制造机器之机器'，准备运用西方资本主义国家的机器设备，正式建立近代机器工业。"③曾国藩、李鸿章等在 19 世纪 60 年代后期进口外国机器设备创建江南制造局、福州船政局等大型近代军事工业获得成功后，便陆续创建了轮船招商局、兰州织呢局、上海织布局、开滦煤矿局等大型近代机器工矿交通企业，奠定了中国近代工业的基础④。

第三，外国资本在旧中国兴办近代企业。先有外国在华资本，后有洋务企业和民营企业。当洋务企业于 20 世纪 60 年代初陆续创办时，外国在华资本经营的近代工厂已有 26 家。外资在华工厂，对以后建的中国工厂起着示范作用。1872 年创办的中国第一家近代航运业——轮船招商局的经营管理制度，大都是从外商在华轮船公司搬过来的。1897 年创办的中国第一家银行——中国通商银行，经营管理模式也完全是英商汇丰银行的一套。

在旧中国的外国资本，在办企业的同时，通过雇用中国职工，接受中国留学生等各种渠道，也为中国近代化推进培养了各种近代人才。

① 姜铎：《略论鸦片战争与中国近代化》，《上海经济研究》1990 年第 6 期。
② 《曾文正公全集》奏稿第 17 卷，中国书店 2011 年版，第 6 页。
③ 姜铎：《略论鸦片战争与中国近代化》，《上海经济研究》1990 年第 6 期。
④ 同上。

（三）鸦片战争对中国现代化的压迫与抑制作用

鸦片战争在迫使中国开始现代化探索的同时，对中国的现代化的压迫与抑制作用明显。

一是"仗着一系列不平等条约所攫取的特权，加速扩大外国在华资本势力，逐步控制了中国的经济命脉，把中国民族资本压得抬不起头来。例如早期以英国资本为主在上海、广州等地兴办的几个船舶修造厂，便挤垮了中国具有千余年传统的旧式造船业，压抑着中国民族资本经营的新式造船业"[1]。

二是长期控制和垄断中国的进出口贸易，在工业进口农副产品出口之间，进行不等价交换，加上早期的贩运鸦片，从中吮吸着中国人民的大量血汗，使中国陷入贫困的境地。

三是巨额的战争赔款，成为中国人民的沉重负担。鸦片战争赔款 2100 万银元，开了战争赔款的恶例。

第二节　中国近代思想家的现代化启蒙[2]

1840 年鸦片战争以后，帝国主义列强攻破了中国闭关锁国的大门，中国人民开始了反帝反封建的斗争。中国人民在拯救民族危亡、反帝反封建的过程中，形成了社会变革思想，促进了中国近代的现代化启蒙。

一、拯救民族危亡的社会变革思想

面对日渐腐朽的封建统治和国家、民族的危难，社会变革的呼声逐渐高涨，龚自珍、康有为、严复都从不同角度阐述过社会变革的理论。

（一）龚自珍主张变革的思想

鸦片战争前夕，龚自珍目睹清王朝的腐败和人民生活的普遍贫困化，预感一场巨大的社会变革行将来临，预言"乱亦竟不远矣"[3]。他断言当时的社会已进入"衰世"，风雨飘摇，危机四伏，如同一个已经病入膏肓、无法医

---

① 陈卫文：《鸦片战争对中国近代化的影响》，《大众文艺（理论）》2009 年第 20 期。
② 这一节研究论述参见鲍宗豪、张华金：《科学发展观论纲》第一章第四部分，华东师范大学出版社 2004 年版。
③ 《龚自珍全集·乙丙之际箸议第九》，上海人民出版社 1975 年版，第 6—7 页。

治的病人，其景象是"日之将夕，悲风骤至，人思灯烛，惨惨目光，吸饮暮气，与梦为邻"①。在经济上，由于豪族地主兼并土地，造成"贫富不相齐"，成为社会动乱的根源；在政治上，清王朝的极端专制独裁，官僚阶层的堕落无耻、腐朽顽固，像是"尽奄然而无有生气"的行尸走肉。与这种腐败政治统治相应，思想界是一片僵死沉闷的气氛，知识分子不敢通经致用、议论时政，人们"言不由衷"，"万喙相因"，如此腐败朝政，势必官逼民反。

由此，龚自珍警告统治者：或是变革，或是灭亡，别无他途。他针对清王朝拒绝任何变革的顽固立场，指出：与其被推翻后让新王朝来进行变革，不如现在主动变革，新的力量已经在酝酿、在积聚，人民行动在即了。"无八百年不夷之天下，天下有万亿年不夷之道。""一祖之法无不敝，千夫之议无不靡，与其赠来者以劲变革，孰若自变革？"②

龚自珍还提出了一系列的变革措施：在经济上主张以均贫富为首；在政治上主张君臣坐而论道，尊重大臣人格，废除"朝见长跪，夕见长跪"③；在思想文化上反对"万马齐喑"的局面，并明确提出了呼唤人才的主张，这是龚自珍为实现他的社会变革方案所追求的社会动力，是他全部希望所在，呼吁"不拘一格降人才"。龚自珍的社会变革论只能达到当时一个先进的封建地主阶级知识分子可能达到的境界，他只能做一个地主阶级的变革家，无法从本质上真正认识封建统治的弊端，而不能成为一个资产阶级革命家。但他的社会变革思想在当时开了风气之先，具有积极的社会意义。

（二）康有为和严复的社会变革理论

在中国近代，康有为和严复的社会变革理论也颇有影响。康有为通过"变法"的主张，以实现他的"大同"理想。

首先，他主张全面学习西方资本主义的政治、经济与文化，企图把封建主义的中国变为资本主义的中国，提出"富国""养民"，其实就是发展资本主义。他反对以农立国，主张发展工业，认为只有工业化了，才能改变中国愚昧、落后、守旧的面貌。

---

① 《龚自珍全集·尊隐》，上海人民出版社 1975 年版，第 87 页。
② 《龚自珍全集·乙丙之际箸议第七》，上海人民出版社 1975 年版，第 5—6 页。
③ 《龚自珍全集·明良论二》，上海人民出版社 1975 年版，第 31 页。

其次，他主张实行君主立宪制，主张三权分立，设立维新内阁。

再次，他主张"废八股，兴学校"，建议"远法德国，近采日本，以定学制"，认为"不习西学，不破陈规，人才不济"，中国就无法在世界上立足。他还力主派出留学生，学习西方文化、技术和工艺，振作萎靡的社会风气。康有为社会变革理论的最高表现是他的大同社会观："大同之世，天下为公，无有阶级，一切平等。"① 尽管他始终坚持保皇的政治立场，但他要求社会变革的思想，无疑反映了当时士大夫文人中的一种积极倾向。

严复的社会变革理论则与他的社会进化论和社会达尔文主义联系在一起。他从达尔文的进化论中认识到，中国要自强图存，变落后为先进，必须进行变革，而变革就应向西方学习。严复是向西方寻找真理的先行者。他认为，西方文化不只是声光化电、船坚炮利，更重要的是学术思想。中国不仅科技上落后于西方，思想理论上也落后于西方。因此，向西方学习，不仅要学西方的科技，还要学习西方的政治、经济体制。而西方文化的根本精神是"以自由为体，以民主为用"②，体用一致。在他看来，富强在于利民，利民在于发挥人民的能力，发挥人民的能力就必须自由。因此，进行社会变革的核心问题在于自由与民主，实现民主政治。

严复的社会变革论的又一主要内容是"鼓民力""开民智""新民德"，他认为，这三者是到达自由民主之路。"鼓民力"即改进人口体力；"开民智"即提高人口智力；"新民德"即培养人口的良好品德。严复的社会变革理论虽然过于推崇西方的社会政治制度和经济体制，有较大的历史局限性，但他向西方学习先进科技文化和政治经济的主张，在当时无疑极具新意和启蒙作用。

二、魏源朦胧的现代化思想

比龚自珍晚出生两年的魏源，在鸦片战争后，编出《海国图志》，由50卷问世，后扩充至100卷。它使近代中国人民第一次认识真实世界面貌，著作的内容涉及政治、经济、军事等现代化思想，它对中外的现代化产生深

---

① 康有为：《大同书》，中华书局2012年版，第91—92页。
② 《严复集》第一册，中华书局1986年版，第11页。

远，不愧是一部划时代的著作。

（一）魏源开启"经世致用"的新风气

魏源作为中国近代史上最为突出的经世致用的思想家和实践者，其突出贡献是受贺长龄之托编辑《皇朝经世文编》，开启近代中国"经世致用"的学术务实新风气，也标志着魏源经世思想的成熟。"魏源编辑《皇朝经世文编》的重大意义，是鲜明地举起'经世'的旗帜，用以与清代以来长期盛行的烦琐、空疏、不问政治的学风相对抗，从而把人们的注意力转移到与社会现实密切联系的问题上来"①。此书既是反映清代社会和历史的重要文献，又始终贯穿着经世致用的精神，所以"数十年来风行海内。凡讲求经济者，无不奉此书为矩矱，几于家有其书"②。

鸦片战争的炮舰打开了古老中国的大门，然而还没有让这头沉睡已久的东方雄狮震醒。"战争的结果是泱泱大国被来自西方的小国英国打败，于道光二十二年（1842）八月，清廷代表在南京长江江面英国军舰上与侵略者签订丧权辱国的《南京条约》。魏源这位'积感之民'忧心如焚，他为战胜敌国、救亡图存而发愤完成了一部探索清代盛衰的当代史。"③

（二）魏源的《海国图志》开启了"师夷长技以制夷"的时代新风

《海国图志》是中国近代史上第一部系统介绍世界历史、地理、文化的巨著。它"以西洋人谈西洋"，向国人展示出一个比较真实客观的外部世界以及关于西方的新知识。"魏源这部经历战争世变之后，痛定思痛的适时杰作，不仅在一定程度上满足了这一时代的需求，更重要的是，魏源明确地提出了'师夷长技以制夷'的反侵略主张，奏响了近代反侵略斗争的时代先声。它为人们表现出了解西方、研究西方、学习西方并最终赶超西方的民族智慧和自信心，预示着近代中国思想文化发展的前进方向。"④

陈旭麓先生在《中国近代史上的爱国与卖国》一文中指出："魏源提出的'师夷长技以制夷'，之所以给后继者有较大的启迪，因为它是时代脉搏的跳动……洋务运动为了富国强兵，是'师夷之长技'；戊戌变法为了救亡

① 夏剑钦：《论魏源对中国近现代化的启蒙》，《邵阳师院学报（社会科学版）》2019年第1期。
② 黄丽镛：《魏源年谱》，湖南人民出版社1985年版，第264页。
③ 夏剑钦：《论魏源对中国近现代化的启蒙》，《邵阳师院学报（社会科学版）》2019年第1期。
④ 同上。

图存，是吸取西学以变政。"① 陈先生的话一语中的，说出了魏源"师夷长技以制夷"这一代表时代脉搏的口号，对中国近代的洋务运动与戊戌变法产生了启蒙作用。曾国藩作为洋务运动的倡导者之一，他在读了魏源的著作后，提出："师夷智以造炮制船，尤可期永远之利"，其"师夷智"三字显然是脱胎于魏源的"师夷长技"。这也说明曾国藩持续30年倡导的"坚船利炮"的洋务运动思想，深受魏源"师夷"说的影响。

（三）戊戌变法代表人物深受魏源学术思想影响

戊戌变法中的代表人物康有为、梁启超、谭嗣同，也曾深受魏源学术与思想的影响。康有为多次阅读《海国图志》，他说："游香港，览西人宫室之瑰丽，道路之整洁，巡捕之严密，乃始知西人治国有法度，不得以古旧之夷狄视之。乃复阅《海国图志》《瀛寰志略》等书，购地球图，渐收西学之书，为讲西学之基矣。"② 梁启超在《清代学术概论》中说："今文学之健者，必推龚、魏……（魏）源有《元史》，有《海国图志》，治域外地理者，源实为先驱。"③《海国图志》一书在中国社会大变革的戊戌变法与辛亥革命时期，虽未能引起清政府官方的重视，但涌现出冯桂芳、王韬、李慈铭、郭嵩焘、张之洞、谭嗣同、薛福成、康有为、梁启超、皮锡瑞等又一代开明知识分子，使维新思潮与洋务运动真正从思想与实践两方面继承并发展了魏源创始的"师夷长技"之统绪。

三、西学东渐的社会进化理论④

鸦片战争后西学东渐，许多西方发展理论传入中国，其中对中国发展思想影响最大的是进化论，而第一个向中国翻译介绍进化论，并用进化论思想观察中国发展的思想家是严复。

（一）社会的"变"是不可避免的趋势

严复认为，社会如同生物界一样，要"变"，是不可避免的趋势，"观今

① 陈旭麓：《中国近代史十五讲》，中华书局 2008 年版，第 26 页。
② 康有为：《康南海自编年谱》，中华书局 1992 年版，第 8—10 页。
③ 梁启超：《清代学术概论》，上海商务印书馆 1921 年版。
④ 这部分研究论述参见鲍宗豪等：《当代社会发展导论》第一章第四节"近代思想家的社会发展观"，华东师范大学出版社 1999 年版。

日之世变，盖自秦以来，未有若斯之亟也"①。他认为社会达尔文主义的理论，向中国人敲起警钟，只有自强，才能在生存竞争中取胜，"物竞既兴，免者日耗"。他还用生物学上"物竞天择，适者生存"的理论，来阐述发展。他认为，生物进化受外界环境变迁的逼迫而发生，外界环境变迁的压力越大，生物进化的速度也越快。同样，发展也是如此。中国现在正处于外来侵略的逼迫和压力之下，也应该变法维新，以加快发展速度。面对外来侵略，只有自强自主，才能在生存竞争中取胜。他再三强调："慎守力权，勿任旁守，则天下事，正于此乎而大可为也"，"则我何为而不奋发也耶？"② 反映了新兴资产阶级的锐意进取。

严复赞同斯宾塞的社会进化渐变理论，他认为，一切事物的变迁都是由简入繁，由微渐著。因为变化的外因是"极渐至微"，事物的变化也只能是缓慢的，以此类推，人类社会也只能是逐渐进化的。他进而提出：中国要由宗法社会（封建社会）变为资本主义社会，由封建专制国家变为资产阶级民主立宪的国家，是极其困难的，这就是"变法之所以难"③。由此，严复主张渐变，反对突变；主张改良，反对革命，"变法当以徐而不可骤"④，这表明了他的社会进化理论的不彻底性。严复虽不恰当地把生物进化论机械地套用到社会领域，但在当时的历史条件下，他对进化论的宣传起到了激励中国人民挣脱厚古薄今、因循守旧的精神加锁的作用，无疑有其积极的一面。

（二）近代中国有较大影响的"俱分进化论"思想

在近代中国起过较大影响的，还有章炳麟的社会进化论思想。他认为，人类由进化而来，而人类之所以进化，一是由于人类不断与自然作斗争；二是人类有追求发展的欲望。他深受达尔文进化论的影响，很重视"夫自然之淘汰与人为之淘汰，优者必胜，而劣者必败"⑤。他有感于中国有亡国灭种的危险，认为只有遵循荀况的"合群明分"的思想，才能自保。万众一心，自强自立，团结一致，即使如蜜蜂般细小，也不会被打败；丧失斗志，离心离

---

① 《严复集》第 1 册，中华书局 1986 年版，第 1 页。
② 严复：《原强》，《严复集》第 1 册，中华书局 1986 年版。
③ ［英］赫伯特·斯宾塞著，严复译：《群学肄言》，朝华出版社 2017 年版，按语。
④ 同上。
⑤ 章太炎：《族制》，《章太炎全集》第三册，上海人民出版社 1984 年版，第 38 页。

德，即使大若狮子，照样会被消灭："是故合群明分，则足以御他族之侮；渔志离德，则师天下而路。"① 与严复不同的是，章炳麟并未将达尔文的进化论坚持到底，而是提出了他自己的"俱分进化论"，意即人类的社会历史发展，是善的与恶的同时并进，认为"进化之所以为进化者，非由一方直进，而必由双方并进。……如影之随形，如网两之逐景"②。

章炳麟的俱分进化论在某种程度上反映了现实社会中善恶对立的现象，对封建主义和帝国主义的残暴统治进行了有力的揭露和批判。

（三）具有唯物主义倾向的社会进化论

魏源在变法图强、进行社会变革的过程中，也提出过具有唯物主义倾向的社会进化理论。魏源认为，人类历史也是不断变化发展的，"势则日变而不可复"③。这是历史发展的必然趋势，这种发展趋势是后胜于前，今胜于古的。因此，他认为，一切制度都应该适应客观需要而变化，只要在于"群便"，都应该变，凡是"便民""利民"的，其变化都是进步的。"变古愈尽，便民愈甚"④，历史的发展如同"江河万源，一趋于海"；决不可"反江河之水而复归之山"⑤，历史是愈变愈进步的。

魏源坚决反对复古倒退，也反对对古代文化遗产采取虚无主义的态度，主张有选择地学习，批判地继承。魏源重视民众在社会进化中的作用，认为历史的发展是由民众的作用所推动的。他认为，人类社会不断变化发展是历史的必然趋势，因此，应该认清形势，扫清前进道路上的障碍，变法变革。毫无疑问，魏源的社会进化论是与他的爱国主义和变革论联系在一起的。

四、反帝反封建的社会批判学说

反帝反封建社会批判理论的主要代表人物是洪秀全和章炳麟。

（一）洪秀全以平等为口号开展反封建斗争

洪秀全目睹清王朝的腐败和外国侵略者的进犯，深感民族的危难，不仅

---

① 章太炎：《菌说》，汤志钧编：《章太炎政论选集》，中华书局1977年版，第137页。
② 章太炎：《俱分进化论》，《民报》第7号，1906年9月。
③ 魏源：《默觚下·治篇六》，《魏源集》上册，中华书局1983年版，第48页。
④ 同上。
⑤ 同上。

从理论上对中国封建社会作出批判，而且付诸行动。以平等为口号，组织动员起义群众展开反封建的斗争。洪秀全的最终目的就是要在地上实现理想天国，他认为，只有暴力革命，夺取政权，打破封建统治才能实现天国理想，而理想世界的具体方案就是《天朝田亩制度》。它是以土地为中心，包括政治、经济、军事、文化、教育、宗教等方面的政治纲领。它以公有、平等、平均为基础，是农民斗争实践的产物，也是中国历史上唯一完整的小生产者的大同理想方案。

虽然洪秀全始终未能与旧传统彻底决裂，他的发展思想只是反映了农民的小生产者思想，他的绝对平均主义也只是一种乌托邦，但从明末到晚清对发展思想真正有所突破的，还是洪秀全，特别是他对当时社会的严厉批判和他所提出的《天朝田亩制度》，在中国发展历史上不能不说是重要的变革思想。

（二）章炳麟联合资产阶级开展反帝反封建革命

章炳麟的社会批判则是建立在他的社会进化论基础之上的。为实现他的最高理想——建立资产阶级民主共和国，他认为必须否定中国传统的神权、皇权及文化专制主义。章炳麟是无神论者，他认为"欲使众生平等，不得不先破神教"[1]，人们之所以会有鬼神的观念，一是由于人们的错觉；二是由于感情与欲望；三是由于人们的愚昧无知。他指出，无论是鬼神，还是上帝，都是根本不存在的，相信鬼神是"荧惑"现象，是"劣民所特具，及其文明而自磨灭"[2]，所信奉的上帝则是被帝国主义作为侵略中国的工具。

更为重要的是，章炳麟把对上帝的批判，与反帝反封建的资产阶级革命联系起来。他在 1906 年出狱东渡日本后发表的首次演说中指出："中国人的信仰基督，并不是崇拜上帝，实是崇拜西帝。最上一流，是借此学些英文、法文，可以自命不凡；其次就是饥寒无告，要借此混日子的；最下是凭仗教会势力，去鱼肉乡愚，陵轹同类。所以中国的基督教，总是伪基督教，并没有真基督教。但就算真基督教，今日中国还不可用。……真正的基督，于中

---

① 章太炎：《无神论》，《民报》第 8 号，1906 年。
② 章太炎：《訄书（重订本）·原教上》，《章太炎全集》第三册，上海人民出版社 1984 年版，第 285 页。

国有损无益。"①

　　章炳麟早期是个皇权维护者，主张改良，反对变革；1900年八国联军的入侵才使他对皇权彻底无望，从而幡然觉悟。他发表《解辫发》，痛斥满清政府之无道，以实际革命行动对皇权展开批判。他曾在致友人的信中点名批判光绪，他的老师俞樾骂他"不孝不忠，非人类也"。他便写了轰动一时的《谢本师》与俞樾断绝师生关系，以示对皇权更坚决的批判。他还针对康有为的保皇宣传，发表了极富震撼力的《驳康有为论革命书》，指出康有为所谓"圣主"的光绪1895年以来只是为了自己的皇位打算。光绪的变法只是做给外国人看，求得外国人欢心，借此排除太后权力而已。他痛骂光绪是个"未辨菽麦"的小丑，面对八国联军，想留北京当儿皇帝，在变化中面对清贵族的掣肘，变现得那么怯懦，足证"彼其为私，则不欲变法矣；彼其为公，则亦不能变法矣"②。他反驳康有为认为革命要"流血成河，杀人如麻，而其事卒不可就"的论点，认为即使君主立宪，也绝不是不动刀兵的，指出"革命非天雄、大黄之猛剂，而实补泻兼备之良药矣"③。公开为社会革命叫好。

第三节　中国现代化的初步实践

　　鸦片战争以后，中国现代化的初步实践经历了以下三个阶段。

一、从"鸦片战争"到"洋务运动"（1840—1860）

　　鸦片战争以后西方列强的入侵，"一方面使中国沦为半殖民地半封建的社会，另一方面也使中国人被动地选择了向西方学习的现代化道路。在这一时期，虽然林则徐和魏源对西方文化的认识仅停留在器物的层面上，但却迈出了向西方学习的第一步，从此，中国人便没有停止过向西方学习，探索中国现代化道路的脚步"④。

① 《革故鼎新的哲理——章太炎文选》，上海远东出版社1996年版，第141页。
② 章太炎：《正仇满论》，《辛亥革命前十年间时论选集》卷一上，三联书店1960年版，第95页。
③ 《章太炎政论选集》上册，中华书局1977年版，第204页。
④ 《五四时期中西文化冲突与中国现代化》，爱问文库（http://ishare.iask.com）。

从 19 世纪 60 年代开始，随着中华民族危机的进一步加深，封建地主阶级的有识之士开展了以"求强求富"为口号的洋务运动。洋务运动以"中学为体，西学为用"为其指导思想。所谓"中体西用"是企图在封建专制制度纲常名教的前提下，引进西方一些先进的经济技术。"中体西用"是中西文化冲突与融合在这一时期一个很好的例证。在中国面临生死存亡的关键时刻，洋务派选择向西方学习，开展洋务运动，以达到求强求富的目的。然而，面对强大的封建统治势力，洋务派又不得不作出妥协，"因而提出了'中体西用'的中庸之策。虽然洋务派坚持'变器不变道'，但他们毕竟承认并主张学习西方先进的技术，比顽固派拒绝学习西方任何先进东西的态度要开明和进步。洋务派正是以此为纲领，先后创办了军事工业和民用工业，创设同文馆，翻译了大量的西方科技著作，开展了洋务运动的实践。虽然洋务运动最终失败了，但它在客观实际上却为中国现代化道路的探索提供了可贵的经验和教训"①。

历史表明，洋务运动企图在不改变封建专制制度和文化观念的前提下，引进西方先进的经济技术，以达到"富国强兵"的目的，这只能是一种不切实际的幻想。因此，"洋务运动的失败就成为了历史的必然。同时，洋务运动的失败再次激发先进的中国人继续探索中国的现代化之路"②。

二、从"洋务运动"到"维新变法"（1860—1898）

甲午战争的失败使中国的士大夫认识到，器物救国不能从根本上解决问题，洋务运动失败的根源在于封建制度的腐朽和落后，因此，除了学习西方先进的科学技术之外，还要学习西方先进的政治制度。康有为、梁启超所领导的戊戌维新运动则标志着探索中国现代化的新阶段的到来。

戊戌维新思想的主要代表人物是康有为、梁启超、严复和谭嗣同。康有为在新孔学的名义下形成了一个较为完整的思想体系；梁启超着重在于对民权和变法思想的宣传；严复则成为传播西学的大师；谭嗣同反封建最为激烈，把批判的锋芒直指清王朝。"他们的思想互相影响，形成了一个紧密联

---

① 陈向阳：《晚清三次思想分化与早期现代化思想的变迁》，《学术月刊》1999 年第 2 期。
② 同上。

系的整体。这一时期维新思潮的内容主要有以下几个方面：（1）以社会历史进化论为理论基础的变法思想；（2）对封建专制主义的全面批判；（3）以西学'天赋人权'为核心的初步民主思想。"①

以进化论为变法的理论基础，具有振聋发聩、唤起民族觉醒、号召人们挽救民族危亡的作用，向世人表明要挽救民族危机，必须要变法。对封建专制主义的批判，藐视君主权威，用资产阶级的观点解释君臣关系，对后来资产阶级革命派产生了直接的影响。"'天赋人权'的初步民主思想突破了早期改良派'中体西用'论的局限，强调学习西方的政治学说，形成了初步的民主思想。"②

在维新思想的指导下，以"康有为为首的改良派，突破了顽固派'天不变道亦不变'和洋务派'变器不变道'的框框，认为'变'是宇宙间的普遍规律，主张'能变则全，不变则亡，全变则强，小变仍亡'"③。同时，他还主张在经济上发展资本主义工商业，鼓励民办；政治上设议院，实行君主立宪；教育上废科举，办学校，学西学；在思想上传播西方的科学和民主精神。这无疑将中国现代化道路的探索再次向前推进了一步。

三、从"维新变法"到"辛亥革命"（1898—1911）

维新变法运动的失败使国人认识到，走改良式的现代化之路是行不通的，只有采用暴力革命的手段才能实现自己的目标。

这一历史的重担就落在了稚嫩的民族资产阶级的双肩上。他们以三民主义为其革命纲领，直接目标是推翻清王朝封建专制制度。"孙中山提倡一切权力归人民，但因民众觉悟水平低下不可能实行直接民权，他又提出'权''能'分开说。即民众把治权托付给能者，而有能者则衷心为人民服务。为防止权力被滥用及过分集权而产生腐败，孙中山还规定了有关权力制衡机制。其中外部制衡机制是人民享有选举权、罢免权、创制权、否决权等直接民权；内部制衡机制则吸收了欧美国家三权分立原则，并结合古制形成了包括行政，

---

① 陈向阳：《晚清三次思想分化与早期现代化思想的变迁》，《学术月刊》1999 年第 2 期。
② 同上。
③ 同上。

立法，司法，考试和监察等五权分立说，并为其实现而浴血奋战。"①

可是辛亥革命因对传统文化的影响和巨大潜力的低估，使其没有彻底扫荡三纲五常等腐朽观念，因而没有能够取得经济政治改革的彻底胜利。"但在思想文化上，它开始了科学与民主的启蒙；在国民素质上，它启动了人的现代化工程；在社会建构上，它引发了现代团体活动和意识；在经济秩序上，它初步建立了资本主义经济伦理。"②

在中国早期现代化的进程中，"如果说洋务运动是中国早期现代化的器物层次探索阶段，那么戊戌维新使它开始进入制度层次探索阶段，而戊戌维新改良式的制度探索不成功时，则以辛亥革命为标志的暴力革命，破旧立新，继而进行制度改革，企图以此使中国尽快走上现代化之路"③。

然而事非所愿。这就促使中国人开始反思自己传统文化的力量。"从器物层次到制度层次的现代化探索为五四新文化运动的到来做了重要的铺垫，从而使早期现代化进程的探索开始转向文化层次阶段。"④ 在这"千古变局"的历史剧变中，中国传统文化开始由大一统的封闭格局而直面世界文明的大势。这种局面的变化，使得"中学"不再可能在传统学术文化的天地里自我打转，自然变异⑤，而是"以其极幼稚之'西学'知识，与清初启蒙期所谓'经世之学'相结合，别树一派，向正统派公然举叛旗"⑥。

鸦片战争开启了一个全然不同于以往的时代。林则徐，魏源等以求实的精神面对新的历史局面，提出"睁眼看世界"和"师夷长技以制夷"的口号，迈开了向西方学习的关键性一步，"师夷长技"的思想也因此成为现代化意识的萌芽。五四新文化运动则促使早期现代化进程的探索开始转向新文化运动，新文化运动从早期的提倡新道德、提倡新文学、提倡民主与科学，到后期宣传社会主义、宣传马克思主义。五四新文化运动成为中国从旧民主主义走向新民主主义革命的转折点。

---

① 建红英：《"西学东渐"与近代中国的现代化探索》，《湖南科技学院学报》2009 年第 2 期。
② 同上。
③ 同上。
④ 同上。
⑤ 同上。
⑥ 梁启超：《清代学术概论》，《梁启超论清学史二种》，复旦大学出版社 1985 年版。

第六章　中国共产党与中国式现代化

中国共产党成立之前，近代思想家对西方现代化理念的介绍、分析和传播，基本上都处于中国现代化的启蒙阶段。1921 年中国共产党成立以后，对中国现代化的探索超越了近代思想家以及"五四"时期对西方科学和民主等思想启蒙，开始了推翻三座大山、争取民族解放民族独立的现代化实践探索。中国共产党 100 多年来对中国现代化的探索，在不同的时期具有不同的使命任务，形成不同的特点。本章以历史唯物主义观点，从历史逻辑的角度，阐释 100 多年来中国共产党对现代化的理论和实践探索。

第一节　新中国成立之前中国共产党
对现代化的探索

近代中国历史表明，在中国共产党诞生之前，还没有哪个阶级哪个政党，能够为中国现代化创造必要的前提，这就是中国的独立和解放。为中国现代化扫除障碍，创造必要前提的任务，历史地落到中国共产党肩上。

一、新民主主义革命为中国走向现代化创造前提

中国共产党人勇敢地肩负起历史重任，领导中国人民取得了反帝反封建的新民主主义革命的伟大胜利，建立了中华人民共和国，从而扫除了发展中国社会生产力的障碍，打通了中国走向现代化的道路，从而为中国社会主义现代化创造了根本的前提条件。

中国共产党对新民主主义革命为中国现代化创造前提的关系有着清晰的

认识。1933 年，毛泽东在谈到"必须注意经济工作"时明确指出："在现在的阶段上，经济建设必须是环绕着革命战争这个中心任务的"，"只有在国内战争完结之后，才说得上也才应该说以经济建设为一切任务的中心。"① 1944年 8 月，他又指出："民主革命的中心目的就是从侵略者、地主、买办手下解放农民，建立近代工业社会。"② 党的七大报告论述了独立、自由、民主、统一和富强是互相关联、缺一不可的关系。"一个不是贫弱的而是富强的中国，是和一个不是殖民地半殖民地的而是独立的，不是半封建的而是自由的、民主的，不是分裂的而是统一的中国，相联结的。"③ 毛泽东认为，解放中国人民的生产力，使之获得充分发展的可能性，有待于新民主主义的政治条件在全国境内的实现。

党的七大以后，毛泽东更加明确地论述了反帝反封建革命与中国现代化的关系问题："中国人民的生产力是应该发展的，中国应该发展成为近代化的国家、丰衣足食的国家、富强的国家。这就要解放生产力，破坏帝国主义和封建主义。正是帝国主义和封建主义束缚了中国人民的生产力，不破坏它们，中国就不能发展和进步。"④ 解放战争时期，《在晋绥干部会议上的讲话》中，毛泽东进一步指出："消灭封建制度，发展农业生产，就给发展工业生产，变农业国为工业国的任务奠定了基础，这就是新民主主义革命的最后目的。"⑤ 由此可见，中国共产党领导的新民主主义革命就是为了能推进中国的现代化。

二、新民主主义革命对中国现代化的重大作用

新民主主义革命作为社会主义现代化建设的历史起点，对社会主义的理论建设、制度构建具有积极作用。

（一）新民主主义革命解放和发展了生产力

鸦片战争以后，帝国主义通过签订不平等条约，控制了中国经济的命

---

① 《毛泽东选集》第 1 卷，人民出版社 1991 年版，第 123 页。
② 《毛泽东文集》第 3 卷，人民出版社 1996 年版，第 206 页。
③ 《毛泽东选集》第 3 卷，人民出版社 1991 年版，第 1080 页。
④ 《毛泽东文集》第 3 卷，人民出版社 1996 年版，第 432 页。
⑤ 《毛泽东选集》第 4 卷，人民出版社 1991 年版，第 1316 页。

脉，封建主义则成为帝国主义在华统治的帮凶，而官僚资本主义对广大人民的残酷剥削和对民族工商业的巧取豪夺严重束缚了中国生产力的发展。针对旧的上层建筑对生产力发展的阻碍，新民主主义革命制定了正确的经济纲领：没收地主阶级的土地归农民所有，没收官僚资产阶级的垄断资本归新民主主义的国家所有，保护民族工商业。从而有步骤、有分别地消灭了封建剥削土地制度，发展了农业生产。通过没收官僚资本，保护民族工商业，也为现代化的发展奠定了一定的物质基础。

新民主主义革命时期，中国共产党都积极地进行生产运动并取得了很大成就。例如，在土地革命时期，采取许多措施发展农业生产，如奖励开垦荒田，鼓励兴修水利，发放农贷，改进耕作方法等。在抗日根据地，掀起了群众性生产热潮，农业生产迅速得到恢复和发展。以陕甘宁边区为例，粮食产量逐年增加，1937 年 126 万石，1938 年 127 万石，1940 年 143 万石，1942年 150 万石，1944 年 175 万石[①]。解放区的生产发展更是如火如荼在彻底进行土地改革的基础上，中国共产党采取各种措施努力引导农民恢复和发展农业生产。1948 年东北解放区的粮食总产量达 1.187 万多吨，比 1947 年增产20%，平均增产 1.920 斤，比 1947 年提高 28%。1948 年解放区人口扩大到18.720 万人，耕地 68.981 万亩，产粮 833.6 亿斤（原粮），产皮棉 5.1 亿斤，每人平均粮食 445 斤，棉花 2.7 斤。[②]

1949 年新民主主义革命取得胜利，随即展开了近代以来我国历史上最大规模的工业化运动，现代经济发展的速度、数量、规模等方面均创新高，从而为中国社会主义现代经济建设的基本框架和坚实基础。

（二）新民主主义革命为社会主义现代化制度构建提供了基础

1. 新民主主义革命胜利之后提出了建立人民民主专政的国家制度

新民主主义革命胜利之后，开始探索建立一个什么样的国家。1949 年 6月，毛泽东在《论人民民主专政》中，依据马克思主义国家学说，总结了100 多年中国革命的历史经验，阐述了建立人民民主专政国家的一系列基本

---

① 陕甘宁边区财政经济史编写组：《抗日战争时期陕甘宁边区财政经济史料摘编》（第二编），陕西人民出版社1981 年版，第 430 页。

② 中共中央党史研究室：《中共党史资料》，中共党史出版社 1997 年版，第 135 页。

问题；1949 年 9 月，中国人民政治协商会议通过的《共同纲领》，为由新民主主义转变到社会主义创造了政治前提和政权保障；新中国成立后，中国共产党将"民主革命时期形成的人民民主专政理论全面付诸实践，中国建立了人民民主专政的国家政权和基本政治制度——人民代表大会制度，为现代化建设提供了政治保证"①。

2. 新民主主义革命为社会主义现代化建设提供了一定的经济条件

新民主主义经济制度的探索与建构，为中国社会主义现代化建设提供一定的经济条件。在新民主主义国家里建立什么样的经济制度，中国共产党进行了长期不懈的探索，这一探索的重大理论成果集中体现在毛泽东《新民主主义论》中提出的新民主主义的经济纲领中。在《新民主主义论》中，"毛泽东从三个方面阐述了新民主主义经济的内容：一是没收帝国主义和官僚资本主义的大银行、大工业、大商业为新民主主义共和国所有，建立具有社会主义性质的国营经济，作为整个国民经济的领导力量；二是对不能操纵国民生计的民族资本不加以没收，要允许其发展，这是因为中国经济还十分落后的缘故；三是没收地主的土地，分给无地和少地的农民，实行耕者有其田，扫除农村中的封建关系。把土地变为农民的私产，并在此基础上发展具有社会主义因素的合作经济，但允许富农经济的存在"②。

在《目前形势和我们的任务》的报告中，毛泽东则把上述三个方面内容明确概括为"新民主主义革命的三大经济纲领"。并指出，"新中国的经济构成是：（1）国营经济，这是领导的成分；（2）由个体逐步地向着集体方向发展的农业经济；（3）独立小工商业者的经济和小的、中等的私人资本经济。这些，就是新民主主义的全部国民经济。而新民主主义国民经济的指导方针，必须紧紧地追随着发展生产、繁荣经济、公私兼顾、劳资两利这个总目标。一切离开这个总目标的方针、政策、办法，都是错误的"③。

在中国共产党七届二中全会上的报告中，毛泽东指出中国革命在全国胜利并且解决了土地问题以后，党的中心任务就是动员一切力量恢复和发展生

① 沈沛：《新民主主义革命对社会主义现代化的影响》，《渭南师范学院学报》2004 年第 2 期。
② 同上。
③ 《毛泽东选集》第 4 卷，人民出版社 1991 年版，第 1255—1256 页。

产，这是制定新民主主义社会一切经济政策的根本标准。"随着新民主主义革命的不断推进和三大经济纲领的贯彻执行，我国建立了新民主主义社会的经济制度，从而为由新民主主义向社会主义转变，为中国实现社会主义现代化创造了必要条件和制度保证。通过没收官僚资本，使得人民政权掌握了国家的经济命脉，这部分经济成为中国实现社会主义现代化的骨干力量。通过对资本主义工商业的社会主义改造，解放了原属于资本家的那部分生产力，使之为社会主义服务。"① 农业社会主义改造的胜利，把亿万农民引上了社会主义道路，它为中国农业的社会主义现代化奠定了基础。

（三）新民主主义革命时期对现代化的理论探索为社会主义现代化建设提供思想准备

以毛泽东为代表的共产党人在致力于推翻帝国主义、封建主义、官僚资本主义的社会革命的同时，对中国现代化问题进行艰难的探索，并形成了关于中国现代化理论的基本思想②。

1. 中国现代化的方向是社会主义

中国如何实现现代化有三种取向："一是在保存封建制度基础的前提下搞现代化；二是向西方学习，搞资本主义现代化；三是搞社会主义现代化。"③ 近百年中国历史已经证明，前两种路走不通。以毛泽东为代表的共产党人开始重觅中国现代化的道路。早在 1939 年 12 月，毛泽东在《中国革命和中国共产党》中指出："民主主义革命是社会主义革命的必要准备，社会主义革命是民主主义革命的必然趋势。"④ 1949 年 3 月，毛泽东在七届二中全会上提出："在革命胜利以后，迅速地恢复和发展生产，对付国外的帝国主义，使中国稳步地由农业国转变为工业国，把中国建设成一个伟大的社会主义国家。"⑤ 毛泽东的这一精辟论断表明中国在民主革命胜利后只能走社会主义道路，而不能走其他的道路。

在完成民主革命任务之后，毛泽东进一步把社会主义作为中国现代化发

---

① 沈沛：《新民主主义革命对社会主义现代化的影响》，《渭南师范学院学报》2004 年第 2 期。
② 同上。
③ 同上。
④ 《毛泽东选集》第 2 卷，人民出版社 1991 年版，第 651 页。
⑤ 《毛泽东选集》第 4 卷，人民出版社 1991 年版，第 1437 页。

展方向的思想更加明确。毛泽东指出："当人民推翻了帝国主义、封建主义和官僚资本主义的统治后，中国要向那里去？向资本主义，还是向社会主义？有许多人在这个问题上的思想是不清楚的。事实已经回答了这个问题：只有社会主义能够救中国。"① 之后，毛泽东提出的建设"社会主义工业化"、"一化三改造"的过渡时期总路线等方针、政策，几乎都体现了把社会主义方向和中国现代化相结合的思想。在中国现代化进程中坚持社会主义方向，并通过这一制度来实现中国现代化的宏伟目标，是毛泽东关于中国现代化思想的重要组成部分和基本观点。

2. 中国现代化的任务是以工业化为核心的四个现代化

现代化是包括社会经济、政治、文化各个领域的全面进步，但现代化的核心是工业化，对于新中国这样一个成立前现代工业只占 10% 的落后农业国来说工业化更是首要的任务。

早在 1944 年，毛泽东就指出："我们共产党是要努力于中国的工业化的。中国落后的原因，主要的是没有新式工业"。② 1945 年又提出，"在新民主主义的政治条件获得之后，中国人民及其政府必须采取切实的步骤，使在若干年内逐步建立重工业和轻工业，中国由农业国变为工业国。"③ 尽管当时是战争年代，但毛泽东始终没能忘记中国现代化这一核心任务。

在推进工业化的同时，毛泽东也注意到了其他方面的现代化问题。1953年 12 月，在《关于过渡时期总路线的学习和宣传提纲》中，毛泽东在解释总路线讲的社会主义工业化时，提出要"促进农业和交通运输业的现代化"，要"建立和巩固现代化的国防"④。根据毛泽东的上述思想，周恩来在第一届全国人民代表大会上所作的《政府工作报告》中宣布了"四个现代化"的宏伟设想。报告指出，我国的经济原来是很落后的。如果我们不建设起强大的现代化的工业、现代化的农业、现代化的交通运输业和现代化的国防，我们就不能摆脱落后和贫困，我们的革命就不能达到目的⑤。

① 《毛泽东文集》第 7 卷，人民出版社 1999 年版，第 214 页。
② 《毛泽东文集》第 1 卷，人民出版社 1993 年版，第 146—147 页。
③ 《毛泽东选集》第 3 卷，人民出版社 1991 年版，第 1081 页。
④ 《建国以来重要文献选编（第四册）》，中央文献出版社 2011 年版，第 605 页。
⑤ 《周恩来选集》（下卷），人民出版社 1984 年版，第 109、132、439 页。

1959 年底至 1960 年初，毛泽东在阅读苏联《政治经济学（教科书）》的谈话中指出："建设社会主义，原来要求是工业现代化，农业现代化，科学文化现代化，现在要加上国防现代化。"① 这里第一次完整地表述了"四个现代化"的思想，进一步丰富了现代化的内涵，为我国社会主义现代化的全面发展提供了理论基础。

3. 提出了农业现代化的正确道路

对中国这样一个农业大国来说，没有农业的现代化，就不可能有完全意义上的现代化。在中国如何实现农业现代化的问题，毛泽东在其领导中国革命和建设过程中从理论上作了积极探索。

早在 1945 年 4 月，毛泽东在党的七大报告中提出了为中国的工业化和农业近代化而斗争的任务。新中国建立之际，毛泽东又进一步说明了实现农业现代化的可能性和必要性。他在 1949 年 3 月党的七届二中全会的报告中指出："占国民经济总产值百分之九十的分散的个体的农业经济和手工业经济，是可能和必须谨慎地、逐步地而又积极地引导它们向着现代化和集体化的方向发展的，任其自流的观点是错误的。"②

1949 年 6 月，毛泽东在《论人民民主专政》一文中又强调："没有农业社会化，就没有全部巩固的社会主义。"③ 新中国成立后，毛泽东对农业现代化问题进行了更深刻的思考，形成了比较全面的农业现代化的思想。"主要内容：一是在农业现代化与工业化的关系问题上，提出了农业是工业以至整个国民经济基础的思想；农业的现代化是工业化的内容之一，应当实行工农业并举；二是在中国农业现代化道路的选择上，采取'先合作化，后机械化'的道路。即在农业合作化的基础上实现农业机械化和现代化的理论。"④ 毛泽东的农业现代化思想，为改变我国农业落后面貌指明了前进方向，具有重要的现实意义。

4. 解决了中国现代化进程中的文化难题

在中国现代化的进程中，遇到了如何对待中西文化，如何对待既变革传统文化又凭借传统文化的精神动力来完成社会变革的问题。

① 《毛泽东文集》第 8 卷，人民出版社 1999 年版，第 116 页。
② 《毛泽东选集》第 4 卷，人民出版社 1991 年版，第 1432 页。
③ 同上书，第 1477 页。
④ 沈沛：《新民主主义革命对社会主义现代化的影响》，《渭南师范学院学报》2004 年第 2 期。

毛泽东关于新民主主义的文化理论，解决了这一历史难题。他认为，新民主主义文化是以无产阶级社会主义文化思想为指导的人民大众的反帝反封建的文化。新民主主义文化又是民族的、科学的、大众的文化。所谓民族的，"它是反对帝国主义压迫，主张中华民族的尊严和独立的。……它同一切别的民族的社会主义文化和新民主主义文化相联合，建立互相吸收和互相发展的关系，共同形成世界的新文化。"① 所谓科学的，"它是反对一切封建和迷信思想，主张实事求是，主张客观真理，主张理论和实践相一致的。"② 所谓大众的，"它应为全民族中百分之九十以上的工农劳苦民众服务，并逐渐成为他们的文化。"③ 由此可见，毛泽东的新民主主义理论科学地阐述了中国近代文化的时代性、民族性和世界性的关系，解决了中国近代化过程中的中西文化矛盾的难题，体现了一种辩证思维。

毛泽东关于新民主主义的文化理论不仅在反帝反封建的斗争中发挥了巨大的理论指导作用，而且对于今天我们建设中国式现代化同样具有指导作用。

总之，新民主主义革命与中国现代化具有内在的历史逻辑上的关联，新民主主义革命的胜利为中国实现现代化创造了必要的前提；中国走向现代化又是新民主主义革命的最终目的与必然要求。正是通过新民主主义革命，中国社会才开始走上了以民族复兴为使命任务的中国式现代化之路。

第二节　新中国中国共产党对中国式现代化的推进

新中国成立至党的十八大之前，以毛泽东、邓小平、江泽民、胡锦涛为主要代表的中国共产党人，为推进中国式现代化，均作出了重大贡献。

一、以毛泽东为代表的中国共产党人对中国式现代化道路的初步探索

新中国的成立标志着中国革命由资产阶级民主革命阶段转变到社会主义

---

① 《毛泽东选集》第 2 卷，人民出版社 1991 年版，第 706 页。
② 同上书，第 707 页。
③ 同上书，第 708 页。

革命阶段。如何建设社会主义、走出一条具有中国特色的发展与现代化之路，这个重任落在中国共产党及其领袖的肩上。

（一）提出建设社会主义现代化强国

在《关于正确处理人民内部矛盾的问题》和《在中国共产党全国宣传工作会议上的讲话》中毛泽东及时指出，在大规模的阶级斗争基本结束之后，我们的根本任务是"在新的生产关系下面保护和发展生产力"[1]，"我们一定会建设一个具有现代工业、现代农业和现代科学文化的社会主义国家"[2]。后来他又说，建设社会主义，原本要求是工业现代化、农业现代化、科学文化现代化，现在要加上国防现代化。1964 年 12 月，毛泽东又指出："在一个不太长的历史时期内，把我国建设成为一个社会主义的现代化的强国。"[3] 可以说，社会主义现代化强国建成之时，也就是毛泽东等老一辈无产阶级革命家所追求的中华民族复兴之日。

1. 实现社会主义现代化和民族复兴的构想

在实现社会主义现代化和民族复兴的时间问题上，毛泽东先后设想过若干个五年计划，提出过用 50 年、75 年、100 年或者更长一些时间实现社会主义现代化和民族复兴的思想。1962 年他认为，在中国"要使生产力很大地发展起来，要赶上和超过世界上最先进的资本主义国家，没有一百多年的时间，我看是不行的"[4]。在把发展生产力、进行社会主义现代化和民族复兴作为中国人民今后的根本任务确定之后，就要开始探索这条道路的中国特色。这里首先碰到的是如何对待苏联社会主义现代化的模式问题。

2. 借鉴苏联模式，走中国式现代化道路

苏联是第一个实现社会主义现代化的国家。它所借以实现现代化的一套政治经济管理体制，长期以来被看作是其他社会主义国家进行经济建设的楷模，并习惯地被称为苏联模式。

新中国成立之初，因缺乏现代化建设经验，我们曾提出向苏联全面学习的口号，也就是说，在建设问题上当时是沿袭苏联模式的。然而，苏联社会

---

① 《毛泽东文集》第 7 卷，人民出版社 1999 年版，第 218 页。
② 同上书，第 268 页。
③ 《毛泽东著作选读》（下册），人民出版社 1986 年版，第 849 页。
④ 同上书，第 828 页。

主义现代化道路的特点主要表现为：以优先发展重工业为主要途径，以紧缩人民消费为主要代价，在政治经济体制方面实行高度集权制等。这些特点在很大程度上，是由苏联当时处于资本主义世界包围之中并面临世界大战威胁等历史条件所决定的，有其自身的局限性。因此，中国的现代化和民族复兴必须从中国的国情和当时的世情出发，既不能照抄书本，也不能照搬苏联模式，而要走出一条中国式的发展与社会主义现代化道路。

（二）开始中国式现代化的初步探索

正如毛泽东后来多次说过，从 1956 年提出十大关系起，开始找到一条"适合中国的路线"。随后，毛泽东在 1958 年纠正"共产风"的错误做法，1960 年底提出"大兴调查研究之风"等，实际上也是这种探索的继续。这些探索都是围绕着突破苏联模式，以苏联的教训为鉴戒，推动中国社会进步，走有中国特色的社会主义现代化道路这个主题，形成了一系列极其珍贵的思想。

第一，在经济建设方针方面，提出了区别于苏联的中国工业化道路。"在一个相当长时期内，与资本主义国家发展轻工业的道路不同，苏联发展重工业的道路被认为是唯一正确的工业化道路，但是这条道路靠牺牲轻工业和农业来追求重工业的片面发展，它所带来的消极后果是很严重的。一些东欧国家照抄苏联经验，结果使国民经济和人民生活都受到很大损害。"① 有鉴于此，毛泽东认为决不能再走苏联的老路，提出了正确处理工、农、轻、重关系的思想，提出了"发展工业必须和发展农业同时并举"，规定了"以农业为基础，工业为主导"的方针，并说这是"中国工业化的道路"。他提出的这条中国工业化道路，既从中国是个大农业国的实际情况出发，又是对苏联工业化道路进行深刻反思的结果。

第二，在经济管理体制方面，初步突破苏联高度集权的模式。毛泽东认为："我们不能像苏联那样，把什么都集中到中央，把地方卡得死死的，一点机动权也没有。"② 还说："把什么东西统统都集中在中央或省市，不给工

① 石仲泉：《毛泽东社会主义建设的思想方法论》，《毛泽东邓小平理论研究》1991 年第 6 期。
② 《建国以来重要文献选编（第八册）》，中央文献出版社 2011 年版，第 213 页。

厂一点权力，一点机动的余地，一点利益，恐怕不妥。"① 鉴于苏联模式的这些弊端，毛泽东提出中央要向地方分权，发挥地方积极性和扩大企业自主权，指出："应当在巩固中央统一领导的前提下，扩大一点地方的权力，给地方更多的独立性"②，"各个生产单位都要有一个与统一性相联系的独立性"③。随后，他主张对工业、财政、商业、管理体制实行部分权力下放。在企业内部，则主张工人参加管理、干部参加劳动，改革不合理的规章制度，实行工业、干部和技术人员三结合。

第三，提出改变苏联式单一的公有制的所有制结构新设想。1956 年，毛泽东对社会主义改造高潮中出现的一些新情况有所察觉。同年 12 月，在同工商界人士的谈话中，就社会主义所有制结构问题提出了一些重要观点。在他看来，上海地下工厂，因为社会有需要，就发展起来。要使它成为地上工厂，合法化，可以雇工。还可以开夫妻店。这叫新经济政策。他反复指出：只要社会需要，地下工厂还可以增加。可以开私营大厂，十年、二十年不没收；华侨投资的二十年、一百年不要没收。可以开投资公司。可以搞国营，也可以搞私营。可以消灭了资本主义，又搞资本主义，并批评俄国新经济政策结束得早了。这里所说的"又搞资本主义"，当然不是意味着又要大力发展资本主义，而是说，在所有制问题上不要搞苏联式清一色的公有制，而是要在国营经济和集体经济为主体的前提下，适当保存和发展一些私营经济和个体经济，并引进华侨投资。

第四，在计划经济和商品经济的关系上，毛泽东既强调计划经济的重要性，又认为有必要保存和发展商品经济，他说："人类的发展有了几十万年，在中国这个地方，直到现在方才取得了按照计划发展自己的经济和文化的条件。"④ 毛泽东是很强调计划经济的，必须在社会主义公有制基础上实行计划经济，同时他也主张发展社会主义生产和商品交换。他不同意斯大林急于要从商品经济向产品经济过渡的主张以及苏联排斥市场机制的做法。同时他对

---

① 《建国以来重要文献选编（第八册）》，中央文献出版社 2011 年版，第 211 页。
② 同上书，第 213 页。
③ 同上书，第 211 页。
④ 《建国以来重要文献选编（第七册）》，中央文献出版社 2011 年版，第 183 页。

陈伯达等人提出废除商品生产、实行产品平调的错误观点作了批驳，认为这些"号称马克思主义的经济学家"并"不懂得在社会主义制度下利用商品生产的重要性，不懂得在社会主义的现阶段，价值、价格和货币在商品生产和商品流通中的积极作用"①。毛泽东上述论述，在一定程度上对改革开放以后搞社会主义商品经济、社会主义市场经济有重要的启示。

另外，毛泽东在政治建设方面，提出了共产党领导的多党合作和政治协商制度；在思想文化方面，坚持马克思主义的指导地位，提出了"双百方针"，认为这个方针符合科学与文化发展的客观规律，有助于我国艺术发展、科学进步和文化繁荣；在科学技术方面，提出社会改革与技术改革同时并进，并强调要把经济建设引导到依靠科技进步的轨道上来思想。

然而，由于当时的复杂的国际环境，由于建设经验的不足，更由于1957年以后，在党的指导思想上逐渐产生和发展了"左"的错误，50年代中期开始的探索中国式现代化和民族复兴道路的正确思想，未能在实践中很好地实行和坚持下来。我国的社会主义现代化进程经历了长期的、反复的曲折过程。

二、以邓小平为代表的中国共产党人开创了中国式现代化建设的新局面

"文化大革命"结束之后，逐步确立以邓小平为核心的党的领导集体。邓小平高举解放思想、实事求是的旗帜，进行拨乱反正，在反思过去中国现代化建设经验和教训的基础上，把继承、发展和创新有机地结合起来，对实现中国特色社会主义现代化进行了创造性的探索和开拓。

（一）立足中国国情反思中国式现代化本质

1978年召开的党的十一届三中全会是中国共产党人探索和开拓中国社会主义现代化道路的光辉起点。邓小平不是从书本上思考社会主义现代化的本质问题，而是立足于中国国情，反思中国如何推进社会主义现代化。

当时中国的现实国情是：中国社会从1958年到1978年长达20年的时间

---

① 中华人民共和国史学会编：《毛泽东读社会主义政治经济学批注和谈话（上）》（内部资料），1998年，第39页。

里实际处在停滞和徘徊状态，国家的经济和人民的生活没有得到多大的发展和提高。中国的"国情"是什么？"邓小平认为主要有两点：一是中国是社会主义国家；二是中国现在还很穷、很落后。面对这个贫穷的社会主义事实，中国人民要什么？要发展生产力，增强经济实力，改变中国目前的落后状态。邓小平明确指出，'社会主义必须摆脱贫穷'；并且也'只有社会主义制度才能从根本上解决摆脱贫穷的问题'，社会主义是我们改变贫穷落后面貌、走向富裕的唯一道路。中国人民这么做是为什么？即目的是什么呢？简而言之，就是为了发展生产力，消灭剥削、消除两极分化，达到共同富裕，最终实现共产主义。"① 因此，"邓小平认为，走社会主义道路实现中国式现代化，这是由中国近现代历史发展规律决定的，是毛泽东对中国现代化建设道路探索的重大贡献。但是，通过建设什么样的社会主义来实现中国现代化？这些问题是长期没有得到解决的重大课题。中国怎样才能摆脱贫穷和落后？社会主义优越性到底体现在哪里？"② 邓小平把马列主义普遍真理与中国国情紧密结合起来，提出了中国还处于社会主义初级阶段的理论判断。社会主义初级阶段的根本任务是发展，"发展是硬道理"，要通过发展来推进中国式现代化。1979 年 3 月 21 日，邓小平会见英中文化协会执行委员会代表团时，第一次提到了"中国式的四个现代化"。两天后，在中央政治局会议上，邓小平正式提出要"走出一条中国式的现代化道路"。

（二）邓小平的中国式现代化理论的价值

邓小平从中国发展现状和要求出发，从世界发展的走向着眼，提出了"发展才是硬道理""应当把发展问题提到全人类的高度来认识""中国解决所有问题的关键是要靠自己的发展"等一系列论断，其内涵和价值主要有以下四个方面：

第一，人民群众是发展和现代化的主体和决定力量。"我国所进行的全面改革是一场广泛而深刻的社会变革，它只有依靠亿万群众，在人民群众的充分理解、热情支持、积极参与的条件下才能取得成功。"③ 党的十一届三中

---

① 陈华兴：《邓小平发展价值观探微》，《毛泽东思想研究》1997 年第 6 期。
② 许淑英、方维荣：《中国现代化道路的历史探索》，《中共合肥市委党校学报》2002 年第 3 期。
③ 陈华兴：《邓小平发展价值观探微》，《毛泽东思想研究》1997 年第 6 期。

全会以来，党中央实行改革开放政策，发展经济，极大地改善了人民的物质生活条件，满足了人民群众的愿望和要求。"邓小平非常重视群众的智慧和实践，他再三告诫人们，中央的方针、路线、政策、措施，一方面必须'从群众中来'，另一方面更必须'到群众中去'，它们只有通过人民群众的实践，转化为群众的物质力量，才能真正实现。"① 在邓小平看来，相信依靠群众与放手发动群众是统一的，只有发动群众，调动群众的积极性，改革开放的事业才能真正成功。

第二，以经济建设为中心，决不是"经济唯一"，而是要在经济发展的同时，促进社会的全面进步。只有这样，才能使经济建设具有价值合理性。邓小平强调经济建设必须同政治建设、文化建设同步进行。经济不是孤立的社会因子，它必须与政治、文化等其他社会因素协调发展。为此，邓小平非常强调精神文明建设，提出"不加强精神文明的建设，物质文明的建设也要受破坏、走弯路"②。

第三，实现"共同富裕"是社会主义现代化根本的价值目标。邓小平非常强调共同富裕，认为社会主义发展的根本目标是实现共同富裕。他认为，共同富裕是我们的真正优势，是社会主义区别于资本主义的重要本质之一，也是确保社会政治稳定的基本前提。"资本主义无论如何不能摆脱百万富翁的超级利润，不能摆脱剥削和掠夺，不能摆脱经济危机，不能形成共同的理想和道德，不能避免各种极端严重的犯罪、堕落、绝望。"③ 邓小平还指出："共同致富，我们从改革一开始就讲，将来总有一天要成为中心课题。社会主义不是少数人富起来、大多数人穷，不是那个样子。社会主义最大的优越性就是共同富裕，这是体现社会主义本质的一个东西。"④

第四，开辟了当代中国社会主义现代化建设的新路子。共同富裕作为社会主义现代化的价值目标，如何实现呢？这是我国社会主义建设的当务之急，也是中国式现代化的时代内涵。马克思晚年曾"提出了东方落后国家由于特殊的历史条件，将走一条跨越资本主义'卡夫丁峡谷'的特殊发展道路

① 陈华兴：《邓小平发展价值观探微》，《毛泽东思想研究》1997 年第 6 期。
② 《邓小平文选》第 3 卷，人民出版社 1993 年版，第 144、145 页。
③ 《邓小平文选》第 2 卷，人民出版社 1993 年版，第 167 页。
④ 《邓小平文选》第 3 卷，人民出版社 1993 年版，第 384 页。

的设想，但限于历史条件，未能具体说明究竟怎样实现这种跨越。邓小平对此作了大胆的探索，他在坚持社会主义的整体目标和价值定向的同时，指明了社会主义现代化建设的新路子，即由计划走向市场，建设社会主义市场经济"①。

（三）提出了中国式现代化发展战略

邓小平基于对中国将在较长时间处于社会主义初级阶段的科学判断，说明了中国实现社会主义现代化是一个长期曲折的过程。"正是基于以上的认识，邓小平提出'三步走'的中国式现代化发展战略，最终达到共同富裕。这样就把宏伟的理想量化为可以度量的具体奋斗目标，把近期目标和长远发展有机地结合起来，为从战略上把握和指导中国式现代化建设提供了基本依据。"②

与"三步走"的战略步骤相适应，"邓小平把农业、能源、交通、教育和科技作为现代化发展的战略重点，尤其是把教育和科技视为战略发展的关键，放在优先发展的地位，明确地提出科学技术是第一生产力的科学命题，从而把经济发展转到依靠科技进步和提高劳动者素质的正确轨道上来"③。

（四）改革开放推进中国式现代化战略实施

1. 改革开放对中国式现代化建设的重要意义

第一，改革开放是我国社会主义制度的自我完善。马克思、恩格斯早就明确指出过："所谓'社会主义社会'不是一种一成不变的东西，而应当和任何其他社会制度一样，把它看成是经常变化和改革的社会。"④ 这也就是说，社会主义社会并不是一个封闭的神圣之国，更不是尽善尽美的理想之邦，它和一切社会制度一样，也要经历一个由不太完善到比较完善、由不太发展到比较发展的过程，因而它也就必须不断地改革自己，发展自己。所以，改革开放对于社会主义来说，是题中应有之义，它决不是由外部强加给社会主义的额外负担或某个个人一时心血来潮的结果，而是社会主义自身发展的客观要求。

① 陈华兴：《邓小平发展价值观探微》，《毛泽东思想研究》1997 年第 6 期。
② 许淑英、方维荣：《中国现代化道路的历史探索》，《中共合肥市委党校学报》2002 年第 3 期。
③ 同上。
④ 《马克思恩格斯选集》第 4 卷，人民出版社 2012 年版，第 601 页。

第二，改革开放也是为了完善社会主义、发展社会主义。社会主义基本制度和社会主义体制是辩证统一的关系，它们既有联系，又有区别。基本制度所反映的是社会主义的本质，它具有普遍性、原则性和稳定性的特点；而体制则是基本制度的体现和具体的形式，它具有特殊性、灵活性和变动性的特点。在不同的条件下，社会主义基本制度可以采取不同的体制。社会主义改革指的就是对社会主义体制即具体制度的改革，它的目的决不是要动摇或者改革社会主义的基本制度，而是要通过对社会主义各项体制中的弊端和缺陷的克服，来使社会主义的基本制度更加完善，进而从根本上更好地坚持和发展社会主义。

2. 改革开放是当代中国的"又一次伟大革命"

改革开放不仅是社会主义制度的自我完善和自我发展，而且也是一场革命，"是一次新的革命""是中国的第二次革命"，是当代中国的"又一次伟大的革命"。

第一，改革是解放生产力。邓小平指出："革命是解放生产力，改革也是解放生产力。推翻帝国主义、封建主义、官僚资本主义的反动统治，使中国人民的生产力获得解放，这是革命，所以，革命是解放生产力。社会主义基本制度确立以后，还要从根本上改变束缚生产力发展的经济体制，建立起充满生机和活力的社会主义经济体制，促进生产力的发展，这是改革，所以改革也是解放生产力。"[1] 改革的性质同过去的革命一样，也是为了扫除发展生产力的障碍，使中国摆脱贫穷落后的状态。

第二，改革是对旧体制的根本变革。邓小平曾经多次强调，我们所进行的改革，不是细枝末节的修补，而是要从根本上改变长期以来形成束缚生产力发展的那种高度集中的计划经济体制和经济运行机制，建立充满生机和活力的、适应现代化大生产和大规模商品经济内在需要的社会主义市场经济体制，同时相应地改变政治体制和其他方面的体制。

第三，改革是一场"新的革命"。邓小平和党的十四大报告在提到改革也是一场革命时，都强调了它是一场"新"的革命。所谓"新"的革命，其

---

[1] 《邓小平文选》第 3 卷，人民出版社 1993 年版，第 370 页。

含义就是说它并不是原来意义上的社会革命，即不是那种一个阶级推翻另一个阶级的革命。党的十四大报告对此作了完整的概括和表述："这场新的革命，是在过去革命取得成功和社会主义建设取得巨大成就的基础上进行的，是在我们党领导下，有秩序有步骤地进行的。它不是改变我们社会主义制度的性质，而是社会主义制度的自我完善和发展。"①

在和平与发展成为时代主题的条件下，邓小平站在时代的潮头，敏锐地指出"中国长期处于停滞和落后状态的一个重要原因就是闭关自守"，"再从世界现代化进程来看，没有一个国家能在孤立状态下实现现代化，必须实行对外开放"。在邓小平这一战略思想指导下，"中国这个东方文明古国，终于打开了尘封已久的国门，以崭新的姿态自觉地投入世界大潮之中。改革开放成为二十世纪中国最鲜明的特征，它不仅为中国式现代化持续发展提供了强大的动力，也为中国式现代化紧跟世界潮流提供了正确的发展方向"②。

以邓小平为代表的中国共产党人，对中国式现代化道路的艰辛探索，获得巨大成功的真谛在于：邓小平不仅从理论上回答了像中国这样经济文化比较落后的国家实现现代化的一系列基本问题，而且更重要的是在实践上带领全党和全国人民开辟了一条实现社会主义现代化的新道路。这条道路"既区别于资本主义现代化，又区别于马克思主义经典著作中的传统社会主义和苏联模式的现代化；它既是社会主义的，又是具有中国特色的"③，即中国式现代化道路。

三、以江泽民为代表的中国共产党人以"三个代表"引领中国式现代化建设

以江泽民为代表的中国共产党人丰富了中国式现代化建设的内容与实践，并以"三个代表"为引领，成功把中国特色社会主义现代化推向 21世纪。

（一）确立中国式现代化的目标任务

2002 年，中共十六大基于我国国情，明确提出了全面建设小康社会的发

---

① 《江泽民文选》第 1 卷，人民出版社 2006 年版，第 212 页。
② 许淑英、方维荣：《中国现代化道路的历史探索》，《中共合肥市委党校学报》2002 年第 3 期。
③ 同上。

展目标，并将这一目标与之前确定的"新三步走"发展战略结合起来，要求紧紧抓住 21 世纪头 20 年这一重要战略机遇期，集中力量，"全面建设惠及十几亿人口的更高水平的小康社会，使经济更加发展、民主更加健全、科教更加进步、文化更加繁荣、社会更加和谐、人民生活更加殷实"①。

第一，谋划中国式现代化的第三步走战略。"2000 年，当我国国内生产总值超过原定 20 年翻两番目标的时候，'三步走'发展战略的前两步已经顺利实现，全国人民的生活总体上达到了小康。接下来，就要进入'三步走'发展战略的第三步了。邓小平设计的'三步走'发展战略，对第三步只作了一个大致的构想，即到 21 世纪中叶，基本实现现代化，达到中等发达国家水平。世纪之交，如何走好'第三步'，并最终基本实现中国式现代化，成为以江泽民为核心的党的第二代中央领导集体必须回答的问题。"②

对于这个问题，以江泽民为核心的党中央自 20 世纪 90 年代初就已经开始思考并逐步形成了初步规划。1991 年，江泽民在庆祝中国共产党成立 70 周年大会上的讲话中说："在实现第二步战略目标、并为实现第三步战略目标打下坚实基础的过程中，我们面临大量新问题，都需要用改革的精神来解决。"③ 到了 1997 年中共十五大上，江泽民就比较明确地指出："从现在起到下世纪的前 10 年，是我国实现第二步战略目标、向第三步战略目标迈进的关键时期。我们要积极推进经济体制和经济增长方式的根本转变，努力实现'九五'计划和 2010 年远景目标，为下世纪中叶基本实现现代化打下坚实基础。"④ 他还对 21 世纪的发展目标作出了初步规划："展望下世纪，我们的目标是，第一个 10 年实现国民生产总值比 2000 年翻一番，使人民的小康生活更加宽余，形成比较完善的社会主义市场经济体制；再经过 10 年的努力，到建党 100 年时，使国民经济更加发展，各项制度更加完善；到世纪中叶建国 100 年时，基本实现现代化，建成富强民主文明的社会主义国家。"⑤

第二，顺利完成"新三步走"发展战略。相对于邓小平的"三步走"发

---

① 《江泽民文选》第 3 卷，人民出版社 2006 年版，第 543 页。
② 樊宪雷：《从小康社会到全面建设小康社会——江泽民对我国跨世纪发展战略的思考》，《科学发展观与全面建设小康社会》（下），江苏人民出版社 2010 年版。
③ 《江泽民文选》第 1 卷，人民出版社 2006 年版，第 162 页。
④ 《江泽民文选》第 2 卷，人民出版社 2006 年版，第 18 页。
⑤ 同上书，第 4 页。

展战略，江泽民为顺利完成"三步走"发展战略中的第三步而部署设计的新的三个发展阶段，被称为"新三步走"发展战略（也称为"小三步走"发展战略）。2002 年，在中共十六大召开前夕，江泽民在文件起草组会议上对"新三步走"发展战略又作了进一步的阐述。他说："党的十五大对我国到 2010 年、建党 100 年和建国 100 年这三段时期改革和发展的任务作出了大体部署，这也可以叫做实现第三步战略目标的'小三步走'。"他要求文件起草组要对这三个阶段的目标作出科学的表述。在江泽民看来，这三个阶段的目标的大体情况是："到 2010 年，实现国内生产总值比 2000 年翻一番，经济结构战略性调整取得明显进展，社会主义市场经济体制进一步完善，人民的小康生活更加宽裕。""到建党 100 年时，国内生产总值比 2010 年再翻一番，基本完成工业化，建成经济更加发展、民主更加健全、科教更加进步、文化更加繁荣、社会更加和谐、人民生活更加殷实的小康社会。""在此基础上再奋斗 30 年，到建国 100 年时，基本实现现代化，进入中等发达国家行列，把我国建成富强民主文明的社会主义现代化国家"①。至此，"新三步走"发展战略已经有了清晰的发展步骤，为我们顺利实现"三步走"发展战略中的第三步，即到 21 世纪中叶基本实现现代化指明了前进的方向。

正如 2021 年 7 月 1 日习近平在庆祝中国共产党成立 100 周年大会上庄严宣告的："经过全党全国各族人民持续奋斗，我们实现了第一个百年奋斗目标，在中华大地上全面建成了小康社会，历史性地解决了绝对贫困问题，正在意气奋发向着全面建成社会主义现代化强国的第二个百年奋斗目标迈进。"②

（二）奠定了中国式现代化的体制基础

江泽民指出，社会主义的根本任务是发展社会生产力，而"社会主义现代化必须建立在发达生产力的基础之上"。为了进一步解放和发展生产力，必须要"建立充满生机和活力的社会主义新经济体制"，努力提高对外开放水平，大力推动科学技术发展。

---

① 《江泽民文选》第 3 卷，人民出版社 2006 年版，第 413—414 页。
② 习近平：《在庆祝中国共产党成立 100 周年大会上的讲话》，《求是》2021 年第 14 期。

第一，经济体制改革的目标是建立社会主义市场经济体制。改革开放以后，伴随着各项改革的不断深入，我国先后使用"有计划的商品经济""计划经济与市场调节相结合的体制"等说法来表述我国的经济体制，但始终回避"市场经济"这一概念。当时有不少人认为，"市场经济"等同于"资本主义"，对市场经济持怀疑态度。直到 1992 年春，邓小平在南方谈话中提出了"三个有利于"判断标准，指出在社会主义条件下也可以搞市场经济，进一步解放了人们的思想。同年 6 月，根据邓小平南方谈话的精神，江泽民在中共中央党校省部级干部进修班上首次使用了"社会主义市场经济"的提法，得到了广泛的支持。随后，在当年 10 月召开的党的十四大上，江泽民正式宣布："我国经济体制改革的目标是建立社会主义市场经济体制。"1997年 9 月，江泽民在党的十五大报告中正式提出坚持和完善公有制为主体、多种所有制经济共同发展的基本经济制度和按劳分配为主体、多种分配方式并存的分配制度。社会主义市场经济体制逐步确立起来，改革开放进入新阶段。

第二，推进对内改革，提高对外开放水平。在推进对内改革的同时，我国对外开放的水平也不断提高，其中标志性的事件就是加入世界贸易组织。江泽民指出："从政治上看，从二十一世纪国际竞争日趋激烈的大环境看，我们搞现代化建设，必须到国际市场的大海中去游泳。"[1] 从 1986 年开始，我国一边推进多项经贸体制改革，一边推动"复关"与"入世"工作。"入世"经历了漫长而曲折的过程，几度中断又几度重启。在江泽民亲自协调指挥下，中国经过艰苦谈判，于 2001 年 12 月正式加入世界贸易组织。

第三，没有强大的科技实力，就没有社会主义现代化。江泽民非常重视科学技术对社会主义现代化建设的重要推动作用。他强调："没有强大的科技实力，就没有社会主义的现代化。""惟有自己掌握核心技术，拥有自主知识产权，才能将祖国的发展与安全的命运牢牢掌握在我们手中。"[2] 1995 年 5月，党中央、国务院决定在全国实施科教兴国战略，把经济建设转移到依靠科技进步和提高劳动者素质的轨道上来，加速实现国家的繁荣强盛。如今，

---

① 《江泽民文选》第 3 卷，人民出版社 2006 年版，第 450 页。
② 1995 年 5 月 26 日，江泽民在全国科技大会上的讲话，《江泽民论有中国特色社会主义专题摘编》，中央文献出版社 2002 年版，第 248 页。

科技创新在社会主义现代化建设中地位更加突出，作用更加显著。

社会主义市场经济体制的确立与完善，为中国式现代化建设奠定了体制基础，极大地促进了我国社会生产力的发展，为社会主义现代化建设提供了强大物质保障。

（三）要处理好中国式现代化推进中的改革、发展与稳定的关系

江泽民强调："社会主义社会是全面发展、全面进步的社会。""在推进社会主义现代化建设的过程中，必须处理好各种关系，特别是若干带有全局性的重大关系。"① 他一共列举了 12 个重大关系，要求全党解放思想、实事求是，找出解决办法，从而"把我国现代化建设更好地推向前进"。其中最为重要的，就是处理好改革、发展、稳定的关系。

第一，改革是动力，发展是目标，稳定是前提。1994 年，江泽民在上海明确提出："改革是动力，发展是目标，稳定是前提。没有改革，我们就不可能走出一条建设有中国特色社会主义的正确道路，我们的事业就不可能顺利前进；没有发展，我们就不可能实现现代化，也就不可能保持党和国家长治久安；没有稳定，改革和发展都无从进行。"② 他形象地指出："改革、发展、稳定，好比是我国现代化建设棋盘上的三着紧密关联的战略性棋子。"③因此，必须深化改革，为我国经济的持续发展和国家的长治久安打下坚实的基础；必须抓住机遇，珍惜机遇，用好机遇，加快发展，不断满足人民群众日益增长的物质文化需要；必须正确处理新形势下的人民内部矛盾，妥善处理各种利益关系，保持稳定的政治环境和社会秩序。

第二，把改革的力度、发展的速度和社会承受程度要统一起来。党的十五大报告指出："必须把改革的力度、发展的速度和社会可以承受的程度统一起来，在社会政治稳定中推进改革、发展，在改革、发展中实现社会政治稳定。"1999 年，江泽民在武汉进一步指出："各项改革和发展，都要分清轻重缓急，统筹安排，不要一下子都铺开。要先务当务之急，不搞不急之务。"④ 为了维护人民群众的切身利益，维护社会稳定，党中央严厉打击了暴

① 《江泽民文选》第 1 卷，人民出版社 2006 年版，第 460 页。
② 同上书，第 365 页。
③ 《江泽民论有中国特色社会主义（专题摘编）》，中央文献出版社 2002 年版，第 211 页。
④ 同上书，第 215—216 页。

力恐怖势力、宗教极端势力、民族分裂势力和"法轮功"等邪教组织的各种
破坏活动，深入开展严打整治斗争，严厉打击各种严重刑事犯罪活动，为进
一步深化改革、加快发展创造了稳定的社会环境。妥善处理改革、发展、稳
定的关系，是我国现代化建设的重要抓手，也是改革开放以来各项实践产生
的重要历史经验。

第三，坚持"两手抓、两手都要硬"。江泽民在大力推动物质文明建设
的同时，高度重视精神文明建设。他坚持"两手抓，两手都要硬"的方针，
大力支持繁荣发展社会主义文化，努力促进人的全面发展。他强调："一个
民族，物质上不能贫困，精神上也不能贫困，只有物质和精神都富有，才能
成为一个有强大生命力和凝聚力的民族。"① 在这一时期，宣传舆论工作和思
想道德建设不断加强，文艺领域百花齐放，体育事业成果斐然，群众精神文
化生活日益丰富，社会主义精神文明建设成效显著。

第四，社会主义现代化必须要有中国共产党的领导。江泽民强调："在
我们这样一个多民族的发展中大国，要把十二亿多人的力量凝聚起来，向着
社会主义现代化的目标前进，必须有中国共产党的坚强领导。"② 1994 年 9
月，江泽民在党的十四届四中全会上提出全面推进党的建设新的伟大工程。
2000 年 2 月，江泽民在广东讲话时明确提出了"三个代表"要求，强调在新
的历史条件下，党要继续保持先进性，赢得广大人民的拥护。2002 年 11 月，
党的十六大正式将"三个代表"重要思想确立为党的指导思想。

以江泽民为主要代表的中国共产党人，坚持党的十一届三中全会以来的
路线不动摇，在国内外形势十分复杂、世界社会主义出现严重曲折的严峻考
验面前捍卫了中国特色社会主义，把中国特色社会主义成功推向 21 世纪，
为中国式现代化的理论与实践积累了丰富的经验，作出了巨大的贡献。

四、以胡锦涛为代表的中国共产党人以"科学发展观"推进中国式现代化

党的十六大后，以胡锦涛同志为总书记的党中央高举中国特色社会主义

---

① 《江泽民论有中国特色社会主义（专题摘编）》，中央文献出版社 2002 年版，第 262 页。
② 《江泽民文选》第 3 卷，人民出版社 2006 年版，第 281 页。

伟大旗帜，坚持党的基本路线不动摇，面对复杂多变的国际形势和频繁发生的多种自然灾害，以科学发展观指导社会主义现代化建设，推动经济社会又好又快发展，从理论和实践层面对中国式现代化道路进行了深化和拓展。

（一）提出全面建设小康社会的中国式现代化目标

从改革开放初期邓小平提出"全面小康"，到江泽民的"全面建设小康社会"，到胡锦涛在党的十七大提出"为夺取全面小康社会新胜利而奋斗"，再到中共十八大提出全面建成小康社会和全面深化改革开放的目标，反映了中国共产党一代又一代领导集体为中华民族的伟大复兴、为中华民族的繁荣富强而努力奋斗的精神，也是一代又一代党的领导集体为中国式现代化发展所作出的贡献。

以胡锦涛同志为总书记的党中央，在党的十六大作出全面建设小康社会推进中国式现代化的战略决策，是对"三步走"战略前两步所实现的小康水平，对保障人民生存和发展权的客观判断。

第一，人民生活总体上达到的小康是低水平的。从生产力水平看，2000年，中国人均国内生产总值（GDP）接近900美元，但"按照世界银行《1990年世界发展报告》的分类，人均国民生产总值545美元为低收入国家，545—2 200美元为中下收入国家，2 200—5 999美元为中上收入国家，6 000美元以上为高收入国家。因此，我国的人均GDP水平属中下组的下限，接近低收入水平"。从城镇化水平看，2000年，中国城镇化率仅为36.2%，比当时发达国家平均城镇化率75%低38.8个百分点，比世界平均城镇化率47%低10.8个百分点，甚至比发展中国家平均城镇化率的38%还低1.8个百分点。从综合反映居民生活富裕程度的城乡居民恩格尔系数看，2000年中国为42.2%，处于富裕水平之下①。

第二，人民生活总体上达到小康后还存在不全面的问题。2000年，国内生产总值比1980年增长5.6倍，超出了"三步走"战略前两步国内生产总值翻两番的预期目标。从改革开放至20世纪末，中国的小康建设偏重物质文明建设。"之所以如此，是因为当时的中国经济发展水平与发达国家存在

---

① 郑有贵：《中共十六大至中共十八大全面建设小康社会的部署和成就》，《当代中国史研究》2020年第6期。

较大差距，与满足人民的物质文化需要还有较大差距，只有实现经济快速增长，才能为人民生活达到小康水平提供必要的物质基础。因此，这一阶段的精神文明、社会民生、生态文明建设相对滞后，这一不均衡的结构性问题，不仅不能满足人民物质文化多样化的需求，也不利于经济社会的长期持续发展"①。

第三，人民生活总体上达到小康后还存在发展不平衡的问题。这突出反映在两个方面：一是区域发展不平衡。1991 年国家统计局与计划、财政、卫生、教育等 12 个部门的研究人员组成了课题组，按照党中央、国务院提出的小康社会的内涵，从经济水平、物质生活、人口素质、精神生活、生活环境 5 大领域确定了小康水平的 16 项基本监测指标和临界值。截至 2000 年，东部 11 个省人均 GDP 为 1 600 美元，100% 实现；西部 12 个省市区人均 GDP 仅 610 美元，仅实现了 56%，与东部相差 2.6 倍；中部 8 个省，16 个指标的实现率平均为 78%，即东、西、中部的经济发展很不均衡。这种发展不均衡格局形成的原因，是由于东部地区有历史发展基础优势，在对外开放中有地缘优势以及"两个大局"思想指导下促进东部地区先发展起来的政策优势。二是城乡发展不平衡。尽管城镇快速发展辐射带动了农村发展，但城乡二元结构问题突出，城乡经济社会发展、基础设施、社会保障等差距大。2000年，城乡居民人均可支配收入比高达 2.74∶1；城乡居民恩格尔系数分别为38.6% 和 48.3%，相差 9.7 个百分点。按照 2008 年标准，2000 年全国农村贫困人口有 9 422 万人，贫困发生率为 10.2%。②

针对已达到的小康存在低水平、不全面、发展很不平衡的问题，中共十六大"根据十五大提出的到二〇一〇年、建党一百年和新中国成立一百年的发展目标"，提出全面建设小康社会目标，即中国"要紧紧抓住本世纪头二十年的重要战略机遇期全面建设惠及十几亿人口的更高水平的小康社会，使经济更加发展、民主更加健全、科教更加进步、文化更加繁荣、社会更加和谐、人民生活更加殷实"③。

---

① 郑有贵：《中共十六大至中共十八大全面建设小康社会的部署和成就》，《当代中国史研究》2020 年第 6 期。
② 同上。
③ 《十六大以来重要文献选编》（上），中央文献出版社 2011 年版，第 317 页。

（二）明确中国式现代化要以科学发展观为引领

在中共十七大，以胡锦涛同志为总书记的党中央提出了"以人为本"的科学发展观。以人为本是中共十六大以来以胡锦涛同志为总书记的党中央突出强调的重要思想和基本要求。2003 年 10 月，中共十六届三中全会通过的《中共中央关于完善社会主义市场经济体制若干问题的决定》，明确提出"坚持以人为本，树立全面、协调、可持续的发展观，促进经济社会和人的全面发展"。这是我们党的重要文献中第一次明确提出"坚持以人为本"的思想。

中共十七大报告进一步明确指出，科学发展观的核心是"以人为本"，强调"必须坚持以人为本"。在新进中央委员会的委员、候补委员学习贯彻中共十七大精神研讨班上，胡锦涛强调："我们提出以人为本的根本含义，就是坚持全心全意为人民服务，立党为公、执政为民，始终把最广大人民的根本利益作为党和国家工作的出发点和落脚点，坚持尊重社会发展规律与尊重人民历史主体地位的一致性，坚持为崇高理想奋斗与为最广大人民谋利益的一致性，坚持发展为了人民、发展依靠人民、发展成果由人民群众共享。"[1]

第一，胡锦涛指出："坚持以人为本，就是要以实现人的全面发展为目标，从人民群众的根本利益出发谋发展、促发展，不断满足人民群众日益增长的物质文化需要，切实保障人民群众的经济、政治和文化权益，让发展的成果惠及全体人民。"[2] 应当说，这里的"人"的现实表现是社会生活中的个人，实质是指最广大人民群众，是两者的统一。

马克思讲到人的全面发展，强调的是每一个人的全面而自由的发展。"我们的着眼点是最广大人民群众，是最广大人民群众中的每一个分子。因为他们构成了社会历史的主体。以人为本的科学发展观的实质，是以最广大人民群众的根本利益为本，即以实现好、维护好、发展好最广大人民群众的根本利益作为党和国家一切工作的出发点和落脚点"[3]。

---

① 胡锦涛：《在新进中央委员会的委员、候补委员学习贯彻党的十七大精神研讨班上的讲话》，2007 年 12 月 17 日。
② 《十六大以来重要文献选编》（上），中央文献出版社 2011 年版，第 850 页。
③ 周振国：《以人为本的科学内涵及其理论和实践意义》，《河北日报》2007 年 9 月 1 日。

　　第二，以人为本的科学发展观要求把人作为发展的目的，坚持发展为了人民。改革开放以来，我国的社会主义现代化建设事业蓬勃发展，取得了举世瞩目的成就，坚持了发展为了人民的价值取向。但是，有一些地方、有的同志对发展的目的也有片面认识，忽视发展的全面性、协调性、可持续性，甚至突出个人政绩的追求，不顾客观条件和群众意愿及承受能力，搞什么"形象工程""政绩工程"，这样"见物不见人"的观念和实践，必然损害群众利益，影响群众的发展积极性。强调人是发展的目的，坚持发展为了人民，就要把广大人民群众的根本利益作为最高价值目标，放在一切决策和决策实施的首位。经济建设、政治建设、文化建设和社会建设，都要着眼于人民经济利益、政治利益和文化利益的实现，为促进人的全面发展创造条件。

　　第三，以人为本的科学发展观要求把发展成果落实到人的全面发展上，坚持发展的成果由人民共享。既然人是发展的目的，是推动发展的动力，发展的成果当然要落实到人身上，由广大人民共享，这是发展的落脚点，也是中国式现代化的本质要求。

　　改革开放以来，我们实行让一部分人先富起来的重大政策，是以最终实现共同富裕为前提的。如果忽视了这个前提，忽视社会分配不公、收入差距拉大的问题，漠视困难群体的现实利益问题，就可能产生两极分化，产生严重的社会问题，阻碍社会主义现代化进程。因此，突出强调发展成果由人民共享，不仅具有现实的针对性，而且具有重大的政治意义。

　　第四，以人为本的科学发展观要求把人民利益的实现作为评价中国式现代化的价值尺度，坚持人民是中国式现代化的评价主体。马克思主义坚持以生产力作为评价经济社会发展的历史尺度，同时，又坚持以人的需要的满足作为人民利益评价的价值尺度，并且把这两个维度的评价尺度统一起来，强调人民群众是经济社会发展评价的主体，人民利益是评价标准。所以，中国式现代化的价值实现，必须由人民来评价，人民对中国式现代化的认同度、满意度和幸福感是评价中国式现代化的根本标准。

　　毛泽东说："共产党人的一切言论行动，必须以合乎最广大人民群众的最大利益，为最广大人民群众所拥护为最高标准。"① 邓小平把人民高兴不高兴、人民赞成不赞成、人民答应不答应、人民满意不满意作为评价改革的标准。② 江泽民说："人民，只有人民，才是我们工作价值的裁决者"，"党的一切工作必须以最广大人民的根本利益为最高标准"③。胡锦涛要求，领导干部都要自觉用最广大人民的根本利益来检验自己的工作和政绩，做到凡是为民造福的事就一定要千方百计办好，凡是损害广大群众利益的事就坚决不办。这些重要论述，反映了我们党一以贯之地以人民利益为检验发展、检验中国式现代化的标准④。

以人为本的科学发展观，进一步突出了这个标准。我们推进经济社会发展、促进中国式现代化的一切工作，都必须着眼于满足人民群众日益增长的物质文化需要，着眼于促进人的全面发展，千方百计使人民群众得到实实在在的现实利益，千方百计创造促进人的全面发展的条件，这样才能激发人民群众为实现更大的利益和根本利益而奋斗。

以人为本的科学发展观把实现人的全面发展作为根本目标，这个目标的实现，是与经济社会发展相统一的历史进程。在中国特色社会主义新时代，人的全面发展与经济建设、政治建设、文化建设和社会建设，统一于建设中国式现代化的伟大实践中。

第三节　新时代中国式现代化的重大价值

党的二十大报告提出，"新时代新征程中国共产党的使命任务"是"以中国式现代化全面推进中华民族伟大复兴"，同时强调"中国式现代化，是中国共产党领导的社会主义现代化，既有各国现代化的共同特征，更有基于自己国情的中国特色"。

要认识中国式现代化具有"各国现代化的共同特征"，就要认识世界现代化的形成与发展，在新时代提出中国式现代化的重大价值。

① 《毛泽东选集》第 3 卷，人民出版社 1991 年版，第 1096 页。
② 《百年大党基层工作启示录（二）：群众意见是一把最好的尺子》，载半月谈网。
③ 《江泽民在庆祝中国共产党成立八十周年大会上的讲话》，2008 年 9 月 5 日。
④ 《十六大以来重要文献选编》（上），中央文献出版社 2011 年版，第 729—730 页。

一、中国式现代化是对西方现代化的扬弃

中国式现代化是对西方以"资本"为核心的掠夺式、扩张式现代化的摒弃，对现代化共同特征的继承。

（一）把握西方以"资本"为核心的现代化的形成与发展

西方现代化的起源，有的从 700 年前的文艺复兴算起，有的从 15 世纪欧洲国家签订"威斯特伐利亚条约"算起，至今也有 600 多年了。但是，按照马克思的研究，"资本主义"时代是从 16 世纪才开始的。所以，认识西方现代化的形成的历史逻辑起点，应从 16 世纪的英国工业革命开始。

第一，西方现代化的兴起。一是缘起于 16 世纪英国的工业革命；二是法国通过政治革命推进现代化；三是美国在 18 世纪 70—80 年代爆发美国独立战争，独立战争促进美国的现代化政治体制（即"三权分立"）的建立。

第二，西方现代化的扩展。一是 19 世纪西方工业革命从英国逐渐传播到欧洲大陆以及世界的其他一些地方；二是 18 世纪的德国由于国内分裂局面，错失了世界第一次工业革命（19 世纪 40 年代）的机会，但德国抓住 19 世纪末 20 世纪初第二次工业革命，大力发展电气工业、化学工业。所以，德国在 20 世纪初经济发展速度迅速超过英、法两国，仅次于美国；三是西北欧的荷兰、比利时、卢森堡、丹麦、瑞典等国家受英法德工业革命影响，开始了现代化进程。

（二）西方现代化兴起的共同特点

一是都从工业化、工业革命开始，走向现代化。以后，西欧的几次政治革命以及美国革命所确立的政治制度，则固化了西方资本主义现代化，促进了资本"现代性"的全球拓展。

二是英国、法国、美国的工业化带动了城市化。英国工业革命之前，许多英国人开始从农村地区迁往城镇，大型工厂的崛起，工业革命的深入，英国的城市化快速推进；革命前的法国堪称世界第一"工业强国"。法国爆发大革命之后，工业化进程一度停顿。19 世纪中后期的法国，随着城市化的演进，城市人口迅速增长。城市规模急剧扩大；20 世纪初美国成为世界领先的工业国，美国也从一个农业为主的社会过渡到一个日益城市化的社会。可以

说，工业化促成了城市化，城市化是工业化的载体。所以，工业化和城市化犹如"发动机"和"加速器"相辅相成，相得益彰。

三是16世纪英法工业革命和政治革命的兴起，到19世纪西方资本主义现代化的世界性的扩展，反映了西方以"资本"为核心，通过争夺殖民地、强盗式贸易、贩卖黑奴而兴起、发展和扩张的一个历史逻辑。中国共产党成立之初，从推翻三座大山，争取国家独立，到推进工业化、现代化，走的是一条完全不同于西方现代化的中国式现代化道路。

四是在20世纪60年代初，围绕着西方国家的现代化及其现代性、发展中国家的"发展与现代化"的研究，形成了不同的现代化理论及其模式，并在美国、欧洲乃至世界各国开始盛行起来。20世纪70年代以来，西方学者不仅反思了早期现代化理论，而且对西方的经济增长方式、以"资本"为核心的现代化又作出种种反思批判。

五是20世纪60年代以来，西方学者对西方现代化的反思，对"增长"与"发展"范畴的论证，以及种种试图避免西方以"资本"为核心现代化的弊端所作的种种努力，均没有根本改变西方以"资本"为核心的掠夺式、扩张式现代化的贪婪、残暴的劣根性。资本主义的现代化导致了能源危机、生态危机以及民族冲突、局部战争，再到当今美国在乌克兰发动的"代理人"战争。西方以"资本"为核心的掠夺式、扩张式现代化遭到了世界各国学者的批判，遭到了人们的反对和唾弃。

（三）扬弃资本主义现代化的理论依据

本书第一章已阐释了资本主义现代化的形成和发展，顺应了资本主义取代封建主义的历史趋势。但是，西方以"资本"的扩张为核心的现代化，在其形成和发展之时就内蕴着不可克服、不可避免的逻辑矛盾、不可客服的种种弊端，蕴含着西方式现代化必然被扬弃的趋势。这在本书第二、三章已作了全面深入的分析。

马克思主义认为资本的唯一本性就是无限增殖自身，而资本为了增殖自身，就必须把一切都纳入"资本逻辑"的强大的抽象的统一性统治之下。马克思通过对贩卖黑奴、进行资本原始积累的殖民制度的分析，得出了这样一个精辟的结论："资本来到世间，从头到脚，每个毛孔都滴着血和肮脏的东西。"① 因此，马克思哲学的终生目标，就是瓦解资本的逻辑，打倒拜物教，推翻奴役人的一切关系，变资本的独立性和个性为人的独立性和个性，最终通过"每个人的自由发展"实现"一切人的自由发展"②。

资本全球性扩张的实质依赖于资本的无限扩张本性，资本以"血"与"火"的代价冲破了血缘、地域、民族、国家、语言、宗教、文化等界限，资本的扩张史第一次具有了全球性质。

二、中国式现代化道路的时代价值

在中国式现代化道路的探索、形成和发展的过程中，我们没有可供直接照搬照抄的模板，没有相关的丰富经验可供借鉴。从新民主主义革命到社会主义建设，再到改革开放，全面实现小康社会，直至党的二十大提出以中国式现代化全面推进中华民族伟大复兴，充分体现了中国共产党团结带领中国人民，坚持将马克思主义基本原理同中国具体实际相结合、同中华优秀传统文化相结合，坚定不移地走中国特色社会主义的现代化道路，所取得的举世瞩目的成就，充分展示了中国式现代化道路的时代价值。

（一）中国式现代化是马克思主义的时代化

中国式现代化道路在世界观、历史观和价值观等层面实现了对科学社会主义基本原则的赓续与发展。"在世界观上，中国式现代化道路所体现出的'中国智慧'和'中国方案'是全球化时代的'建构性'世界观，弘扬马克思主义世界观的科学真理性，创造性地诠释、印证了马克思主义的普遍真理"③，在中国特色社会主义新时代具有了新的思想理论形态。

在历史观上，中国式现代化道路事关中国共产党和中国人民的历史命运，"它既反映了对人类社会历史发展普遍规律的充分尊重，又是立足于各个历史时期的中国社会主要矛盾而作出的科学抉择。因而中国式现代化道路是'普遍'与'具体'交相辉映的典范"④。

在价值观方面，中国式现代化道路之所以得到国内外人民认可，"最主

---

① 《马克思恩格斯选集》第 2 卷，人民出版社 2012 年版，第 297 页。
② 《马克思恩格斯选集》第 1 卷，人民出版社 2012 年版，第 7、422 页。
③ 符文军：《中国式现代化道路的四重阐释及其整合》，《探索》2022 年第 3 期。
④ 同上。

要的是这一道路不是一条扩张、霸强之路，也不是一条转嫁危机之路，而是在'和平、发展、合作、共赢'旗帜下的'维护世界和平、促进共同发展'的友善之路"①、和平之路、强盛之路。中国式现代化道路之所以能够汇聚民智民力，关键就在于它是当代中国人民价值观念的最大公约数。

以中国式现代化推进中华民族伟大复兴，是持续引领中国人民走向富强民主文明和谐美丽的社会主义现代化强国的科学道路，也是对西方的"历史终结论""中国威胁论""社会主义失败论"等错误观点的有力驳斥。

（二）中国式现代化开辟了人类文明新形态

中国式现代化道路"拓展了发展中国家走向现代化的途径，给世界上那些既希望加快发展又希望保持自身独立性的国家和民族提供了全新选择，为解决人类问题贡献了中国智慧和中国方案"②。中国式现代化始终立足于新时代实践发展理解人类解放及相关问题，既反映了中国特色社会主义道路的优越性，又展示了契合人类物质文明与精神文明协调发展的价值意义。在这个意义上说，以"两个文明协调发展"为重要特征的中国式现代化新道路，创造了"人类文明新形态"。

"两个文明"协调发展的中国式现代化提供了一种不同于西方现代化道路的范例，深刻解答了"马克思之问"和"列宁之问"，指引着中国人民寻求既超越西方资本主义经典现代性道路、又超越苏联社会主义经典现代性道路的方案，开辟了人类文明的新路向：人类如何选择发展和现代化道路，如何建成一个富强民主文明和谐的社会主义强国，如何使人类持续走向美好幸福明天的道路。

（三）中国式现代化开启了人民至上、实现人的全面发展的现代化之路

马克思在批判资本逻辑的同时，提出了一种新的现代化方案，即提出了一种不以"资本"增殖为目的，以人民至上的逻辑取代资本逻辑、以人的全面发展为中心的现代文明的路径。

中国共产党在艰苦卓绝的斗争中取得了新民主主义革命的胜利，建立了

① 符文军：《中国式现代化道路的四重阐释及其整合》，《探索》2022 年第 3 期。
② 李斌、暴文婷：《论全面建设社会主义现代化国家战略布局的基本逻辑》，《高校马克思主义理论研究》2021 年第 9 期。

新中国，确立社会主义基本制度，使中国现代化具有了根本政治条件。中国式现代化道路是马克思主义终身研究和追求的摒弃"资本"为增殖而增殖的逻辑，能实现人的自由而全面发展的现代化之路。从邓小平在 1979 年 1 月会见英中文化协会执行委员会代表团时明确提出"中国式现代化"概念，到党的二十大，我们党成功推进和拓展了中国式现代化，以中国式现代化推进中华民族伟大复兴，引领人类命运共同体的构建，充分体现了中国共产党始终坚持人民至上的宗旨，以人民共同富裕、人的全面发展为根本价值诉求，引领人类共同走向美好的明天，进而持续推进中国特色社会主义强国建设的民族复兴之路、文明发展之路。

中国式现代化道路不仅开辟了当代中国马克思主义时代化、21 世纪马克思主义中国化的新境界，而且向世人证明：中国式现代化道路是一条适合中华民族发展的守正和创新相统一的科学之路、文明之路、共同富裕之路、和平发展之路。中国式现代化之路将随着中国社会主义现代化强国建设的实践，不断为发展中国家提供走向现代化的"中国模式"借鉴，不断为人类可持续发展注入生生不息的新鲜血液和生命活力。

第七章　中国式现代化的精神实质（上）

近现代以来中国的现代化面临两个重大课题，一个是如何实现民族独立，一个是如何学习西方实现现代化，对两个重大课题的科学诠释和解决构成了近现代以来中国现代化道路的双重规定。进入新时代以后，中国式现代化道路在推进中，已完成了新的转型，即从近现代以来的争取"民族独立"转变为"民族复兴"，从学习西方的现代化转变为"中国式现代化"。同时，实现"民族复兴"的使命任务与"中国式现代化"高度一致，"以中国式现代化全面推进中华民族伟大复兴"，成为新时代新征程中国共产党的使命任务。

党的二十大报告强调的中国式现代化的五个特征，反映了推进新时代中国式现代化道路，走的是一条"内生型"，即立足国内、以国内的人口现代化、人民共同富裕、"两个文明"协调发展、人与自然和谐共生的现代化道路；同时表明：中国"内生型"、以内循环为主的现代化道路，是一条和平发展的道路。

第一节　中国式现代化的性质及其理论创新

本书将中国式现代化的性质与中国式现代化的五大特征是作为整体把握中国式现代化的精神实质来诠释的。因此，要把握中国式现代化的精神实质，必须以对中国式现代化性质的认识为前提。只有揭示中国式现代化的性质，才能更深刻地理解中国式现代化区别于一般现代化的本质，也才能更深刻地认识中国式现代化在人类现代化发展史上的重大理论创新。

一、中国式现代化的性质

本书上编分析阐释了西方现代化的历史逻辑、理论逻辑及其中国式现代化发展理论对西方现代化逻辑矛盾的扬弃，中国式现代化对西方思想家关于"现代性""后现代"思想的超越。这里再分析中国式现代化与一般现代化本质的区别，进一步反映中国式现代化对现代与后现代的现代化理论的优势。

（一）中国式现代化区别于早期一般的现代化

从对"现代化"的历史和理论解读中我们可以看到：无论是"现代化理论"、还是"后现代"理论，以及中国学者提出的"第二次现代化"理论，都将"现代化"作为人类奋斗目标，都是以现代化过程作为自己的研究对象，以探讨如何才能实现现代化的战略、策略作为自己的根本任务。从这个意义上说，"其实他们都是从不同的视域分析阐释'现代化'的理论。它们之间的分歧与争论，还是源于最简单的问题：什么是现代化？究竟如何把握现代化的本质？不同国家现代化的性质差异是什么？"[1]

笔者在反思现代化本质的过程中，曾提出过以下两大问题。一是 18、19 乃至 20 世纪以来，人类对现代化的追求，以（工具）理性来实现对自然界和人类生活本身的控制能力的增长，虽给人类带来了巨大的物质财富，但也带来了灾难性后果：人类对自然界的大规模征服造成了严重的环境污染、生态危机与传染病，它对人类自身的持续生存造成了严重的威胁，对社会生活本身的有效控制则使人类本身陷入全面的、无所不在的被监禁和被支配状态之中；二是人类追求的"现代化"应是一种文明社会、文明世界、人类文明的新形态，但在发达国家进入工业社会、信息社会之后，广大发展中国家离工业化、现代化目的似乎遥遥无望，"现代化"的追求还没使发展中国家达到富裕、和谐、稳定的程度。因此，发展中国家的现代化需要走出一条既能避免发达国家现代化的种种负效应，又能体现自己特色，尽快实现现代化的新道路[2]。

---

① 鲍宗豪：《城市现代化：走向科学理性的追求》，《毛泽东邓小平理论研究》2003 年第 8 期。
② 同上。

在反思现代化本质的两大问题后，笔者概括了现代化的一般本质是：以对经济、政治、文化、生态发展的新水平、新境界的追求为目标，不断提高"两个文明"协调发展水平，不断走向文明社会、文明世界的过程①。

显然，当时中国乃至世界各国的现代化基本上是以传统或后现代化的理论为指导，还不具备提出中国式现代化的客观条件和理论积累、理论准备。进入中国特色社会主义新时代，尤其是党的二十大全面系统界定"中国式现代化"之后，不仅反映了中国共产党对现代化本质特征的认识进入一个新时代、达到人类现代化认知的新境界，而且标志着中国共产党以中国式现代化的性质，区别于传统的、后现代的现代化，彰显中国式现代化的优势及其对人类发展和现代化美好未来的贡献。

（二）中国式现代化性质的界定

中国式现代化的主导力量是中国共产党。无论从践行为中国人民谋幸福、为中华民族谋复兴的初心使命看，还是从完成争取民族独立、人民解放和实现国家富强、人民幸福的两大历史任务看，中国共产党都是以推进和拓展中国式现代化作为自己的重要手段和奋斗目标。

一是中国式现代化的基本性质是社会主义。一个相对落后的人口众多的东方大国要整体迈入现代化，是人类历史上空前伟大的事业，离不开一个有权威、有力量、有作为的政党来领导，这个政党就是中国共产党；也离不开一个体现人民利益、反映人民愿望、维护人民权益、增进人民福祉的正确制度方向，这个方向就是社会主义。与此同时，党的领导实现了科学社会主义基本原则与现代化生动实践的有机结合，这就确保了中国式现代化始终沿着社会主义方向前进。坚持中国式现代化的社会主义性质，必须坚持和加强党的全面领导。

二是中国式现代化既有各国现代化的共同特征，更有基于中国国情的中国特色，这个特色主要就是中国共产党领导的社会主义性质。社会主义性质的中国式现代化必然摒弃西方以"资本"为核心的现代化、两极分化的现代化、物质主义膨胀的现代化、对外扩张掠夺的掠夺式、扩张式现代化老路，

---

① 鲍宗豪：《中国城市现代化的理性审视》，《开放导报》2009 年第 8 期。

打破"现代化就是西方化"的神话，淡化"西方中心主义"色彩，走出了一条中国特色的现代化新路，这就是习近平所指出的："我国现代化是人口规模巨大的现代化，是全体人民共同富裕的现代化，是物质文明和精神文明相协调的现代化，是人与自然和谐共生的现代化，是走和平发展道路的现代化。"①

三是中国式现代化是全球前所未有的现代化。全球已经实现了现代化的所有国家总人口大约为 10 亿人，而中国式现代化所要实现的覆盖 14 亿人口的人口规模巨大的现代化，是人类前所未有的；相对于世界上很多国家现代化过程中出现的两极分化现象，中国式现代化所要追求的全体人民共同富裕的现代化是人类共同的期待；相对于一些现代化国家存在的物质富足、精神贫乏问题而言，中国式现代化所强调的物质和精神协调发展的现代化是人类共同的追求；相对于一些现代化国家曾经走过的先污染、后治理的发展老路而言，中国式现代化所要达到的人与自然和谐共生的现代化代表人类发展的方向；相对于一些现代化国家依靠海外掠夺、殖民扩张的手段来实现现代化而言，中国式现代化强调的是走和平发展道路的现代化，代表了人类的现代化情怀。以上这些中国式现代化的追求，又充分体现了中国共产党领导的现代化的根本性质。

二、中国式现代化的重大理论创新

中国共产党领导的中国特色社会主义现代化，是立足中国当今国情，借鉴发达国家现代化成功经验，在新时代实现现代化理论的重大创新。

（一）立足中国当今国情的现代化

中国式现代化立足当今中国国情，有三个具体特征。

第一，中国式现代化的时代性。习近平在 2021 年建党一百周年的重要讲话中，提出我们"创造了中国式现代化新道路"。2021 年 7 月 6 日，在中国共产党与世界政党领导人峰会上，习近平再次强调："中国共产党将团结带领中国人民深入推进中国式现代化，为人类对现代化道路的探索作出新贡

---

① 习近平：《新发展阶段贯彻新发展理念必然要求构建新发展格局》，《求是》2022 年 9 月 1 日。

献。"① 以后，在省部级领导等不同场合的讲话中，又多次阐释"中国式现代化"的深刻内涵，强调中国式现代化是全体人民共同富裕的现代化。

从习近平对中国式现代化的深刻内涵的阐释看，强调了"新时代"中国共产党面临的时代命题、时代使命、时代任务。因此，它具有很鲜明的"时代性"需求、"时代性"特征。以往中国共产党领导的中国式现代化，为新时代中国共产党领导的中国特色社会主义现代化奠定了基础。

第二，中国式现代化的区域性。在中国特色社会主义新时代，推进中国式现代化作为一项国家现代化战略，在不同地区、不同城市的推进是不平衡的，现代化实现的水平也是不同的。这是由于不同地区、不同城市原有的经济社会文化等基础决定的。所以，为了解决"中国式现代化"发展的不平衡的问题，近年来，一是通过"都市圈"即上海大都市圈、北京都市圈、深莞惠都市圈等 34 个都市圈，推进城乡协调发展，加快新型城镇化建设，其中有成熟型的大都市圈，还有发展性都市圈、培育型都市圈。二是近年来国家通过实施"区域梯度发展战略、区域重大战略、新型城镇化战略"等五大战略，破解区域发展中出现的新的分化差距问题。近年来，通过区域协调助推经济高质量发展，其中中国式现代化最有影响力、辐射力的是粤港澳、长三角、京津冀区域。不同的"都市圈"，不同的区域发展，既带有不同的发展不平衡特性，又共同为中国式现代化的推进作出了不同的贡献。

第三，中国式现代化的过程性。从整体上说，中国特色社会主义的发展还处于初级阶段，其发展的完善还要经历一个较长的历史过程。中国式现代化相对于 2035 年的目标还处于一个刚起步的阶段；相对于 2050 年建成社会主义现代化强国而言，还很不完善，还有很长一段路要走。资本主义的现代化距今已有 300 多年的历史，形成了如本书前面所阐释的英美的"盎格鲁-撒克逊模式"、德法的"莱茵模式"和"日本东南亚模式"等等。相对于西方发达国家的现代化，中国式现代化还处于初级阶段，还是不发达的"中国式现代化"。

在推进中国式现代化过程中，必须把握现代化过程中的不同使命任务、

---

① 仲音：《为人类对现代化道路的探索作出新贡献》，《人民日报》2022 年 9 月 19 日第 4 版。

不同过程的特点、不同过程的相关法律法规政策，以持续推进中国式现代化。同时，中国式现代化的过程性，还包含着现代化过程的艰难性、复杂性和曲折性。所以，我们既要有长期推进中国式现代化的思想观念和认识，又要有锲而不舍的为中国式现代化奋斗的决心和毅力。

（二）中国式现代化理论创新的表现

党的二十大提出"中国式现代化"，体现了中国共产党在新时代追求现代化精神、指导现代化、笃行现代化精髓的过程。习近平深刻指出："当代中国的伟大社会变革，不是简单延续我国历史文化的母版，不是简单套用马克思主义经典作家设想的模板，不是其他国家社会主义实践的再版，也不是国外现代化发展的翻版。"① 这也说明中国共产党提出"中国式现代化"是新时代对现代化理论和实践的重大创新。

第一，中国式现代化开辟了马克思主义中国化的新境界。每个国家和民族因其自身历史底蕴、文化传统、基本国情不同，其现代化发展道路必然有其自身鲜明底色和文化特质。中国式现代化正确处理历史与现实、理论与实践的关系，把马克思主义基本原理同中国具体实际相结合，新时代发展与现代化的新实践，把马克思主义对资本"社会现代化"批判及其对东方社会现代化的构想，与我国现代文化的精神追求、价值共识、政治智慧等有机融合，在推进中国式现代化的创造性转化和创新性发展中，开辟马克思主义中国化的新境界。

第二，中国式现代化是中国特色社会主义现代化的新发展、新追求。中国式现代化一直是中国共产党人的目标追求，从毛泽东提出"四个现代化"到邓小平提出"中国式现代化"，再到党的二十大把"中国式现代化"作为新时代新征程中国共产党的使命任务，充分彰显了中国共产党对"中国式现代化"从理念到全面实践推进的过程，反映了中国特色社会主义在新时代的新发展、新追求、新愿景。

第三，中国式现代化实践丰富了世界现代化理论。人类社会是一个自然发展的历史过程，它不以任何人的意志为转移。近现代以来，中国共产党领

① 《中共中央关于党的百年奋斗重大成就和历史经验的决议》（2021 年 11 月 11 日中国共产党第十九届中央委员会第六次全体会议通过），新华社北京 11 月 16 日电。

导中国人民走出来的新民主主义革命道路、社会主义革命与建设道路，是与近现代以来中国经济政治社会发展的历史背景和客观状况相联系的，是中国近现代历史选择的结果、历史发展的结果。改革开放以来开创的中国式现代化道路，包括中国特色社会主义理论、制度、社会和文化，实际上就是在改革开放和中国特色社会主义现代化建设的实践中，为实现国家富强、民族振兴、人民幸福而进行的伟大实践创新和理论创新，"集中体现了中国共产党解放思想、实事求是、与时俱进思想精神，集中体现了中华民族和中国人民的伟大创造精神和中国共产党的政治智慧，是从中国基本国情和具体实际出发，全面实现社会主义现代化强国目标和实现中华民族伟大复兴中国梦的唯一正确道路"①。

习近平在省部级主要领导干部专题研讨班上的重要讲话中指出："世界上既不存在定于一尊的现代化模式，也不存在放之四海而皆准的现代化标准。我们推进的现代化，是中国共产党领导的社会主义现代化，必须坚持以中国式现代化推进中华民族伟大复兴，既不走封闭僵化的老路，也不走改旗易帜的邪路。"② 中国式现代化是根本不同于西方式现代化道路的全新道路，它摆脱了资本主宰劳动的经济逻辑，扬弃了"三权分立"制度框架的政治逻辑，超越了殖民、扩张、掠夺的发展逻辑，在吸收借鉴人类社会现代化发展和文明优秀成果的基础上，通过"独立自主地走自己的路"，开创了一条全新的中国式现代化的成功之路。

第四，中国式现代化创造了人类文明的新形态。党的二十大报告将"创造人类文明新形态"作为中国式现代化的本质要求之一。创造人类文明新形态是中国共产党长期追求的一个奋斗目标。早在五四新文化运动时期，李大钊就提出过"第三文明"的概念。他指出："吾宁欢迎'第三'之文明。盖'第三'之文明，乃灵肉一致之文明，理想之文明，向上之文明也。"他指出，第三文明是不断运动发展的概念，是"理想之境，复活之境，日新之境，向上之境，中庸之境，独立之境也"③。他把创造"第三文明"的希望

---

① 雷建勇：《中国式现代化对全球现代化理论的创新与突破》，《兰州日报》2022年12月5日。
② 樊伟：《我们推进的是中国共产党领导的社会主义现代化》，《人民日报》2022年8月10日第13版。
③ 中国李大钊研究会编注：《李大钊全集》第1卷，人民出版社2013年版，第173页。

寄托在社会主义革命身上。他看到西方的资本主义致使阶级剥削发展到极致，还导致了世界大战和经济危机等"世界文明"的灾难，同时李大钊所企盼创造"第三文明"的历史使命，责无旁贷地落到了当代中国共产党人身上。

中国式现代化创造的文明新形态，不同于西方现代化文明形态的一个显著特点，首先就表现在对"资本"的文明极限的超越性上。马克思曾经说，资本的"伟大的文明作用"在于摧毁一切阻碍发展生产力的限制，资本"是力图超越自己界限的一种无止境的和无限制的欲望"，"这些界限在资本发展到一定阶段时，会使人们认识到资本本身就是这种趋势的最大限制，因而驱使人们利用资本本身来消灭资本"①。中国式现代化创造的人类文明新形态，"新"就"新"在超越资本文明的历史极限，即超越"资本"的掠夺、扩张、侵略的本性。资本主义制度下"资本"的掠夺、扩张等"不文明"本性，在资本主义制度的安排下是不可避免的，也是对人类发展与现代化必然带来的灾难性后果。中国式现代化是在中国特色社会主义制度安排下，以推动文明协调发展为特征，走生产、生活、生态"文明发展"道路的中国式现代化，所以，它能依法限制规范"资本"的无限扩张欲望，为人类创造的物质文明与精神文明协调发展的新形态。

第二节　人口规模巨大的中国式现代化

人口规模巨大是中国式现代化的基础性特征。它是社会主义现代化强国建设时期的人口基本国情，也是布局经济社会发展规划和战略的出发点。

第七次全国人口普查数据显示，中国人口规模在 2035 年以前将保持在 14 亿人以上，2050 年也将在 13 亿人以上，中国依然是人数超十亿的两个人口超级大国之一。总览全球，已经实现现代化的 37 个发达国家的人口合计为 10.9 亿人，其中多数国家只有几百万或几千万人口，中国将以十多亿的人口体量迈向现代化社会，这是人类历史上绝无仅有的伟大创举。

---

① 《马克思恩格斯全集》第 46 卷上册，人民出版社 1979 年版，第 393—394 页。

一、新时代中国人口现状及其面临的难题

中国人口约占全球总人口的 18%，是世界人口规模最大的发展中国家。作为人口最多的发展中国家，要实现中国式现代化必须立足新时代中国人口现状，破解人口问题的新难题。

（一）新时代中国人口现状

宁吉喆对全国第七次人口普查结果作了分析，其中以下六个方面必须有一个清晰的认识。

（1）人口总量。全国人口共 141 178 万人，与 2010 年（第六次全国人口普查数据，下同）的 133 972 万人相比，增加 7 206 万人，增长 5.38%，年平均增长率为 0.53%，比 2000 年到 2010 年的年平均增长率 0.57% 下降 0.04 个百分点。数据表明，我国人口 10 年来继续保持低速增长态势。

（2）人口地区分布。东部地区人口占 39.93%，中部地区占 25.83%，西部地区占 27.12%，东北地区占 6.98%。与 2010 年相比，东部地区人口所占比重上升 2.15 个百分点，中部地区下降 0.79 个百分点，西部地区上升 0.22 个百分点，东北地区下降 1.20 个百分点。人口向经济发达区域、城市群进一步集聚。

（3）受教育程度人口。具有大学文化程度的人口为 21 836 万人。与 2010 年相比，每 10 万人中具有大学文化程度的由 8 930 人上升为 15 467 人，15 岁及以上人口的平均受教育年限由 9.08 年提高至 9.91 年，文盲率由 4.08% 下降为 2.67%。受教育状况的持续改善反映了 10 年来我国大力发展高等教育以及扫除青壮年文盲等措施取得了积极成效，人口素质不断提高。

（4）城乡人口。居住在城镇的人口为 90 199 万人，占 63.89%；居住在乡村的人口为 50 979 万人，占 36.11%。与 2010 年相比，城镇人口增加 23 642 万人，乡村人口减少 16 436 万人，城镇人口比重上升 14.21 个百分点。随着我国新型工业化、信息化和农业现代化的深入发展和农业转移人口市民化政策落实落地，10 年来我国新型城镇化进程稳步推进，城镇化建设取得了历史性成就。

（5）流动人口。人户分离人口为 49 276 万人，其中，市辖区内人户分离

人口为 11 694 万人，流动人口为 37 582 万人，其中，跨省流动人口为 12 484 万人。与 2010 年相比，人户分离人口增长 88.52%，市辖区内人户分离人口增长 192.66%，流动人口增长 69.73%。我国经济社会持续发展，为人口的迁移流动创造了条件，人口流动趋势更加明显，流动人口规模进一步扩大。

（6）民族人口。汉族人口为 128 631 万人，占 91.11%；各少数民族人口为 12 547 万人，占 8.89%。与 2010 年相比，汉族人口增长 4.93%，各少数民族人口增长 10.26%，少数民族人口比重上升 0.40 个百分点。民族人口稳步增长，充分体现了在中国共产党领导下，我国各民族全面发展进步的面貌。①

从全国第七次人口普查也可知，我国的出生率以及结婚率，正在双双面临刷新历史最低纪录的情况。

（二）新时代中国人口面临的新难题

截至 2022 年，全球 238 个国家人口总数为 78.98 亿人。其中中国以 14.47 亿人位居第一，成为世界上人口最多的国家，印度以 14.03 亿人位居地球第二，第三至第九名分别是：美国、印度尼西亚、巴基斯坦、尼日利亚、巴西、孟加拉国、俄罗斯。

全球每年增加人口数量将保持在 8 600 万以上。到 2025 年将超过 80 亿，到 2050 年将达到 94 亿。据科学家的分析，到 2080 年世界人口将达到顶峰，为 106 亿，此后将逐渐下降，到 21 世纪末降至 103.5 亿。

新时代中国人口面临以下五大难题：

（1）人口红利开始萎缩。20 世纪六七十年代是生育的高峰期，看看我们父母那一辈，基本上都有好几个兄弟姐妹，新的一波婴儿潮集中在 80 年代、90 年代，好多家庭即便在计划生育的压迫下，都愿意选择生育两个甚至更多的孩子。原来曾推算，下一波婴儿潮应该就是在 2020 年前后，结果婴儿潮并没有出现，也从侧面反映出我国的人口生育红利已经在全方面地萎缩。

（2）人口老龄化。第七次人口普查的数据中心是，全国 60 岁以上人口达到了 2.64 亿人，占比总人口的 18.4%；65 周岁以上的人口也达到了 1.9 亿人，占比 13.5%。根据联合国标准，67 岁及以上党员超过 7% 就已经属于老

---

① 宁吉喆：《第七次全国人口普查主要数据情况》，《中国信息报》2021 年 5 月 12 日。

龄化社会，超过 14% 是深度老龄化社会，根据相关的数据预测，到 2025 年我国就会进入深度老龄化社会了。

（3）生育水平在持续地走低，近年来我国的生育总额下降到 1.3（全球的警戒线为 2.0），低于警戒线，未来的人口将会存在很大的风险，不要觉得这些没什么，对于未来的经济发展或者是社会负担，要面临着巨大的责任。

（4）家庭迎来小型化，第七次人口普查中数据显示当前平均每户家庭人口数量仅有 2.62 人，最基本的标准件 2+1 都达不到，对比上一次人口普查的户均数量下降了 0.48 人，家庭小型化就很多家庭只允许生一个小孩或者不生小孩了。

（5）区域发展极度不平衡，生态匮乏的地区人口存在巨大的矛盾，未来发展将会更加的乏力。换句话来说，生态匮乏的地方，他们的生育率相对来说比较强，但是整体的资源配套跟不上，得不到良好的教育水平①。

（三）人口变化对经济社会发展的影响

未来 30 年，中国最典型的人口变化是人口负增长与老龄化交会重叠，人口结构老龄化与人口规模巨大的乘数效应和除数效应交织，将深刻影响经济社会发展。一是老龄社会阶梯式升级。60 岁及以上老年人口数量和老龄化水平都将翻一番，分别从 2020 年的 2.64 亿人、18.7% 增至 2054 年峰值 5.2 亿人、超过 40%，迈入超级老龄社会。二是劳动力资源稀缺性加剧。15—59 岁劳动年龄人口规模持续缩减，2020 年为 8.9 亿人，占比 63.2%；2050 年为 6.5 亿人，占比 50%。三是社会抚养主体从养小转向养老。2020 年 0—14 岁少儿人口为 2.53 亿人，老年人口为 2.64 亿人，老年人口数量超过少儿，社会抚养主体由小转老，老年抚养比将伴随老龄化快速增加。四是城镇化水平稳步攀升。常住农村人口总量 1995 年达到峰值 8.60 亿人之后开始负增长，2021 年降到 4.99 亿人。人口负增长、老龄化深化、加速城镇化进程等，将深刻影响人们的生产、生活和社会交往方式，改变社会治理和社会服务的结构与模式。

---

① 中共国家卫生健康委党组：《谱写新时代人口工作新篇章》，《求是》2022 年第 15 期。

二、人口规模巨大是中国式现代化的基础性特征

习近平在党的二十大报告中深刻阐述了中国式现代化五个方面的中国特色，其中第一个方面就是"人口规模巨大的现代化"。人口规模巨大的现代化，不仅要求我们认识中国式现代化的艰巨性和复杂性，而且必须坚持"以人民为中心"的价值取向。

（一）把握人口规模巨大中国式现代化的艰巨性和复杂性

1. 让 14 亿多人口整体迈入现代化，其艰巨性和复杂性前所未有

"18 世纪下半叶英国开启现代化时人口是千万级的，20 世纪后美国逐渐领跑现代化时人口是上亿级的，而中国式现代化是超大人口规模的现代化。当今世界，实现工业化的发达国家和地区的人口总和不到 10 亿人。我国 14 亿多人口要整体迈入现代化社会，其规模超过现有发达国家的总和，将彻底改写现代化的世界版图，在人类历史上是一件有深远影响的大事。"[1] 可以说，中国式"人口规模巨大的现代化"，在人类历史上没有先例可循，其艰巨性和复杂性可想而知。

2. 人口社会结构、社会关系等变化、必须尊重人民的首创精神

"十四五"时期既面临人口众多的压力，又面临人口结构转变。社会关系、社会行为方式、社会心理等方面发生的深刻变化带来的挑战。为此，必须坚持以人民为中心的发展思想，坚持发展为了人民、发展依靠人民、发展成果由人民共享。在实现更加充分、更高质量的就业，完善全覆盖、可持续的社保体系上下功夫，特别是要紧紧扭住人们普遍关切的"一老一幼"问题；同时，在人口规模巨大的中国式现代化新征程上，"要充分发挥人民创造伟力，尊重人民首创精神，让人民同享人生出彩的机会，同享与祖国和时代共同发展的机会"。[2]

（二）立足人口规模巨大现代化的内在需求特征

1. "人口规模巨大的现代化"意味着必须维系团结统一

我国自秦汉以来就是一个大一统国家。鸦片战争后，随着西方列强入

---

① 《人民日报》评论部：《这是人口规模巨大的现代化》，《人民日报》2022 年 11 月 4 日第 5 版。
② 楼俊超、贾华强：《聚焦中国式现代化 读懂"人口规模巨大"的优势红利与压力考验》，《光明日报》2022 年 11 月 24 日第 7 版。

侵，中央政府控制能力渐弱，到了民国时期，演变成军阀割据状态。"中国共产党经过 28 年浴血奋战，成立了中华人民共和国，实现了民族独立、人民解放，彻底结束了旧中国'一盘散沙'的局面。"① 邓小平指出，"在中国这样一个大国，没有共产党的领导，必然四分五裂，一事无成"②。美国著名汉学家费正清曾赞叹说，历史上没有其他力量能像中国共产党一样将亿万中国人民团结成一个政治单位。

2."人口规模巨大的现代化"意味着必须协调好内部各种利益关系

人口规模巨大，人民需求的多样化，人民群众的利益关系的复杂化，给人民利益关系的协调提出了更高的要求。

中国共产党代表中国最广大人民根本利益，不容许任何利益集团、任何权势团体、任何特权阶层利益情况的出现，"从而能防止西方国家出现的执政党被利益集团所'俘获'的现象。在共同富裕上，中国共产党既反对搞'福利主义'那一套，又在教育、医疗、养老、住房等人民群众最关心的领域精准提供基本公共服务，兜住困难群众基本生活底线。在对待资本上，中国共产党既能做到为资本设置'红绿灯'，依法加强对资本的有效监管，又能做到支持和引导资本规范健康发展"③。

3."人口规模巨大的现代化"意味着必须牢牢把握发展主动权

当今世界正经历百年未有之大变局，"保护主义、单边主义上升，世界经济低迷，全球产业链供应链面临冲击，世界进入动荡变革期"④。

要牢牢把握人口规模巨大现代化的发展主动权，就要在科技创新上，"集合优势资源，努力实现关键核心技术自主可控，努力甩掉卡脖子的手。在市场资源上，要坚持扩大内需这个战略基点，根据我国经济发展实际情况建立起扩大内需的有效制度，使建设超大规模的国内市场成为一个可持续的历史过程。在初级产品供给保障上，要将保障好初级产品供给作为一个重大的战略性问题。要增强国内资源生产保障能力，明确重要能源资源国内生产自给的战略底线，要加强国家战略物资储备制度建设，在关键时刻发挥保底

① 王敏：《"人口规模巨大的现代化"意味着什么》，《北京日报》2022 年 11 月 28 日第 14 版。
② 《邓小平文选》第 2 卷，人民出版社 1994 年版，第 358 页。
③ 王敏：《"人口规模巨大的现代化"意味着什么》，《北京日报》2022 年 11 月 28 日第 14 版。
④ 同上。

线的调节作用。在农产品供给上，要确保中国人的饭碗任何时候都牢牢端在自己手中，中国的饭碗应该主要装中国粮"①。

三、人口规模巨大的现代化须坚持"以人民为中心"

回顾人类现代化历程，在相当长的时间内，当人们谈起现代化的时候，更多指的是工业化或者说经济活动的产业化和组织化。因为实现了工业化的国家美国英国等的现代化，主要是经济现代化，为了满足资本增殖的需要而不断扩张、侵略的现代化，是不断解构公平正义、破坏生态环境的现代化。中国式现代化又是一种社会的现代化，社会现代化是以"人民为中心"的现代化。

第一，我国要实现"人口规模巨大的现代化"，在人类历史上没有先例可循，必须走一条属于自己的道路，也必须坚持以人民为中心的发展思想，坚持发展为了人民、发展依靠人民、发展成果由人民共享。不同于西方国家以"资本"为核心的扩张、侵略式的现代化，中国式现代化是以人为核心的现代化，把实现好、维护好、发展好最广大人民根本利益作为一切工作的出发点和落脚点。中国式现代化的"密匙"就在于坚持以人民为中心的发展思想，充分发挥中国社会主义制度的显著优势，广泛凝聚起 14 亿中国人民投身现代化建设、创造幸福美好生活。

第二，人民是历史的创造者，是真正的英雄。人的现代化是国家现代化必不可少的因素。它并不是现代化过程结束后的副产品，而是现代化制度与经济赖以长期发展并取得成功的先决条件。现代化的本质是人的现代化，人民性是马克思主义最鲜明的品格，群众的观点是唯物史观的根本观点。以人民为中心的发展观就是强调发展为了人民、发展依靠人民、发展成果由人们共享。

第三，中国式现代化成就显著。1978 年以来，中国经济年均实际增长近 10%，在世界主要经济体中前所未有。2021 年，我国经济总量超 114 万亿元，占全球经济比重超过 18%；人均 GDP 突破 1.2 万美元，超过世界人均 GDP 水平。中国 7.7 亿农村贫困人口摆脱贫困，按照世界银行国际贫困标

---

① 王敏：《"人口规模巨大的现代化"意味着什么》，《北京日报》2022 年 11 月 28 日第 14 版。

准，中国减贫人口占同期全球减贫人口 70% 以上。中国在包括减贫、普及初等教育、改善营养和卫生、降低孕产妇和婴儿死亡率和艾滋病发病率等方面为实现全球可持续发展目标作出了重大贡献。

第三节　全体人民共同富裕的"中国式现代化"

共同富裕不仅是马克思、恩格斯所设想的未来社会的重要特征，而且是中国式现代化的另一个重要特征。在全面建成小康社会、历史性解决绝对贫困问题之后，中国共产党适时提出，在新的征程上要推动人的全面发展、全体人民共同富裕取得更为明显的实质性进展。把实现共同富裕作为现代化建设的重要目标，既是社会主义本质特征的内在要求，更是面对世界百年未有之大变局，正确处理效率与公平关系、更好地解决新发展阶段发展"不平衡不充分"问题的迫切需要。

一、共同富裕作为中国式现代化的必然性和重要性

习近平指出，"共同富裕是社会主义的本质要求，是中国式现代化的重要特征"。这一论断深刻阐明了共同富裕在中国式现代化中的独特地位。深刻认识和准确把握中国式现代化共同富裕特征，既是对当今世界现代化进程中重大现实问题的正面回应，也是对中国式现代化历史经验的科学总结和运用，更是走好新征程、创造新成就的重要前提。

（一）共同富裕的中国式现代化是中国共产党一以贯之的追求

中国共产党一经诞生，就把为中国人民谋幸福、为中华民族谋复兴确立为自己的初心使命。在追求现代化的历史过程中实现共同富裕，体现着中国共产党人始终不变的初心使命。

新中国成立初期，毛泽东指出："现在我们实行这么一种制度，这么一种计划，是可以一年一年走向更富更强的，一年一年可以看到更富更强些。而这个富，是共同的富，这个强，是共同的强，大家都有份。"[①] 改革开放

---

① 《毛泽东文集》第 6 卷，人民出版社 1999 年版，第 495—496 页。

后，邓小平指出："社会主义的本质，是解放生产力，发展生产力，消灭剥削，消除两极分化，最终达到共同富裕。"① "一个公有制占主体，一个共同富裕，这是我们所必须坚持的社会主义的根本原则。"②

中国特色社会主义进入新时代，习近平强调："我们追求的发展是造福人民的发展，我们追求的富裕是全体人民共同富裕"，"我们必须把促进全体人民共同富裕摆在更加重要的位置"，"推动人的全面发展、全体人民共同富裕取得更为明显的实质性进展"③。一代又一代中国共产党人接续践行初心使命，追求共同富裕贯穿于中国式现代化新道路形成和拓展的历史过程。

如今，经过全党全国各族人民持续奋斗，我们实现了第一个百年奋斗目标，在中华大地上全面建成了小康社会，历史性地解决了绝对贫困问题。到 2035 年"人均国内生产总值达到中等发达国家水平，中等收入群体显著扩大，基本公共服务实现均等化，城乡区域发展差距和居民生活水平差距显著缩小"，"人民生活更加美好，人的全面发展、全体人民共同富裕取得更为明显的实质性进展"④。到 21 世纪中叶"全体人民共同富裕基本实现，我国人民将享有更加幸福安康的生活"。这些重要决策部署和中国共产党人的追求，指明了实现共同富裕的前进方向，描绘了实现共同富裕的宏伟蓝图。

（二）共同富裕的中国式现代化是民族复兴的必然要求

实现共同富裕是中华民族的崇高理想，是民族复兴的必然要求，是中国人民的孜孜追求。在党带领人民开创中国式现代化新道路的历史进程中，共同富裕。

第一，实现共同富裕是中华民族的必然追求。近代以来，中国社会发展中的一个突出问题，就是国弱民穷，贫富分化严重。面对这样的突出问题，强国富民、实现现代化成为当时最迫切的历史要求。然而，半殖民地半封建社会的中国缺乏发展现代化的环境，更无力改变这种积贫积弱的落后现状。

---

① 《邓小平文选》第 3 卷，人民出版社 2001 年版，第 373 页。
② 同上书，第 111 页。
③ 2021 年 11 月党的十九届六中全会通过的《中共中央关于党的百年奋斗重大成就和历史经验的决议》。
④ 中共中央、国务院印发：《扩大内需战略规划纲要（2022—2035 年）》。

新中国的成立，开辟了中国历史的新纪元，中国人民从此站起来了。"站起来"完成了中国现代化建设的前提，为加快国家发展、消除贫困、实现共同富裕创造了条件。新中国建立之初的工业化、现代化探索为实现共同富裕奠定了坚实基础。进入改革开放时期，邓小平带领全党顺应时代要求和人民期待，开创了中国特色社会主义道路，开拓了中国式现代化建设的历史新境界，为实现中华民族的共同富裕提供了坚强保障。

在党的十九届五中全会上，习近平强调要使"全体人民共同富裕取得更为明显的实质性进展"，这是党对人民作出的新的庄严承诺，深刻表明了党对实现共同富裕目标的坚定决心和勇气。

第二，实现共同富裕是实现民族复兴的重要保证。国家的富强、民族的振兴都要以人民的权利得到保障、利益得到实现、幸福得到满足为条件。中国式现代化以实现民族复兴为主题，共同富裕作为中国式现代化的题中应有之义，是实现民族复兴的重要保证。鸦片战争后的中国，腐朽的封建统治和帝国主义的入侵使国家蒙辱、人民蒙难、文明蒙尘。习近平指出："从那时起，实现中华民族伟大复兴就成为中国人民和中华民族最伟大的梦想。"[1] 为了实现民族复兴的伟大梦想，中国共产党团结带领中国人民，书写了中华民族几千年历史上最恢宏的史诗。中国式现代化新道路，就是保证中华民族伟大复兴这一史诗的灿烂篇章。

（三）共同富裕作为中国式现代化的重要性

第一，习近平从 2012 年至 2021 年的十年讲话中，反复强调共同富裕。2012 年 11 月 17 日，在主持十八届中央政治局第一次集体学习时就指出："共同富裕是中国特色社会主义的根本原则，所以必须使发展成果更多更公平惠及全体人民，朝着共同富裕方向稳步前进。"[2] 此后，又多次从不同角度对这一问题进行阐释。2015 年 10 月，在伦敦金融城市长晚宴上的演讲，强调中国特色社会主义就是要建设社会主义市场经济、民主政治、先进文化、和谐社会、生态文明，促进人的全面发展，促进社会公平正义，

---

[1]　习近平：《在复兴之路上坚定前行——〈复兴文库〉序言》，《人民日报》2022 年 9 月 27 日第 1 版。

[2]　习近平：《紧紧围绕坚持和发展中国特色社会主义学习宣传贯彻党的十八大精神》，《人民日报》2012 年 11 月 19 日第 2 版。

逐步实现全体人民共同富裕。

2020年11月，在全国劳动模范和先进工作者表彰大会上的讲话，强调让人民群众过上更加幸福的好日子是我们党始终不渝的奋斗目标，实现共同富裕是中国共产党领导和我国社会主义制度的本质要求。2021年7月在庆祝中国共产党成立100周年大会上的讲话中强调，要着力解决发展不平衡不充分问题和人民群众急难愁盼问题，推动人的全面发展，全体人民共同富裕取得更为明显的实质性进展。

第二，强调共同富裕是为了适应我国社会主要矛盾的转变，破解不平衡和不充分问题。中央财经委员会第十次会议强调，"共同富裕是全体人民的富裕，不是少数人的富裕"；"要扩大中等收入群体比重，增加低收入群体收入"。近年来，伴随经济快速发展，我国人均可支配收入持续增长，2013年全国居民人均可支配收入为18 311元，而2020年已跃升至32 189元。但与此同时，居民收入增长不均衡，也逐步成为社会和决策层重点关注的话题。那么，为何我们在这个时点强调共同富裕？

一是我国社会主要矛盾已经发生重大转变，更突出"不平衡和不充分"。因此，需要再次审视和正确处理效率与公平的关系。2017年10月召开的党的十九大，提出了社会主要矛盾的新论断，即"人民日益增长的美好生活需要和不平衡不充分的发展之间的矛盾"。社会矛盾更突出"不平衡和不充分"，因此在分配机制上，也要发挥政府作用，在市场分配机制失灵时予以纠偏。

二是相比于欧美国家，我国收入差距处于较高水平。根据国家统计局数据，1978年改革开放以来，我国基尼系数持续扩大，2008年基尼系数达到峰值，此后有所回落，但相比于其他国家，我国基尼系数依然处于较高水平。近年来，在精准扶贫等一系列政策推动下，我国低收入群体（后20%）的收入增长较快，但与高收入群体（前20%）的可支配收入差距仍处高位。根据中国人民银行调查统计司城镇居民家庭资产负债调查课题组于2019年10月中旬在全国30个省（自治区、直辖市）对3万余户城镇居民家庭资产负债调查情况看，总收入最高20%家庭所拥有的总资产占全部样本家庭总资产的半数以上。其中，收入最高10%家庭户均总资产1 204.8万元，是收入最低 20% 家庭户均总资产的 13.7 倍①。

三是疫情冲击再次加剧了收入与财产差距，限制了经济恢复。新冠疫情对经济产生剧烈冲击，不仅严重影响了居民工资收入和农民工工资收入，也极大地影响了收入分配格局，进一步加剧了收入分配不平等。根据西南财经大学中国金融研究中心的调查报告显示，疫情冲击后，年收入在 30 万元以上的家庭收入很快恢复，且有明显增长；而年收入在 5 万以下的家庭收入增长缓慢，受到了更为严重的冲击。居民收入恢复的不均衡，也成为限制消费复苏的主要原因。

第三，十八大以来共同富裕的重要性更突出。根据统计局数据，2020年东部地区居民可支配收入为 41 240 元，而西部地区人均可支配收入仅为25 416 元，东部地区人均可支配收入为西部地区的 1.62 倍；行业间的收入差距也较为显著，在行业大类中，工资最高的三个行业分别为：信息传输、计算机和软件业、金融业，而收入最低的三个行业为农林牧渔、住宿餐饮、水利环境公共设施，高收入行业与低收入行业的工资收入之比达 260%。

二、全体人民共同富裕的中国式现代化的本质

中国式现代化是在扬弃西方式现代化的过程中，将马克思主义基本原理同中国具体实际和中华优秀传统文化有机结合，体现了现代化发展的普遍性与特殊性的辩证统一。共同富裕作为中国式现代化的重要特征，其本质要求和具体特征如下。

（一）全体人民共同富裕是社会主义的本质要求

1. 共同富裕是对社会主义本质理论的新的阐释

2012 年 12 月，党的十八大召开后不久，习近平就提出："消除贫困、改善民生、实现共同富裕，是社会主义的本质要求。"提出共同富裕是社会主义的本质要求，一是从社会主义本质的整体上，凸显共同富裕是具有"归根结底"意义的"本质要求"。习近平在《关于〈中共中央关于制定国民经济

---

① 《2019 年中国城镇居民家庭资产负债情况调查：户均总资产 318 万》，《新京报》2020 年 4 月 26 日。

和社会发展第十四个五年规划和二〇三五年远景目标的建议〉的说明》中指出："共同富裕是社会主义的本质要求，是人民群众的共同期盼。我们推动经济社会发展，归根结底是要实现全体人民共同富裕。"① 从整体上，以解放生产力、发展生产力为根本手段，以消灭剥削、消除两极分化为根本前提，凸显最终达到共同富裕的"本质要求"②。二是从社会主义本质和从坚持以人民为中心的发展思想的双重意义上，凸显共同富裕是具有"奋斗目标"意义的"本质要求"。习近平指出："让广大人民群众共享改革发展成果，是社会主义的本质要求，是社会主义制度优越性的集中体现，是我们党坚持全心全意为人民服务根本宗旨的重要体现。"③ 在同坚持以人民为中心的发展思想的结合中，共同富裕由社会主义本质的基本内涵，跃升为社会主义的本质要求，充分体现了新时代坚持和发展中国特色社会主义的内在要求，赋予了社会主义本质理论以新的时代内涵。

2. 共同富裕是社会主义经济关系总体上的根本要求

在对社会主义生产关系和分配关系的阐释中，习近平指出，马克思主义政治经济学既坚持"生产资料所有制是生产关系的核心，决定着社会的基本性质和发展方向"，又强调"分配决定于生产，又反作用于生产，而最能促进生产的是能使一切社会成员尽可能全面地发展、保持和施展自己能力的那种分配方式"④。在中国特色社会主义基本经济制度中，社会对生产条件的分配，根本的就是对生产资料的"分配"，决定了人们在分配中的地位；而社会既定的分配方式，又反作用于生产，决定社会成员在生产中的地位。习近平由此提出中国特色社会主义经济关系中分配的"制度安排"问题，这就是："我们必须坚持发展为了人民、发展依靠人民、发展成果由人民共享，作出更有效的制度安排，使全体人民朝着共同富裕方向稳步前进，绝不能出现'富者累巨万，而贫者食糟糠'的现象。"⑤ 共同富裕是中国特色社会主

① 习近平：《关于〈中共中央关于制定国民经济和社会发展第十四个五年规划和二〇三五年远景目标的建议〉的说明》，《人民日报》2020 年 11 月 4 日第 2 版。
② 顾海良：《共同富裕是社会主义的本质要求》，《红旗文稿》2021 年第 20 期。
③ 《江山就是人民 人民就是江山——习近平总书记关于以人民为中心重要论述综述》，《黔东南日报社》2021 年 6 月 28 日。
④ 习近平：《论坚持全面深化改革》，中央文献出版社 2018 年版，第 34 页。
⑤ 《十八大以来重要文献选编》（中），中央文献出版社 2016 年版，第 827 页。

义经济制度总体上的本质要求。

3. 共同富裕与资本主义基本经济制度中的"两极分化"是相对立的

"在资本主义经济中，是有可能相对合理地处置体制层面上资源配置的'公平'和'效率'关系问题的，但它不可能解决制度层面上的'两极分化'问题，'两极分化'是资本主义经济关系的本质规定。在社会主义经济中，不仅要恰当地处置好体制层面上的'公平'和'效率'关系问题，还要进一步解决好制度层面上的共同富裕本质要求问题。"① 从社会主义的本质要求上看，"不能把体制性的'公平'和'效率'关系，同制度性的共同富裕要求对立起来，因为前者是后者的体制性基础，后者是前者的制度性跃升。在朝着第二个百年奋斗目标进发的历史性时刻，习近平总书记再次提出'共同富裕是社会主义的本质要求'，强调的就是共同富裕是社会主义制度的根本性质，紧扣的是实现共同富裕本质要求具有的制度性、体制性的'本质要求'，从'本质要求'上对共同富裕的战略性和方略性问题作出新的阐释和新的部署"②。

（二）全体人民共同富裕作为中国式现代化本质的具体特征

1. 中国式现代化继承发展了中国传统文化中共同富裕思想

共同富裕是中国人民自古以来的理想追求，具有深厚的中华优秀传统文化基因。从"不患寡而患不均"的公正理念，到"大道之行也，天下为公"的社会理想，共同富裕的思想内核深深嵌入中华优秀传统文化之中。作为一种富有中国文化色彩的观念表达，共同富裕深刻体现了社会发展与财富分享之间的内在关系。

中国式现代化追求的就是全体人民通过辛勤劳动，不断解放生产力、发展生产力，创造出更多更好的物质财富和精神财富，然后依据社会主义公平正义的原则共同分享社会发展成果，共同走上美好幸福之路，普遍过上富足优裕的生活。"治国之道，富民为始。"中国式现代化道路以马克思主义为指导，以中华优秀传统文化为根基，为加快推进社会主义现代化建设、努力实现共同富裕提供了丰厚的文化支撑和思想启迪。

---

① 顾海良：《共同富裕是社会主义的本质要求》，《红旗文稿》2021 年第 20 期。
② 同上。

2. 中国式现代化决定了共同富裕具有科学的理论指引

理论决定道路选择，以自由主义为理论基石的西方现代化，本质上维护的是以生产资料私人占有为主要特征的资本主义所有制，否定"分配正义""分配公平"的可能性与合理性。西方式现代化在人类历史进程中具有革命性作用，是对封建社会各种黑暗愚昧、落后庸俗的制度性否定。然而它是通过对内剥削与压迫本国无产阶级攫取剩余价值，对外发动侵略战争掠夺别国财富和资源来实现的，是对人的本质的否定，是继奴隶制、封建制后另一种文明的"野蛮"。针对西方式现代化的理论缺陷与实践弊端，马克思主义在批判性地继承空想社会主义"每人一无所有，而又每人富裕"朴素愿景的基础上，主张只有在实行生产资料公有制的社会主义社会，才有可能实现"以所有人的富裕为目的"的生产。可见，共同富裕是马克思主义的基本目标，也是社会主义的本质要求。中国共产党自成立之日起，始终坚持以马克思主义为指导，自觉将实现共同富裕作为现代化的目标。

3. 中国式现代化决定了中国共产党是共同富裕的坚强领导

实现共同富裕是一项系统工程，需要有能够总揽全局、协调各方的领导核心。西方国家的一些政党通过参加竞选来谋求执政地位，目的是要实现自己的特殊利益。同时政党竞争也强化了不同利益群体间的隔阂和社会撕裂，很难形成共识和合力，无心也无力从根本上解决西方社会两极分化这一痼疾。与之不同，以马克思主义为行动指南的中国共产党，摆脱了以往诸多政治力量追求自身特殊利益的局限性，始终代表着最广大人民的根本利益，其初心使命就是为中国人民谋幸福、为中华民族谋复兴，也只有坚持中国共产党的领导，才能最终实现共同富裕。

4. 中国式现代化以社会主义为共同富裕提供制度保障

能否既激发现代化的动力又保证现代化的平稳性，关键看能否处理好市场与政府的关系。西方的现代化实践表明，单纯信赖于市场这一"无形之手"无法为经济发展创造良好条件，反而会成为经济健康成长的掣肘，资源的合理配置更是无从谈起。中国式现代化厚植于中国特色社会主义伟大实践，始终坚持社会主义基本制度属性，从而为实现共同富裕提供牢固的制度支撑。一是以公有制为主体、多种所有制经济共同发展的基本经济制度，为实现共同富裕提供了坚实的物质基础；二是以按劳分配为主体、多种分配方式并存的分配制度，通过初次分配、再次分配和第三次分配，既解决了收入差距过大的问题，又兼顾了公平与效率，激发了人的积极性、主动性和创造性；三是通过保障和改善民生，创新社会治理，让改革发展成果更多更公平地惠及全体人民，让广大人民群众拥有了更多的获得感、幸福感和安全感。

5. 中国式现代化使全体人民共同富裕具有内容的广泛性

西方式现代化起始于工业和技术革命，基于工具理性的"现代化即工业化，工业化即现代化"的单线逻辑，使得"现代化"这样一个内涵丰富的概念被工业化所遮蔽。以工业化为唯一标准的现代化无法同时兼顾其他领域目标的同步达成，导致了社会发展的片面化和人发展的畸形化。

中国式现代化起步于人口多、底子薄的基本国情，经济建设是现代化的首要任务。如果没有强大的经济实力作为支撑，那么现代化就是一句空话，共同富裕也只是纸上谈兵。然而，中国式现代化是"全面的"：不仅要实现物质文明，还要实现其与政治文明、精神文明、社会文明和生态文明"五位一体"统筹协调发展。当前，绝对贫困的消除和小康社会的全面建成为实现共同富裕奠定了坚实的物质基础。在新的历史方位下，中国式现代化建设更要立足新发展阶段、贯彻新发展理念、构建新发展格局，以高质量发展助力共同富裕，全力满足人民群众多样化、多层次、多方面的需求。

三、推进全体人民共同富裕中国式现代化实践

习近平强调，促进全体人民共同富裕是一项长期任务，也是一项现实任务，必须摆在更加重要的位置，脚踏实地，久久为功。因此，我们必须要清醒地认识我国的基本国情和所处的发展阶段，既要为实现共同富裕的远大目标而不懈奋斗，也要充分认识到实现共同富裕的长期性、艰巨性和复杂性，要有步骤、分阶段地逐步推进。

在中国式现代化道路上推进全体人民共同富裕的实践，要把握好四个方面的关系和原则。

第一，处理好现代化进程中发展与分配的关系。党的二十大报告强调："高质量发展是全面建设社会主义现代化国家的首要任务。发展是党执政兴

国的第一要务。没有坚实的物质技术基础，就不可能全面建成社会主义现代化强国。"发展生产力和实现全体人民共同富裕是途径与目标的关系：在推进现代化进程中，要不断解放和发展社会生产力，不断创造和积累社会财富；与此同时又要防止两极分化，切实推动人的全面发展、全体人民共同富裕取得更为明显的实质性进展。实现全体人民共同富裕，首先要把"蛋糕"做大做好，然后通过合理的制度安排正确处理增长和分配关系，把"蛋糕"切好分好。

第二，认识到共同富裕是阶段性与必然性的辩证统一。实现共同富裕是一个在动态中向前发展的过程。"在时间维度上，共同富裕虽然是全体人民的共同富裕，但不是所有人同时富裕，实现共同富裕存在先后问题"，不可能一蹴即至；"在空间维度上，由于历史原因和自然禀赋等差异，不同地区富裕程度仍会存在一定差异，所有区域不可能齐头并进地达到相同富裕水准；在实现富裕的程度上，不同群体的富裕程度存在层次差异"[1]，不可能是平均实现的。我国仍然处于社会主义初级阶段，生产力发展水平还远远达不到马克思所设想的未来社会，人民富裕程度也存在差异，但是随着社会生产力的不断发展，人类社会必将走向实现共同富裕的共产主义高级阶段，这是任何人都无法改变的规律。

第三，发挥基本经济制度对共同富裕的保障作用。生产关系决定分配关系，生产资料归属问题决定了劳动产品的分配问题。一方面，要大力发挥公有制经济在促进共同富裕中的重要作用，极力缩小收入差距问题，提升人民群众获得感；另一方面，要牢牢坚持"两个毫不动摇"，促进非公有制经济在带动就业、激发经济活力和动能方面的积极作用。非公有制经济是对公有制经济主体地位的有机补充，这两方面辩证统一，过分偏重一方、忽视另一方都不可取。此外，在加强对高收入规范和调节的同时，还要加大税收、社保、转移支付等调节力度并提高精准性，构筑"初次分配、再分配、三次分配相协调"的基础性制度举措，从而向中间大、两头小的橄榄型分配结构转变。

---

① 王腾：《新发展阶段推动共同富裕的三个维度》，《社会主义论坛》2021 年第 12 期。

第四，促进物质富裕和精神富裕相统一。马克思认为，在未来社会中每个人都将尽情施展其"自由个性"，达到精神上的充分富裕，未来社会下民众的富裕是物质富裕与精神富裕的统一；而生产力高度发达、物质财富充分又为"自由个性"创造前提条件、建立现实基础。

新时代以来，人民群众对精神生活共同富裕的需求更加突出，对美好生活的需求不仅在物质上存在更高要求，而且对民主、法治、公平、正义、安全、环境等方面的要求日益增长。习近平指出："促进共同富裕与促进人的全面发展是高度统一的。"党的二十大报告也将"丰富人民精神世界"纳入中国式现代化的本质要求。我们要以加强促进共同富裕的舆论引导，为促进共同富裕提供良好舆论环境。

第八章　中国式现代化的精神实质（下）

党的二十大报告强调："中国式现代化是物质文明和精神文明相协调的现代化。"（以下简称"两个文明"协调发展）本章着重分析阐释物质文明与精神文明的内涵，"两个文明"协调发展的利益共同体，以及人与自然和谐共生、走和平发展道路的中国式现代化的重要特征。

第一节　"两个文明"协调发展的中国式现代化

要分析阐释"两个文明"协调发展作为中国式现代化的一个重要特征，首先要阐释物质文明与精神文明的内涵及其关系。

一、中国式现代化视域中的"物质文明"与"精神文明"

邓小平同志继承马克思主义创始人关于"两种生产"的理论，从中国式现代化现实需求出发，对"物质文明"和"精神文明"的协调发展关系进行深刻阐释，为物质文明与精神文明理论作出了奠基性贡献。

（一）"物质文明"及其对精神文明的作用

1. 物质文明是物质生产与物质生活的有机统一

在人类社会的文明发展中，物质文明是指人们在物质生产领域、物质生活领域以及改变人的自然属性方面的活动过程和活动成果，它体现为人们在物质改造活动方面的本质力量。中共十二大的报告曾对物质文明的概念作了明确、简洁的科学概括，指出"改造自然界的物质成果就是物质文明，它表现为人们物质生产的进步和物质生活的改善"。显然，物质文明包括物质生产和物质生活互相联系的两方面。

第一，物质生产是社会物质文明的基础和根本，它是人与自然关系的表征。社会的主体是人，人类社会的发展或进步首先要从人与自然界的关系中得到说明。原始的自然界有许许多多河流、高山、森林、矿藏等丰富的自然资源，它是脱离人而存在的客观物质世界，也可称之为第一自然，即没有打上人类印记的自然界。这种原始的自然界是不能被称为人类物质文明的。只有当人类在改造客观的自然界，创造自己的生存条件的实践过程中，即通过物质生产的实践过程中，将原始的自然"打上人的意志的烙印"，使之成为"第二自然"或"人化自然"时，其中的物质成果才构成社会的物质文明。所以说，物质文明是人类通过物质生产、利用和改造原始自然的物质成果，是人类劳动实践的产物。

物质生产力的发展是物质文明的根本标志。在社会物质文明中，说到底，其实质是生产力的发展，或者说，生产力的发展是物质文明的根本标志。社会进步的现实基础是社会物质生产力的发展水平。

第二，物质生活是社会物质文明发展的重要方面。讲物质文明时强调物质生产的重要性，"无论是理论和实践上一般都比较容易理解和接受，而对物质文明所包含的物质生活的改善或提高却容易忽视。实际上，物质生活的提高也是社会物质文明发展的重要方面。固然，社会的物质资料的生产，特别是人对生产工具的改进和创造是物质文明的基本方面和决定意义的标志"[1]，但是人们从事物质生产，花大力气去改进生产工具，对人来说并不是目的。人们从事物质生产，不断改进生产工具，"其目的是要不断地提高和改善人们的物质生活，并在物质生活有了基本保证和提高的同时去扩展自身的精神和文化生活"[2]。

"物质生产是物质生活的'根'和'源'，物质生活是社会物质生产发展的现实的外在表现，没有物质生产的发展当然谈不上物质生活的提高；而没有物质生活的提高，事实上也很难全面说明社会物质生产力的发展。"[3] 只

[1]　鲍宗豪：《文明城市论》，《河北学刊》2005 年第 3 期。
[2]　同上。
[3]　同上。

有在物质生产发展的基础上，人们能有更稳定的工作、更满意的收入、更舒适的居住条件、更高水平的医疗卫生服务，才有物质文明的发展或进步。

2. 物质文明与精神文明的关系

物质文明是人类生存和发展的基础，并为精神文明发展提供强有力的物质支持。

第一，物质文明为精神文明发展提供强有力的物质支持。

马克思说过："物质生活的生产方式制约着整个社会生活、政治生活和精神生活的过程。"[①] 人生活在世界上，首先要解决衣、食、住、行等基本问题，人类自身的发展也只有随着物质生产的发展和物质生活的改善而得到发展。没有一定的物质生产和物质生活，不要说人类自身的发展，就是人类的生存条件和日常的社会生活活动也失去了根本的保障。所以马克思强调："人们首先必须吃、喝、住、穿，然后才能从事政治、科学、艺术、宗教等等。"[②] 社会的进步有赖于物质文明的发展。物质文明为精神文明发展提供强有力的物质支持。精神文明是在物质文明发展的基础上产生的。精神生产者本身的生存和发展，都要依靠物质文明的发展。精神文明各个方面的发展，都要以一定的物质条件和物质手段作为依托。例如，属于精神文明、传播先进思想和文化的图书、报纸杂志、广播电视、文化媒体、数字化技术等都离不开物质文明的支持。现实生活表明，只有物质文明首先发展，精神文明的发展才有强有力的物质手段和物质条件。

第二，物质文明是促进精神文明发展的根本推动力。

物质生产的实践是人类最基本的实践活动。物质文明是精神文明存在的"根"，同时也是精神文明发展的动力"源"。

物质文明对精神文明的推动作用是十分明显的。精神生产是随着物质生产的发展而发展。精神文明建设的直接现实目的和着眼点是提高人的素质、促进人的全面发展。由于物质生产的发展和物质生活的改善，人类自身的自然属性才得到了改造，人的本质力量才得以显现。物质文明的发展凝结着生产者的丰富的经验，它为精神文明发展提供了取之不尽、用之不竭的源泉。

① 《马克思恩格斯选集》第 2 卷，人民出版社 2012 年版，第 8 页。
② 《马克思恩格斯选集》第 3 卷，人民出版社 2012 年版，第 1002 页。

实践是认识之母，科学的理念（价值观念、道德观念）、先进的科学技术知识，以及一切优秀的文化艺术和其他种种精神产品，归根结底来源于物质生产的实践活动。不断发展和深化的社会物质生产的实践，给科学的理论提供新的活力，给教育和科学技术提供新的知识，给一切文化艺术和精神产品提供新的素材。物质文明的进步，是推动社会精神文明建设和发展的根本源泉和强大推动力。

第三，物质文明是精神文明发展的一个重要标志。

物质文明不仅是精神文明的物质基础、动力之源，而且也是精神文明发展的一个重要标志。作为物质文明标志之一的人们物质生活的改善和提高，也是社会精神文明发展的重要表现。邓小平在深圳特区视察时这样说过："这次我到深圳一看，给我的印象是一片兴旺发达。""听说深圳治安比过去好多了，跑到香港去的人开始回来，原因之一是就业多、收入增加了，物质条件也好多了，可见精神文明说到底是从物质文明来的嘛！"[①] 实际上，人们衣食住行的改善，不仅仅是个物质生活的问题，而且总是不同程度地伴随着思想观念的变化和精神文化生活的发展。因为，人们的生活水平提高了，就会促使人的精神风貌、文化素养、个性自由得到不同程度的发展。这不仅表明了物质文明是精神文明的基础和推动力，也表明了物质文明是社会精神文明建设取得进展的一个突出标志。

（二）精神文明的内涵

要正确理解精神文明，就要认识精神、精神生产与精神文明之间的联系和区别。

1. 精神与精神文明的联系与区别

精神和精神文明相对于物质和物质文明而言，是属于第二性的，它们归根结底都是物资生产的产物。在这个意义上来说，精神和精神文明具有不可分割的内在联系。但二者又是有区别的，不应把它们等同起来。

第一，精神和精神文明两个概念的内涵的内容不一样。精神是与"物质"相对应的，是人对客观世界的反映。如思想、观念、理论、方针、政

---

① 《邓小平文选》第 3 卷，人民出版社 1993 年版，第 51—52 页。

策、计划、情绪等都属于人的精神现象。它既包括人类有意识的精神因素，如思想、理论、方针、政策等，也包括人的无意识的心理活动因素，如人的喜、怒、哀、乐等。它是人的非理性的情感因素。

精神文明是与物质文明相对应的。它是指"人类社会精神生活的进步开化状态，是人类精神现象中的积极因素。它不仅包括人类改造主观世界的积极成果，也包括客观世界的文明成果。思想成果包括人的世界观方法论、理想、信念和伦理道德等社会总体的思想状况和精神状态方面；文化成果包括科学、教育、卫生、体育、文艺等知识形态，以及与此相关的外化物或载体，如学校、科学院、报纸、刊物、图书、音像制品、图书馆、博物馆、剧院、医院、体育馆、电影院、电视台等属于有形的、硬件性的方面"①。《中共中央关于社会主义精神文明建设指导方针的决议》指出："精神文明建设，包括思想道德建设和教育科学文化建设两个方面，渗透在整个物质文明建设之中，体现在经济、政治、文化、社会生活的各个方面。"这是对精神文明的内涵和特征的高度概括。

讲精神文明的含义时，不能忽视人的审美意识或审美观念。2004 年 2 月 26 日，中共中央国务院出台了《关于进一步加强和改进未成年人思想道德建设的若干意见》，其中特别强调了"德、智、体、美"教育的必要性。"美"是塑造高尚情操、促进全面发展不可缺少的因素。审美本质上属于观念形态的领域。在人类生活中，既有真善美，也有伪恶丑。只有培育和塑造一种科学和先进的审美意识或审美观念，才能对现实生活中的种种丑恶现象作出正确的判断，才能在内心深处培育起一种追求美的理念和情感，激励起一种健康向上，坚毅勇敢的拼搏精神，从而自觉地按照美的规律和要求来塑造对象、改造世界。

第二，精神和精神文明二者最重要的区别是精神和精神文明本质属性不一样。精神作为对客观世界的反映，是人的主观属性，它既可以是积极的，也可以是消极的；既可以是进步的，也可以是落后的、腐朽的；既可以是正确的，也可以是错误的。而作为精神文明中的精神因素，指的则是积极、向

---

① 鲍宗豪：《文明城市论》，《河北学刊》2005 年第 3 期。

上、进步的方面，尤其是那些反映时代潮流、符合科学精神的理论和思想观念。精神文明是把精神和"文明"联系在一起，它排除和否定违背科学原理和科学精神、逆时代潮流的各种消极、落后等不健康的观念形态和其他精神现象。精神文明不是自发产生的，它是精神产品生产者在社会实践的基础上，自觉进行总结和概括的结果，反映了社会发展方向和主流。

2. 精神生产与精神文明的联系与区别

要全面理解精神文明，还需要认清精神生产与精神文明的联系与区别。我们通常说的精神生产，是指哲学、科学、政治、法律、文艺、道德、宗教意识的特殊社会形式的生产。正如马克思、恩格斯所指出的，精神生产就是"思想、观念、意识的生产……表现在某一民族的政治、法律、道德、宗教、形而上学等的语言中"①　的范畴的生产。精神文明，尤其是观念形态的东西，都离不开精神生产。可以说，没有精神生产，也就谈不上精神文明。但应当明确，并不是一切精神生产的产品都属于精神文明，而是人类精神生产中最重要、最宝贵的精神财富，才可以归属于精神文明的成果。

精神文明的发展，与从事精神生产劳动者的数量和质量有直接的关系。精神文明不是自然而然地产生的，它是人类劳动实践的积极成果，是劳动实践的升华。精神生产有其特殊性，它需要精神生产有更多的创造力和自由想象力。因此，一个文明社会要巩固发展自身的文明程度，就要大力培养和造就一大批具有相当素质的精神生产者，并尽可能地在各个方面保证他们的创造性劳动。在社会主义中国，就要遵照邓小平同志说的"尊重知识，尊重人才"，并把它落到实处，这是发展我国社会主义事业的需要，更是建设社会主义精神文明的需要。

（三）加强社会主义精神文明建设的重要性

精神文明建设是社会主义建设的一项重大历史任务，也是中国式现代化建设的迫切需要。

1. 精神文明建设是社会主义建设的重要历史任务

新中国成立初期，我们在全体干部和全国广大人民群众中，深入宣传和

① 《马克思恩格斯全集》第 3 卷，人民出版社 1960 年版，第 29 页。

普及马列主义、毛泽东思想，宣传先进的科学理论、科学的世界观人生观价值观和先进的道德观。特别令世人瞩目的是，花大力气消除了旧社会遗留下来的思想精神方面的毒瘤和污泥浊水，使全国人民的精神面貌和社会风气发生了根本性的变化。特别是改革开放以来，我们在进行物质文明建设的同时，反复强调精神文明建设的重要性。1979 年，叶剑英在庆祝国庆 30 周年的讲话中，第一次明确提出了"社会主义精神文明"的科学命题。1986 年《中共中央关于社会主义精神文明建设指导方针的决议》（简称《十一届六中全会的决议》）中，强调我国社会主义现代化建设的总体布局必须"坚定不移地加强精神文明建设"，指明了"社会主义精神文明建设的根本任务，是适应社会主义现代化建设的需要，培养有理想、有道德、有文化、有纪律的社会主义公民，提高整个中华民族的思想道德素质和科学文化素质"。

1996 年，《中共中央关于加强社会主义精神文明建设若干重要问题的决议》中指出，当代中国是"在发展社会主义市场经济和对外开放条件下建设社会主义精神文明"。2002 年 11 月，江泽民同志在党的第十六大报告中又强调指出："全面建设小康社会，必须大力发展社会主义文化，建设社会主义精神文明。"①

精神文明建设之所以是社会主义建设的重要历史任务，这是由社会主义社会自身性质、特征决定的。社会主义作为一种先进的社会制度，在社会经济、社会政治、社会意识形态领域都具有其区别任何其他社会制度的独有的特征。就社会意识形态来说，它是以人类思想史上最先进的马克思主义作为根本的指导思想，并以社会主义、共产主义作为社会发展的价值目标。社会主义精神文明坚持以马克思主义科学理论为指导。在我国社会主义社会，之所以反复强调社会主义精神文明建设的重要性、必要性，这是坚持马克思主义的基本原则，坚持社会主义的前进方向的头等重要的大事。

2. 坚持以共同富裕为特征的社会主义精神文明建设

走共同富裕的道路，是当代中国式现代化的战略目标。共同富裕，不单是一个经济概念，而是一个涉及社会经济发展、政府政策协调、以社会主义

---

① 《十六大以来重要文献选编（上）》，中央文献出版社 2011 年版，第 29 页。

核心价值观作指导的综合性概念，它是社会主义物质文明和社会主义精神文明协调发展的结果。

我们坚持走共富裕的道路有一个最基本的指导思想和行为规范，这就是：勤劳致富，科技致富，致富不忘国家，先富不忘后富，先富帮后富，促进共同富裕。正如邓小平所强调的："勤劳致富是正当的。"① 我们要提倡和鼓励的是勤劳致富，反对的是非法致富，我们也反对和防止那种背弃社会主义核心价值观而专搞歪门邪道、损人利己、损公肥私的致富之道。我们强调勤劳致富，也倡导富了不忘勤俭和勤劳。勤劳是一种民族精神，勤劳和勤俭是我国的传统美德。这就需要把社会主义精神文明建设放在突出的地位。社会主义精神文明建设要为致富提供理论指导、精神动力和智力支持。

以共同富裕为特征的中国式现代化，允许一部分地区、单位和个人，通过依靠政策、依靠科技和诚实劳动可以先富裕起来。对待先富裕起来的地区、单位和个人，就需要通过社会主义精神文明建设，强化他们的国家观念，即致富不忘国家、不忘社会，邓小平指出："对于一部分先富裕起来的个人，也要有一些限制。例如，征收所得税。还有，提倡有的人先富裕起来以后，自愿拿出钱来办教育、修路。"② 对待致富走在前列的地区、单位和个人，还需要通过社会主义精神文明建设，培育他们先富帮后富的集体主义的观念，使他们自觉自愿地通过技术传授、资金帮助、物质支援等方式，使后富的地区、单位和个人逐步走上富裕道路。对那些暂时还不富裕，甚至还处在较为贫困的地区、单位和个人，除了必要的政策扶持和物质帮助外，也需要通过精神文明建设去激发他们勤劳致富的观念和意志，帮助他们去学习致富的先进科学技术，开拓他们致富的途径。凡此种种，都与社会主义精神文明建设紧紧相关。

共同富裕也是一种共同的理想信念，它是在中国共产党领导下，全体人民共同追求富裕的理想信念及其实践，追求共同富裕理想信念及其实践的过程，也就是一个加强社会主义精神文明建设的过程。

（四）加强社会主义精神文明建设的根本任务

邓小平指出："搞社会主义精神文明，主要是使我们的各族人民都成为

① 《邓小平文选》第 3 卷，人民出版社 1993 年版，第 23 页。
② 同上书，第 111 页。

有理想、讲道德、有文化、守纪律的人民。"① 精神文明建设的特定对象是人，致力于人的精神与科学文化素质的提高和发展，提高全民族的素质，这是新时代推进中国式现代化进程中加强社会主义精神文明建设的根本任务。

1. 以社会主义精神文明的建设促进人类自身精神的发展

物质文明是社会发展的基础，是人类生存和发展的物质条件。但是，人类自身精神需求的满足以及人的思想道德和科学文化素质的提高，最根本的依托是社会主义精神文明建设。社会主义精神文明的根本任务在于提高人的素质、促进人类自身精神的发展。社会主义精神文明建设中思想道德，担负着塑造和提高社会成员的理想信念、社会公德、职业道德、思想品德、家庭美德的职责。精神文明建设中的文化，按照18世纪法国思想家狄德罗任主编、达达朗贝尔任副主编的《百科全书》的说法，文化是"一种特殊的艺术，这种艺术教导人们去开发和完善人类精神的每一部分"。精神文明中的文化科学技术，是直接增强人类自身改造客观世界能力的根本手段。

社会主义精神文明通过为物质文明建设提供精神动力和智力支持，不断提高人的素质的同时，不断丰富人的精神世界，促进人类精神的发展。

2. 社会主义精神文明建设重在"内化"人的精神境界

在社会主义精神文明建设的现实实践中，要自觉地把培育有理想、有道德、有文化、有纪律的社会主义新人，提高人的思想道德素质和科学文化素质作为努力的目的。精神文明建设与物质文明建设相比较而言，物质文明建设的对象通常是无生命的物体。物质文明建设的过程，实际上是一种物化、外化的过程，即把各种理念、设计、构思、方案等精神文明的成果外化为物质性的客观存在。精神文明建设的一个重要特点，却是通过种种手段和各种中间载体将精神文明的要求输入人脑，"内化"为具体和现实的人的知识、能力、理论、思想观念、道德规范、审美意识等。社会主义精神文明的根本任务和根本目的在于提高人的思想道德素质和科学文化素质。这既要强调自觉接受，又离不开各种形式的细心"灌输"，通过"灌输"内化为人的思想观念和文化科学知识结构。精神文明建设需要有各种各样的物质载体，但是

---

① 《邓小平文选》第 2 卷，人民出版社 1993 年版，第 408 页。

这种物质载体都服务于一个目标，即提高人的素质。

3. 社会主义精神文明建设的重要任务是不断提高社会文明程度

恩格斯曾指出，文明是"社会的素质"。人类社会各个时期、各个领域、不同群体的文明都体现为社会文明。社会主义精神文明建设是提高公民文明素质和社会文明程度的主要载体；公民文明素质和社会文明程度高低又是检验社会主义精神文明建设、成效的尺度。

第一，"以理想信念为支柱的人的精神状态。理想信念是人的精神支柱，是人的素质的根本所在。它最深刻地反映着一个国家、一个民族的思想水平和进取精神，也是一个国家、一个民族的凝聚力和前进动力的源泉"①。无产阶级的伟大理想是共产主义。在新时代，建设有中国特色的社会主义，推进中国式现代化就是现阶段广大人民群众的共同理想，是全国各族人民在中国共产党领导下团结奋斗的共同目标。江泽民同志说："有没有高昂的民族精神，是衡量一个国家综合国力强弱的一个重要尺度。"② 习近平总书记强调，"理想信念就是共产党人精神上的'钙'"③，"只有铸牢理想信念之魂，才能经受得住各种考验"④。在这个意义上说，理想信念是社会文明的重要表征。

第二，以人的社会主义道德观念为基础的社会风貌。"道德是人的行为规范，人的行为规范的总和表现为社会风貌。"开展社会公德、职业道德、思想品德、家庭美德教育，加强公民道德建设，"不仅要努力提高每一个社会成员的精神境界，并且要在全社会建立和发展人与人之间的平等、团结、友爱、互助的社会主义新型关系"⑤。公民道德是社会的一种公德，是社会的普遍风气，是社会文明的根本标志。所以，精神文明建设必须突出公民道德建设。

第三，以法治和纪律观念为准绳的社会秩序。社会秩序的好坏是由多种因素决定的。但最根本的因素还是人的素质。从社会秩序角度可以窥见社会

---

① 鲍宗豪：《文明城市论》，《河北学刊》2005 年第 3 期。
② 《江泽民文选》第 2 卷，人民出版社 2006 年版，第 231 页。
③ 习近平：《坚定理想信念　补足精神之钙》，《求是》2021 年第 21 期。
④ 习近平：《学史明理 学史增信 学史崇德 学史力行》，《求是》2021 年第 13 期。
⑤ 鲍宗豪：《文明城市论》，《河北学刊》2005 年第 3 期。

成员素质的高低。法律是维持社会正常秩序的必要条件；提高人民群众的法制观念，也是与社会主义精神文明建设有关的重要问题。良好的社会秩序要由各种纪律作保证。"人民群众自觉的纪律观念和守纪行为，是我们顺利进行中国式现代化经济建设的保证"①。人的纪律观念与法制观念、民主精神是不可分割的。纪律与民主并不互相否定，发扬民主离不开纪律的约束。组织性、纪律性又是人民群众的积极性、主动性得以有序发挥的保证。考察人的素质和人自身的发展，法制观念和纪律观念是决不可忽视的。

第四，以文化为基础的人的认识和改造客观世界的能力。"人的素质的提高和人的发展的一个突出表现就是人的实际能力因素，即以文化（包括科学技术知识）为基础的认识客观世界和改造客观世界的能力。"② 所以，在进行社会主义精神文明建设，强调学习和宣传科学理论的同时，必须高度重视文化科学技术知识的普及和提高。一般来说，科学的理论为人们正确认识客观世界提供方法论的指南，文化科学技术知识和专业技能则是改造客观世界的现实力量，更是提高社会劳动生产率，加快经济发展的必要保证。"广大人民群众的文化科学技术知识素质的提高，是检验人的自身发展程度的一个极重要标尺。"③

二、"两个文明"协调发展的演进逻辑

十一届三中全会以来，中国的改革开放深刻地改变了中国，社会建设取得重大进步，社会事业取得重大发展，社会生产力水平不断提高，物质文明建设取得丰硕成果。如图 8-1 所示 GDP 数据，可从经济规模的数量值从一个侧面集中表征物质文明建设情况。

纵观改革开放 40 多年来物质文明与精神文明的关系，通过对重要政策文献梳理分析及物质文明与精神文明的不同指向，大致可划分为三个具有"历时性"特征的发展阶段④，即偏重于"政府导向""市场导向""社会导

---

① 鲍宗豪：《文明城市论》，《河北学刊》2005 年第 3 期。
② 同上。
③ 同上。
④ 岳伟、鲍宗豪：《改革开放 40 年我国物质文明与精神文明关系的实践及理论探索》，《学术论坛》2018 年第 6 期。

资料来源：国家统计局公布的 GDP 数据。

图 8 - 1 1978—2021 年中国 GDP（亿元）曲线图

向"的物质文明与精神文明关系阶段。

（一）以"政府导向"的"两个文明"协调发展（1978—1991 年）

这一阶段的物质文明与精神文明关系发展偏重于"政府导向"，意指物质文明与精神文明的协调发展，主要还停留于政府重视和政府推动阶段，具有"政府导向"的特点。

1979 年 9 月，叶剑英在《庆祝中华人民共和国成立三十周年大会上的讲话》中首次明确提出"物质文明"和"精神文明"这两个概念，并在讲话中强调："我们要在建设高度物质文明的同时，提高全民族的教育科学文化水平和健康水平，树立崇高的革命理想和革命道德风尚，发展高尚的丰富多彩的文化生活，建设高度的社会主义精神文明。"[1]

1979 年 10 月 30 日，邓小平《在中国文学艺术工作者第四次代表大会上的祝词》中指出："我们的国家已经进入社会主义现代化建设的新时期。……我们要在建设高度物质文明的同时，提高全民族的教育科学文化水平，发展高尚的丰富多彩的文化生活，建设高度的社会主义精神文明。"[2] 1982 年 9 月，党的十二大报告明确指出："我们在建设高度物质文明的同时，一定要努力建设高度的社会主义精神文明。这是建设社会主义的一个战略方

---

[1]《三中全会以来重要文献选编》（上册），人民出版社 1982 年版，第 204 页。
[2]《邓小平文选》第 2 卷，人民出版社 1993 年版，第 208 页。

针问题"，"是否坚持这样的方针，将关系到社会主义的兴衰成败①"，并进一步指出"物质文明的建设是社会主义精神文明的建设不可缺少的基础。社会主义精神文明对物质文明的建设不但起巨大的推动作用，而且保证它的正确的发展方向。两种文明的建设，互为条件，又互为目的"②。

党的十二大报告特别强调社会主义精神文明的重要性，认为这是社会主义的重要特征，是社会主义制度优越性的重要表现，充分说明我们党对中国特色社会主义文明结构认识的深化。1986 年党的十二届六中全会通过的《中共中央关于社会主义精神文明建设指导方针的决议》指出，要坚定不移地加强精神文明建设，从社会主义现代化建设的战略高度全面部署经济、政治和文化各领域文明的协调发展，是对社会主义发展的全面性理论认识的新飞跃。

（二）以"市场导向"的"两个文明"协调发展（1992—2012 年）

这一阶段的物质文明与精神文明关系发展侧重于"市场导向"，意指物质文明与精神文明的协调发展主要立足于市场经济，依赖于市场经济在发展物质生产力提高物质文明的同时，促进精神文明的发展。

"党的十四大报告对社会主义现代化的内涵有了更深刻的认识，正式将社会主义精神文明纳入了中国特色社会主义理论的范畴，提出了社会主义现代化物质文明与精神文明相对应的两个方面的要求。"③ 江泽民在党的十四届五中全会闭幕会的讲话中强调"任何情况下，都不能以牺牲精神文明为代价去换取经济的一时发展"④，并作出了将精神文明建设纳入国民经济和社会发展的总体规划的决定。党的十四届六中全会以社会主义精神文明建设为专门议题，通过了关于社会主义精神文明建设的重要决议。

2001 年 1 月江泽民在全国宣传部长会议的讲话时指出："我们在建设有中国特色社会主义、发展社会主义市场经济的过程中，要坚持不懈地加强社会主义法制建设，依法治国；同时也要坚持不懈地加强社会主义道德建设，以德治国。对一个国家的治理来说，法治和德治，从来都是相辅相成、相互

---

① 《十二大以来主要文献选编》（上册），中央文献出版社 2011 年版，第 21 页。
② 同上书，第 22 页。
③ 岳伟、鲍宗豪：《改革开放 40 年我国物质文明与精神文明关系的实践及理论探索》，《学术论坛》2018 年第 6 期。
④ 《江泽民文选》第 1 卷，人民出版社 2006 年版，第 474 页。

促进的。二者缺一不可，也不可偏废。法治属于政治建设、属于政治文明，德治属于思想建设、属于精神文明。"① 2002 年 7 月，江泽民在考察中国社会科学院时进一步指出，"建设有中国特色社会主义，应该是我国经济、政治、文化全面发展的进程，是我国社会主义物质文明、政治文明、精神文明全面建设的进程。"② 这就为"三位一体"的三个文明发展的新思想奠定了坚实的基础。

同年，党的十六大报告正式将物质文明、政治文明、精神文明确定为社会主义现代化建设"三位一体"的发展目标，强调全面建设小康社会，加快推进社会主义现代化，必须促进"三个文明"的"三位一体"的发展。2004 年，胡锦涛在人口资源环境工作座谈会上的讲话中指出："要坚持抓好经济建设这个中心，同时又要切实防止片面性和单打一，全面推进社会主义物质文明、政治文明、精神文明建设，防止出现因发展不平衡而制约发展的局面。"③ 这些都体现了以市场为主导的两个文明发展特征，精神文明及政治文明的发展为物质文明提供动力。

（三）以"社会导向"的"两个文明"协调发展（2013 年至今）

2013 年至今的精神文明建设，突出以"社会导向"促进"两个文明"协调发展。所谓"社会导向"意指物质文明与精神文明的协调发展，源自广大人民群众共同参与精神文明创建，在群众性精神文明创建中，促进"两个文明"协调发展。

党的十八大以来，以习近平同志为核心的党中央高度重视精神文明建设，着眼"四个全面"的战略布局，作出一系列重大决策部署，推动社会主义精神文明建设在理论和实践上不断取得新成就、创造新经验。"实现中华民族伟大复兴的中国梦，物质财富要极大丰富，精神财富也要极大丰富，必须锲而不舍、一以贯之的抓好社会主义精神文明建设。"④ 2013 年 4 月 28 日，习近平总书记在同全国劳动模范代表座谈时强调："实现我们的发展目标，不仅要在物质上强大起来，而且要在精神上强大起来。"2013

---

① 《江泽民文选》第 3 卷，人民出版社 2006 年版，第 200 页。
② 同上书，第 490—491 页。
③ 《胡锦涛总书记在 2004 年中央人口资源环境工作座谈会上的讲话》，《人民日报》2004 年 3 月 10 日。
④ 《十六大以来重要文献选编》（上册），中央文献出版社 2011 年版，第 851 页。

年5月4日，习近平总书记参加中国空间技术研究院"实现中国梦，青春勇担当"主题团日活动时发表重要讲话：中国特色社会主义是物质文明和精神文明全面发展的社会主义；一个没有精神力量的民族难以自立自强，一项没有文化支撑的事业难以持续长久①。物质文明和精神文明成为中国特色社会主义的重要内涵。2013年8月，习近平总书记在全国宣传思想工作会议上更加鲜明地指出："只有物质文明建设和精神文明建设都搞好，国家物质力量和精神力量都增强，全国各族人民物质生活和精神生活都改善，中国特色社会主义事业才能顺利向前推进。"② 实现中国梦，是物质文明和精神文明均衡发展、相互促进的结果，是物质文明和精神文明比翼双飞的发展过程。

党的十八届五中全会审议通过的《中共中央关于制定国民经济和社会发展第十三个五年规划的建议》强调要推动"两个文明"协调发展：推动物质文明和精神文明协调发展，坚持"两手抓、两手都要硬"，坚持社会主义先进文化前进方向，坚持以人民为中心的工作导向，坚持把社会效益放在首位、社会效益和经济效益相统一，坚定文化自信，增强文化自觉，加快文化改革发展，加强社会主义精神文明建设，建设社会主义文化强国③。近10年来，全国各地的精神文明创建活动蓬勃发展，创造出了种种推进"两个文明"协调发展的经验。

表8-1　"三阶段"精神文明建设的主要内容④

年　份	党代会	相　关　表　述
1982年	十二大	大力推进社会主义物质文明和精神文明的建设；我们在建设高度物质文明的同时，一定要努力建设高度的社会主义精神文明
1986年	十二届六中全会	通过了《中共中央关于社会主义精神文明建设指导方针的决议》

① 《习近平同志在同各界优秀青年代表座谈时的讲话》，《光明日报》2013年5月5日。
② 《习近平谈治国理政》（第一卷），外文出版社2015年版，第153页。
③ 《十八大以来重要文献选编》（中），中央文献出版社2016年版，第802页。
④ 岳伟、鲍宗豪：《改革开放40年我国物质文明与精神文明关系的实践及理论探索》，《学术论坛》2018年第6期。

续　表

年　份	党代会	相　关　表　述
1987 年	十三大	有力地推进了改革和开放，加强了物质文明和精神文明建设
1992 年	十四大	一手抓物质文明，一手抓精神文明；物质文明和精神文明都搞好，才是有中国特色的社会主义；把共产党人的先进性在社会主义物质文明和精神文明建设中充分发挥出来
1996 年	十四届六中全会	通过了《关于加强社会主义精神文明建设若干重要问题的决议》
1997 年	十五大	物质文明和精神文明建设全面推进；坚持物质文明和精神文明两手抓、两手都要硬的方针
2002 年	十六大	坚持物质文明和精神文明两手抓；不断促进社会主义物质文明、政治文明和精神文明的协调发展
2007 年	十七大	切实把社会主义核心价值体系融入国民教育和精神文明建设全过程；深入开展群众性精神文明创建活动
2012 年	十八大	推动社会主义精神文明和物质文明全面发展
2017 年	十九大	推动社会主义精神文明和物质文明协调发展

三、推进"两个文明"协调发展的中国式现代化

党的十九大报告指出："从 2035 年到本世纪中叶，在基本实现现代化的基础上，再奋斗十五年，把我国建成富强民主文明和谐美丽的社会主义现代化强国。到那时，我国物质文明、政治文明、精神文明、社会文明、生态文明将全面提升。"[1] 因此，物质文明、政治文明、精神文明、社会文明和生态文明在新时代共同推进和相互形塑，物质文明与精神文明关系理论演进和实践探索中发展成为新时代"五位一体"的文明格局体系，集中引导人民对美好生活的向往。

党的二十大报告强调："物质富足、精神富有是社会主义现代化的根本要求。物质贫困不是社会主义，精神贫困也不是社会主义。"所以，中国式

---

[1] 《决胜全面建成小康社会夺取新时代中国特色社会主义伟大胜利——在中国共产党第十九次全国代表大会上的报告》，人民出版社 2017 年版，第 28 页。

现代化的一个重要特征是"物质文明与精神文明协调发展"。"两个文明"协调发展（为了阐释更方便，简称"文明发展"），作为"中国式现代化"的特征，从根本上区别于西方千百年来在物质经济领域追求资本增殖的片面的现代化模式，摒弃了西方单纯追求"资本"无限扩张而导致贫富分化、种族冲突、生态危机的西方式现代化模式。

（一）物质贫困不是社会主义，精神贫困也不是社会主义

2022 年，中共中央党史和文献研究院编辑的《习近平关于社会主义精神文明建设论述摘编》一书，由中央文献出版社出版，在全国发行。《论述摘编》分 10 个专题，共计 512 段论述，摘自习近平同志 2012 年 11 月 17 日至 2022 年 6 月 8 日期间的报告、讲话、说明、演讲、谈话、贺信、指示、批示等 240 篇重要文献。其中部分论述是第一次公开发表。

习近平围绕加强社会主义精神文明建设发表的一系列重要论述，深刻揭示了社会主义精神文明建设的特点规律，丰富和发展了党关于社会主义精神文明建设的科学理论，是指导我们做好社会主义精神文明建设工作的强大思想武器。

习近平关于社会主义精神文明建设的重要论述，是习近平新时代中国特色社会主义思想的重要组成部分，对于加强理想信念教育、培育和践行社会主义核心价值观，推进文明实践、文明培育、文明创建，提高全社会文明程度、促进人民精神生活共同富裕，为奋进新征程、建功新时代提供坚强思想保证、强大精神动力、丰润道德滋养、良好文化条件，具有十分重要的指导意义。

（二）"文明发展"作为中国式现代化特征，是对西方种种现代化发展理念的超越①

"两个文明"协调发展，是在改革开放 18 年后的十四届六中全会才真正开始破题。在六中全会有关加强精神文明建设的若干意见中，第一次提出了"开展创建文明城市活动"。至此，"两个文明"协调发展才开始在全国文明城市的创建活动中落到了实处，并开始通过文明创建实践不断平衡"中国现

---

① 这部分的分析阐释参见鲍宗豪、赵晓红：《以"文明发展"解构"增长主义"》，《上海交通大学学报（哲学社会科学版）》2014 年第 3 期。

代化"实践中的"两个文明""不协调"问题，不断促使其走向"协调"发展。

文明城市创建是一种以"文明发展"理念为指导，促进"两个文明"协调发展的理论范式，是对 20 世纪 50 年代以来各种"发展和现代化"研究范式的"扬弃"，是对以"文明发展"理念聚焦"文明城市"创建，进而实现促进"两个文明"协调发展功能的确证。

第一，"文明发展"既是中国式现代化的重要特征，又是一种发展的理念。它超越了西方经济学家提出的"单纯"的增长，或"发展就是增长"的理念。

第二，"文明发展"解构了以"资本"为核心的"增长主义"逻辑。在反思批判资本主义增长逻辑导致的气候等生态危机时，罗马俱乐部曾发表《增长极限》的报告，在全球引起很大反响。以后，国外不少生态主义学者又提出"零增长"理念等，但这不现实。只有两个文明协调发展的中国式现代化，才能避免各种危机、灾难，引导人类走向可持续的美好明天。

第三，"文明发展"破解了"发展与现代化"离不开资本主义的断言。改革开放 40 多年来，中国特色社会主义事业取得了历史性的成就：一是社会主义的本质充分展现，中国已经成为世界第二大经济体，人民生活水平普遍有了很大提高；二是中国特色社会主义道路已形成，党的十九大报告中也强调要坚定中国特色社会主义的道路自信；三是中国特色社会主义进入新时代。

在中国特色社会主义新时代下的"文明发展"，是一种综合性的、包容性的发展，它所指向的是生产、生活与生态的全面、协调、可持续的发展。其中，生产发展是基础，生活富裕是目的，生态平衡是保障，三者相辅相成、互为条件，缺一不可。事实上，也唯有走生产协调、生活富裕、生态平衡的文明发展道路，才能够真正建立起公正、和谐、幸福、文明的中国特色社会主义社会。"文明发展"不仅回答了如何可持续高质量增长、可持续推进中国特色社会主义事业发展的问题，而且回应了"发展与现代化"离不开资本主义的断言，破除了发展与现代化唯有走资本主义道路才行，唯"资本"才能解决一切问题的谎言。

（三）依法规范和引导我国资本健康发展，发挥资本作为中国式现代化动力机制作用

"文明发展"作为中国式现代化是对以"资本"为核心的资本主义现代化的扬弃，并不意味着中国式现代化不需要"资本"。习近平总书记在中共中央政治局第三十八次集体学习时强调："依法规范和引导我国资本健康发展，发挥资本作为重要生产要素的积极作用。"一是当前"我国存在国有资本、集体资本、民营资本、外国资本、混合资本等各种形态资本"的特征。要在坚持党的领导和社会主义制度的同时，"促进各类资本良性发展"，"发挥其发展生产力、创造社会财富、增进人民福祉的作用"。二是习近平总书记强调："资本具有逐利本性，如不加以规范和约束，就会给经济社会发展到来不可估量的危害。"三是"要设立'红绿灯'，健全资本发展的法律制度"，"要加强资本领域反腐败，保持腐败高压态势"。

习近平总书记关于依法规范和引导"资本健康发展"的重要讲话精神，给我们把新时代各类资本作为"中国式现代化"的动力机制提供了理论依据。

2016年，笔者在国内权威学术刊物《马克思主义研究》杂志发表了《中国特色社会现代化动力机制》一文。基于20多年来对国内外现代化和社会建设的研究，笔者认为，整个20世纪的"经济现代化"在很大程度上受现代化就是实现"资本"增殖发展思想的影响和牵制。这种单一"经济现代化"的发展思路在资本主义世界屡遭诟病，在发展中国家更是值得反思和批判。笔者认为，真正的现代化应该是"社会现代化"，只有"社会领域"实现了现代化，才可能既真正摒弃资本"非文明化"各种弊端，又积极发挥"资本"在促进经济、保护生态、实现社会和谐方面的作用，这才是资本的"文明化"！"资本"的"文明化"才是中国特色社会现代化所需要的动力机制，也才可能区别于把现代化等同于财富积累和经济增长的"经济现代化"，区别于抽象的谈论人性的自我实现、人类与自然和谐发展的哲学意义的"抽象"现代化。[①]

---

① 鲍宗豪：《中国特色"社会现代化"的动力机制》，《天津社会科学》2016年第2期。

值得重视的问题是："经济现代化"为什么难以走向"社会现代化"？"社会现代化"为什么会常常被"边缘化"？原因很多，但从"资本"作为驱动"现代化"和"经济现代化"的动力机制看，它天然地就趋向"增值"，趋向以"经济的现代化"实现资本的增值。所以，"资本"只要不受"约束"，只要"资本"不拒斥"资本""非文明化"的各种弊端，那么，"社会现代化"必然是被搁置或"边缘化"的①。

在上述意义上说，"社会现代化"要不被搁置或边缘化，它也必须以"资本"为动力机制。但是，社会现代化要以资本的"文明化"为动力机制，要将经济"现代化"全面嵌入社会运行机理及其运行全过程，注重社会阶层和社会结构的和谐，强调人与自然、人与人、人与社会之间应该具有的和谐关系，驱动人类文明健康发展。

在经济全球化的条件下，中国如何尽快从"发展中国家"迈向世界中等发达国家，实现伟大的"中国梦"？我们不能仅限于"资本批判"，而应该致力于一种中国特色社会主义资本"文明化"的积极建构，找到一条适合中国国情的利用资本、超越资本的自觉的"社会现代化"之路。如果说资本主义社会的"资本"文明是一种缺乏"约束""调控"和"治理"的"不自觉文明"，那么，中国特色社会现代化对资本的需求和利用，则应使资本走出"野蛮化"状态，通过对"资本"有序和有效的"约束""调整"②，就如习总书记所说的，依法规范和引导"资本"健康发展，使"资本"真正成为为人民大众谋福祉的工具。

四、共建共享"两个文明"协调发展的"利益共同体"

"人类命运共同体"思想通过"一带一路""金砖合作""上合组织"的实践，展现的是中国作为当今世界负责任的大国的担当和世界胸怀，期待引导人类建立一个共治、共生、共荣、共享和共赢的世界，展现了中国坚定不移地在和平共处五项原则基础上发展同各国友好合作，推动建设相关尊重、公平正义、合作共赢的新型国际关系的努力和实践。2002 年以来，全国各地

---

① 鲍宗豪：《中国特色"社会现代化"的动力机制》，《天津社会科学》2016 年第 2 期。
② 同上。

以《全国文明城市测评体系》为指导，把文明城市创建作为推进"两个文明"协调发展的"利益共同体"，已获得全国人民的广泛参与、高度认同、高度赞誉。

（一）文明城市何以成为"两个文明"协调发展的利益共同体

创建全国文明城市之所以能成为"两个文明"协调发展的"利益共同体"，原因在于：一是人民普遍希望：城市让生活更美好。然而，随着国家综合国力的提升、城市经济发展、人民物质生活水平的提高，一段时间以来，城市曾缺乏精神追求，城市文明治理水平不高，市民文明行为养成难等问题，成为困扰物质生活与精神生活、物质文明与精神文明协调发展的难题。创建全国文明城市是破解这难题的最佳选择、最佳载体。二是文明城市是物质文明与精神文明协调发展的城市。其协调发展不仅体现在城市的形态文明、城市的功能文明、城市的素质文明方面，而且是城市形态、功能、素质文明的有机统一。三是20年来全国文明城市、文明单位、文明村镇、文明家庭、文明校园等创建活动的实践，不断向世人证明"文明创建"实践是当代中国人民共建共享物质文明与精神文明协调发展"利益共同体"。

（二）不断深化全国文明城市的"利益共同体"建设

"人类命运共同体"思想在国内的实践，以"中国梦"为目标，以承载"两个文明"协调发展为宗旨和任务的文明城市创建，它已从六个层面构建起了共建共享、促进"两个文明"协调发展的"利益共同体"。

一是共建共享社会主义核心价值观。全国文明城市必须是培育与践行社会主义核心价值观的"排头兵"。所以，争创全国文明城市不仅要营造培育和践行核心价值观公益广告的氛围，像空气一样渗透到工作、生活、交往的方方面面，而且针对不同群体的不同需求，根据不同的身份、地位和职业特点，从国家和社会层面倡导"富强、民主、文明、和谐"，以及"自由平等"的价值观；从个人层面倡导践行"爱国、敬业、诚信、友善"的社会主义核心价值观。共建共享"核心价值观"行动，不仅在文明城市中广泛推进，而且已成为全国人民的价值共识。

二是共建共享中国特色社会主义文化。各地全国文明城市创建，不仅通过"文图博"以及基层文化阵地、少年宫等开展优秀传统文化讲座、经典诵读，以及传统戏曲进校园、进社区、进农村等传承中国优秀传统文化，而且通过春节、元宵节、端午节、中秋节等传统节日，广泛开展具有各地文化特色的弘扬与传承中国非物质文化遗产的活动。这些活动参与群体广泛、参与热情高、参与效果好，已成为各大城市共建共享中国特色社会主义文化的重要抓手，所以也是成为全国文明城市的一项重要测评内容。

三是共建共享民生幸福工程。文明城市创建不仅突出创建为民、惠民利民，而且从文明城市的"硬件""软件"环境以及测评项目的设置上，体现民生幸福工程：① 硬件设施突出与市民生活密切相关的集贸市场改造提升、老旧小区生活环境改善、背街小巷、城市结合部、"城中村"环境卫生的整治等等；② 为市民营造和谐宜居的生活环境，便捷高效的出行环境；③ 发展"文图博"、科技馆等公共文化设施不断促进市民科技文化素养的提升。

四是共建共享服务文明。城市窗口单位的服务文明水平，是一个城市的名片，是一个城市的"软环境"。服务文明不仅仅是窗口单位的事，也与市民密切相关。诚信单位、诚信行业的创建，引导市民和服务人员广泛参与志愿服务，共建共享"服务文明"。

五是共建共享秩序文明。文明城市测评对"文明出行""文明交通""文明旅游""文明消费"以及市民在公共场所的文明行为的测评，不仅仅是对市民文明行为的测评，也是对城市管理者文明管理素养的考评。所以，文明城市创建又要求广泛开展"文明交通"等测评。这说明，一个城市的秩序文明管理是管理者与被管理者（市民）共建共享的结果。

六是共建共享城市文明环境。① 城市公园、广场、铁路、长途汽车站等环境卫生，离不开市民个人的文明卫生习惯；② 城市的垃圾分类推进，与市民的参与度低有密切关系，这更说明垃圾分类、城市环境文明，更需要大家共建共享；③ 城市的绿色生态环境，不仅需要政府投入，更需要全体市民的参与、爱护与珍惜。所以，文明城市创建积极引导市民参与植树护绿、环保志愿服务等等。

五、共建共享"两个文明"利益共同体的实践

在中国特色社会主义新时代，全国文明城市创建要在创建实践中，逐步

完善"两个文明"协调发展的"利益共同体"。

（一）对"文明城市"的价值追求

1. "文明城市"的价值理念

习近平总书记强调："人民城市人民建，人民城市为人民。"文明城市的价值理念必须以"人民为中心"，创建要为民靠民惠民，创建的宗旨要以人民为中心，即创建的投入要突出居住小区、背街小巷、农贸市场等民生工程，要突出提高人民文化素养的文化馆、博物馆、科技馆等公共文化设施；创建的水平、创建的绩效由人民评价，人民对城市生活、城市品质、城市风貌、城市形态的满意度是创建文明城市的归宿。

2. 文明城市的价值目标

文明城市以"信仰坚定、崇德向善、文化厚重、和谐宜居、人民满意"为价值目标。

信仰坚定，是一种深沉而笃定的精神力量，而支撑信仰的则是科学理论。理论是信仰的依托，只有对理论有了深刻而理性的认知，才能真懂真信真坚定，由理论认同转化为价值认同，由心理认同转化为信仰信念，并付诸自觉行动。理论为人类坚守信仰注入精神力量。创建文明城市，就要强化马克思主义理论武装，更加坚定信仰信念，矢志不渝为党和人民的事业努力奋斗。

崇德向善，不仅要以培育与践行核心价值观为根本任务，而且要培育城市之德，增强市民文明意识，规范市民文明行为，将市民的诚信意识与诚信行为培育，作为当今市民文明行为之本，在便民服务中倡导诚信，检验诚信，引导市民感知诚信、领悟诚信，在全社会营造守信光荣、失信可耻的社会风气。

文化厚重的城市，关键是要用人文精神增添城市魅力，用文化生活打造城市气质。文明城市不能造成人文精神的"缺场"。如果说城市现代化通过科技创新、制度创新还可能实现"跨越式"发展的话，那么现代化城市的人文特色则是不可"缺失"或"跨越"的。可借鉴上海"人文之城"的建设目标，"建筑是可以阅读的，街区是适合漫步的，公园是最宜休憩的，市民是尊法诚信文明的，城市始终是有温度的"。

城市的核心是人。"创建文明城市必须坚持人民城市为人民，把让群众生活得更舒适这一理念融入城市规划建设管理之中，为群众带来看得见、摸得着的进步和变化，不断提高城市的宜居程度，提升群众的幸福指数。"①

（二）形成"文明城市"价值共识的历程

"文明城市"价值共识的形成，既是历史的选择，又是中国式社会现代化实践的必然逻辑

1. "城市文明"价值共识的历史选择

追求"文明价值"，是中国或者说是人类城市价值取向演进的历史选择。从人类城市变迁中，先后形成了四种城市价值的选择。②

一是追求"商业价值"的城市。古代与近代城市所追求的"商业价值"，在本质上是与朴素的物质世界观相适应的。中国古代的城市其主要功能是维护"城市"的自然状态、城民的商业活动、日常生活，故而要在城内兴"市"③。古希腊的"城邦"，其最初功能也是如此。对物质世界的尊重，对城市人的生存与发展的物质生活追求，形成追求"商业价值"的城市形态、功能和内涵。

二是追求"工业价值"的城市。随英国工业革命发端，西方工业文明兴起，在工业化所带来的巨大生产力面前，笛卡尔主义及牛顿力学（机械）世界观开始在西方流行。18、19世纪，西方城市特别是大城市具有鲜明的"工业价值"导向。工业化给这些城市的文明以巨大推动力，但另一方面，也带来了污染、贫困、犯罪、拥挤、生态恶化等一系列生态问题。

三是追求"生态价值"的城市。"生态危机唤起人类的觉醒，使人类开始反思工业社会所走过的路程，反思追求'工业价值'所带来的城市缺陷，反思人类与自然的关系，开始钟情'生态城市'。20世纪初以来如美国旧金山湾东部海岸的伯克利、巴西的库里蒂巴、澳大利亚的阿德莱德等成为世界上具有标志性的'生态城'"④。党的十八大以来，全国各地以"美丽中国"建设为目标，广泛开展生态城市建设。

① 刘奇葆：《建设崇德向善、文化厚重、和谐宜居的文明城市》，《党建》2017年第7期。
② 鲍宗豪：《文明城市：一种中国特色的可持续城市化新模式》，《马克思主义研究》2011年第3期。
③ 同上。
④ 鲍宗豪：《文明视野下的可持续城市化》，《中国名城》2011年第4期。

四是追求"文明价值"的城市。20 世纪末 21 世纪初，各国学者在反思"生态城市"的过程中，提出以新的思维方式认识"生态城市"，同时预言具有"新的价值取向"的城市的诞生①。正是在呼唤新的城市价值取向的过程中，中国 20 年来创建文明城市的活动，形成了以"城市文明"（包括文明城市）为价值共识的目标与追求。其"文明价值"追求，与 21 世纪人类城市发展趋势相一致，与人类文明发展大趋势相一致，它回应了"量子理论"关于人类世界观的改变并未能改变人类始终不渝的对文明追求的价值取向。

2."城市文明"价值共识的实践选择

21 世纪中国的发展，面对经济社会深刻转型，改革深入和利益格局大幅调整、各种思潮涌动，风险和挑战不断出现，能形成"城市文明"的价值共识，经历了一个艰难的历程，主要有以下三个阶段。

第一阶段：从 1996 年至 2004 年底，"城市文明"价值共识的孕育期。1996 年，党的十四届六中全会通过《关于加强社会主义精神文明建设若干重要问题的决议》，开启了全国文明城市创建的历程，不仅第一次明确了以"城市文明"为核心和价值取向的精神文明建设，而且促使因市场经济不完善而导致的个人主义膨胀、集体意识与个人意识的分裂，开始走向"弥合"，"城市文明"意识作为城市发展的公共意识，开始孕育发展。②

第二阶段：2005 年至 2011 年，城市文明价值共识的形成时期。2002 年开始研制""《全国文明城市测评体系》"（以下简称《测评体系》），2005 年评选表彰第一届全国文明城市，全国 31 个省市自治区 118 个城市（城区）开始按照《测评体系》的"城市文明"评价标准、评价方法推进创建工作。截至 2021 年开始的第七届全国文明城市创建，又进一步突出了"文明幸福的创建活动"，使一度弱化的"公权力"在"文明创建"力量的助推下，不断强化。③

第三阶段：2012 年至 2021 年，"城市文明"的价值共识完善时期。2013 年在全国的群众路线教育中，对文明城市创建中的形式主义也提出了一些意

---

① 鲍宗豪：《文明视野下的可持续城市化》，《中国名城》2011 年第 4 期。
② 鲍宗豪、王滢涛：《马克思"文明实践论"的当代价值》，《武汉科技大学学报（社会科学版）》2019 年第 3 期。
③ 同上。

见，有的地方提出两三年就要创成文明城市，缺乏梯度、缺乏过程、缺乏质量；有的地方只重拿牌子、讲面子，忽视创建过程和质量；有的地方只重视领导满意，忽视群众满意，存在着片面政绩观，搞形象工程。[①]

在 2013 年底到 2014 年 3 月，中央文明办领导在上海、山东、湖北、四川等 12 省（区、市）35 个城市调研后，全国各地党政领导、基层干部等一致认为，文明城市创建使城市有努力目标、有建设方向，创建坚持为民办好事、做实事，创建有价值内涵、有人文精神；文明城市创建是整个创建系列中分量最重、群众认可度最高、地方党委政府最看重的一个载体，是群众性精神文明创建的龙头工程，极大地改善了城乡环境面貌和群众精神风貌，使城市更有思想道德内涵和健康文明品位。从"文明城市"创建到"文明城市"价值共识的形成，经过创建实践的磨炼，进一步成为当代中国各大中小城市和千百万人民群众共同的价值追求。

（三）"文明城市"价值共识的构建

从"城市文明"到"文明城市"的创建，正从四个层面建构与完善文明的价值共识。

1. "城市文明"的信仰共识

信仰，顾名思义就是因为信奉而敬仰。一个人的信仰，决定了个人的全部行为；一个民族的信仰，决定了这个民族和国家的未来。上下五千年的中华历史告诉我们，一个国家，一个民族，缺乏什么也不能缺少信仰。正如习总书记所强调的，"理想信念就是共产党人精神上的'钙'，没有理想信念，理想信念不坚定，精神上就会'缺钙'，就会得'软骨病'"、"一些党员、干部出这样那样的问题，说到底是信仰迷茫、精神迷失……"[②] 为此，就要努力培育和践行社会主义核心价值观，加强社会公德、职业道德、家庭美德、个人品德建设，营造全社会崇德向善的浓厚氛围。人民有信仰，就要从一家一户做起，从你我做起，从党风、政风、社风、家风做起；人民有信仰，就是要人人树立文明观念，个个争当文明公民，更是要让广大青少年弘

---

① 鲍宗豪、王滢涛：《马克思"文明实践论"的当代价值》，《武汉科技大学学报（社会科学版）》2019 年第 3 期。

② 习近平：《坚定理想信念　补足精神之钙》，《求是》2021 年第 21 期。

扬中华民族的传统文化基因，让信仰之花在华夏大地世世代代绽放不止。

2."城市文明"的伦理共识

近年来，城市文明的伦理共识在全国文明城市的创建实践中，促进了"三种精神"的重塑、"三种意识"的培育①。

"三种精神"的重塑：① 人文精神的重塑。各地按照《测评体系》要求，"一是深入推进'我们的节日'主题活动；二是依托文明实践中心、爱国主义教育基地等，开展核心价值观教育；三是要求'开展全民科学素质行动'；四是'做好非物质文化遗产传承工作，加强对历史文化名胜、文物古迹、传统古村落的保护'"②。② 道德精神的重塑。各地按照《测评体系》要求，开展道德模范和身边好人的宣传教育。③ 志愿服务精神的重塑。在2021年版《测评体系》中，有志愿服务时间记录的志愿者人数占注册志愿者总人数的比例高于50%。

"三种意识"的培育：① 规则意识的培育。各地按照《测评体系》要求，不仅广泛开展"市民公约""行业规范""职业守则"等教育实践，而且不断加强"村民公约""学生守则""团体章程"等教育实践，进而培育全体人民的规则意识。② 诚信意识的培育。各地按照《测评体系》要求，广泛宣传诚信理念，开展诚信教育活动，弘扬诚信文化。③ 文明意识的培育。各地按照《测评体系》要求，通过文明社区、文明单位、文明家庭、文明校园创建，将文明意识渗入家庭、社区、单位、学校，大兴文明礼仪之风。

以上有关三种"精神"、三种"意识"的培育，实质上是将"思想精神"层面的内容，转化为相对统一的规范、有序要求，作为相对统一的测评标准，融入全国各个城市的日常工作、市民百姓的日常生活之中，使"思想精神"的重塑，在千百万人可感知、可参与、可重复、可修正完善的"创建"活动中，逐渐内化为市民的意识与日常行为，内化为政府与市民"文明

---

① 鲍宗豪、王滢涛：《马克思"文明实践论"的当代价值》，《武汉科技大学学报（社会科学版）》2019年第3期。
② 鲍宗豪：《创建全国文明城市要突出"六大关怀"》，《云岭先锋》2017年第6期。

共建共享""文明共治"的制度安排。①

"重塑三种'精神'，培育三种'意识'的过程，也是重塑一个城市的'城市精神'的过程。"② 不同城市的城市精神，是当代"中国精神"的缩影，从不同方面反映着"城市梦""中国梦"。城市精神是支配市民的价值取向、行为方式、心理导向的精神力量，是一座城市的灵魂③。

3. 城市文明的制度共识

文明城市创建所形成的"城市文明共识"，内蕴全面系统的制度安排。

一是《测评体系》以测评项目、测评指标、测评标准的方式，规范城市文明发展软环境的制度安排。

二是《测评体系》成为一种衡量城市发展是否文明和谐、是否体现可持续制度安排的坐标。《测评体系》通过"对城市'软件'和'硬件'、'设施'与'管理'、'人'与'活动'、'规范'与'引导'、'教育'与'发展'等测评指标的测评"④，全面系统地凸显一个城市的形态文明、功能文明、素质文明，并使城市形态、功能和素质文明的统一，成为衡量可持续城市化制度安排绩效的坐标。

三是《测评体系》将践行对核心价值观的"软指标"转化为"硬指标"。"软指标"要转化为"硬指标"靠的是融入全国文明城市测评体系的制度安排。

四是《测评体系》是对政府主导、政府组织动员市民百姓和各种社会力量参与文明城市创建的制度设计、制度安排。①《测评体系》不仅对一个城市的政治、经济、文化、社会建设设置了测评项目、测评内容，而且将一个城市经济与社会发展的水平、质量等量化为测评标准；不仅明确城市形态文明、功能文明、素质文明的评价对象，而且每一测评指标都有负责分管城市形态文明、功能文明、素质文明的政府责任主体。《测评体系》"是一种以

<hr />

① 鲍宗豪、王滢涛：《马克思"文明实践论"的当代价值》，《武汉科技大学学报（社会科学版）》2019 年第 3 期。
② 同上。
③ 鲍宗豪：《文明与可持续城市化》，《第五期中国现代化研究论坛文集》，2007 年 8 月。
④ 鲍宗豪、王滢涛：《马克思"文明实践论"的当代价值》，《武汉科技大学学报（社会科学版）》2019 年第 3 期。

'测评指标'为桥梁，整合国家与地方资源同创共建文明城市、共同推进可持续城市化的一种制度设计"①。②《测评体系》作为一种制度设计，是与中国政府行政管理模式的运作一致的②。

在上述意义上说，"文明城市"创建是当今和未来中国引导城市实现文明和谐发展、实现可持续城市化、现代化的一种制度构建，是促进中国式城市现代化的一种制度构建，是实现民族复兴和"人民幸福"中国梦的制度构建。

4."文明城市"的评价共识

贯彻落实中央文明办文明城市测评体系的过程，"实质是要形成对文明城市的'公共空间'、'公共需求'、'公共服务'、'公共管理'、'公共安全'的关怀和评价"③，固化"城市文明"的价值共识，以不断提升城市文明程度与市民文明素质。

一是对"公共空间"的评价。城市公共空间一旦我们赋予较多的人文情感、人文关怀，城市将会使每个人感到更美好。那么，如何解决城市化、现代化进程中的"空间缺失"现象，凸显公共空间的人文关怀呢？《测评体系》通过对城市"公园绿地"、公共广场、公园景区、社区文体广场等"公共空间"的量化评价，考评一个城市（城区）市民共享"公共空间"的情况④。

二是对"公共需求"的评价。可持续的城市化、现代化必须以"公共需求"的满足为基础⑤。一是生活环境的需求，测评体系通过对"街道设施""社区生活环境"等公共服务测评，看满足市民公共需求情况；二是公共文化的需求，通过评价文化服务供给，考察"文图博"满足市民需求情况来评价。

三是对"公共道德"的评价。"市民群体在城市'公共领域'所体现、所展示的文明素养，构成一个城市的'公共道德'。'公共道德'是市民在城

① 鲍宗豪：《文明城市：一种中国特色的可持续城市化新模式》，《马克思主义研究》2011 年第 3 期。
② 同上。
③ 鲍宗豪：《文明城市与可持续城市化》，《文汇报》2011 年 7 月 4 日。
④ 同上。
⑤ 同上。

市公共领域活动和交往实践中慢慢培育起来的共同具有的文明素养，是对市民在公共领域交往与活动中所应具有的素养要求。"① 如对"礼让斑马线"的测评，既反映了一个城市市民在文明交通方面的道德素质，又反映了一个城市、一个国家的文明秩序的治理水平。

四是对"公共服务"的评价。公共服务的能力与水平，是一个城市吸引人、凝聚人，使其成为和谐宜居住城市的关键，它关系到一个城市的生活品质。

五是对"公共管理"的评价。公共管理强调社会的公共事务，通过"倡导'公共'精神，寻求'公共领导'，以更好地实现对城市公共事业的公共管理。因此，对公共管理的关怀和评价，体现了多元主体（政府与市场、政府与非政府组织等）互动的对社会的'善治'"②，体现了具有"公共精神"的"公共领导"对城市公共事务的"善治"。

六是对"公共安全"的评价。测评体系"通过'公共安全保障'、'饮用水安全'、'治安管理'等测评指标，走出一条城市社会公共服务体系与公共安全体系相统一的道路"③，调动一切积极因素参与城市社会公共安全服务，维护社会治安，维护公共安全。

以上，城市文明的信仰共识、伦理共识、制度共识和评价共识，构成"四位一体"的"文明城市"的价值共识论体系；"四位一体"的"城市文明"价值论的应用与完善，意味着城市文明的道德自觉意识的形成，意味着全国人民对城市文明发展、民生幸福的认同，意味着对中国共产党领导的中国特色城市化和中国式现代化道路的认同，意味着对中华民族文明五千年文明发展史以及民族和国家的认同。

第二节　人与自然和谐共生的中国式现代化

党的二十大报告强调"中国式现代化是人与自然和谐共生的现代化"、

---

① 鲍宗豪：《全球化与中国可持续城市化》，《中国浦东干部学院学报》2009 年第 2 期。
② 鲍宗豪：《文明视野下的可持续城市化》，《中国名城》2011 年第 4 期。
③ 同上。

"人与自然是生命共同体"。坚持可持续发展，"坚定不移走生产发展、生活富裕、生态良好的文明发展道路，实现中华民族永续发展"，这是中国式现代化的又一重要特征。

一、人与自然和谐共生的文化底蕴

中国式现代化发展道路不仅奠基于人与人、人与社会文明和谐的关系基础之上，而且从人与自然的关系展现中国传统的"天人合一"的生态文明观追求，凸显新时代"人与自然和谐共生"的中国式现代化文明发展的新境界。

（一）人与自然的"天人合一"的关系

"天人合一"是中国文化中一个古老的观念，又代表着的中国传统文化的最高追求。首先，"天人合一"强调人与自然的关系是"生生为易"，其"核心则是生命的生长演变。正是从这个角度上，我们说中国古代文化是一种生命的生态的文化"。其次，"天人合一"强调一种人与自然和谐的生态文明观。中国生态文明是一种包含着浓郁的生态意识的生态人文主义精神。只有"做到'与天地合其德，与日月合其明，与四时合其序，与鬼神合其吉凶'……人才能有一个较好的生存状态。这就是一种将'天时'与人的生存相结合的古典形态的人文主义。"[①]"天人合一"的生态文明在新时代成为中国生态文明事业追求的又一新境界。

（二）人与自然和谐共生的生态观

中国古代从"天人合一"到"天人互泰""天人互益"的人与生态关系思想，在习近平的生态文明思想中得到了传承并实现了新的升华。在《论坚持人与自然和谐共生》一书中，收入习近平 2012 年 12 月至 2021 年 12 月期间关于坚持人与自然和谐共生的重要文稿 79 篇。前后九年时间习近平对人与自然和谐关系的思考，形成了新时代习近平生态文明思想。

第一，传承中华文明的生态智慧。党的十八大以来，"习近平总书记传承中华民族优秀传统文化、顺应时代潮流和人民意愿，站在坚持和发展中国

---

① 曾繁仁：《中国古代"天人合一"思想与当代生态文化建设》，《文史哲》2006 年第 4 期。

特色社会主义、实现中华民族伟大复兴中国梦的战略高度，围绕生态文明建设发表一系列重要论述，深刻回答了为什么建设生态文明、建设什么样的生态文明、怎样建设生态文明等重大理论和实践问题，形成了习近平生态文明思想"①。

习近平总书记在一系列重要论述中，精妙运用古代典籍、经典名句，以古喻今、启迪思想、激荡精神。他说，我们中华文明传承五千多年，积淀了丰富的生态智慧。"天人合一""道法自然"的哲理思想，"劝君莫打三春鸟，儿在巢中望母归"的经典诗句，"一粥一饭，当思来之不易；半丝半缕，恒念物力维艰"的治家格言，这些质朴睿智的自然观，至今仍给人以深刻警示和启迪②。

他还指出，两千多年前，管子就提出"因天材，就地利，故城郭不必中规矩，道路不必中准绳"。有的城市规划专家说，要本着同土地谈恋爱的立场来做好规划。这都体现了尊重自然、顺应自然、天人合一的理念。要让城市融入大自然，不要花大气力去劈山填海，很多山城、水城很有特色，完全可以依托现有山水脉络等独特风光，让居民望得见山、看得见水、记得住乡愁③。

第二，坚持人与自然是生命共同体。人与自然是生命共同体。2018 年 5 月 18 日，习近平在全国环境保护大会上的讲话中强调：生态环境没有替代品，用之不觉，失之难存。"天地与我并生，而万物与我为一"，"天不言而四时行，地不语而百物生"。当人类合理利用友好保护自然时，自然的回报常常是慷慨的；当人类无序开发、粗暴掠夺自然时，自然的惩罚必然是无情的④。

"生态兴则文明兴。大自然孕育抚养了人类，人类应该以自然为根。必须站在人与自然和谐共生的高度来谋划经济社会发展，尊重自然、顺应自然、保护自然，像保护眼睛一样保护生态环境，像对待生命一样对待生态环

---

① 曲青山：《深入学习贯彻习近平生态文明思想》，《环境与可持续发展》2022 年第 2 期。
② 《习近平关于社会主义生态文明建设论述摘编》，中央文献出版社 2017 年版，第 6 页。
③ 《十八大以来重要文献选编》（上），中央文献出版社 2014 年版，第 603 页。
④ 习近平：《推动我国生态文明建设迈上新台阶》，《求是》2019 年第 3 期。

境，努力建设人与自然和谐共生的现代化。"①

第三，坚持良好生态环境是最普惠的民生福祉。"环境就是民生，青山就是美丽，蓝天也是幸福。加强生态文明建设是人民群众追求高品质生活的共识和呼声。必须落实以人民为中心的发展思想，解决好人民群众反映强烈的突出环境问题，提供更多优质生态产品，让人民过上高品质生活。"②

要坚持以人为本，探索保护环境和发展经济、创造就业、消除贫困的协同增效，在绿色转型过程中努力实现社会公平正义，增加全国人民在生态环境方面的获得感、幸福感、安全感。

第四，自觉助推构建地球生态共同体。秉持人类命运共同体理念，坚持多边主义，深度参与全球环境治理，切实履行气候变化、生物多样性等环境公约，大力推进绿色"一带一路"建设，为全球可持续发展提供中国智慧。

习近平关于"人与自然和谐共生"的生态文明观，既内蕴中国古代"天人合一""天人互泰"等生态智慧，又将全球现代化推进中面临的各种生态环境问题，提升到"人与自然和谐共生"的境界来阐释，来规范中国未来的生态文明发展之路。

二、建设人与自然和谐共生现代化的逻辑

"生态环境是人类生存和发展的根基。当现代化与工业文明相伴而生，"人类就开始面对"如何在生产力快速发展的同时避免巨大的生态环境代价"的问题，"这也是世界现代化史中的一个难题。"③

中国式现代化的重要特征之一，就是坚持人与自然和谐共生，创造更多物质财富和精神财富以满足人民日益增长的美好生活需要，同时提供更多优质生态产品以满足人民日益增长的优美生态环境需要。"这不仅是中国式现代化道路的重要内容，也是人类文明新形态的重大成果。深刻认识和把握建设人与自然和谐共生中国式现代化的历史逻辑、理论逻辑和实践逻辑，将进一步发起建

---

① 孙金龙：《深入学习贯彻习近平生态文明思想，加快构建人与自然和谐共生的现代化》，《中国生态文明》2022 年第 1 期。
② 同上。
③ 《经济日报》调研组（齐东向、曹红艳等）：《建设人与自然和谐共生的美丽家园》，《经济日报》2022 年 10 月 11 日第 1 版。

设中国式现代化的磅礴力量。"①

习近平指出："生态文明是人类社会进步的重大成果。人类经历了原始文明、农业文明、工业文明，生态文明是工业文明发展到一定阶段的产物，是实现人与自然和谐发展的新要求。"② 因此，建设人与自然和谐共生的现代化，是超越西方现代化"先发展再治理"以及"重增长轻治理"逻辑的必然选择，也是顺应人类"文明发展"规律、实现中华民族永续发展和伟大复兴的必然选择。

（一）对西方资本逻辑带来生态危机的扬弃

建设人与自然和谐共生的现代化，是对西方以资本为中心、物质主义膨胀、先污染后治理的现代化发展道路的批判与超越③。"回溯发轫于 18 世纪中期的现代化进程，欧美国家的现代化大多是在工业文明时代推进的，当时资源和环境约束相对宽松。地球上绝大部分地区还处于传统农业社会，先行国家可以无所顾忌、无障碍地掠夺国外物质和环境资源来支持其高消耗、高排放的工业化。从 20 世纪 30 年代开始，一些西方国家相继发生多起环境公害事件，损失巨大，震惊世界。洛杉矶光化学烟雾事件，先后导致近千人死亡、75% 以上市民患上红眼病。伦敦烟雾事件，1952 年 12 月首次爆发的短短几天内，致死人数高达 4 000 人，随后两个月内又有近 8 000 人死于呼吸系统疾病……"④

马克思主义早就批判了资本主义工业化、现代化推进过程中对环境的破坏，马克思主义认为，如果背离了人与自然关系的基本原则，不能把握自然界的必然性，不能科学合理地利用与支配自然，片面地陶醉于人对自然的利用权利或人对自然的胜利，必将遭到自然的报复。恩格斯在《自然辩证法》中，对此作了精辟的阐述。他说："动物仅仅利用外部自然界，简单地通过自身的存在在自然界中引起变化；而人则通过他所作出的改变来使自然界为

---

① 《经济日报》调研组（齐东向、曹红艳等）：《建设人与自然和谐共生的美丽家园》，《经济日报》2022 年 10 月 11 日第 1 版。
② 《习近平关于社会主义生态文明建设论述摘编》，中央文献出版社 2017 年版，第 6 页。
③ 《经济日报》调研组（齐东向、曹红艳等）：《建设人与自然和谐共生的美丽家园》，《经济日报》2022 年 10 月 11 日。
④ 同上。

自己的目的服务，来支配自然界。……但是我们不要过分陶醉于我们人类对自然界的胜利。对于每一次这样的胜利，自然界都对我们进行报复。每一次胜利，起初确实取得了我们预期的结果，但是往后和再往后却发生完全不同的、出乎预料的影响，常常把最初的结果又消除了。美索不达米亚、希腊、小亚细亚以及其他各地的居民，为了得到耕地，毁灭了森林，但是他们做梦也想不到，这些地方今天竟因此而成为不毛之地……阿尔卑斯山的意大利人，当他们在山南坡把那些在山北坡得到精心保护的枞树林砍光用尽时，没有预料到，这样一来，他们就把本地区的高山畜牧业的根基毁掉了；他们更没有预料到，他们这样做，竟使山泉在一年中的大部分时间内枯竭了，同时在雨季又使更加凶猛的洪水倾泻到平原上。……因此我们每走一步都要记住：我们决不像征服者统治异族人那样支配自然界，决不像站在自然界之外的人似的去支配自然界——相反，我们连同我们的肉、血和头脑都是属于自然界和存在于自然界之中的；我们对自然界的整个支配作用，就在于我们比其他一切生物强，能够认识和正确运用自然规律。……不仅再次地感觉到，而且也认识到自身和自然界的一体性。"[1] 只有这样，人类才能享受对自然环境的权利，从自然界中获得自由，因为自由正在于"根据对自然界的必然性的认识来支配我们自己和外部自然"[2]。

马克思、恩格斯既高度肯定和充分评价"资本的伟大的文明作用"以及它对推动自然界和社会发展的价值，与此同时，"他们运用唯物史观和物质变换理论，揭示了资本主义商品生产的一般规律和获得剩余价值的奥秘"[3]，批判了资本逻辑对于人与自然关系紧张和引起严重生态环境危机，使之产生社会不公和生态不公，进而导致无产阶级生态权益缺失无法过上美好生活的根本原因。透过人与自然关系紧张和生态环境危机这个现象，可以发现"资本导致人与社会关系紧张、资本导致无产阶级生态权益受损的实质。生态危机虽然直接表现为人与自然关系紧张，但是，本质上是由资本逻辑导致的，是资本主义制度危机、政治危机、社会危机、文化危机等交织在一起的全面

---

① 《马克思恩格斯选集》第 4 卷，人民出版社 2012 年版，第 997—999 页。
② 同上书，第 492 页。
③ 方世南：《马克思恩格斯关于美好生活的生态权益向度思想研究》，《毛泽东邓小平理论研究》2018 年第 12 期。

性危机"①。

（二）中国式现代化是对西方"重增长轻治理"的资本主义增长逻辑的超越②

西方现代化是以"资本"增长为目标取向的现代化。这种增长逻辑在第二次世界大战后的发展中国家产生了很大影响。第二次世界大战以后的 20 多年中，各国经济迅速增长，世界呈现出一派欣欣向荣的景象，人们普遍陶醉在经济增长的成就之中。但是罗马俱乐部敏锐地觉察到了繁荣背后隐藏着的危机，以意大利工业家奥雷利欧·佩切伊（Aurelio Peccei）为代表的罗马俱乐部所发布的《增长的极限》，在全球引起强烈的反响；同时，也受到质疑和挑战，后来，罗马俱乐部的梅萨罗维克又提出了"有机增长"概念，来修正完善。

今天再看罗马俱乐部关于增长极限的观点，仍有其重要价值：一是对以资本积累引导的无限"增长"和"增长主义"，第一次作了非常彻底的批判。近年来西方马克思主义对全球生态危机的深刻反思，也印证了"增长极限"观点的特有价值。二是"增长的极限"思想在不同程度上影响着增长理论。20 世纪 70 年代，阿德尔曼、巴查和泰勒等一批发展经济学家，否定将经济增长作为发展目标的思路。联合国《1996 年人类发展报告》提出了五种有增长而无人类发展的情况③；2006 年亚洲开发银行和世界银行提出了包容性增长理念；④ 2011 年达沃斯论坛的主题是关注增长质量和平衡增长。

与上述增长到包容性增长的研究路径不同，以布莱克为代表的学者针对传统发展理论的缺陷，提出用比较和跨学科的方法开展发展研究⑤，亨廷顿、伊斯顿和阿尔蒙德提出了政治现代化的发展观。亨廷顿提出"发展"应该包

① 方世南：《马克思恩格斯关于美好生活的生态权益向度思想研究》，《毛泽东邓小平理论研究》2018 年第 12 期。
② 这部分分析阐释参见鲍宗豪、赵晓红：《以"文明发展"解构"增长主义"》，《上海交通大学学报（哲学社会科学版）》2014 年第 3 期。
③ 联合国《1996 年人类发展报告》，提出的五种有增长无发展的情况是：一是无工作的增长；二是无声的增长；三是无情的增长；四是无根的增长；五是无未来的增长，不顾自然资源耗竭和人类居住环境恶化而换来的增长是不可取的。中国财政经济出版社1997 年版，第 89 页。
④ 世界银行：《世界发展报告 2006：公平与发展》，清华大学出版社 2006 年版，第 119 页。
⑤ ［美］西里尔·E. 布莱克编，杨豫、陈祖洲译：《比较现代化》，上海译文出版社 1996 年版，第 45 页。

括五大目标：增长、公平、民主、稳定、自主①。近年来，后现代思想家对"经济学就是幸福学"的质疑，实质上也是对种种增长与"增长主义"理论的反思。

20世纪60年代，当人们梦寐以求的"丰裕社会"正在变为现实时，"生存所需的收入稳定了，要让人更幸福就不太容易了"②。美国著名经济史学家伊斯特林教授对1946—1970年间美国资料的跨时分析而得出的"伊斯特林悖论"（East-erlin Paradox），又改变了人们对"经济学就是幸福学"的看法。实际上，无论是从个体的心理和生理因素，或通过发展经济、增加物质财富来提高大多数人的幸福感，或运用各种手段与方法提高测量幸福感，由于背离了"文明发展"的理念、价值取向和方式，都未能真正诠释影响大多数人幸福感的根本原因。

几百年来资本主义的发展实践也证明：以"资本"为核心和本质取向的资本主义制度安排，是掠夺自然与社会资源的"不文明"发展，这种"不文明"的增长速度越快，贫富差距越大，大多数人越不幸福。习近平指出："我们建设现代化国家，走美欧老路是走不通的，再有几个地球也不够中国人消耗。""走老路，去消耗资源，去污染环境，难以为继！"③ 中国，需要走出一条人与自然和谐共生的现代化新路。

建设人与自然和谐共生的现代化，是中国特色社会主义的"加分项"。"在人类200多年的现代化进程中，实现工业化的国家不超过30个、人口不超过10亿。今天，在14亿多人口的中国推进生态文明建设，建成富强民主文明和谐美丽的社会主义现代化强国，其影响将是世界性的。"④

党的十八大以来，我们党深刻回答了为什么建设生态文明、建设什么样的生态文明、怎样建设生态文明等一系列重大理论和实践问题。"把'美丽中国'纳入社会主义现代化强国目标，把'生态文明建设'纳入'五位一体'总体布局，把'人与自然和谐共生'纳入新时代坚持和发展中国特色社

① ［美］塞缪尔·亨廷顿等：《现代化：理论与历史经验的再探讨》，上海译文出版社1993年版，第333页。
② ［英］理查德·莱亚德著，陈佳伶译：《不幸福的经济学》，中国青年出版社2009年版，第10页。
③ 《习近平关于社会主义生态文明建设论述摘编》，中央文献出版社2017年版，第3—4页。
④ 《经济日报》调研组（齐东向、曹红艳等）：《建设人与自然和谐共生的美丽家园》，《经济日报》2022年10月11日。

会主义基本方略，把'绿色'纳入新发展理念，把'污染防治'纳入三大攻坚战，推动人与自然和谐共生的现代化不断取得实质性进展。"[1]

三、走生产发展、生活富裕、生态良好的文明发展道路

党的十八大报告在说明贯彻落实科学发展观，全面落实"五位一体"总体布局的过程中提出，要"不断开拓生产发展、生活富裕、生态良好的文明发展道路"。这既延续了党的十六大报告以来关于"文明发展道路"的精神，又不断开拓"文明发展道路"作为中国未来实现科学发展、促进社会和谐、增进人民福祉的根本。党的二十大报告再次强调，要坚定不移走生产发展、生活富裕、生态良好的文明发展道路，实现中华民族永续发展。显然，党和国家20多年来始终不变的强调"文明发展"，因为"文明发展"保障"中华民族永续发展"，保障人民不断提高幸福感、满足感。也正是在这个意义上说，"文明发展"奠定人民幸福基石。

（一）"文明发展"：奠定人民幸福基石的实践选择[2]

如何使大多数人民群众对幸福的诉求能转变为现实？如何永葆大多数人民群众的幸福？这就必须找到一条能让大多数人民群众可持续地享受幸福的道路，该道路将成为永葆大多数人民群众幸福的基石。党的十八大报告再次强调"文明发展道路"，既是对上述问题的理论思考，更是对中国发展实践经验的总结、提炼，是当代乃至未来中国发展的实践选择。

1. "文明发展"：永葆人民幸福之本

国际上从心理学、经济学、生活质量、社会或文化等视角研究"幸福""幸福指数"，取得的共识是：幸福感是主观的，但它有客观基础，是主客观的统一；失业对幸福的影响程度超过其他任何因素；收入分配越不公平，个人自我幸福感越低；GDP与幸福指数有相关性，当人均GDP达到3 000—5 000美元时，相关性减弱。但相关性变弱的根本原因是什么呢？

---

[1] 《经济日报》调研组（齐东向、曹红艳等）：《建设人与自然和谐共生的美丽家园》，《经济日报》2022年10月11日。

[2] 这部分的分析阐释，参见鲍宗豪：《以文明发展诠释幸福与幸福感》（《上海师范大学学报（哲学社会科学版）》2013年第1期），鲍宗豪、韩强：《"文明发展"奠定人民幸福基石》（《红旗文稿》2013年第2期）。

20世纪70年代，亚洲国家不丹最先提出以"国民幸福总值"衡量社会发展；2012年5月，联合国首次发布156个国家和地区的"全球幸福指数"报告。这表明，人们都已认识到"发展""发展方式"对幸福、幸福指数的影响。所以，都试图改变单纯以GDP为发展价值取向而使国民幸福付出的代价。但是，国内外学术界缺乏从发展的价值取向及其道路层面作深入分析研究，进而揭示大多数人民群众幸福的根本原因。党的十八大再次强调"走文明发展道路"，根本目的就是要改变"不文明发展"，让人民群众享受文明发展的成果，让文明发展为人民幸福奠定基石。

2. "文明发展"是对"不文明发展"代价的实践反思

中国的发展从"摸着石头过河"，到提出生产、生活、生态"三位一体"的文明发展道路，是对10多年来种种"不文明发展"而付出沉重代价之后的实践反思、实践选择。当今中国的"不文明发展"，集中表现为以下"五个无"。

（1）无"主体"的发展。20世纪50年代，以美国学者刘易斯为代表的"发展经济学"，把"发展"看作是物、产品、经济增长；20世纪70年代，美国学者托达罗总结了20世纪70年代以前把"发展"视为一种经济现象的缺陷，强调发展应包括消灭贫困、缩小不平等、关注社会结构等社会方面的变化。以后西方学者不仅区分"增长"和"发展"是两个不同的范畴，而且强调"发展"的五个目标："增长、公平、民主、稳定、自主"[①]。改革开放以来，中国在邓小平同志"发展是硬道理"思想指引下，经济与社会发展取得了突出成就。但是随着市场经济的不断深入，很多地区和城市把"增长"当作"发展"，认为GDP"增长"是硬道理；结果"发展"成了"见物""不见人"的发展，成了"无主体""无宗旨"的发展。从党的十六大提出"文明发展"道路到贯彻落实"科学发展观"，才解决了为什么"发展"、"发展"为了谁、依靠谁"发展"的问题。不过，"发展"主体缺失现象，在我国不少地区仍不同程度地存在。

（2）无"人道"的发展。如果说早期资本主义的"发展"（原始积累），

---

① ［美］塞缪尔·亨廷顿等著：《现代化：理论与历史经验的再探讨》，上海译文出版社1993年版，第331页。

充满了血腥、暴力、掠夺等"不人道"，那么，今天我国发展中的无"人道"则表现为不讲良心、不讲道德、不讲人性的假冒伪劣、坑蒙拐骗，从奶粉中的三聚氰胺、地沟油、毒馒头到西瓜膨大剂、白酒中的塑胶剂，乃至疫情防控期间的核酸造假，等等，以致人人谈到"吃""吃什么"，会感到惶恐、不安，在一定程度上说 10 多年之前的"诚信"危机又进一步演变成社会的"公信力"危机。

（3）无"公正"的发展。当今中国政府高度重视发展中的公平正义，国家信用体系建设把"公平正义"作为衡量一个地区、一个城市发展的重要指标。但是，我国提出"公正"、走向"公正"的发展，已为此付出了代价：一是垄断行业的高门槛，使中小企业无法进入，无法打破"垄断"；二是分配不公的现象仍较突出，全国收入分配的基尼系数由 20 世纪 80 年代初期的 0.31 左右上升到 2007 年的 0.48 左右，最高 10% 人群平均收入是最低 10% 人群平均收入的 23 倍；三是经济越发展，给弱势群体带来的"尊严"缺失越多，弱势群体常常为"五斗米"弯腰，农民工及其子女在就业、就学、就医方面的不公正待遇仍然较广泛存在；四是以"土地财政"为核心的"资本化"驱动，导致城市核心地区的"公共空间"，成为少数人的专利；五是发展的代际公正缺失现象突出，大多数地区透支后代人土地资源的"寅吃卯粮"式发展，透支后代人资源的竭泽而渔式发展，是缺失公平正义的发展。所以党的二十大报告强调"让现代化建设成果更多公平惠及全体人民"，要以法治中国建设，实"社会公平正义保障更为坚实"。

（4）无"均衡"的发展①。党的十八大报告强调，中国最大的国情、最大的实际是处于社会主义初级阶段。正因为处于社会主义初级阶段，所以我国发展的不平衡、不均衡现象突出，不仅经济一条腿长、社会一条腿短现象没解决，而且"社会"短腿问题越来越严重；城乡二元结构矛盾仍然普遍存在，所以党的十八大明确提出"工业化、信息化、城镇化、农业现代化""新四化"，这对破解城乡二元结构具有重要意义。10 年之后的二十大报告仍然强调："发展不平衡不充分问题仍然突出"，"城乡区域发展和收入分配

---

① 这个方面的分析阐释参见鲍宗豪、韩强：《"文明发展"奠定人民幸福基石》，《红旗文稿》2013 年第 2 期。

差距仍然较大"。所以二十大报告提出，要以中国式现代化解决社会发展方面存在的各种问题，促进"均衡"发展。

（5）无"幸福"的发展。世界范围"幸福指数"的调查结果显示，发达国家"幸福指数"反而不高，收入财富增长了，幸福感受不一定因此上升。2006年，英国"新经济基金"组织了一次涉及178个国家和地区的"幸福指数"大排名。结果，名列榜首的是太平洋岛国瓦努阿图，一批发达国家反而排名靠后，八国集团无一进入前50名，英国和美国分别名列第108位和第150位。[1] 2022年3月，联合国发布的《2022年世界幸福报告》中，幸福指数最高的10个国家为：芬兰、丹麦、冰岛、瑞士、荷兰、卢森堡、瑞典、挪威、以色列、新西兰。这也说明，"发达"不"发达"并非提升"幸福指数"的决定因素。为了"GDP的增长而发展"，为了追赶或跻身发达国家的"发展"，或者"不文明"的发展，对大多数人民群众而言是"无幸福"的发展，所以国民幸福指数不高。

加拿大著名幸福经济学家马克·安尼尔斯基针对这种无"幸福"的发展，在新的幸福经济学中把财富和资本定义为实现幸福的条件，提出了真实财富有五方面资本构成：社会资本（Social capital）、人造资本（Built capital）、自然资本（Natural capital）、人力资本（Human capital）、金融资本（Financial capital），并用这"五位一体"的资本构成模式，核算财富，核算发展（实际上是一种"绿色发展核算系统"），倡导幸福发展。他认为，美国从1950—2010年的60年间，GDP一直在增长，但如用"绝色发展"来核算，美国没有"真实财富"的增长，"增长"只能用来还债。他还认为，如果中国在"绿色GDP核算"和限制经济增长上的努力取得成功，一旦小康的目标得以实现，它将成为世界上第一个真正实现可持续发展的国家。[2]

以上五个"无"，大致概括了"不文明发展"给人民幸福追求带来的种种负面影响。正是在这个意义上说，"不文明发展"是影响当代人乃至下一代人幸福的根本原因。要让大多数人民群众能享受"发展"的成果，必须走"文明发展道路"。

---

[1] 英国"新经济基金"组织与"地球之友"组织共同撰写：《幸福星球指数》报告，2006年7月12日。
[2] 参见马克·安尼尔斯基在上海师范大学的演讲，2012年12月3日。

（二）"文明发展"：奠定人民幸福道路的选择①

"文明发展"作为人民走向幸福的道路，也是我党在借鉴人类文明发展思想成果，总结和提炼物质文明与精神文明建设的理论与实践基础上形成的一种共识。

1. 借鉴人类文明发展思想，形成"文明发展道路"共识

（1）国际社会对"文明发展"的探索。英国哲学家罗素曾指出："不同文明之间的交流过去已经多次证明是人类文明发展的里程碑。"不同文明优秀部分的融合是形成一种有利于全人类进步的先进文明的基础，是世界文明的前途所在。但近代以来一直占据世界文化舞台主导地位的西方文明及其价值理念却愈益显示出其与时代要求的极不适应，甚至是对立，从而使人类文明发展的前景蒙上了阴影。

如何为人类文明的发展开拓一种新思路？我国倡导的"人类命运共同体"理念，既是对"文明冲突论""文化霸权论""历史终结论"的回应，又反映了各国人民的共同心愿，是人类文明发展共同的理想诉求；"命运共同体"的理念倡导"文明多样性"是人类社会的基本特征，也是人类文明进步的重要动力。在人类历史上，各种文明都以自己的方式为人类文明进步作出积极贡献。和谐世界理念所倡导的多边合作，为人类文明的未来发展提供了理想的发展模式。

国际社会还通过"人类发展指数"（Human Development Index 或 HDI）来评价与反映世界上不同国家"文明发展"的水平，促进人类文明的发展。联合国开发计划署 1990 年发表第一份《人类发展报告》。该报告开宗明义地指出："人是一个国家的真正财富。发展的基本目标就是要创造一种环境，使人民在这种环境中能安乐长寿、健康和创造性的生活。"②

人类发展指数反映了人类生活质量，是衡量人类发展三方面平均成就的综合性指标：① 健康长寿的生命，用出生时期望寿命来表示；② 知识，用成人识字率及大中小学综合入学率来表示；③ 体面的生活水平，用按购买力平价法计算的人均 GDP 来表示。在此基础上采用加权平均法分别计算出三方

---

① 这个方面的分析阐释参见鲍宗豪、韩强：《"文明发展"奠定人民幸福基石》，《红旗文稿》2013 年第 2 期。
② 联合国开发计划署：《2000 年人类发展报告》，中国财政经济出版社 2001 年版，第 15 页。

面的复合指数，再将三方面指数简单平均，得到人文发展指数，作为衡量人类的综合尺度。这个指数在 0—1 之间变化，指数越接近 1，说明这个国家或地区经济和社会发展程度越高。此后，人类发展指标体系得到不断丰富完善。从最初反映人文发展平均成就的人类发展指数，后来经过基尼系数指标和性别指标校正，先后将人类贫困指数、性别发展指数、政治权利以及文化自由纳入人类发展指数的范畴。2022 年 9 月 8 日联合国开发计划署发布的《2022 年人类发展报告》中，人类发展指数排前五的是：第一是挪威为0.953，第二是瑞士为 0.944，第三是澳大利亚为 0.939，第四是爱尔兰为0.938，第五是德国为 0.936。但是，今年全球人类发展指数首次出现连续两年下降的情况。超过 90% 的国家在 2020 年或 2021 年的人类发展指数出现下降；连续两年下降者，更占 40% 以上。目前，人类发展已退至 2016 年的水平，确立可持续发展目标（SDGs）以来所取得的进展均被逆转。[①]

以上表明人类发展指数不仅是一个概念，更是一种衡量发展水平的思想和发展观。

（2）形成"文明发展"道路共识的过程。1982 年，党的十二大报告提出："我们在建设高度物质文明的同时，一定要努力建设高度的社会主义精神文明。"[②] 此时，"文明发展"将物质文明与精神文明并重，以精神文明保证物质文明的发展质量。党的十六大报告提出："发展社会主义民主政治，建设社会主义政治文明。"[③] 要求政治文明与物质文明、精神文明要协调发展，并成为我国社会主义建设的指导方针。党的十六大报告还明确提出了"文明发展"应包含着物质文明、政治文明、精神文明、生态文明四大文明协调发展的内涵；并强调全面建设小康社会的目标之一是："可持续发展能力不断增强，生态环境得到改善，资源利用效率显著提高，促进人与自然的和谐，推动整个社会走上生产发展、生活富裕和生态良好的文明发展道路。"[④] 显然，党和国家对"文明发展"的认识不断深化。

文明发展道路的主要标志和内涵是：生产发展、生活富裕和生态良好。

---

① 联合国开发计划署：《2021/2022 年人类发展报告》，2022 年 9 月发布。
② 《十二大以来重要文献选编》（上），中央文献出版社 2011 年版，第 21 页。
③ 《十六大以来重要文献选编》（上），中央文献出版社 2011 年版，第 24 页。
④ 同上书，第 15 页。

生产、生活和生态三者之间是相互影响、相互制约、辩证统一的关系。生产发展是生活富裕的物质基础和前提保证，也为保护生态环境提供一定的资金和技术支持；生活富裕是发展生产和保护生态的目标和归宿，同时能够提高人们的身体、文化等素质，调动其积极性、创造性，反过来促进生产发展和生态保护；良好的生态为生产提供物质基础条件，也能使人们在优美的生态环境中生产和生活，即生态良好是生产发展和生活富裕的先决条件。

2."文明发展"奠定人民幸福的理念、价值取向[1]

（1）"文明发展"的理念。"文明发展"本意是对"发展"要"文明"，"文明"是"发展"的理念与取向；但若进一步探究："文明发展"的理念是什么？"文明发展"要以什么为指导？从 2002 年党的十六大提出"文明发展道路"，到 2003 年 10 月党的十六届三中全会提出"坚持以人为本、树立全面、协调、可持续的发展观"，既是对"文明发展道路"认识的深化，又在"文明发展"中融入了"全面、协调、可持续"的理念，即将"科学发展观"作为"文明发展"的理念与指导思想。20 年以后，在 2022 年党的二十大报告阐释人与自然和谐共生的中国式现代化特征时又强调，要"坚定不移走生产发展、生活富强、生态良好的文明发展道路，实现中华民族永续发展"。

显然，从党的十六大提出"文明发展道路"到党的二十大强调坚持走"文明发展道路"，实现中华民族永续发展，"文明发展"已成为党和国家确保全体人民富强、确保人民幸福的共同的理念、重要基石。"文明发展"在引导中华民族走向永续发展的过程中，促进民族复兴，建成社会主义现代化强国。

（2）"文明发展"的价值取向。发展的传统价值取向是"物本主义"，人的价值最终被归结为物的价值，即前面所说的"见物""不见人"的发展，结果导致发展的价值理性缺失及发展目的与手段倒置，产生了许多发展价值困境。

新时代新发展理念的提出，进一步深化了科学发展观关于"为谁发展"

---

[1]　这部分的分析阐释，参见鲍宗豪：《以文明发展诠释幸福与幸福感》，《上海师范大学学报（哲学社会科学版）》2013 年第 1 期。

"为何发展""如何发展"的价值取向，从创新、协调、绿色、开放、共享"五位一体"的新发展理念，深化了"文明发展"的价值内涵，扩展了"文明发展"作为不断改善和提高人民的生活水平，保障社会公正和人民幸福作为"文明发展"的根本价值取向的外延，从内涵和外延的统一上确保了"文明发展"价值的实现。

3. "文明发展"的尺度①

文明发展不仅是价值判断，更是事实判断。作为事实判断，"文明发展"是与不文明、不科学、不持续、不公平、非理性、野蛮发展（包含一部分人依靠剥削另一部分人的发展）相对立的。只有当"人民至上"的"文明发展"，在发展目的、发展过程、发展结果中都能得到了充分体现，这才可以说一个地区、一个国家的发展是文明的，才能真正为该地区、该国家人民的幸福奠定基石。因此，"文明发展"作为一种评价尺度，它强调发展目的的文明、发展过程的文明、发展结果的文明。

一是发展目的的文明。以全体人民和整个人类的福祉为本的发展，才是真正的发展。所以强调发展目的的文明就是必须以整个人类的发展为最终追求，而不是以牺牲部分人的发展为代价而获得另一部分人的发展为目的。

二是发展过程的文明。发展过程的文明，不仅仅是发展起点的文明，也不是发展的某一阶段、某一部分或方面的文明，它突出的是发展的"全过程""全方位"的文明。

三是发展结果的文明。发展结果的文明主要体现在发展成果如何分享。发展成果不仅要在当代人之间进行分配，同时要在继承前人财富的基础上，在当代与后代人之间进行合理分配与享用：如果由于部分人的发展造成了另一部分人发展权益的丧失和发展阻碍，如果一味追求经济增长速度，轻视增长质量，无视生态环境，采取竭泽而渔的发展方式，必然导致不文明发展，必然扭曲发展的价值取向，必然会产生发展不文明不幸福的感受与评价。

4. "文明发展"与"发展文明"的统一

孙中山先生说过："发展文明，非仅关于财富一方面，并负谋人民之幸

① 这个方面的分析阐释参见鲍宗豪、韩强：《"文明发展"奠定人民幸福基石》，《红旗文稿》2013年第2期。

福与安全。"孙中山先生强调的"发展文明"应为人民谋幸福，不仅将是否"为人民谋幸福"作为检验发展文明与不文明的标准，而且将"为人民谋幸福"作为一种价值取向；也就是前面所说的"以人为本""人民至上"的"文明发展"，以"人民文明幸福"为本的"文明发展"。

如果说"文明发展"是对"发展"目的、"发展"过程应该是"文明"的"应然逻辑"的强调，那么，"发展文明"则是对"发展"结果必须要"文明"的"必然逻辑"的强调，"文明发展"的"应然逻辑"与"发展文明"的"必然逻辑"的统一，这种统一体现着以"人民幸福为本"的价值取向，又内蕴着发展目的、发展过程、发展结果"三位一体"文明，从而真正夯实人民幸福的基石。

（三）"文明发展"：奠定人民幸福基石的制度选择[①]

制度是调节人与人、人与社会、人与自然之间关系的规则，是"文明发展"实践得以发生的内在机制。要使"文明发展"成为一个地区、一个国家为人民谋取幸福的自觉行动，就必须将"文明发展"的理念、价值取向及其评价尺度转化为规范"文明发展"道路的制度和制度安排。

1. 应高度重视将以"人民幸福"为本的"文明发展"转化为具有中国特色的发展观的制度安排

新制度经济学家曾说过，发展中国家的问题主要是基本制度缺失、制度结构不合理或制度变迁中的路径依赖等。一般来说，制度是内在制度和外显制度的统一，既包括由于文化、历史与传统而形成的文化习俗、价值观念、道德伦理等内在制度，又包括政治经济与社会体制、法律制度和社会政策等外显制度。所以，"文明发展"既要通过宣传教育，成为人们价值取向，思想道德和行为习惯，更要重视如何使"文明发展"的理念、价值取向渗透到经济社会发展的体制机制中，转化为社会政策和法律制度。

文明发展的制度构建，往往要经过从思想到实践、由习俗到规则的反复博弈，正是在这种反复博弈过程中才形成了文明发展制度的生命力、适应力和调控力，进而转变为规范文明发展的实践。因此，重视文明发展的制度构

---

① 这部分的分析阐释，参见鲍宗豪：《以文明发展诠释幸福与幸福感》，《上海师范大学学报（哲学社会科学版）》2013 年第 1 期。

建，就要重视内在制度与外显制度的统一，内在制度和外显制度良好的契合构成文明发展的制度基础。

2. "文明发展"综合指数，又是对文明发展制度安排绩效的评价

制度问题是带有根本性、全局性、稳定性和长期性的问题。制度安排是一个不断学习、不断实践、不断创新、不断修正的复杂的过程，制度的安排既要体现价值理性、科学理性和实践理性，又要体现工具理性。

从工具理性层面看，编制文明发展综合指数，通过文明发展指标体系的系统构建，将内在制度与外在制度统一起来，使以"人民幸福"为本的"文明发展"理念价值的取向，能通过"集约化"的指数来实现。如果说贯彻落实科学发展观是"共性"的要求，那么，不同地区、不同城市的文明发展综合指数则是一种反映时代需求、中国特色的实践新发展理念的有效制度安排。

近10年来，全国各地为实践新发展理念提供了很好的经验。"幸福温州""幸福江阴""幸福广东"等等，都是对实践新发展理念的新探索。但是，实践新发展理念不仅要有体制与机制保障，及其相应的政策、措施，而且要有对体制机制运行绩效的评价。国内各地区"幸福指数"是对实践新发展理念绩效的探索，然而"幸福指数"侧重于"发展"的取向、后果，难以体现"发展过程"，而以"文明发展"为前提的幸福观，则是对实践新发展理念的目的、过程、结果的绩效评价：它不仅有文明发展的目标追求，而且能将目标要求落到基层，它既有"形而上"又有"形而下"的制度设计、制度安排，既有全面客观的反映实践新发展理念的水平，又有实践新发展理念的绩效考评。

3. 以"文明发展"为基础的人民幸福是对中国特色社会主义制度的新实践、新探索

1992年初，邓小平在"南方谈话"中提出："社会主义的本质，是解放生产力，发展生产力，消灭剥削，消除两极分化，最终达到共同富裕。"邓小平的"南方谈话"，至今已经30多年了。"南方谈话"内容丰富，其要点之一，就是深刻地揭示了社会主义的本质，号召我们要"坚持社会主义"，"在建设有中国特色的社会主义道路上继续前进"。"南方谈话"的这一精神

指引和鼓舞我们党带领全国人民不断把中国特色社会主义事业推向前进。

　　"南方谈话"发表 30 多年来，中国特色社会主义事业取得了历史性的成就，有四点值得关注：一是社会主义的本质正在充分展现。当前，我国的 GDP 总量已经跃居世界第二，中国已经成为世界第二大经济体。人民生活水平普遍有了很大提高。二是中国特色社会主义道路已形成。所以，党的十八大报告强调中国特色社会主义道路是符合中国国情、创造人民美好生活的必由之路，必须坚定不移沿着这条道路前进。三是在中国特色社会主义随时间中不断彰显了中国人民的道路自信、理论自信、制度自信。四是中国共产党的领导是中国特色社会主义的本质特征。它是中国共产党领导人民实行改革开放的伟大实践开辟的一条中国式的现代化道路，是中国共产党对现阶段的概括。

　　然而，"社会主义虽然要富裕，要发展生产力，但并不是富了、生产力发展了就是社会主义。社会主义有它的价值目标，这一目标就是公平、公正、文明幸福的社会；从空想社会主义到科学社会主义、到社会主义实践，在这一点上都是一致的，它们都要建立人人公平、人人幸福的社会。这是社会主义的社会理想，也是社会主义的价值目标。离开这一基本理念去谈生产力发展、去谈富裕，那必然会丢弃社会主义的本质"①。

　　如果说"发展生产力"，实现共同富裕，回答了什么是社会主义，全体人民共同富裕回答了怎样建设社会主义，贯彻落实新发展理念则回答了如何可持续发展社会主义，如何可持续推进人类永续发展的问题。上述三个方面对社会主义的探索成为中国特色社会主义的有机组成部分。

　　中国特色社会主义理论的发展与完善，既要有全球的视野、宏观层面的探索，如回应国内外种种"左"或"右"的对中国特色社会主义的责难、修正，还要有微观的实践，以奠定中国特色社会主义的基石。"以'文明发展'为前提的谋取大多数人民幸福的幸福观，以文明发展（包括文明发展指数）的方式，'集约式'地反映一个地区、一个城市推进中国式现代化建设水平、深化社会主义本质的认识，'集约式'地反映一个地区、一个城市坚定不移地走中国特色社会主义道路的绩效，反映对社会主义本质的实践和深化，对

① 鲍宗豪：《以文明发展诠释幸福与幸福感》，《上海师范大学学报（哲学社会科学版）》2013 年第 1 期。

中国特色社会主义制度建设的探索。"①

第三节　中国式现代化走的是和平发展道路

习近平在论述中国现代化建设必须坚持的方向时强调，我国的现代化是"走和平发展道路的现代化"。这一重要论断，根植历史与现实，有力回击了"文明冲突论"和"国强必霸论"的迷思，为解决人类问题贡献了中国智慧和中国方案。

一、和平发展道路是中国式现代化建设的必然选择

实现和平发展，是中国人民的真诚愿望和不懈追求。中国的和平发展道路是人类追求文明进步的一条新道路，是中国现代化建设的必由之路。

（一）和平发展道路是中国人民的历史和现实选择

1. 和平发展是中华民族"和合"文化精神的历史传承

"和合"思想是中华民族历来具有的理想追求。"早在三千多年前，甲骨文和金文中就有'和'字。春秋战国时期，中华民族的先哲们更是进一步宣示了'和为贵'的价值，颂扬了'和而不同'的理念。'和合'思想，贯穿于中华文化的整个发展进程，渗透于中华民族思想、实践的各个方面。"② 比如，"明清两朝皇城主体建筑紫禁城，其三大殿便分别命名为'太和殿'、'中和殿'、'保和殿'；其正门为'太和门'，东西两侧分别为'协和门'、'熙和门'，充分表达了对'和合'的景仰和期盼"③。

几千年来，中华文化的和合思想已经深深融入中华儿女的血液里，贯穿于中国传统文化对人与自然、人与社会、人与人之间关系的深刻认识和辩证处理之中。中华民族的"和合"思想主要有三个内容：

（1）同心同德，和衷共济。"'天时不如地利，地利不如人和'。社会的和谐和稳定，历来是中华民族仁人志士追求的目标和理想。《国语·郑语》

---

① 鲍宗豪：《以文明发展诠释幸福与幸福感》，《上海师范大学学报（哲学社会科学版）》2013 年第 1 期。
② 刘延东：《伟大的文化推进伟大的复兴》，《民主》2006 年第 2 期。
③ 《弘扬传统文化，推动和平崛起》，《光明日报》2004 年 3 月 26 日第 7 版。

中较早提出'和合'范畴，盛赞'商契能和合五教，以保于百姓者也'"①。孔子提出："礼之用，和为贵"，认为治国处事、礼仪制度，应以"和"为价值标准；并要求做人应多站在别人立场上考虑问题，"己所不欲，勿施于人"；为政应"宽以济猛，猛以济宽"②，宽猛相济，"和"以治国。荀子提出："得人和而百事不废"，倡言"群居和一"，认为"人生不能无群"，要使群居生活免于纷争、趋于强胜，就必须彼此和睦，因为"和则一，一则多力，多力则强，强则胜物。"墨子认为，和合是处理人与社会关系的根本原则。"几千年来，中国人始终与人为善，推己及人，建立了和谐友爱的人际关系；中华各民族始终互相交融，和衷共济，形成了团结和睦的大家庭"③。

（2）协和万邦，亲仁善邻。"亲仁善邻，国之宝也。""中华文化反对国家之间以大欺小、以强凌弱、以富压贫，主张讲信修睦、礼尚往来，在互相尊重、平等相待的基础上发展友好合作关系。"④ 老子反对大国欺凌小国；孟子提出，应"交邻国以道""仁者为能以大事小"⑤；墨子主张兼爱、非攻，甚至要求"视人之国，若视其国"⑥。无论是举世闻名的"丝绸之路"的开辟，还是郑和"七下西洋"的壮举，给所到国家和人民带去的都是加强交流合作的诚意，传递的都是增进友好情谊的心声。"中国近代伟大的革命民主主义政治家、思想家孙中山先生更是明确主张，国与国之间应'持和平主义'，'以礼相处，不复相凌'。千百年来，中华民族始终秉持'以和为贵'的思想，同世界各国和睦相处，建立和发展和平友好的关系"⑦。

（3）兼收并蓄，博采众长。"'太山不让土壤，故能成其大；河海不择细流，故能就其深。'中华民族具有海纳百川的气魄，历来以博大开放的胸襟面向世界，吸纳其他民族的优秀文化。孔子的'君子和而不同'，《周易》的'天下一致而百虑，同归而殊途'，都是主张思想文化的多元开放。中国历史上几个鼎盛时期，不仅是经济繁荣的盛世，而且是中外文化交流的盛世，从

---

① 《弘扬传统文化，推动和平崛起》，《光明日报》2004年3月26日第7版。
② 《左传》：刘利、纪凌云译注，中华书局2007年版，第276页。
③ 刘延东：《伟大的文化推进伟大的复兴》，《民主》2006年第2期。
④ 《弘扬传统文化　推动和平崛起》，《光明日报》2004年3月26日第7版。
⑤ 《孟子》：万丽华、蓝旭译注，中华书局2012年版，第27页。
⑥ 《墨子》：李小龙译注，中华书局2007年版，第64页。
⑦ 《弘扬传统文化　推动和平崛起》，《光明日报》2004年3月26日第7版。

而使整个社会朝气蓬勃，充满生机。汉唐时期的丝绸之路，西域文化源源不断地传入中国"①；隋唐时代对中亚的乐器和歌舞的吸引；明朝徐光启与传教士利玛窦合译了《几何原本》《泰西水利法》等大量科技书籍；清末中国思想界启蒙者严复积极翻译和评介西方的政治、经济学说，使当时人们的耳目为之一新。正是在与世界文化的接触交流中，中国文化得到了延续、发展和升华。

可以说，中华文化"和合"思想蕴涵的深刻经世哲理，已经深深融入中华儿女的血液里。特别是中国人民在近代饱受战争和被侵略的痛苦，更加深感和平的珍贵。

2. "走和平发展道路，是中国人民从近代以后苦难遭遇中得出的必然结论"②

前事不忘，后事之师。近代中国战火频频、兵燹不断，内部战乱和外敌入侵循环发生，给中国人民带来了不堪回首的苦难。"经历了战争的人们，更加懂得和平的宝贵。中国人民对战争带来的苦难有着刻骨铭心的记忆，对和平有着孜孜不倦的追求，永远不会把自身曾经经历过的悲惨遭遇强加给其他民族，发自内心期待同世界各国人民共谋和平、共护和平、共享和平。"③正如习近平所指出的："近代以后，中国人民遭受列强的侵略、凌辱、掠夺达百年以上，但中国人民不是从中学到弱肉强食的强盗逻辑，而是更加坚定了维护和平的决心。"④我们纪念抗日战争和世界反法西斯战争的胜利，不是要延续仇恨，而是要唤起善良的人们对和平的向往和坚守，是要以史为鉴、面向未来，共同珍爱和平、维护和平，让世界各国人民永享和平安宁。

3. 走和平发展道路是新时代促进民族复兴的现实选择

走和平发展道路是长期处于社会主义初级阶段的中国实现民族复兴、国家富强和人民幸福的唯一选择。"新中国建立 73 年来，特别是经历改革开放 40 多年的发展，我国各个领域都取得了显著成绩，经济实力、科技实力、综

---

① 《弘扬传统文化 推动和平崛起》，《光明日报》2004 年 3 月 26 日第 7 版。
② 赵增彦：《坚定不移走和平发展道路》，《红旗文稿》2020 年第 18 期。
③ 同上。
④ 《在纪念中国人民抗日战争暨世界反法西斯战争胜利 75 周年座谈会上的讲话》，《人民日报》2020 年 9 月 4 日第 2 版。

合国力跃上新的大台阶"①，2020 年国内生产总值突破 100 万亿元②，2021 年已达到 114.36 万亿元③。"但我国人口多、底子薄、发展不平衡不充分问题仍然突出，重点领域关键环节改革任务仍然艰巨，创新能力不适应高质量发展要求，农业基础还不稳固，城乡区域发展和收入分配差距较大，生态环保任重道远，民生保障存在短板，社会治理还有弱项。我国仍处于并将长期处于社会主义初级阶段这个最大国情和最大实际没有变，作为世界上最大发展中国家的国际定位没有变。"④

当前，"我国社会主要矛盾已经转化为人民日益增长的美好生活需要和不平衡不充分的发展之间的矛盾，发展中的矛盾和问题集中体现在发展质量上。这就要求我们必须把发展质量问题摆在更加突出的位置，着力提升发展质量和效益"⑤。今后，发展也仍然是我们党执政兴国的第一要务，要按照党的二十大报告提出的到 2050 年全面建成社会主义现代化强国的战略目标，以持续卓绝奋斗精神，不断提高发展质量，不断满足人民对美好生活的需求。

特别是在世界百年未有之大变局下推进中华民族伟大复兴，面临的国内外环境更复杂，要防范化解各类风险隐患、应对外部环境变化带来的冲击挑战的任务更为艰难。所以，必须不断提高国际竞争力，不断增强国家综合实力和抵御风险能力，有效维护国家安全，为中国乃至全球的发展打造一个和平稳定的国际环境。

（二）和平发展道路是基于中国社会主义制度本身的选择

中国共产党坚持和平发展道路，先后写入党的十七大、十八大、十九大报告中，载入了《中国共产党章程》。2018 年 3 月，《中华人民共和国宪法修正案》将"坚持和平发展道路"正式写入宪法。这充分彰显了中国共产党走和平发展道路的坚定决心和坚强意志⑥。

---

①　高祖贵：《中国式现代化必须坚持走和平发展道路》，《中国党政干部论坛》2020 年第 12 期。
②　《中国共产党第十九届中央委员会第五次全体会议文件汇编》，人民出版社 2020 年版，第 19 页。
③　数据来源为国家统计局网站，https://data.stats.gov.cn/easyquery.htm?cn=C01。
④　高祖贵：《中国式现代化必须坚持走和平发展道路》，《中国党政干部论坛》2020 年第 12 期。
⑤　同上。
⑥　徐步：《中国共产党的和平发展之路》，《人民日报》2021 年 6 月 7 日第 13 版。

1. 中国特色社会主义制度的性质决定我们必须走和平发展道路

邓小平指出："把马克思主义的普遍真理同我国的实际结合起来，走自己的道路，建设有中国特色的社会主义，这就是我们总结长期历史经验得出的基本结论。"[1] 坚持和平发展的社会主义道路、社会主义制度决定了中国不可能走上称霸道路。中国特色社会主义是以经济建设为中心，大力发展生产力的社会主义，其显著特点是：求和平，谋发展，不搞对抗。苏联为争霸世界，谋求霸主地位，搞政治斗争，搞对抗。中国特色的社会主义是发展生产力，促进经济发展，满足人民日益增长的物质文化需求为出发点，以发展为核心，崇尚"以和为贵"的和平发展。

走和平发展道路就是促进构建"人类命运共同体"，同世界上所有国家发展平等互利的友好往来，实现共同进步、共同发展、共享人类命运共同体的美好未来。冷战时期，国家之间的来往常以社会制度和意识形态区分敌友，为国与国之间的发展增添了阻碍。中国特色的社会主义摒弃冷战的思维方式，以平等、公正、互利和友好合作的理念来发展双边和多边关系；以兼容并蓄的态度谋求与所有国家建立和谐平等关系，谋求共同发展。要在坚持社会主义制度的前提下，促进中国式现代化和中华民族的伟大复兴，要求中国必须坚持走和平发展道路。要实现这宏伟计划，国内要安定团结，社会保持长期稳定，国际上要有一个长期的和平环境。国内和谐稳定，国际和平，中国才能一心一意发展经济，提高人民生活水平，实现民族复兴，这些要求中国必须长期坚持走和平发展道路。

2. 社会主义制度的发展完善需要和平稳定的国际环境

新时代，中国的发展成就显著，但中国仍然是世界上最大发展中国家，发展不平衡、不充分问题仍然突出，我们需要在和平稳定的国际环境中推进中国式现代化。习近平强调："没有和平，中国和世界都不可能顺利发展；没有发展，中国和世界也不可能有持久和平。"[2] 只有坚持和平发展道路，把和平与发展紧密联系起来，把本国利益和人类利益紧密结合起来，才能既实现国家富强、民族振兴、人民幸福，又为世界作出更大贡献。

---

[1] 《邓小平选集》第 3 卷，人民出版社 1993 年版，第 3 页。
[2] 《在十八届中央政治局第三次集体学习时的讲话》，《人民日报》2013 年 1 月 30 日。

"坚持和平发展，对内追求公平正义、社会和谐、共同富裕，对外主持公道、捍卫真理、伸张正义，是马克思主义政党和社会主义制度先进性的体现。邓小平同志说，我们搞的是有中国特色的社会主义，是不断发展社会生产力的社会主义，是主张和平的社会主义。中国始终反对霸权主义和强权政治，主张在和平共处五项原则基础上发展同一切国家的友好合作，坚定不移维护世界和平。"①

（三）和平发展道路是顺应世界发展潮流的选择

中国坚定不移地走和平发展道路，是中国共产党和中国人民站在人类文明进步的一边，高举和平、发展、合作、共赢旗帜，在坚定维护世界和平与发展中谋求自身发展，又以自身发展更好地维护世界和平与发展的顺应世界发展潮流的选择。

第一，西方现代化充满了血腥与暴力，不是和平共赢的。作为一个世界性的历史过程，现代化是人类社会从工业革命以来所经历的一场急剧变革。西方开启了现代化的历史进程，但西方现代化不是和平共赢的，而是充满了血腥与暴力。西方现代化如同马克思所说的，"开拓了世界市场，使一切国家的生产和消费都成为世界性的了"，同时，"使未开化和半开化的国家从属于文明的国家，使农民的民族从属于资产阶级的民族，使东方从属于西方"②。这种"从属"，是西方资本主义生产方式向全世界扩张的结果，是通过殖民扩张和对外侵略实现的，是建立在对亚洲、非洲、美洲人民血腥掠夺基础之上的。美国学者亨廷顿曾直言不讳地说，"西方赢得世界不是通过其思想、价值或宗教的优越（其他文明中几乎没有多少人皈依它们），而是通过它运用有组织的暴力方面的优势"③。实践中，西方国家奉行"强权即正义"的生存法则和"权力优先于正义"的价值理念，将战争和暴力视为实现利益的最有力工具，依靠无节制的巧取豪夺和无原则的强权占领，到第一次世界大战前基本完成了对世界的瓜分，包括中华民族在内的世界很多地区和民族都被卷入资本主义世界体系之中，国家蒙辱、人民蒙难、文明蒙尘。

① 徐步：《中国共产党的和平发展之路》，《人民日报》2021年6月7日。
② 《马克思恩格斯选集》第1卷，人民出版社1995年版，第404—405页。
③ ［美］塞缪尔·亨廷顿：《文明的冲突与世界秩序的重建》，新华出版社1998年版，第27页。

20 世纪中叶，民族解放运动风起云涌，帝国主义殖民体系逐步瓦解，众多发展中国家纷纷开启现代化进程。随着世界现代化进程的不断深入，西方现代化模式显露出种种弊端，但美国仍然没有放弃主导世界现代化格局的美梦，强行推销自己的价值观和发展模式，过去以战争和破坏为手段的直接殖民难以为继，就改为间接"经济殖民"，同时辅以新自由主义、"历史终结论"等意识形态外衣。受到西方蛊惑，一些发展中国家盲目照搬照抄西方现代化模式，导致水土不服、弊病丛生，不仅没有实现现代化，反而错失发展良机，甚至陷入政治动荡、社会动乱、人民流离失所的悲惨境地。

第二，和平、发展、合作、共赢成为时代潮流。"世界潮流，浩浩荡荡，顺之则昌，逆之则亡。纵观世界历史，依靠武力对外侵略扩张最终都是要失败的。这就是历史规律。"[1] 环顾当今世界，和平与发展仍然是时代主题，和平、发展、合作、共赢已经成为时代潮流；要和平不要战争，要发展不要贫穷，要合作不要对抗，推动建设持久和平、共同繁荣的世界，是各国人民的共同愿望。"十几亿、几十亿人口正在加速走向现代化，多个发展中心在世界各地区逐渐形成，国际力量对比继续朝着有利于世界和平与发展的方向发展。"[2] 全球和区域合作在全球化进程中向更多层次更多方位拓展，"各国相互联系、相互依存的程度空前加深，人类生活在同一个地球村里，生活在历史与现实交汇的同一个时空里，越来越成为你中有我、我中有你的命运共同体"[3]。

第三，中国坚持走和平发展道路，与捍卫国家利益、推动世界和平发展相统一。面对这样的世界大势，我国统筹中华民族伟大复兴战略全局和世界百年未有之大变局，把改革开放作为一项基本国策，把坚持走和平发展道路与坚决扦卫国家核心利益、推动世界各国共同和平发展相统一，坚持开放发展，"把对内改革和对外开放结合起来，把坚持独立自主同积极参与经济全球化结合起来，把继承中华民族优良传统同学习借鉴人类社会一切文明成果结合起来，把国际国内两个市场、两种资源结合起来"[4]，把中国发展与世界发展联系起来，把中国人民利益同各国人民共同利益结合起来，推动构建新

① 《习近平谈治国理政》（第一卷），外文出版社 2014 年版，第 248 页。
② 同上书，第 272 页。
③ 同上。
④ 国务院新闻办公室：《中国的和平发展》白皮书，《人民日报》2011 年 9 月 7 日第 15 版。

型国际关系和构建人类命运共同体，积极参与全球治理体系改革和建设，在不断扩大我国发展空间的同时为世界发展作出更大贡献。

我国开启全面建设社会主义现代化国家新征程，构建以国内大循环为主体、国内国际双循环相互促进的新发展格局，决不是要搞封闭的国内循环，而是要以开放的国内国际双循环，在推动形成宏大顺畅的国内经济循环的同时，依托我国大市场优势，实施更大范围、更宽领域、更深层次对外开放，更好地吸引全球资源要素，既满足国内需求，又提升我国产业技术发展水平，形成参与国际经济合作和竞争新优势，使新时代的中国与世界实现互利共赢、共同发展繁荣。

二、走和平发展现代化道路的普遍意义

选择和平发展确立中华民族复兴的世界形象，既是历史的必然，又是由和平发展对中华民族复兴所具有的意义和价值决定的。

（一）中国的和平发展道路，是对世界历史上大国武力崛起旧道路的摒弃

人类历史上大国崛起走的都是一条通过武力和战争改变原先的世界格局和国际秩序，从而建立新的霸权和国际秩序的道路。近代欧洲列强之间的战争、第一次世界大战、第二次世界大战，乃至二战后半个世纪的冷战，都是大国武力崛起、对峙导致的。历史上大国崛起的旧道路，给人类带来巨大的灾难和损失。

中国作为后发型现代化国家，它的崛起、强盛，必须摒弃以武力和战争实现崛起的旧道路，走出一条适合中国国情的现在不称霸、将来发展起来也不称霸、永远不称霸的和平发展之路；也就是不用武力挑战现存国际秩序，而是通过和平发展道路谋取大国、强国形象，通过和平发展道路的倡导，促进公正合理的国际政治经济新秩序的建立。正如胡锦涛在党的十七大报告所指出的："我们主张，各国人民携手努力，推动建设持久和平、共同繁荣的和谐世界。为此，应该遵循联合国宪章宗旨和原则，恪守国际法和公认的国际关系准则，在国际关系中弘扬民主、和睦、协作、共赢精神。政治上相互尊重、平等协商，共同推进国际关系民主化；经济上相互合作、优势互补，共同推动经济全球化朝着均衡、普惠、共赢方向发展；文化上相互借鉴、求同存异，尊重世界多样性，共同促进人类文明繁荣进步；安全上相互信任、

加强合作，坚持用和平方式而不是战争手段解决国际争端，共同维护世界和平、稳定；环保上相互帮助、协力推进，共同呵护人类赖以生存的地球家园。"①

（二）中国的和平发展道路，是在张扬中国传统"和合"文化精神的同时，向世界推介"和谐世界"的理念

在 2005 年联合国成立 60 周年首脑会议上，胡锦涛提出"坚持包容精神，共建和谐世界"的重要思想，代表中国人民向世界表明，不断发展的中国，将继承和发扬优秀传统文化的共存、共生、共赢的"和合"思想，坚持走和平发展的道路。以后，中国领导人在不同场合对"和谐世界""和谐地区""和谐周边"等理念的阐述，其核心正在于中国融入世界的过程中，领悟了传统文化"和为贵""和而不同"的精神实质，倡导"和为贵"，不同文化和平相处，共生共长；用"和而不同"的观点观察、处理问题，善待他国，异而不斗；世界多元文化相互补充，相互借鉴，相辅相成。可以说，这既是对中国文化与外来文化千年交往史的经验总结，也是以一个负责任的大国身份将中华文化中的价值精髓向世界做郑重推荐。中国所倡导的"和谐世界"理念，正在推动全球多元文化的共同发展，成为引领国际关系发展的新潮流。

文化是民族的，也是世界的。当今世界，各种文明呈现出前所未有的错综交织、相互激荡之势。总体来看，是合作多于对抗，交流多于封闭，是文明的融合，而不是文明的冲突。历史上，每一次大的中外文化交流，都推动了世界文明的发展，也进一步密切了中国与世界其他民族的友好关系。中国始终坚持和平共处的思想，鼓励不同文明平等相待，和睦共处，在对话交流中取长补短，在求同存异中共同发展。在世界各国文化交流日益频繁深入的背景下，中国主张和平发展的道路，在根本上是要将一个发展的中国、开放的中国、文明的中国、民主的中国、和平的中国展示给世界，使中国人民与世界各国人民，增加了解、增强互信、增进友谊，共同为推动人类和谐、维护世界和平、促进共同发展贡献自己的力量。

---

① 《胡锦涛文选》第 2 卷，人民出版社 2016 年版，第 650 页。

（三）中国的和平发展道路，又是中国特色社会主义现代化的道路

中国的和平发展道路既是对世界历史上大国通过武力崛起道路的摒弃，又是从中国国情出发，以和平方式实现中国特色社会主义现代化道路的选择。

反思世界大国崛起的历史文化传统，有两个重要的相同或相近之处。其一，强烈追求财富的传统。这早在十字军东征时即有明显表现。以后的 1 000 多年中，特别在工业革命后，更成为这些国家向外扩张、掠夺和相互争夺的基本动力。其二，宗教狂热传统。对所谓异教徒的迫害、宗教裁判和宗教战争充斥于欧洲的历史，到近代则演变为强烈的西方文明、价值观念优越感和强使其他国家接受的所谓使命感，美国尤甚。可以说，伴随西方大国崛起的对殖民地的占领、掠夺，以及相互争夺，无不与这两方面的历史文化传统密切相关。

中国具有和西方大国完全不同的历史文化传统，直到 18 世纪之前，中国都是世界经济文化发展水平最高、综合实力最强大的国家。尽管中国与周边国家也曾有过战争，但从战略上看，中国的目的主要是为了防御，而不是为了扩张、掠夺，也不是与其他国家争夺。19 世纪中叶以后，在西方国家大规模侵略中国的同时，各种西方思潮也大规模地进入中国，并对中国的历史文化传统形成强烈冲击。经过百年的曲折，中国的有识之士认识到，固守"国粹"和"全盘西化"都不可能实现中国的现代化，只有从中国实际出发，融合东西方历史文化传统的精华，才是具有中国特色的、真正能够成功的社会主义现代化道路。1978 年以来，中国的改革开放、建立社会主义市场经济、强调协调发展、重视以民为本，以及突出和平与发展的时代主题、尊重世界的多样性等，都是从中国实际出发、融合东西方历史文化传统精华的表现。这是完全不同于西方大国的具有中国特色的和平发展之路、社会主义现代化之路。

（四）中国的和平发展道路，又是向世界倡导共享发展机遇，共同应对各种挑战，推进人类和平与发展的崇高事业

20 世纪 90 年代以来，人类开始步入和平与发展时期。在 2005 年底牛津大学出版的《人类安全报告》中，它用大量鲜为人知的数据和许多特许研究的成果，勾勒出了一幅与媒体通常描述的截然不同的全球安全画面：现在的世界要比过去和平得多。"报告显示，武装冲突的数量在连续增加了 50 年

后，于 20 世纪 90 年代初期开始在全世界范围内减少，且持续至今。相比 1992 年，2003 年的冲突数量减少了 40%，种族灭绝等大规模屠杀平民的事件减少了 80%。"① 全球唯一有所增加的暴力活动是恐怖袭击。它在过去 3 年内虽然急剧增加，但是与战争中的死亡人数相比是小巫见大巫。

值得关注的是，在经济全球化日益深入、贫富国家与地区差距日益扩大的情况下，人类和平与发展面临种种新的挑战，其突出表现在以下三个方面：

一是殖民主义遗留问题引起地区冲突。第二次世界大战后，西方宗主国在撤出殖民地的同时，在边界划分问题上遗留矛盾，与殖民地复杂的民族、宗教问题纠缠在一起，给世界和平埋下了诸多隐患。如 21 世纪初以来世界主要热点问题——以巴地区问题、库尔德人问题、克什米尔问题，以及以往的一些热点，如安哥拉问题、东帝汶问题，无不与殖民主义遗留问题有关。当前，虽然一些殖民主义遗留问题已经降温，但如果当事方处理不当，随时会重新成为热点，引发新的冲突。

二是恐怖主义和极端思维对世界和平与安全构成严重威胁。国际恐怖主义活动继续猖獗，恐怖袭击范围扩大、方式多样化，恐怖组织扩大化、高科技化、组织严密化，成为最突出的非传统安全问题，对世界和平与安全构成严重威胁。2022 年 3 月初，澳大利亚著名智库经济与和平研究所（IEP）发布《2022 年全球恐怖主义指数报告》（GTI 2022），全面总结 2021 年全球主要恐怖主义趋势和模式。2021 年，全球因恐怖主义造成的死亡人数下降了 1.2%，降至 7 142 人，目前的死亡人数是 2015 年峰值的三分之一。死亡人数小幅下降反映了恐怖主义影响有所削弱，86 个国家的情况有所改善，其中俄罗斯和欧亚大陆地区改善情况最为显著，但仍有 19 个国家的情况出现恶化。尽管如此，全球袭击事件数量增加了 17%，发生了 5 226 起。但就其本身而言，2021 年每个袭击案件的致死率从平均 1.6 人下降至 1.4 人；有 105 个国家恐怖活动致死人数为零或未遭遇恐怖袭击事件。

三是美国的霸权主义妨碍国际关系民主化。冷战结束后，美国成了世界上唯一的超级大国。1992 年 11 月，克林顿击败老布什，成为美国总统后提

---

① 周盛平：《人类正步入建设和谐世界的机遇期》，《决策与信息》2006 年第 5 期。

出："美国在冷战后的战略目标有二：一是美国必须行使在全世界的领导作用，建立以美国为主导的国际新秩序；二是美国必须保持在进入下个世纪时仍将是全世界最强大的国家。"① 美国的全球战略使其行为方式因此具有强烈的霸权主义色彩。对于不顺从的国家，美国轻则实施制裁，重则武力打击；对于联合国，如果按照自己的意志运转固然好，如果不能，则不惜绕开联合国；美国对盟友同样如此，对盟友的不同意见置之不理，且不再拘泥于传统结盟关系。

2001 年美国以"反恐"为名发动阿富汗战争。除了在阿富汗制造杀戮、殃及大量平民外，当前美国还冻结数十亿美元阿富汗海外资产。而美国在阿富汗的所作所为只是其干涉他国内政乃至欺凌、掠夺、控制其他国家的一个缩影。近日，美国独立调查记者诺顿就引用来自美国国会研究服务部的数据报道指出，"美国在冷战结束后，其军事干预行动大幅增加，从 1991 年至 2022 年，美国共发动了 251 次军事干预行动"②。

在人类和平与发展面对新的机遇和挑战的情况下，中国高扬和平发展的旗帜，倡导和平发展的道路，目的正如胡锦涛所说：各国人民能"携手努力，推动建设持久和平、共同繁荣的和谐世界"③。

三、走和平发展的中国式现代化道路与和谐世界建设

中国共产党领导人民成功走出中国式现代化道路，与奉行扩张主义、霸权主义的西方现代化发展模式具有根本性区别。这条和平发展之路、合作共赢之路，摒弃了以侵略、剥削、压迫为特征的西方现代化弊端，也突破了部分发展中国家受制于西方的困境，不仅创造了人类文明新形态，而且促进了全球和谐世界建设。

（一）走和平发展道路的目标、特征

根据党的二十大报告，到 2050 年建成社会主义现代化强国，始终要坚持走和平发展的中国式现代化道路。

---

① 万翔：《略论当今美国全球战略的目标》，《国际关系学院学报》2004 年第 1 期。
② 《美独立调查记者发布报道：冷战结束以来美国军事干预行动大幅增加》，央视新闻 2022 年 9 月 18 日。
③ 胡锦涛：《高举中国特色社会主义伟大旗帜，为夺取全面建设小康社会新胜利而奋斗》，人民出版社 2007 年版，第 30 页。

1. 和平发展道路的目标

"实现国家现代化和人民共同富裕是中国和平发展的总体目标"，同时，中国和平发展的不懈追求是践行和发展的诉求，"对内求发展、求和谐，对外求合作、求和平"。"这已经上升为中国的国家意志，转化为国家发展规划和大政方针，落实在中国发展进程的广泛实践中"。一是"坚持扩大国内需求特别是消费需求"，进一步挖掘国内市场潜力；二是"致力于建设创新型国家"，"依靠自身力量和改革创新推动经济社会发展"；三是"着力突破制约发展的资源环境瓶颈"，"加快构建资源节约、环境友好的生产方式和消费模式"①；四是促进高质量发展，使发展成果惠及全体人民，让中国人民过上好日子，实现共同富裕，是中国和平发展的基本目标；五是实施互利共赢的开放战略，促进世界各国共同发展。

2. 走和平发展道路的特征

根据《中国的和平发展》白皮书的阐释，中国和平发展道路的"鲜明特征是科学发展、自主发展、开放发展、和平发展、合作发展、共同发展"②。

在上述六个特征中，科学发展、自主发展、开放发展，着眼于国内和谐稳定发展环境的打造，着眼于以科学发展引领自主发展、开放发展，进而以国内的发展促进国际的和平发展、合作发展、共同发展。

从《中国的和平发展》表皮书阐释的中国和平发展的另外三个特征看，更充分彰显了中国的和平发展精神、和平发展的"中国方案"。

"——和平发展。中华民族是爱好和平的民族，中国人民从近代以后遭受战乱和贫穷的惨痛经历中，深感和平之珍贵、发展之迫切，深信只有和平才能实现人民安居乐业，只有发展才能实现人民丰衣足食，把为国家发展营造和平稳定的国际环境作为对外工作的中心任务。同时，中国积极为世界和平与发展作出自己应有的贡献，绝不搞侵略扩张，永远不争霸、不称霸，始终是维护世界和地区和平稳定的坚定力量。

"——合作发展。国际社会始终会存在竞争和矛盾。各国应该在良性竞争中取长补短，不断寻找合作机会，扩大合作领域，拓展共同利益。中国坚

---

① 国务院新闻办公室：《中国的和平发展》白皮书，《人民日报》2011年9月7日第15版。
② 同上。

持以合作谋和平、以合作促发展、以合作化争端，同其他国家建立和发展不同形式的合作关系，致力于通过同各国不断扩大互利合作，有效应对日益增多的全球性挑战，协力解决关乎世界经济发展和人类生存进步的重大问题。

"——共同发展。当今世界各国相互依存日益加深，只有实现世界各国共同发展，让更多人分享发展成果，世界和平稳定才有坚实基础和有效保障，世界各国发展才可以持续。因此，中国坚持奉行互利共赢的开放战略，坚持自身利益与人类共同利益的一致性，在追求自身发展的同时努力实现与他国发展的良性互动，促进世界各国共同发展。中国真诚期待同世界各国并肩携手，实现共同发展繁荣。"①

（二）和平发展与全球和谐世界建设是有机统一的

在资本主义发轫于欧洲的过程中，欧洲陷入了内部革命与争夺欧洲霸权和海外殖民地的长期混战，整个世界也因此阴霾密布。面对资本主义发展过程中的争斗给世界带来的痛苦和灾难，一个又一个空想社会主义者对和谐的理想社会作了种种设计和描绘。

1. 追求和谐世界是人类共同的目标

法国空想社会主义者傅立叶发表了《全世界和谐》一文，将其理想制度称为"和谐制度"，是文明制度经过保障制度与协作制度的过渡后达到的；英国的欧文则在美国和英国进行了建立和谐社会的实验，在美国的实验公社就命名为"新和谐"；在德国空想社会主义魏特林的笔下，理想的制度为和谐、自由和共有共享的制度。他说，从个人来说，个人欲望和个人能力愈和谐，个人自由就愈大；从全体人来说，全体人欲望和全体人能力愈和谐，全体人自由也就愈大。总之，这些空想社会主义者构建的理想社会形态各异，但实质内容是相似的：废除私有制，消灭剥削和压迫，建立一个以公有制为基础的，人人都参加劳动，实行各尽所能、按需分配的平等、幸福、和谐的理想社会。遗憾的是，这些构想的结果都是一样的：只能停留在历史的蓝图上。

马克思和恩格斯在参加无产阶级革命实践的过程中，对资本主义制度作

---

① 国务院新闻办公室：《中国的和平发展》白皮书，《人民日报》2011 年 9 月 7 日第 15 版。

了深刻的批判反思，揭示了人类社会演变的历史规律，为人类描绘了文明和谐的社会主义和共产主义理想社会。列宁在领导俄国布尔什维克党进行社会主义革命实践的过程中发展了马克思主义，建立了第一个社会主义国家，实现了人类历史的重大转折。

第一次世界大战和十月革命以后，被压迫民族的独立和解放运动席卷了亚洲广大地区，并扩展到非洲和拉丁美洲的许多国家。虽然德、意、日法西斯军事同盟气焰嚣张，发动了第二次世界大战，但最终被世界反法西斯统一战线打败。在马克思、列宁主义的指导下，毛泽东领导中国人民推翻"三座大山"，建立了社会主义新中国，为世界带来了一股强大的和平力量，人类逐步进入了和平与发展的新时代。

为了吸取战争血与泪的教训，在美、苏、中、英四国的提议下，联合国于1945年成立。《联合国宪章》规定的宗旨和原则，反映了世界各国人民独立、平等、和平与国际合作的共同愿望，同时也证明世界人民不分国籍、不分种族、不分肤色，都有着对和谐美好世界的一致追求。

2. 和平发展与世界和谐是一个有机整体

"和谐世界"也使中国的和平发展道路开始被其他国家所接受。但是一说到社会制度、文化价值观和意识形态的差异，很多人认为是不可逾越的鸿沟，因此难以达到和谐的境界。其实这是一种绝对化的思维方式。虽然存在着差异，但是我们也与世界各国人民分享许多共同的价值观，例如都追求和平、发展、合作、公正，等等。尤其在民主、人权和自由这些东西方差异较大的价值观上，全球化和社会现代化也缩小了人们的思想差距。当今中国已经将尊重和保护人权写入了宪法，中国参加了世界上大部分的人权公约，甚至超过了美国。中国一贯把建设社会主义民主作为重要的目标，并且开始在全过程民主制度建设上做出新的试验，如农村基层直选、村民自治、城市社区自治等等。当中国参与全球反恐合作时，也意味着承认，无论人的性别、国籍、种族、阶级，其生命都是宝贵的，这是国际公认的最基本的人权。中国与东亚邻国分享了更多的共同的价值观，如宽容文化多样性、开放性、协商合作、平等尊重、不强加于人的舒适性等等。

在承认世界文化多样性的基础上，各国就能尊重和理解别的国家、民族、文化、宗教，求同存异，协调合作，为和谐世界铺就新的道路，也才能更好地让世界接受中国和平发展道路的意义。在这个意义上说，和平发展与和谐世界是一个统一的有机整体。

（三）在和平发展现代化道路中促进和谐世界建设

1. 坚持走好和平发展的现代化道路

第一，走和平发展道路的现代化，要坚定思想自信和实践自觉的有机统一。习近平指出，"独特的文化传统，独特的历史命运，独特的国情，注定了中国必然走适合自己特点的发展道路"。面对错综复杂的国际形势，中国始终支持和平、反对战争，支持民主、反对强权，支持多边主义、反对单边主义，坚定维护世界和平，坚定维护国际公平正义，把中国人民的利益同各国人民的共同利益结合起来，在南南合作框架下向其他发展中国家提供力所能及的援助，支持和帮助发展中国家特别是最不发达国家消除贫困、改善民生；始终以积极姿态参与国际发展合作，坚持开展对外援助，帮助受援国增强自主发展能力，促进经济发展和社会进步。特别是新冠肺炎疫情暴发以来，中国积极开展抗击新冠肺炎疫情全球合作，为国际组织和其他国家提供援助，为人类社会和平发展稳定作出了积极贡献。

第二，走和平发展道路的现代化，要坚持为人民谋幸福、为民族谋复兴、为世界谋大同。中国共产党始终以世界眼光关注人类前途命运，从人类发展大潮流、世界变化大格局、中国发展大历史正确认识和处理同外部世界的关系，既为中国人民谋幸福、为中华民族谋复兴，又为人类谋进步、为世界谋大同，既强调独立自主、自力更生又注重对外开放、合作共赢，坚持互利共赢、不搞零和博弈，坚持主持公道、伸张正义，站在历史正确的一边，站在人类进步的一边，成功开辟出一条既发展自身又造福世界的现代化道路。党的十八大以来，习近平着眼中国人民和世界人民的共同利益，深入思考"建设一个什么样的世界、如何建设这个世界"等关乎人类前途命运的重大课题，积极倡导构建人类命运共同体。"政治上，倡导相互尊重、平等协商，坚决摒弃冷战思维和强权政治，走对话而不对抗、结伴而不结盟的国与国交往新路；安全上，倡导坚持以对话解决争端、以协商化解分歧，统筹应对传统和非传统安全威胁，反对一切形式的恐怖主义；经济上，倡导同舟共济，促进贸易和投资自由化便利化，推动经济全球化朝着更加开放、包容、普惠、平衡、共赢的方向发展；文化上，倡导尊重世界文明多样性，以文明交流超越文明隔阂、文明互鉴超越文明冲突、文明共存超越文明优越；生态上，倡导坚持环境友好，合作应对气候变化，保护好人类赖以生存的地球家园。"[①]"一带一路"是推动构建人类命运共同体的重要实践平台。中国"以政策沟通、设施联通、贸易畅通、资金融通、民心相通为重点，秉持共商共建共享原则，坚持开放、绿色、廉洁理念"[②]，高质量共建"一带一路"，在世界发展史上具有重要里程碑意义。

第三，坚持走和平发展道路的现代化，要坚持中国作为世界和平的建设者、全球发展的贡献者、国际秩序的维护者的本色，这一走向现代化的全新选择、全新方案。本着对人类前途命运高度负责的态度，坚持命运与共、加强发展合作、共享发展成果、携手应对挑战，提升全球发展的公平性、有效性、协同性，必将在后疫情时代全球经济复苏和发展中发挥重要作用，为推动构建人类命运共同体、建设更加美好的世界作出更大贡献。

第四，走和平发展的中国式现代化道路，始终要统筹发展和安全，立足于把自己事情做好。一方面，着力推动高质量发展。特别是要把教育、科技、人才作为全面建设社会主义现代化国家的基础性、战略性支撑，加快实现高水平科技自立自强，坚决打赢关键核心技术攻坚战。另一方面，针对全球化发展中安全逻辑逐渐替代效率逻辑的内在逻辑变化，特别要确保粮食、能源、重要产业链供应链安全，以新安全格局保障新发展格局。

走和平发展的中国式现代化道路，始终要维护国际公平正义，推动构建新型国际关系。要继续坚定奉行独立自主的和平外交政策，在和平共处五项原则基础上同各国发展友好合作，不以意识形态划线，不搞阵营对抗，深化拓展平等、开放、合作的全球伙伴关系，致力于扩大同各国利益的汇合点[③]。

2. 在和平发展中促进和谐世界建设

关于在和平发展中建设和谐世界，有学者提出了以下四个要点：

---

① 中华人民共和国国家新闻办公室：《新时代的中国与世界》，《人民日报》2019 年 9 月 28 日第 11 版。
② 同上。
③ 王健：《中国式现代化和平发展的内生逻辑与时代要求》《社会科学》2022 年第 12 期。

第一，发展和谐的大国关系，这是建设和谐世界的关键。

第二，建设和谐的周边关系。中国是世界上陆地边界线最长和邻国最多的国家，是全球边界情况最复杂的国家之一。在 14 个接壤国中，中国已与 12 个签订边界条约或协定，划定边界约占中国陆地边界线总长度的 90%。

第三，在参与中优化国际秩序。中国坚持走和平发展道路，始终致力于政治解决热点问题，提出全球安全倡议，积极参与联合国维和行动和国际军控、裁军、防扩散进程。

第四，汲取人类文明的优秀成果。目前，中国已成为世界上去海外留学人数最多的国家，年均留学人数已超过 100 万，稳居全球首位。[①] "与此同时，绝大部分国家都有留学生来中国学习。中国政府邀请多批外国专家为中国发展献计献策，专门成立了一个高级国际咨询机构——中国环境与发展国际合作委员会。近年来，中国还在国内外举行各类双边的'文化节'、'文化年'等重大文化交流活动，以及各类政治、经济对话会议。这些大规模的相互交流为中国不断汲取其他国家的经验、取长补短提供了良好的机会。"[②]

走和平发展的中国式现代化道路，始终要弘扬全人类共同价值，推动构建人类命运共同体。为此，我们要倡导弘扬和平、发展、公平、正义、民主、自由的全人类共同价值，践行平等、互鉴、对话、包容的文明观，共同应对各种全球性挑战，推动构建人类命运共同体，创造人类文明新形态。

---

① 数据来源参考郑楠：《〈中国留学发展报告（2022）〉蓝皮书出版发布》，《留学》2022 年 10 月 20 日第 20 期。
② 在和平发展中建设和谐世界的四个要点，参见宗书：《2006，中国外交丰收年》，《老友》2006 年第 12 期；朱思坤：《实践"和谐世界"理念》，《中国报道》，2007 年 1 月 30 日。

第九章　中国式现代化发展的动力

"现代化"的经典概念及其逻辑展开，无不致力于"经济现代化"。整个20 世纪的"主流发展模式"无不受到这种思想的影响和牵制。这种"单一现代化"的发展思路在资本主义世界屡遭诟病，在发展中国家更是值得反思和批判。如前所述，中国式现代化在一定意义上说也是中国特色的"社会现代化"，只有"社会领域"实现了现代化，才可能既真正摒弃资本"非文明化"各种弊端①，又积极发挥"资本"在促进经济、保护生态、实现社会和谐方面的作用，这才是资本的"文明化"！"资本"的"文明化"才是中国式现代化所需要的动力机制，也才可能区别于把现代化等同于财富积累和经济增长的"经济现代化"，区别于抽象的谈论人性的自我实现、人类与自然和谐发展的哲学意义的"抽象"现代化。

中国式现代化是一种既立足于经济和社会现实本身，又带有强烈未来意识的、综合性的、跨学科的、可持续发展的中国特色社会主义社会的"现代化"（简称"社会现代化"），代表着人类文明发展的未来走向②。

第一节　"社会现代化"扬弃了
"经济现代化"的缺憾③

现代化尽管为西方所首创，但是其所反映出来的现代性观念，并非专属

---

① 资本的"非文明化"是对资本"文明"的背叛。资本来到世间，虽然每个毛孔都滴着血，但相对于对封建的等级制度摧毁性的冲击是一种"文明"和进步。尽管"资本"在东西方"现代化"推进中，发挥着动力机制的作用，但是垄断资本集团为掠夺资源而发动的殖民战争，"资本"在增殖过程中对生态环境的破坏，资本为获高额利润而在全球的扩张、侵略等等，均是"资本""非文明化"的不同表现。
② 鲍宗豪：《中国特色"社会现代化"的动力机制》，《天津社会科学》2016 年第 2 期。
③ 这一节的分析阐释参见鲍宗豪：《中国特色"社会现代化"的动力机制》，《天津社会科学》2016 年第 2 期。

于西方，而应该成为全人类共享的一种文明成果。尤其是在 20 世纪 60 年代后，随着日本腾飞、亚洲四小龙的发展，现代化才转向东方。因此，当今我们所选择的现代化之路，并非趋向于"西方化之路"，而是一条人类趋向于美好幸福生活的文明发展必由之路，其中既内涵对西方现代化之路的批判和借鉴，也包含着不同国家、不同民族、不同地区基于自身特殊性的选择、包容和"现代性"发展。

一、"现代化"的本义非"经济现代化"

从一些关于"现代化"的经典论述中可以发现，无论是"工业化"的论述，还是从"传统社会"向现代化的起飞发展，基本内容都是围绕"经济现代化"。

（一）经典现代化分析局限于"经济现代化"

在许多被视为"现代化"经典的语词中，"现代化"与"工业化"往往被视为一回事，或者关系更近的一对术语。我们尽管可以批判这种说法的狭隘性、片面性，但是，该说法是基于"工业化"之于西方现代文明客观历史进程所起的重要作用而言的，是标示西方现代化的一个关键性内容。也就是说，在走向现代化的过程中，"工业化"在其中所起的作用，无论怎样夸大都不过分。

与此相适应，在诸多现代化经典论述中，传统社会和现代社会的"二分法"[1]，被视为探析现代化理论和实践的基本视角和方法论。1958 年，美国经济学家罗斯在《经济增长的阶段：非共产党宣言》[2] 中，将"传统社会"视为现代化起飞的初始阶段，将资本和技术的投入视为现代化的准备阶段，逐渐再到真正的起飞阶段：工业革命。其后，经过不断的积累促使劳动技能、经济管理得到巨大的提升，进入一个类似于西方的高消费阶段，最后进入高

---

[1] 这种"二分法"把现代化视为"进步和善"的结合，代表着一种普遍性；而"传统社会"则视为现代化的障碍，代表着一种地方狭隘性。这种"自满自得"的评论完全是站在欧美等"现代化"的立场上，映射出鲜明的美欧中心主义、种族中心主义偏见。实际上，许多真实存在的社会本身并不能简单套用"传统和现代"二元化的术语加以区分，许多社会既存在着"传统"，也存在着"现代"，完全的去除传统，无论在经验上还是实践上都是不可能的。参阅美国学者狄普斯《现代化理论与社会比较研究批判》，载布莱克编《比较现代化》，上海译文出版社 1996 年版，第 114—116 页。

[2] 该书强调"非共产主义"对于诸多发展中国家的意义，这既与其正处于冷战时期的大环境有关，也与诸多经济学家本身所具有的"经济意识形态"有关。

质量生活阶段。显然，这里的分析已超越了纯粹的经济逻辑。尤其是在"起飞"阶段，论证了人的观念的变化；在"成熟推进"阶段，论述了从"海盗作用"的产业转变为基于高度分工效率至上的专业经理人的"职业化管理"，涉及社会现代化的诸多内容。

（二）西方学者反思批判"经济现代化"的缺憾

以上关于"现代化"与"工业化"、现代化从"起飞"到"成熟推进"的分析表明：尽管"现代化"的核心内容依然是经济现代化，但是，几乎任何有远见的学者都意识到"现代化"本身的多重含义，不能局限于"经济现代化"。

1966 年，美国学者布莱克在《现代化的动力》中强调，现代化不仅包括经济，更包括科技、文化和人际关系的深刻变革；1966 年，以色列学者艾森斯塔德在《现代化：抗拒与变迁》中，从体制（社会动员、社会结构）、政治（权力合法性、权力集团）、经济（部门、行业的工业化，服务业比重）、生态（都市化）、文化（文化分工、娱乐和个性文化）等论述现代化的综合变革特征；1968 年，美国学者亨廷顿在《变化社会中政治秩序》中，专门从政治参与、权力结构及政治权威变化的角度，论证现代化的政治反应及后果；1974 年，美国学者英格尔斯在《迈向现代化：六个发展中国家的个人变化》中，对现代化的家庭观、金钱观、宗教观、生育观、消费观及其行动模式进行分析，认为现代化的核心应该是个人的现代化。

值得重视的是 20 世纪 80 年代以来，西方学者对经济现代化的反思。1982 年，美国学者罗兹曼在《中国的现代化》中，将现代化过程描述为国家分工体系、非农生产比重、人口质量、收入分配、组织变革、科层制和大众文化等多个变量。与此相并列的一个反思系列，则是以贝尔、德鲁克、托夫勒、纳斯比特、卡尔逊、吉登斯等为代表的一些对现代化的反思者，他们提出后工业社会、知识社会、后现代社会、风险社会、可持续发展、反思性社会等新观念，不仅在研究视野、研究方法等方面丰富着现代化的理论和实践内容，而且凸显了"现代化"的深入和发展：无论是从理论研究还是实践行动方面，都不能局限于"经济的现代化"，"社会现代化"是对"经济现代化"的扬弃，社会现代化才是经济现代化发展的历史必然，社会主义社会的现代化才是促进中国社会走向美好未来，引导人类社会健康可持续发展的现代化。

二、社会现代化是一个社会最剧烈的社会变革

以大家耳熟能详的西方现代化发展模式而论，笔者在 2015 年出版的《社会现代化模式比较》一书中，把它区分为英美的"盎格鲁撒克逊"模式、德法的"莱茵模式"、日本和东亚模式、拉美模式以及民族复兴的中国模式等等。这些不同的模式绝非经济领域的因素所能涵盖，而是与不同国家的历史文化、地理环境资源、社会运行的状态息息相关。正是基于此，笔者认为，"社会的现代化过程是一个社会最剧烈、影响最深远的社会变革，是打破传统社会的各种秩序、建立现代秩序的变革。"[1] 它不仅涉及物，更涉及人，以及人与物、人与人相互关系的社会变革。

第一，"社会现代化"是对传统"现代化缺陷"的一种创新与纠正。社会现代化囊括了经济、政治、文化、科技、教育、环境治理等诸多方面，是一项更强调社会系统工程、社会综合创新、社会全面发展的一种新型现代化思想。但是，如果仅限于理论，那么也就表明该理论的不成熟性。一个真正好的"现代化"理论，就在其趋于实践性，在于能成为广大民众的社会现代化实践。我国很多学者已经从西方现代化过程中意识到诸多问题和弊端，但是，在本国或本地区的现代化的实践中，则往往缺乏社会现代化的理念和意识，常常自觉或不自觉地从"经济领域"发端，然后才波及社会、政治、文化诸领域，所以，一些地区一而再、再而三的重复西方资本主义社会早期所出现的"片面现代化"特征，引发环境污染、社会病、城市病以及社会阶层、社会结构不公平诸现象。

第二，"经济现代化"为什么难以走向"社会现代化"？值得重视的问题是："社会现代化"为什么会常常被"边缘化"？原因很多，但从"资本"作为驱动"现代化"和"经济现代化"的动力机制看，它天然地趋向"增值"，趋向以"经济的现代化"实现资本的增值。所以，"资本"只要不受"约束"，只要"资本"不拒斥"资本""非文明化"的各种弊端，那么，

---

[1]　鲍宗豪：《全球化与社会发展》，上海三联书店 2002 年版，第 11 页。

"社会现代化"必然是被搁置或"边缘化"的。

在上述意义上说，"社会现代化"要不被搁置或边缘化，它也必须以"资本"为动力机制。但是，社会现代化要以资本的"文明化"为动力机制，要将经济"现代化"全面嵌入社会运行机理及其运行全过程，注重社会阶层和社会结构的和谐，强调人与自然、人与人、人与社会之间应该具有的和谐关系，推动人类文明健康发展。

第二节　资本"文明化"是社会现代化的动力

2022 年 4 月 29 日，中共中央政治局就依法规范和引导我国资本健康发展进行第三十八次集体学习。习近平在主持学习时指出："资本是社会主义市场经济的重要生产要素，在社会主义市场经济条件下规范和引导资本发展，既是一个重大经济问题、也是一个重大政治问题，既是一个重大实践问题、也是一个重大理论问题。"① 依法规范和引导资本健康发展，事关坚持社会主义基本经济制度，事关改革开放基本国策，事关高质量发展和共同富裕，事关国家安全和社会稳定。我国仍处于并将长期处于社会主义初级阶段，必须深化对新的时代条件下我国各类资本及其作用的认识，规范和引导资本健康发展，发挥其作为重要生产要素的积极作用。

依法规范和引导我国资本健康发展，也就是说，既要发挥资本在我国社会主义现代化（即社会现代化）建设中的作用，又要依法规范和约束"资本"的所有者的不合法、不守法等"不文明"行为，依法规范和约束"资本"增殖冲动而带来的种种"野蛮"的后果。

因此，为了引导"资本"走向"文明化"，发挥资本在推动中国社会主义现代化中的作用，必须先弄清"资本"的内涵及其作用。

一、资本与资本的"文明化"

这里以对当今中国存在的五种不同"资本"含义的界定为基础，进而分

---

① 《习近平在中共中央政治局第三十八次集体学习时强调　依法规范和引导我国资本健康发展　发挥资本作为重要生产要素的积极作用》，《人民日报》2022 年 5 月 1 日。

析阐释资本的"文明作用"及其局限。

（一）不同视域中的"资本"的含义

王国刚在《提升资本治理能力的三个维度》一文中，分析了"资本"的五种不同内涵："一是从日常生活看，资本与本金、本钱时常属于同义语，它是指持有者可利用来获得利益或借贷抵押的价值物。根据载体的不同，可分为实物资本、货币资本、人力资本等。二是政治经济学从经济性质和经济制度角度，将资本定义为'能够带来剩余价值的价值'，反映的是资本主义制度中资本家剥削劳动者的生产关系。三是从亚当·斯密到哈罗德–多马模型再到索洛、斯旺、罗默和卢卡斯等都强调了资本在经济增长中的作用。但他们缺乏资金概念，所使用的'资本'范畴实际上是指资金，与此对应，他们使用的股权性资本和债务性资本等概念实际上是股权性资金和债务性资金。四是在国际金融领域流行的'国际资本流动'中的'资本'，在内涵上指的是资金，既包括资本性资金（或股权性资金）、债务性资金等金融性资金，也包括货款、捐赠、投资收益等的贸易性、财政性、公益性等资金在国际间流动。五是从金融、财务和法律角度，基于资产负债表机理，资本通常指的是投资者投入企业经营运作且属于所有者权益范畴的资金，与它对应的概念是'负债'，资本+负债＝资产。"①

以上五种不同视域中资本的含义，不仅说明"资本"一旦进入生活、生产以及企业经营运作和金融领域，均发挥着不同的作用，而且说明对"资本"作用及其局限的分析，不能拘泥于不同领域的具体"资本"，而应从一般的意义上，即马克思对"资本"分析研究的层面阐释"资本"。

（二）资本的"文明作用"及其局限

从西方近代以来发展历史看，其走向现代化的一个最重要动力，就在于对于财富追求和占有的合法化、普遍化。而且，财富获取、占有的公平，实际上成为社会"公平正义"的最直接、最重要内容。"财富"在任何意义上都不是一个"抽象概念"，而是一个与每一个人生活体验紧密相关的一个"经验性概念"，在其框架下，涵盖着土地、矿藏、黄金、货币、劳动等诸要

---

① 王国刚：《提升资本治理能力的三个维度》，《中国党政论坛》2022 年第 6 期。

素。而能把这些要素聚合在一起、并发生"价值运动"的一个关键要素就是"资本"①。

1. 正确认识"资本"的文明作用②

马克思对资本主义巨大的生产力和对整个社会关系的改造作用给予高度的评价，充分肯定"资本"对于整个人类文明发展所起的重要推动作用。除了《共产党宣言》中耳熟能详的话语外，马克思在《资本论》第3卷论证信用资本、金融资本的重要作用时，指出以股份制、金融资本为代表的资本新形式，是资本主义生产方式的一种扬弃，并称之为"没有私有财产控制的私人生产"③。这充分显示出"资本主义"在行进过程中，迫于各种压力不得不自我扬弃的客观必然性。

但是，"资本"在任何时候都不是一个纯粹的经济概念、经济逻辑，而是与整个社会的政治、文化、意识形态、社会风尚等有着直接的关联。正如马克思所言，尽管在实际生产中，"资本是已经转化为资本的生产资料"，但是，"资本不是物，而是一定的、社会的、属于一定历史社会形态的生产关系"④。脱胎于中世纪的欧洲资产阶级要获得经济的独立，首先必须获得"独立人格"，必须从"宗教控制""皇权控制"中走出来，突出以"个体主义"而不是通过教会、教皇信奉上帝的新观念，这也就是加尔文基督新教改革本身所具有的资产阶级精神。这种"宗教人格"的独立和自由，就是马克思倡导的"资本主义精神"的重要内容。也就是说，从人类文明发展史的角度看，"资本来到世间"一方面滴着"血和肮脏的东西"，另一方面，"资本"又是以一种扬弃中世纪文明遗产的客观产物，推动着"欧洲文明"的更新和飞跃。而且，从意识形态革命的角度看，无论英国的"光荣革命"，还是法国的"大革命"，抑或美国"独立革命"，整个资产阶级所宣扬的"革命理念"都是致力于一种自由、民主、平等的现代社会，而不是一个单纯的"资本国家"，比之于前资本主义社会显然是一种伟大的历史进步。

---

① 这方面分析阐释参见鲍宗豪：《中国特色"社会现代化"的动力机制》，《天津社会科学》2016 年第 2 期。
② 同上。
③ 《马克思恩格斯选集》第 2 卷，人民出版社 2012 年版，第 569 页。
④ 同上书，第 644 页。

2. 资本"文明"的局限性

谭培文、谌尧分析了资本主义制度下资本"文明"的局限性。第一，它是以物统治人的文明。"资本消除了狭隘的民族封闭排外心理，用不分差别的交换价值交换摧毁了古代人的等级特权。但是，前门拒虎，后门进狼，它用一种私有制代替了另一种私有制，以物的统治替代了人的统治，古代人们屈从于人的统治，现在金钱成为了上帝，其结果是物的价值增殖与人的价值的贬值成正比。"第二，它是贫富两极分化的文明。"在资本主义社会，资本促进了大工业发展，带来了物质财富的丰富繁荣。"① 马克思说，资本主义这些进步，"都不会使工人致富，而只会使资本致富；也就是只会使支配劳动的权力更加增大；只会使资本的生产力增长。因为资本是工人的对立面，所以文明的进步只会增大支配劳动的客体的权力。"② 第三，它是以垄断资本为特征的文明。"列宁认为，20 世纪以后，资本主义蜕变为垄断的帝国主义。垄断必然带来几个帝国主义之间的霸权争夺与战争。战争最后又摧毁了文明。因此，由文明到垄断，由垄断到暴力战争，最后用战争暴力摧毁文明，这就是资本主义的资本文明周期律。"第四，它是西方政治资本的文明。"资本拜物教是资本主义资本'文明'的特殊现象"，"文化产品只是一个货币化符号，政治上的民主自由不过是货币化的产物"③。

3. 资本的"野蛮化"成为资本驱动社会发展的一种典型形式

为什么致力于自由、民主、平等的人类文明社会在资本主义初始阶段，尤其是资本原始积累阶段，资本的"野蛮化"却成为"资本"驱动社会发展的典型形式。这里，我们不重复马克思转引的莫尔对"羊吃人"的话语，也不转引马克思对于贩卖黑奴、掠夺殖民地金银的强烈愤慨，仅就生产过程而言，马克思认为，追求剩余价值的贪婪欲望已经与整个资本主义生产制度融为一体，延长工作时间，增加劳动强度，无限制地压榨劳动者。这种情况任何有良心的人都不能不站出来表示谴责。用一位资产阶级学者的话说，这种

---

① 谭培文、谌尧：《辩证认识资本的文明作用及当代价值》，《广西师范大学学报（哲学社会科学版）》2020 年第 2 期。
② 《马克思恩格斯全集》第 30 卷，人民出版社 1995 年版，第 267 页。
③ 资本四个方面的局限性分析，参见谭培文：《正确认识"资本的文明作用"》，《中国社会科学报》2019 年 7月 25 日第 6 版。

剥削"比西班牙人对美洲红种人的暴虐有过之无不及"①。

伦敦《每日电讯》中对资本的"野蛮化"进行了详细的报道，儿童为了生活不得不从早晨一直干到深夜十一二点，"他们四肢瘦弱，身躯萎缩，神态呆痴，麻木得像石头人一样，使人看一眼都感到不寒而栗"②。正是在资本极度"野蛮化"的压榨下，工人身体退化，生命极度压缩。然而，当时虽然存在着对资本"不文明"的种种道德的谴责，但缺乏法律的限制，整个社会处于资本"野蛮化"的控制之下。

资本的"野蛮性"不仅存在于生产过程中，而且突出表现为"资本战争"。这里既包括资本家们的相互竞争，导致整个社会生产无政府状态，造成社会生产资源的巨大浪费，又表现为国家垄断资本之间为了争夺资本利润而发生的"国家战争"。当时爆发第一次世界大战的实质就是"资本战争"，显示出资本本身所具有的巨大"野蛮性"。而且，正是由于这一"野蛮性"引发人们对资本主义的普遍的不满，引发整个世界的社会主义运动，产生了第一个社会主义国家。

二、以资本的"文明化"驱动"中国式现代化"③

以"资本"的"文明化"为动力的社会现代化，就不能仅仅限于对"资本逻辑"的诸多批判，而忽视"资本"对社会现代化所具有的动力机制作用，尤其不能忽视在面对诸多社会挑战和压力的条件下，资本逐渐走向"文明化"的事实。对此视而不见，并不是马克思主义实事求是的态度，更不是对待"资本"的马克思主义辩证法的态度。正是基于这种"唯物辩证法"思路，笔者认为，在当下不可能"取消资本"的事实前提下，积极促进资本的"文明化"机制建构，是"中国式现代化"一个重要而现实的动力机制。在这个意义上，资本"文明化"必然积极摒弃资本"不文明"的诸多弊端，在推动中国特色"社会现代化"的过程中起着积极的作用。

---

① 《马克思恩格斯全集》第 42 卷，人民出版社 2016 年版，第 240 页。
② 同上。
③ 这部分的分析阐释参见鲍宗豪：《中国特色"社会现代化"的动力机制》，《天津社会科学》2016 年第 2 期。

（一）"资本"趋向"文明化"的可能

人类社会进入 21 世纪之后，虽然我们依然能够看到资本"野蛮化"的诸多迹象，但是不可否认的事实是，资本的"文明化"程度越来越高：今天的资本已经远非 19 世纪、20 世纪的资本面貌，资本权力受到政治、法律、道德、舆论的诸多监督；全球企业社会责任运动已经从"企业公关"范畴，转换为"企业价值"增长的一个内在环节；而"在商场上，这意味要平衡顾客、雇员、供应商、环境和社区、社团的需要"①。所以，西方学者用"自觉资本主义"来表达当代"资本"有趋向"文明化"的一面。

2015 年 6 月 7 日参加第 10 届国际怀特海大会暨第 9 届生态文明国际论坛，笔者亲身感受许多西方学者对"限制"资本、抵制资本"非文明"化环保运动的场景。上万名环保主义者为了保护地球、保护人类生存的家园，抵制石油和各种燃料的开采，还纷纷卖掉石油公司的股票，以限制资本的"不文明"。从越来越多的西方学者对于"资本"的各种反省、批判与革新努力看，在"拒斥资本"不可能的现实条件下，善于运用各种外在约束机制，并通过将生态环境成本、人力资源成本、社会福利成本等，内化为企业成本预算的机制，正在促使资本进一步走向"文明化"。

（二）资本主义制度下的资本"文明化"存在种种无法超越的限制

当然，尽管资本"文明化"体现出人类文明发展、进步的大趋势，但是如何处理"资本驱动"的内在动力和资源、环境、人文外部约束之间的关系，始终是资本进一步走向"文明化"的一个重要课题。在资本主义制度框架内，资本"文明化"始终受到资本"绝对力量"的统治，"资本之外"的责任、义务和道德在许多情况下显得苍白、无力，所以美国仍然是世界上能源消耗最多、污染排放也最多的国家。美国人类学家、企业环境学家认为现状和未来很危险，但企业为了有便宜的能源提高竞争力，就希望降低环保要求。布什政府曾迎合企业"资本"增值的需求，降低节能减排标准，拒签《京都议定书》。这表明：在资本主义条件下，资本的"文明化"存在着诸多自身无法超越的限制。只有在中国特色社会主义条件下，资本的"文明化"

① ［美］施沃伦：《自觉资本主义：企业形而上学》，《国外社会科学》1999 年第 3 期，第 78 页。

机制建构才有可能，才能使中国特色社会现代化和资本"文明化"相融合并形成强大的内聚力，才可能真正规范"资本"，使"资本"在"文明化"的过程中推动中国特色社会现代化。

（三）资本"文明化"融入中国式现代化的可能

不过，将资本的"文明化"融入中国特色的社会现代化，也有一个与中国社会现代化的国情相符、与中国社会需求的发育发展相适应的过程。如果与社会需求相脱节，也会引发社会的诸多问题，阻碍社会的发展。总结苏东剧变、拉美模式、"阿拉伯之春"的经验教训可以看出，社会现代化要培育与践行自由、民主、平等的社会主义核心价值观，需要公平、正义与开放。但是如果在社会现代化发育的初级阶段，进行全方位的自由与放开，推行西方发达国家所"示范"的"自由政策"，那么所谓现代化的"主体性"就会受到极大的挤压，最终丧失社会现代化的主动权，导致民族工业的畸形，最终损害社会现代化的"内生能力"。

社会现代化更关心人民社会福利水平的提高，包括教育、医疗、就业和住房的各种社会保障。社会福利水平是社会主义共同富裕的基本要求，也是"社会现代化"的应有之义，更是广大民众的社会需求。问题在于，现阶段我们还不能实行像西方发达国家那样的高度的社会福利，因为就我国还处于社会主义初级阶段，我们还不能提供"高福利"的社会保障，因为这会弱化社会竞争的动力机制，还挤占社会积累，从而削弱社会现代化的综合动力。

当一个社会城乡二元结构问题还较突出，社会贫富差距还较明显，以及一个社会还未进入文明有序的状态时，"高消费"更多的将扭曲社会心态，进而导致挥金如土、炫耀身价，或者压抑、抑郁、抱怨、愤恨、嫉妒、攻击等种种不良的反常社会心理和行为。应该倡导适应形成与社会文明和谐有序发展的消费观、消费模式，驱动中国特色社会现代化。

第三节　构建中国式现代化动力机制的路径①

在经济全球化的条件下，中国如何尽快从"发展中国家"迈向世界中等

---

① 这部分的分析阐释参见鲍宗豪：《中国特色"社会现代化"的动力机制》，《天津社会科学》2016 年第 2 期。

发达国家，实现伟大的"中国梦"？我们不能仅限于对"资本"的批判，而应该致力于一种中国特色社会主义资本"文明化"的积极建构，找到一条适合中国国情的利用资本、超越资本，促进资本健康发展的"社会现代化"之路。如果说资本主义社会的"资本"文明是一种缺乏"约束""调控"和"治理"的"不自觉文明"，那么，中国式现代化对资本的需求和利用，则应使资本走出"野蛮化"状态，通过对"资本"依法有效地"规范""约束""调整"，使"资本"能走向"自觉文明"境界，使"资本"真正成为为人民大众谋福祉的工具。这里着重在依法规范和引导我国资本健康发展的框架内，提出构建中国式现代化动力机制的三条路径。

一、立足社会主义市场经济，规范并促进资本的"文明化"

从提出市场经济，到提出改革的目标是建立社会主义市场经济体制，再到党的十八大以后，以习近平为核心的党中央对资本作用、资本规律的深刻认识，充分体现了我党对依法规范并促进资本"文明化"的艰难进程。

（一）认识社会主义市场经济中客观存在的"资本"

社会主义市场经济中必然会有各种形态的资本。"改革开放 40 多年来，资本同土地、劳动力、技术、数据等生产要素共同为社会主义市场经济繁荣发展作出了贡献。"[1] 改革开放以来，从中国的实际出发，逐步建立起社会主义市场经济，为利用"资本"推进中国特色社会主义建设打下了基础。

第一，对发展市场经济的思考。党的十一届三中全会后，国内对社会主义是否必须完全排斥市场经济的讨论日渐增多。但面对充满激流险滩的未知领域，当时尚未有人能够或敢于得出明确的结论。"善于开风气之先的邓小平同志，则以肯定的语气率先提出了'社会主义也可以搞市场经济'的重大命题。"[2] 1979 年 11 月，邓小平在会见外宾时指出："说市场经济只存在于资本主义社会，只有资本主义的市场经济，这肯定是不正确的。社会主义为什么不可以搞市场经济，这个不能说是资本主义。我们是计划经济为主，也

---

① 《人民日报》评论员：《依法规范和引导我国资本健康发展》，《人民日报》2022 年 5 月 1 日第 1 版。
② 王桢：《依法规范和引导我国资本健康发展》，《新湘评论》（半月刊）2022 年第 12 期。

结合市场经济，但这是社会主义的市场经济。"① 邓小平关于"社会主义也可以搞市场经济"的论断，为推动改革开放和发展社会主义市场经济体制创造了前提条件。

第二，发展社会主义市场经济的实践路径。邓小平善于发现并抓住基层人民群众的创造，从支持农村改革突破到提出社会主义商品经济，再到建立社会主义市场经济体制的实践。改革开放的理论的突破最早聚焦我国农村的改革。"从 1982 年到 1985 年，中央连续出台 4 个一号文件，最终确立家庭承包经营为基础、统分结合的双层经营体制，极大地解放了农村生产力。20 世纪 80 年代中期，改革的重点由农村转向城市，改革的深化和发展酝酿新的战略性突破。""党的十二届三中全会通过了《中共中央关于经济体制改革的决定》，创造性地提出了'社会主义商品经济'、'有计划的商品经济'概念，使经济体制改革向社会主义市场经济的方向迈出了至关重要的一步。"②

到了 20 世纪 90 年代初，邓小平在南方谈话中提出："社会主义要赢得与资本主义相比较的优势，就必须大胆吸收和借鉴人类社会创造的一切文明成果，吸收和借鉴当今世界各国包括资本主义发达国家的一切反映现代社会化生产规律的先进经营方式、管理方法。"③ 直至 1992 年 10 月，邓小平关于发展社会主义市场经济的思想，在党的十四大成为党和国家的战略思想，成为社会主义基本经济制度的安排。

第三，提出社会主义可利用各类资本推动经济社会发展。改革开放 40多年来，"我们破除所有制问题上的传统观念束缚，认为资本作为重要生产要素，是市场配置资源的工具，是发展经济的方式和手段，社会主义国家也可以利用各类资本推动经济社会发展，逐步确立了坚持公有制为主体、多种所有制经济共同发展，按劳分配为主体、多种分配方式并存，社会主义市场经济体制等社会主义基本经济制度"④，促进了生产力发展，创造了世所罕见的经济快速发展奇迹。

---

① 《邓小平文选》第 2 卷，人民出版社 1994 年版，第 236 页。
② 王桢：《依法规范和引导我国资本健康发展》，《新湘评论》（半月刊）2022 年第 12 期。
③ 《邓小平文选》第 3 卷，人民出版社 1993 年版，第 373 页。
④ 《习近平在中共中央政治局第三十八次集体学习时强调 依法规范和引导我国资本监看发展 发挥资本作为重要生产要素的积极作用》，《人民日报》2022 年 5 月 1 日第 1 版。

第四，认识资本作用，提高资本运行治理能力。"党的十八大以来，我们坚持和完善社会主义基本经济制度"，"对资本性质的理解逐步深化，对资本作用的认识更趋全面，对资本规律的把握更加深入，对资本运行的治理能力不断提高"①。

社会主义市场经济要用好"资本"、规范"资本"，就是要解决好"市场经济的效率和社会主义的公平问题。市场经济体制是现代社会运行机制的一个重要组成部分，其对整个社会的影响是全面而深远的。市场经济从来就不是一种纯粹的经济学意义的配置资源的含义，而是塑造一种'市场利益'至上的生活意识。这种切实的'市场利益'一旦成为整个社会运行的法则，那么，自然而然就会形成一种社会机制，每个人都关心公平的'交换价值'"②，资本带来的"市场利益"、所形成的社会机制，也就成为推进市场经济的一种动力。

（二）依法规范和促进资本"文明化"的具体路径

可以说，市场经济的日常公平交换是训练现代社会自由、民主、平等现代意识的最重要、最日常的学校。"市场经济的'交换价值'直接指向每一个市场经济的参与者，这是'个体意识'觉醒的最直接、最现实的土壤。正是通过市场经济机制塑造出一种重视现实利益的客观选择"③，使得每个人注重现实生活，摒弃各种"乌托邦"的生活④。也就是说，"市场经济"一开始就与任何意义的"乌托邦"背道而驰，"造就出一种实实在在的普遍现实性的生活景象。正是基于这种现实性，决定了'市场经济'条件下的自由、民主和平等具有最现实的'实用性'，任何不能通过市场经济获得利益的自由、民主、平等都被视为'非自由'、'非民主'、'非平等'"⑤。

正是由于"市场经济"本身所具有的这种复杂特征，坚定了我们必须通过社会主义公有制和国家调控的力量，来限制"市场经济失灵"所带来的各

① 《习近平在中共中央政治局第三十八次集体学习时强调　依法规范和引导我国资本监看发展　发挥资本作为重要生产要素的积极作用》，《人民日报》2022年5月1日第1版。
② 鲍宗豪：《中国特色"社会现代化"的动力机制》，《天津社会科学》2016年第2期。
③ 同上。
④ 我们应该反对两类"乌托邦"思想与模式。其一，超越社会主义初级阶段，实现"一大二公"的共产主义；其二，"纯粹市场经济"本身也是一种乌托邦，在现实生活中是不存在的。
⑤ 鲍宗豪：《中国特色"社会现代化"的动力机制》，《天津社会科学》2016年第2期。

种弊端，善于发挥社会主义和市场经济的双重优势。那么，如何让民众直接感受到市场经济微观机制和政府宏观调控相互结合的双重优势呢？我们认为，最直接、最现实的实现路径，就是依法规范并促使资本"文明化"。

一是在坚持市场原则和逻辑的基础上，搭建两大体系：一个就是设立"红绿灯"机制，形成框架完整、逻辑清晰、制度完备的规则体系；"一个是健全事前引导、事中防范、事后监管相衔接的全链条资本治理体系"①。对资本来说，规则体系相当于场景营造，在健全产权保护制度和反垄断、反不正当竞争等基础上，为不同所有制的资本提供机会平等、公平进入、有序竞争的市场秩序，从政府公共服务职能的角度看，其相当于为各类资本提供防护型保障体系；资本治理体系，则相当于为各类资本提供透明性担保体系，即通过过程透明、可追溯和依法公平监管等，协调处理各利益相关方利益，避免违法侵权，并有效防范和舒缓可能的风险隐患。

二是加强新时代"资本"理论的研究，把握当今我国社会不同"资本"的作用。"在社会主义制度下如何规范和引导资本健康发展，这是新时代马克思主义政治经济学必须研究解决的重大理论和实践问题。"② 习近平指出："要深入总结新中国成立以来特别是改革开放以来对待和处理资本的正反两方面经验。"③ 资本是带动各类生产要素集聚配置的重要纽带，但"如不加以规范和约束，就可能给经济社会发展带来不可估量的危害"。"要历史地、发展地、辩证地认识和把握我国社会存在的各类资本及其作用"，"正确处理不同形态资本之间的关系，规范和引导各类资本健康发展"④。

三是运用市场化法治化原则，规范和引导资本健康发展。依法规范资本发展、加强资本监管，是为了促进资本更为长远的发展。习近平强调，要通过健全资本发展的法律制度，做好相关法律法规的立改废释，严把资本市场入口关，完善资本行为制度规则，加强反垄断和反不正当竞争监管执法，培育文明健康、向上向善的诚信文化等一系列举措，"毫不动摇巩固和发展公

---

① 《习近平在中共中央政治局第三十八次集体学习时强调　依法规范和引导我国资本监看发展　发挥资本作为重要生产要素的积极作用》，《人民日报》2022 年 5 月 1 日。
② 同上。
③ 同上。
④ 同上。

有制经济，毫不动摇鼓励、支持、引导非公有制经济发展"①。同时，政府在为资本设定"红绿灯"机制时，首先在明确"法无授权不可为"的基调，然后主要基于负面清单管理设定市场准入制度，即用准入禁止取代准入许可，从制度上放活资本的能动性和创造性，尽力避免直接干预资本的能动创造空间，因为资本的效用在于制度为其提供怎样的可行自由空间，让其百花齐放、百家争鸣。同时，通过强化反垄断和反不正当竞争执法，促进各类资本公平竞争，避免资本身份决定论。

四是正确处理资本和利益分配问题，全面提升资本治理效能。"社会主义的国家性质决定了中国必须坚持按劳分配为主体、多种分配方式并存，在社会分配中体现人民至上。"② 习近平指出："坚持发展为了人民、发展依靠人民、发展成果由人民共享，坚定不移走全体人民共同富裕的道路。"③ 这就要求进一步提升资本治理效能。要通过深化监管体制机制改革、加强属地监管、完善行业治理和综合治理的分工协作机制、"精准把握可能带来系统性风险的重点领域和重点对象，增强资本治理"④ 的针对性、科学性、有效性。

在依法规范和引导资本健康发展的过程中，能够做到超越"资本逻辑"狭隘的利己主义，善于将外部成本内部化，而不是推卸"资本"应该肩负的社会责任；摒弃"资本"的种种"不文明"手段，使资本的"文明化"成为推进中国式现代化的重要机制⑤。

二、有序推进新型城镇化，引导资本的"文明化"⑥

当今中国，市场经济条件下的"资本文明化"建构作为一种普通的需求之外，又聚焦于中国新型城镇化进程中"资本"的文明化引领，这是反思中

---

① 《习近平在中共中央政治局第三十八次集体学习时强调　依法规范和引导我国资本监看发展　发挥资本作为重要生产要素的积极作用》，《人民日报》2022 年 5 月 1 日第 1 版。
② 同上。
③ 同上。
④ 同上。
⑤ 鲍宗豪：《中国特色"社会现代化"的动力机制》，《天津社会科学》2016 年第 2 期。
⑥ 这部分的分析阐释，参见鲍宗豪：《文明城市：一种中国特色的可持续城市化新模式》，《马克思主义研究》2011 年第 3 期；《文明视野下的可持续城市化》，《中国名城》2011 年第 4 期；《"土地财政"驱动城市化的四大悖论》，《光明日报》2011 年 11 月 28 日；《中国可持续城市化面临八大挑战》，《红旗文稿》2011 年第 1 期；《破解"土地财政"悖论的制度安排》，《开放导报》2011 年第 4 期。

国 40 多年来快速城镇化进程中，由于"资本"的种种"不文明"现象导致交通拥堵、环境污染、生态危机、社会冲突等而提出来的。新型城镇化是中国式现代化的最大"特色"。新型城镇化将在一定程度上影响着中国式现代化的成效。我国有关快速城镇化进程中出现的种种资本的"非文明化"现象，根本上是由"土地资本化"的运作造成的。

中国的城镇化，离不开土地的资本化。在我国，最早的土地资本化就是城市土地批租制；1998 年，城市房地产改革则开启了"土地资本化"驱动中国"城市化"的新阶段。但是，2000 年以后，以"土地资本化"为主要驱动力的中国城市化，日益演变成为全国各级政府的"土地财政"①。一些地方政府不仅越来越依赖出让土地使用权的收入来维持地方财政支出，而且还能获取包括建筑业、房地产业等营业税为主的财政预算收入，这些收入全部归地方支配。"土地资本化"（土地财政）驱动城市化的运作机制，使全国各级政府日益驾轻就熟地按照"征地—卖地—收税收费—抵押—再征地"的滚动模式，拓展城市空间，推动城市化。在这一过程中，地方政府、开发商、银行成为最大的受益者。地方政府不但是征地的大买家、土地出让的大卖家，还是收支的大账房。随着城镇化的深入，以"土地财政"为核心的城市的"资本化"驱动，凸显了资本"非文明化"的四大悖论。

第一，以"土地财政"为核心的"资本化"驱动，导致可持续城镇化的"目的悖论"。城市化、可持续城镇化的目的是为了"城市，让生活更美好"，是为了让全体市民享受城镇化带来的生活水平提高。但是，试图通过"土地财政"来解决城镇化资金不足，进而实现城市繁荣、城市发展目的的城镇化。其实际效果是，在持续升温的"卖地""为民"，"卖地"为城市发展，"以地生财"的目标追求中，手段本身反而成为目的。资料显示，2001—2003 年，全国土地出让金达 9 100 多亿元。在有些县市，土地出让金占预算外财政收入比重已超过 50%，有些甚至占 80% 以上②。2013 年全国土地出让金占地方财政收入比重为 59.8%③，2014 年全国土地出让收入达到 4 万亿元。

① 于猛：《土地财政不可持续》，《人民日报》2010 年 12 月 27 日第 17 版。
② 申铖、韩浩：《2014 年全国财政收入增长 8.6%》，http://news.xinhuanet.com，2015 年 1 月 30 日。
③ 《土地财政依赖症仍存 地方政府称不卖地没工资》，央广网，2015 年 6 月 18 日。

但是，2021 年，全国土地出让金收入达到 87 051 亿元（即 8.7 万亿元）以上，同比增长 3.5%①。这种透支后代人土地资源的"寅吃卯粮"的促进城镇化的方式，民众不仅没有享受到城市繁荣、城市发展带来的实惠，反而因 80% 以上的老百姓买不起房而感到生活压力越来越大，幸福感也日益下降。显然，手段（卖地—获取城镇化资金）与目的（获取城镇化资金为了公共服务最大化，为了百姓生活水平提高）的关系被颠倒、被扭曲了。

第二，以"土地财政"为核心的城市"资本化"驱动，导致可持续城镇化的"经济悖论"。① 土地资本扩张加剧土地稀缺，设置了自身扩张的空间障碍。马克思说过，劳动力是资本的轻步兵，资本按自己的需要把他们时而调到这里，时而调到那里。但城市的空间分离使劳动力居住地趋向分散化，空间功能的分离和失衡使劳动力的知识和技术结构趋于片面化，交通问题增加了劳动力的流动性障碍，劳动力成本面临劳动者的居住和通勤成本增加。② "土地财政"（土地资本）增加了资本的成本。不仅由于城市土地租金价格日益昂贵，自然资源稀缺问题以及由交通运输问题带来额外成本，而且，土地稀缺性和现有分布使得"寻租"行为广泛存在，成为腐败高发的重要诱因，从而直接或间接地增加资本的成本。③ 土地财政（土地资本）影响了产业结构调整，加剧了产能过剩。

第三，以"土地财政"为核心的"资本化"驱动，导致可持续城镇化的"社会悖论"。这集中表现在三个方面：① 在"土地财政"模式下，难免产生高价地进而产生高价房，有悖于国有土地为全民所有这一基本属性；② 在高价地、高价房的推动下，就会导致住房不断向富人、富裕家庭集中，大多数市民百姓获得住房的能力减弱、机会减少，有损社会公平；③ 城市扩展过程中，伴随着社会阶层的分化而出现的区域化、间隔化，弱势群体难以享受教育、就医等公共资源好的空间。

第四，以"土地财政"为核心的"资本化"驱动，导致可持续城市镇化的"生态悖论"。过度的"土地财政"，资本无限制地扩张需求，贪婪地掠夺一切可以利用的自然资源。越来越多的自然资源通过土地财政、土地资本

---

① 《财政部：去年土地出让收入 87 051 亿元，同比增长 3.5%》，澎湃新闻网 2022 年 1 月 29 日。

"机器"，变成废气、废水和垃圾排放出来，毒害生态环境。温室效应、水资源危机和城市垃圾危机越来越严重，生态链越来越脆弱，将人类的生存环境推向极限。

为了规范"土地财政"，约束土地的"资本化"驱动，2022年以来，我国出台了《中华人民共和国土地管理法》。在国家最新的土地管理法中规定，可从几个方面依法规范"土地资本"市场：一是中华人民共和国实行土地的社会主义公有制①，即全民所有制和劳动群众集体所有制。全民所有，即国家所有土地的所有权由国务院代表国家行使。任何单位和个人不得侵占、买卖或者以其他形式非法转让土地。二是土地使用权可以依法转让②。国家为了公共利益的需要，可以依法对土地实行征收或者征用并给予补偿。国家依法实行国有土地有偿使用制度。但是，国家在法律规定的范围内划拨国有土地使用权的除外。三是根据2021年12月21日国务院办公厅印发的《要素市场化配置综合改革试点总体方案》，推动要素市场化配置改革向纵深发展，鼓励试点地区探索通过建设用地节约集约利用状况详细评价等方式，细化完善城镇低效用地认定标准，鼓励通过依法协商收回、协议置换、费用奖惩等措施，推动城镇低效用地腾退出清。四是规范和完善土地二级市场，完善建设用地使用权转让、出租、抵押制度，支持通过土地预告登记实现建设用地使用权转让。在依法自愿有偿的前提下，允许将存量集体建设用地依据规划改变用途入市交易；五是建立健全农村产权流转市场体系。

这样，"允许农民的'集体土地'、'私有土地'可进入农村产权流转市场，或城市土地二级市场，通过市场机制运作，相关的收入可用于保障已变为市民的农民的长远生计，保障农民能真正得益；同时也有助于从源头上抑制土地财政的片面增长，化解社会矛盾，促进可持续城市化"③。

三、依法规范企业的经营运作，促进资本的"文明化"

马克思在《资本论》第1卷中揭示资本原始积累的罪恶时，以脚注方式

---

① 《中华人民共和国土地管理法（2004年修正）》第二条、第五十四条、第五十五和五十六条。
② 同上。
③ 鲍宗豪：《文明视野下的可持续城市化》，《中国名城》2011年第4期。

引述了《评论家季刊》的一段话："资本逃避动乱和纷争，它的本性是胆怯的。这是真的，但还不是全部真理。资本害怕没有利润或利润太少，就像自然界害怕真空一样。一旦有适当的利润，资本就胆大起来。如果有 10% 的利润，它就保证到处被使用；有 20% 的利润，它就活跃起来；有 50% 的利润，它就铤而走险；为了 100% 的利润，它就敢践踏一切人间法律；有 300% 的利润，它就敢犯任何罪行，甚至冒绞首的危险。如果动乱和纷争能带来利润，它就会鼓励动乱和纷争。走私和贩卖奴隶就是证明。"① 马克思对资本原始积累罪恶的分析表明，资本为了盈利、增殖，它需要"逃避动乱和战争"，但"资本"的本性是增殖！资本主义制度下的"资本"，只要有利润，它就会铤而走险，甚至"敢犯任何罪行"，如扩张、侵略、战争等等。

（一）必须依法规范资本追逐利润的负面效应

不论是马克思的理论还是西方国家 200 多年的实践都表明，资本追逐利润未必一定是坏事。在《共产党宣言》中，马克思和恩格斯精辟指出："资产阶级在它的不到一百年的阶级统治中所创造的生产力，比过去一切世代创造的全部生产力还要多，还要大。"② 在《资本论》和其他论著中，马克思也屡屡肯定了资本追逐利润的经济功绩和历史功绩。

但是，在法治不到位的条件下，资本追逐利润的负面效应就将凸显。"一是它将一切经济社会关系都变成了纯粹的金钱关系，只要能够获利，各种非劳动产品乃至劳动力、良心、道德等都可以成为交易对象。二是在单个企业生产的有组织性和全社会生产的无政府状态的矛盾中，经济危机频繁发生。"③ 恩格斯指出，资本的"步伐逐渐加快，慢步转成快步，工业快步转成跑步，跑步又转成工业、商业、信用和投机事业的真正障碍赛马中的狂奔，最后，经过几次拼命的跳跃重新陷入崩溃的深渊。如此反复不已"④。"三是自由竞争引致生产集中，资本集中进而引致垄断，银行资本和工业资本熔合形成了金融寡头（即万能垄断者）。它们不仅操控着生产和市场，而且操控了政府和政治，在全球持续地引发国际争端、军事冲突乃至战争。在完善法

① 马克思：《资本论》第 1 卷，人民出版社 2004 年版，第 871 页注 250。
② 《马克思恩格斯选集》第 1 卷，人民出版社 2012 年版，第 405 页。
③ 王国刚：《提升资本治理能力的三个维度》，《中国党政干部论坛》2022 年第 6 期。
④ 《马克思恩格斯选集》第 3 卷，人民出版社 2012 年版，第 663—664 页。

治的过程中，1890 年《谢尔曼法》问世，西方国家迈入反垄断的进程；二战以后，凯恩斯主义的宏观调控政策落地，改变了自 1825 年以后每隔 10 年左右爆发一次经济危机的轨迹。在一国范围内，资本的负面效应得到法治的约束，但国际资本霸权依然强硬。"①

（二）以"规则"规范经济活动，把控企业经营中的"资本"无序扩张

在我国的市场经济实践中，"资本无序扩张有着多种表现。第一，在新设企业中，抽逃注册资本、重复使用同一资本、交叉使用资本和将信贷资金用于注册资本；第二，在资产运作中，通过叠加运用股权质押、对赌入股、同业竞争、频繁进行资产评估、滚动式扩大负债规模等路径，达到以少量资本套取巨额信贷资金、控制巨额资产、在'做大'的名义下实现独霸一方的愿景；第三，以'产融结合'为幌子，借助股权方式介入银行等金融机构，通过重复进行股权质押，以不当手法套取信贷资金，增强其垄断市场的能力；第四，利用垄断地位，操纵市场渠道、市场行情和市场价格，牟取暴利；第五，散布不实之词，实施不正当竞争行为，以此压制乃至打垮竞争对手"②。

在经济发展中，资本作为生产要素的扩张是必然的，但它必须建立在"依法"和"守理"的基础上。一旦离开了这些遵循，资本扩张就将进入"无序"状态，给企业的经营运作带来严重风险。所以，王国刚依据我国的公司法等一系列商法制度提出，在现代市场经济中，以资本为基础的各种经济活动有序展开必须遵守三方面规则：一是市场经济的规律、机制，如公平交易、欠债还钱、明码标价等；二是相关法律的规定，如公司法、证券法、破产法等；三是不可突破社会道德底线，扰乱经济社会生活秩序。

（三）深化国有企业改革，促进资本的"文明化"③

在企业的经营活动中，以"规则"规范"资本"、约束"资本"，才能依法规范资本的追逐利润的负面效应。

为了依法规范企业的经营运作，要以深化国有企业改革为示范，促进资

---

① 王国刚：《提升资本治理能力的三个维度》，《中国党政干部论坛》2022 年第 6 期。
② 同上。
③ 这部分的分析阐释参见鲍宗豪：《中国特色"社会现代化"的动力机制》，《天津社会科学》2016 年第 2 期。

本的"文明化"与中国社会有着天然渊源关系的国有企业，在中国式现代化中起着示范和引领的作用，因此，要实现资本"文明化"，国有企业必须以主体角色发挥主导作用。

以"国有资本"为本质特征的社会主义国有企业，区别于一般的"资本"运作逻辑就在于："不能唯利是图"的追求经济效率，在促进资本积累的同时，要比非国有企业上缴更多的利润（不是一般意义的税收），而且肩负着社会主义改革开放事业的最后"兜底责任"。在这个意义上，如果从西方主流经济学的角度来评判国有企业，这显然是片面的，本身带着意识形态的偏执。国有企业改制的目的，就是改变国营企业效率低下、创新动力弱的弊端，通过引入"混合经济"模式，将市场经济的竞争机制注入国有企业内部。在"资本"全球化的时代里，促使国有资本发展壮大，促使中国国有企业的"资本"以"文明化"的姿态走向世界。另一方面，国家要通过更完善的法制、更有力的舆论监督，来促使各类"非国有企业"的资本"文明化"，不能重蹈西方资本主义早期所出现的"野蛮化"现象。

如果说，西方资本的"文明化"还带着被迫的性质，因为它是西方劳动者反抗的产物，也是资本主义为了减少社会主义文明的竞争压力，并向社会主义制度学习的产物，但在苏联解体后，欧美资本主义的这种"竞争压力"顿失，2008 年，发生在美国的金融危机和欧洲的债务危机，都显示出在西方在以"资本"为核心的制度安排下，所谓的资本"文明化"有其鲜明的局限："资本"的自我逻辑往往占据上风，其所谓的资本的"文明化"显得极其脆弱、不可持续。"资本"在中国特色社会主义的制度安排下，既注重"资本"的逐利性，又通过"文明化"的方式，约束和限制资本的"不文明"发展，使之朝着有利于中国特色现代化的方向发展，使"资本"能造福"中国梦"，使"资本"能在驱动中国式现代化过程中，促进中华民族的伟大复兴，造福人类文明的未来。

第十章　民族复兴的"中国式现代化"模式

　　党的二十大报告强调，从现在起，中国共产党的中心任务就是团结带领全国各族人民全面建成社会主义现代化强调，实现第二个百年奋斗目标，以中国式现代化全面推进中华民族伟大复兴。

　　这段话突出了三个方面的要义：一是从现在起到本世纪中叶，中国共产党的中心任务是团结带领全国各族人民全面建成社会主义现代化强国；二是在全面建成了小康社会、历史性地解决了绝对贫困问题，正在意气风发向着全面建成社会主义现代化强国的第二个百年奋斗目标迈进；三是以"中国式现代化"全面推进中华民族伟大复兴。显然，从跨时空的目标任务看，建成社会主义现代化强国是中国未来近 30 年的目标任务；从当下的发展与现代化实践视域看，"中国式现代化"是实现民族复兴目标的路径、手段。社会主义现代化强国建成之日，也就是中华民族全面复兴之时。在这个意义上说，现代化强国与民族复兴的目标、任务又是一致的。中国式现代化也可以说是以民族复兴为宗旨、使命的现代化。民族复兴的中国式现代化正在中国的现代化发展中，彰显其区别于西方现代化的特征与魅力。

第一节　民族复兴的"中国式现代化"模式[①]的特点

　　15 年前，关于中国模式的讨论，引起了国内学术界的普遍的兴趣与争论。无论是肯定或否定中国模式[②]，或者说要慎提中国模式，"中国模式"还

[①]　为了论述方便，以下民族复兴的中国式现代化模式亦简称"民族复兴的中国模式"。
[②]　张维为：《"文明型国家"视角下的中国模式》，《社会观察》2010 年第 12 期；江金权：《"中国模式"研究——中国经济发展道路解析》人民出版社 2007 年版；李士坤：《对模式和"中国模式"的思考——兼论中国特色社会主义发展道路》，《毛泽东思想邓小平理论研究》2010 年第 3 期。

不如改叫"中国特色""中国案例"或"中国道路"[①] 等等，关于"中国模式"的看法真是仁者见仁、智者见智。笔者认为，15 年前的研究停留于"有"还是"无"中国模式的争论，可能均可执一词，也可以理解。但是，在全面建成小康社会，以中国式现代化全面推进中华民族伟大复兴之时，如再以"中国特色"来反映"中国式现代化"特征，则太宽泛、太抽象，也区别不了西方的各种现代化模式。根据习近平总书记 10 年前提出民族复兴的"中国梦"，到 10 年后落实到以中国式现代化推进民族复兴的历史脉络和目标追求特征，可以说，当代中国的现代化正以"民族复兴的中国式现代化模式"来反映和标志中国式现代化与西方现代化的本质区别。

一、若干"中国模式"观点解读[②]

党的十六大以来，国内学者对中国发展模式有几种不同的理解，这里大致有以下主要的观点。

有的学者认为，从根本上说，所谓中国发展模式，是落后民族运用社会主义市场经济赶超先进民族，进而创造出优越于资本主义社会形态的模式。它率先在实践领域展现自身的基本轮廓，继而显示在内容方面的客观性质，进而派生出在理论上的逻辑要求[③]。

有的学者指出："一般而言，社会发展模式，既可指人类社会历史进化所遵循的方式的抽象，又可以指人类社会由现实状态向未来状态进化所遵循的设计和规范。换言之，社会发展模式是指人类社会由一种较低状态向高级状态转化所遵循的原则、途径、程序及结果。"[④] 社会发展实践是社会发展模式的客观来源，无论各种具体发展模式的性质和水平有多大差异，都可以说

[①] 中共中央党校主办的《学习时报》2009 年 12 月 7 日发表了 4 篇集中探讨"中国模式"的文章，李君如认为，从科学研究的角度讲，他并不赞成"中国模式"这个提法，而是主张"中国特色"；全国政协外事委主任、原国新办主任赵启正更倾向以"中国案例"替代"中国模式"；北京师范大学政治学与国际关系学院教授施雪华则认为，提"中国模式"为时尚早，就目前的情况来看，关于中国特色发展经验和道路，简称"中国经验""中国道路"比提"中国模式"更加科学、合理。
[②] 这部分的分析阐释参见鲍宗豪：《论民族复兴的中国模式》，《上海师范大学学报（哲学社会科学版）》2009 年第 3 期。
[③] 余金成：《和谐社会目标与中国发展模式的初步形成》，《理论与现代化》2006 年第 2 期。
[④] 曹招根：《论"全球化"背景下社会发展模式的多样性》，《浙江社会科学》2000 年第 3 期。

是对于现实社会发展的实践规律总结和实践经验概括①。

有的学者将"中国模式"的概念界定为：在强有力的中央集体领导下进行的，以经济建设为中心，经济、社会、环境协调发展的，以人民共同富裕为目标的，既积极借鉴中外一切优秀的文明成果又立足于中国的具体国情，坚持独立自主的、渐进式的、和平的改革与发展道路②。

有的学者认为，"中国模式"也可以称为"中国道路"或"中国经验"，特指在维持社会稳定的前提下主动创新、大胆实践从而实现经济的持续增长、社会的协调发展、国家的和平崛起的一整套思路、经验和理论③。

有的学者从现代化战略的角度来界定"中国模式"的概念，认为"中国模式"实质上就是中国作为一个发展中国家在全球化背景下实现社会现代化的一种战略选择，它是中国在改革开放过程中逐渐发展起来的一整套应对全球化挑战的发展战略和治理模式④。

还有学者强调：中国发展模式着重于总结中国本身的经验，意在解释中国是如何取得改革开放的成功的。"北京共识"⑤ 不仅是对中国经验的总结，而且还带有浓重的向其他国家推销中国经验的味道。"中国经验"不同于"中国模式""中国奇迹"等概念，它是开放的、包容的、没有定型并在不断变化和发展中的经验，它尊重其他的经验选择，也不是作为西方经验的对立面而存在，它也不强调自己的普适性⑥。

以上关于中国发展模式的观点，大致是从不同的视角和层面作出的论证：一是从中央集体领导下进行的改革与发展道路论证"中国模式"；二是从中国成功发展社会主义市场经济赶超先进民族论证"中国发展模式"；三是从中国和平崛起的一整套思路、经验和理论论证"中国经验"或"中国模

① 王忠武：《论社会发展模式》，《浙江学刊》2001 年第 4 期。
② 吴增基：《论"中国模式"可持续的条件》，《理论探讨》2005 年第 1 期。
③ 程静：《浅析中国模式》，《理论观察》2013 年第 2 期。
④ 俞可平：《热话题与冷思考——关于"北京共识"与中国发展模式的对话》，《当代世界与社会主义》2004 年第 5 期。
⑤ 拉莫指出，"北京共识"具有艰苦努力、主动创新和大胆实验（如设立经济特区，坚决捍卫国家主权和利益）以及循序渐进、积聚能量和具有不对称力量的工具等特点。它不仅关注经济发展，同样注重社会变化，也涉及政治、生活质量和全球力量平衡等诸多方面，体现了一种寻求公正与高质量增长的发展思路。中国与世界其他地区的发展模式不同，这种发展模式与"华盛顿共识"的陈旧思路有着本质的区别。通过这种发展模式，人们看到了中国崛起的力量源泉。
⑥ 李克钦、史伟：《"中国模式"还是"中国经验"？》，《中共南宁市委党校学报》2006 年第 2 期。

式";四是从发展中国家在全球化背景下实现社会现代化的一种战略选择论证"中国模式";五是从人类社会历史演变论证"社会发展模式"。

显然,上述关于"中国发展模式"的观点,都强调了中国发展的理念、发展的经验、发展的道路,但是,它们共同的缺憾有三:一是"模式"本身缺乏界定,即"模式"是什么?模式是"理念""经验"或"共识"吗?显然都不能简单等同;二是对"中国模式"或"中国发展模式"缺乏历史与现实、现实与未来相结合的逻辑分析,即缺乏对"中国模式"在不同发展阶段特征的揭示,缺乏对"中国模式"现实与未来定位与走势的分析;三是对"中国模式"的价值分析也不足。一个民族、一个国家发展的成功实践,一旦上升到"模式"的层面,如同"范式"一样,它必然带有普遍的意义。不少研究者缺乏从"发展模式"的普遍意义上去揭示,主要担心由此会产生"发展模式"向世界上一切国家输出的嫌疑,结果使研究者又因此放弃对其普遍意义的揭示。

二、模式和"民族复兴的中国模式"的特征

为了揭示民族复兴的中国模式的特征,这里有必要对"模式"的基本要素先作些分析研究。

(一)理解"模式"的基本要素

作为"模式"(model),在英文中还有"模型""原型""样式"和"典型"的含义。在《辞海》中,"模式"亦称为"范型","一般指可以作为范本、模本、变本的式样"。"在社会学中,是研究自然现象或社会现象的理论图式和解释方案,同时也是一种思想体系和思维方式"[1]。

在发展与现代化层面研究"模式"一般应有以下三个基本要素:① 独创的独特的"模式""原型",该模式既有历史传承、历史底蕴,又充分体现发展新特色、新张力,更具有未来持续发展的空间。② 是一种继承且又超越了相关理论的"理论范式",这里的"范式"与美国科学哲学家库恩提出的"范式"概念类似。当然,这里只是借鉴"范式"来说明,中国的"范式"

---

[1]　引自《辞海》第 6 版(2),上海辞书出版社 2009 年版,第 1596 页。

与西方科学哲学的"范式"有相同又有所不同。③ 中国特色的现代化"理论范式""理论模式"，又是一种内蕴着理念、方法、特征、基本观点以及实践机制的理论体系。该理论体系是开放的，它能随着发展形势、现代化实践的新需求而不断完善。

（二）"民族复兴的中国模式"的理论界定①

我们以对"模式"要素的分析为基础，进一步阐释民族复兴中国模式的定位及其特征。

1. 何为"民族复兴的中国模式"

关于中国模式的研究，之所以会提出"中国模式""中国发展模式""中国社会发展模式""中国社会主义发展模式"等不同的观点、不同的看法，最根本的是对"中国模式"缺乏内在的限定，即缺乏内洽或内蕴于"中国模式"特征及其时空边界的定位。而民族复兴的"中国模式"，由于在"中国模式"词语之前有了"民族复兴"的限定，该限定又是内蕴于"中国模式"，即强调了中华民族在中国式现代化实践中，实现民族复兴的理念、方法、路径和经验，所以该模式边界的限定就是内在的，而不是外在的；该模式的取向也是明确的、清晰的，即是"民族复兴"或者说"中国式现代化"的模式，因而民族复兴的"中国模式"有着内在的相融性、相洽性。

按照上述理解，对"中国模式"的研究就不会取向不明，一会儿说是"中国社会模式"，一会儿又说是"中国发展经验和道路"，一会儿又说是"社会主义发展模式"等等。

2. "民族复兴的中国模式"的定位

为了能更全面准确地把握民族复兴的"中国式现代化"模式（为了阐释方便，继续简称"民族复兴的中国模式"），我们进一步对其定位作如下分析。

——从时间坐标看，"民族复兴的中国模式"，是指在中国式现代化实践中，引导中华民族通过现代化真正走上复兴之路，实现民族复兴的理念、方法、路径与经验。该模式的真正形成和发展目前只有 40 多年的历史，"不宜

---

① 这部分的分析阐释参见鲍宗豪：《论民族复兴的中国模式》，《上海师范大学学报（哲学社会科学版）》2009年第3期。

将其推演到新中国成立、中国共产党的诞生，甚至近代中国。诚然，我们有过'中体西用'的理论与实践，创造出'农村包围城市'的道路，也有过"大跃进"、三面红旗、工业化、"文化大革命"的历史教训"[①]，但严格地讲，它们都不是当今我们所阐释的民族复兴的"中国模式"的内容，而仅仅是考察该模式孕育的历史背景。

——从其理论内涵来看，"民族复兴的中国模式"既不是单纯的经济发展模式，也不是什么社会发展模式[②]，而是与民族复兴的使命和任务相关，在不同发展阶段具有不同特点、在整个民族复兴过程中又密切相关进而在整体上显示社会现代化"中国特色"的民族复兴模式。改革开放之初，民族复兴的使命和任务是发展，"发展是硬道理"，"发展是党执政兴国的第一要务"。到党的二十大明确提出，从现在起到本世纪中叶，民族复兴的使命和任务就是建设社会主义现代化强国。

因此，"民族复兴的中国模式"既不是单纯的经济发展模式，也不是社会发展模式，而是具有中国特色的"民族复兴"的中国式现代化模式；只是由于不同阶段民族复兴面对的主要矛盾和问题不同，要实现民族复兴的重点任务不同，因而会表现出不同阶段的民族复兴模式的特征。

如果把"民族复兴"放在近现代中华民族的发展与现代化进程中分析，又可得出民族复兴三个阶段的特征，即工业现代化、经济现代化、社会现代化（即中国式现代化）。所以，在近现代意义上说，"民族复兴的中国模式"是中华民族追求民族独立、发展现代工业的民族复兴特征；改革开放以后，中国以"发展"为使命任务，重点又体现"经济现代化"的民族复兴特征；而党的十六大提出构建和谐社会、促进科学发展，以及党的十八大习近平总书记提出民族复兴"中国梦"以后，中华民族的伟大复兴开始聚焦民族复兴的社会现代化。社会现代化内蕴着对社会、对国家治理体系和治理能力现代化构建要求，社会现代化（即中国式现代化）实现之日也是民族复兴"中国梦"实现之时。

---

① 蔡拓：《探索中的"中国模式"》，《当代世界与社会主义》2005 年第 5 期。
② 社会发展与社会现代化虽有相交、重合之处，但"社会发展"概念比"社会现代化"概念更宽泛、更久远，"社会现代化"主要是在社会发展进入后现代社会才凸显的概念，是后现代社会面临的主要问题。

——从历史价值来看，"民族复兴的中国模式"首先关注对中华民族通过40多年改革开放的思想理论、路径和经验的总结、提炼，关注民族复兴的中国特色；同时，又着眼于发掘"民族复兴""中国模式"的世界意义、世界影响。因为越是具有民族特色的"模式"，越是具有世界性；"民族复兴的中国模式"对世界上落后国家、后发国家的社会现代化，具有普遍的借鉴作用，对世界上的发达国家，也有启迪和震撼：一个贫穷落后的国家，在短短40多年进入世界上的大国、强国行列，其发展与社会现代化的理论、道路与经验，值得反思与总结。正是在这意义上，西方学者看中国40多年改革，才会有"北京共识"。因此，"民族复兴的中国模式"虽然表述的语言是中国的，做法也是适合于中国国情的，但核心价值与取向却反映了人类文明的优秀成果，这就要求我们给予更富有学理性的分析与概括。

当然，民族复兴的中国社会现代化模式还是一个正在生成、正在被构建的模式，远未成型，也尚未得到世界公认，它面临着诸多质疑与挑战。只有对这些质疑和挑战作出有力的回应与解答，民族复兴的中国社会现代化模式才能确立并得到发展。因此，准确地讲，民族复兴的中国式现代化模式又是一种正在探索和实践中的民族发展与社会现代化模式。世界对其寄予希望，中国对其寄予希望。

（三）"民族复兴的中国模式"的特征①

"民族复兴的中国模式"具有以下三大特征：

1. "民族复兴的中国模式"的全面性

该模式的全面性体现在以下两个方面：一是民族复兴涉及中华民族的经济、政治、文化、社会、生态的全面协调发展。因此，该模式在改革之初的提出，以及在改革过程中的深化，都依据历史的经验和当代中国、当代人类面临的最新问题，在突出经济发展的同时，充分考虑到非经济因素如生态对经济发展的制约性，强调发展的全面性、协调性与可持续性。二是该模式是一种以满足人民的需求和全面发展为立足点与归宿的发展模式。它从抽象的人、阶级扩展到具体、鲜活的个人，从整体的国家、民族落实到个体的人，

---

① 这部分的分析阐释参见鲍宗豪：《论民族复兴的中国模式》，《上海师范大学学报（哲学社会科学版）》2009年第3期。

都坚持以人为本、人民至上的理念,坚持让全体人民共享以中国式现代化促进民族复兴成果的价值取向。正因为该模式具有上述两个含义的"全面性",所以,该模式的形成和发展才有了坚实的群众基础,显示出活力与生机,也使"民族复兴的中国模式"更加人性化,更能反映人类文明的成果。

2. "民族复兴的中国模式"的过程性

实际上,在本书第五、六章我们阐述了新中国成立之前中国现代化的启蒙与初步实践,以及新中国成立以后中国共产党对中国式现代化的探索;而作为本书主要倡导的民族复兴的中国式现代化模式(即"民族复兴的中国模式"),其形成与发展过程,也经历了改革开放之初提出的小康社会目标以及突出经济现代化的社会主义市场经济体制构建,到党的十六大以来突出和谐社会、全面小康社会目标的,和谐社会建设、社会治理与国家治理体系构建的社会现代化,再到党的十八大以来的以中国式现代化推进民族复兴,该过程的特点有三:一是民族复兴模式的一致性与过程性,即从邓小平在改革开放之初提出"基本小康"到2020年建成"全面小康社会",既反映了邓小平对民族复兴蓝图的预言、民族复兴目标的一以贯之,又反映了民族复兴的目标及其模式形成与发展的过程性;二是民族复兴模式形成与发展过程的阶段性与长期性,即该模式的形成与发展还经历了构建社会主义市场经济体制这一阶段,因为没有社会主义市场经济体制的基础,全面小康与和谐社会就缺乏体制性基础;而且,社会主义市场经济体制构建本身就是一个艰难的、长期的过程,它不仅酝酿于民族复兴的"基本小康"阶段,而且延续到民族复兴的"全面小康社会"阶段,并将伴随整个中国特色社会主义事业的发展完善而发展完善;三是民族复兴模式形成与发展过程的艰难性与曲折性。民族复兴模式形成的艰难性不仅体现在该模式形成之初的"渐进式改革",不断地在"摸着石头过河"的过程中探索"基本小康"之路,而且体现在"跨越式发展"、在增强国家综合实力的同时,要向"科学发展","实践科学发展观","贯彻新发展理念",促进中国特色社会现代化模式的方向、方式、路径转折是艰难、曲折的;同时,该转折从理论上取得共识是一个艰难的过程,要把"新发展理念"作为促进"中国式现代化建设"的民族复兴的"中国模式"来贯彻,其间更有种种艰难,会有种种反复和曲折。

3. "民族复兴的中国模式" 的开放性

"民族复兴的中国模式" 的过程性，实质上也决定了该模式的开放性。一是它必须向中国式现代化实践开放。实践是鲜活的、充满活力的，是民族复兴中国模式的长青之树，它必须不断地从中国式现代化实践中发现民族复兴面对的新问题，在分析研究这些新问题，解决这些新问题的过程中充实和完善民族复兴的中国模式。二是它必须向世界开放，在融入全球经济、社会和文化发展的过程中，汲取世界各国思想文化、发展与社会现代化的经验，在完善 "民族复兴的中国模式" 的同时，向世界传播 "民族复兴的中国模式"。"民族复兴的中国模式" 向世界开放的过程，也是世界各民族、各国家不同的发展模式互动、互补的过程，又是人类共同走向繁荣、富强、文明、和谐的过程。

"民族复兴的中国模式"，对后发国家乃至发达国家的发展与现代化，在不同程度上具有借鉴意义。但是，历史与现实又告诫我们，大千世界是一个多元、复杂的世界，"民族复兴的中国模式" 是大千世界中的一种模式，还 "存在众多的目标、价值和追求。我们必须学会在多样性价值、文化、制度、社会中对话与合作，学会宽容与相互尊重，在共存竞争中推动社会的发展和人类文明的进步"[1]。

"民族复兴的中国模式" 的三大特征又聚焦两大标志：一是在国家层面的复兴，它标志着国家综合国力的提升，反映着国家的繁荣富强；二是在复兴的社会主体层面，标志着以中华民族为中心即以人民为中心的 "复兴" 使命和任务的实现，不仅使中国人民摆脱贫困、实现全面小康，而且在走向社会主义现代化强国的征途中，人民不断分享现代化水平提高带来的高品质的物质和精神生活。以上国家与社会两大层面的标志，本质上是一致的。因为 "江山就是人民，人民就是江山"，中国共产党执政为民，执政靠民，执政惠民。也正是在上述意义上说，"民族复兴的中国模式" 本质上要实现的是以人为本、以民为本的现代化，是 "人民至上" "以人民为中心" 的现代化。

---

[1] 蔡拓：《探索中的 "中国模式"》，《当代世界与社会主义》2005 年第 5 期。

第二节　民族复兴的"中国式现代化"模式的本质

以人为本、"人民至上"的"民族复兴的中国模式"本质的形成，是对历史上"人本"理念、马克思主义"以人为本"理念以及当代中国"以民为本""以人民富强为本"思想的继承。

一、"人本"理念的历史演变

人的本质和价值与"以人为本"思想是紧紧连在一起的，只有真正懂得人的本质、人的地位和价值，才能真正把握"以人为本"的真谛之所在。在人类社会发展的历史长河中，人的观念、人的地位和价值总是不断变化和发展的。因而，"人本"理念也是一个不断发展的过程。

（一）古代的"人本"理念

在中国历史的早期，人的观念深深地隐藏于"族"中，人就是"族"，"族"就是指人，单个"人"的观念是不存在的。这是因为在社会生产力极其低下，一个部落或一个部族作为一个群体的生产和生活单位，共同为着生存而拼搏，共同面对外来的侵袭和大自然所带来的灾害。在这种情况下，单个"人"的观念和价值就被忽视或淹没了。

到了春秋战国时期，由于部落或部族的解体，社会结构的基本单位发生了深刻的变化，思想家们对人的观念有了较为深入的认识，提出了人为"万物之灵"的观念。春秋时期政治家管子就提出："夫霸王之所始也，以人为本。本理则国固，本乱则国危。"① 孔子的学说以"仁"为核心，认为"仁"即"爱人"。孟子说得更为明确："得其民，斯得天下矣"，"暴其民，甚则身弑国亡"②，"民为贵，社稷次之，君为轻"③。后来荀子也提出了"君者，舟也；庶人者，水也。水则载舟，水则覆舟"④ 等至理名言，这都为后来研究者多次熟读和引用。这可说是中国早期的一种"民本"理念。

---

① 《管子》，房玄龄注，上海古籍出版社 1989 年版，第 87 页。
② 《孟子》，万丽华、蓝旭译注，中华书局 2012 年版，第 154 页。
③ 同上书，第 148 页。
④ 《荀子》，安小兰译注，中华书局 2007 年版，第 77 页。

古希腊哲学思想的一个重要贡献，在于它是以人为中心，肯定了人的地位和价值。被称为智者学派代表人物的普罗泰戈拉说过："人是万物的尺度，是存在的事物存在的尺度，也是不存在的事物不存在的尺度。"① 他把人视作万物的主宰，把人看成宇宙的中心。

（二）近现代的"民本"思想

近现代的"民本"思想的发展，西方是走在前面的。中世纪的西方，曾出现一段神学统治、主宰一切的时期，人是"神"的奴仆，人无尊严，也谈不上独立的人格。随着资本主义在西方社会经济中的萌芽和发展，发生了反封建、反教会的文艺复兴运动。文艺复兴产生于资本主义发展较早的意大利，接着传播于整个欧洲。欧洲的文艺复兴其实是人的地位、价值和尊严的复兴和肯定，是一次人文精神的复兴和弘扬。意大利诗人但丁，通过《新生》《神曲》等一系列著作，谴责教皇的贪婪与专制，宣扬人自身固有的高贵品质和尊严。意大利学者皮科还写了《论人的尊严》一书，表明了人自身具有的尊严和价值。

到了公元 19 世纪，德国古典唯物主义哲学家费尔巴哈，他在批判宗教和黑格尔唯心主义哲学中，提出"哲学上最高的东西是人的本质"。费尔巴哈从唯物主义哲学高度对人的本质的充分肯定和弘扬，达到了马克思主义哲学产生以前的最高峰。但是费尔巴哈不是一个实践唯物主义者，他所说的人和人的本质是指人的"理性、意志、心（爱）"，它是从人的社会交往，尤其是从人的社会实践活动角度来说的，只能说是一种从生物学意义上的人而已。

（三）马克思主义揭示了人的本质

人的本质和"以人为本"的理念，在马克思主义产生后，才进入了真正全面和科学阐发的时代，才真正揭示了人的本质和"以人为本"的深刻含义。

1843 年，马克思在《黑格尔法哲学批判》一书中，指出了人是"现实的人"，必须从一定物质生活关系中去把握人的本质。在《1844 年经济学哲

---

① 《柏拉图全集》第 2 卷，王小朝译，人民出版社 2003 年版，第 664 页。

学手稿》中，认为人与动物的根本区别是人具有自由的自觉的活动，即人的劳动实践。1845 年，马克思在《关于费尔巴哈的提纲》中，明确指明了"人的本质并不是单个人所固有的抽象物，在其现实性上，是一切社会关系的总和"。马克思在谈到历史发展动力时指出："历史什么事情也没有做……创造这一切，拥有这一切并为这一切而斗争的，不是'历史'，而正是人，现实的、活生生的人。"① 马克思和恩格斯在谈到未来理想社会的价值目标时，多次强调促进和保证"每个人的全面而自由的发展"的观点。

所有这些论述，奠定了马克思主义关于人的本质和"以人为本"理念的基石。

二、"人"和"本"的科学内涵

（一）"人"的科学内涵

要全面和科学地理解"人"的真实含义，就要正确认识人区别于动物的特性，以及作为"人"的存在形式。

如果从动物的"类"来说，人也是地球上的一种动物，只不过是属于有思维能力和自觉能动性的高等动物。"人"与其他动物相比，确实有区别于其他动物的特性。这些特性，可简要地归纳为人的主体性、现实性、社会性、实践创造性。

第一，人的主体性，指的是人类社会发展的主体是有思维、有能动性的人，一切社会活动的主体是人，离开人和人的活动，就没有人类社会的发展。正是马克思所指出的"历史不过是追求着自己目的的人的活动而已"②。

第二，人的现实性，指的是人具有可以被感知、可以被认识的活生生的现实存在物，他不是只能被当作崇拜和信仰、不可感知和也不可认识的所谓抽象意义上的"神"。马克思恩格斯说："我们不是从人们所说的、所设想的、所想象出来的东西出发，也不算是从口头说的、思考出来的、设想出来的、想象出来的人出发，去理解有血有肉的人。我们的出发点是从事实际活

---

① 《马克思恩格斯全集》第 2 卷，人民出版社 1957 年版，第 118 页。
② 同上书，第 118—119 页。

动的人。"①

第三，人的社会性，指的是人并不是作为单个的个体而自始至终地独立存在着，存在和活动于人与人所结成的社会关系中。"人在其现实性上，是一切社会关系的总和"，或者说人是"社会动物""政治动物"，这都表明人具有十分明显的社会性的特点。

第四，人的创造性，指的是人的活动具有意识、有目的地认识和改造世界的自觉活动。人的实践是人类社会发展的普遍性基础和真正的原动力。全部的人类历史就是由人的实践活动构成的。人的实践，是人的自觉能动性的体现，在本质上是一种创造性的活动。人通过实践改造着客观世界。通过实践创造，改变着自然物的存在形态、使之成为适合于社会发展和人自身发展的存在物。人在实践活动中发展和提高自身的能力和素质，从利用最简单地原始工具发展到创造和发明了大自然未曾有过的先进生产工具；从 3D 打印、物联网、人工智能、无人驾驶、无人机，到量子信息以及基因工程等技术，再到中国的第一颗人造火星卫星、中国嫦娥四号探测器成功登陆月球背面、中国建成三舱空间站等等，充分展示了人类无穷的创造力、创造智慧、创造精神。

（二）"本"的科学内涵

认识人的特性，进而也必须全面、科学地理解"本"的真实的含义。要真正认清"以人为本"的涵义，就要在认清人的特性同时，认清"本"的含义，并把两者有机结合起来。

第一，作为"以人为本"的"本"，需要从人的存在形式去理解。这里说的人的存在形式，是指人作为个体、集体、国家（国民）的属性而具体存在着，这种存在形式往往与人的利益直接相关、不可分割，如马克思所说的："人们奋斗所争取的一切，都同他们的利益有关。"②

人的本质是一切社会关系的总和，然而，作为一个活生生的人，也总是作为一个、一个的个体而存在。每一个个体的人，都有鲜活的生命、都有自身生存发展愿望和与之相关的切身利益。

① 《马克思恩格斯选集》第 1 卷，人民出版社 2012 年版，第 152 页。
② 《马克思恩格斯全集》第 1 卷，人民出版社 1956 年版，第 82 页。

第二，人的存在，总是与利益联系在一起。当我们讲"以人为本"时，切不可丢掉"利益"这个重要的前提。利益可以分为个人利益、群体利益、国家或社会利益。利益又可以分为目前利益和长远利益、根本利益，还有直接利益和间接利益的区分。"以人为本"，在一定意义上就是表现为以人的利益为本，这是我们在坚持"以人为本"时，必须予以高度重视的问题。

当我们讲"以人为本"，注重人的利益时，首要和基本的是广大人民群众的利益。这种包含和反映广大人民群众的利益，也是人的整体利益、长远利益或根本利益。人民群众当家作主，它代表和首先保护的就是广大人民群众的切身利益或根本利益。一个执政的党，义不容辞的职责是全心全意为人民服务，一心一意地为人民群众谋福利。与此同时，也要切切实实地关心和满足不同群体或集体的正当利益，在维护、发展人民群众的长远或根本利益时，也要重视和关心人民群众的目前利益。

第三，"坚持以人为本"，也要充分尊重保护个人应有的权力和利益。把个人排除在以人为本之外的"人本"观点，是不科学、不可取的。尊重个人的尊严、保护个人的合法权益，也是国家和社会的神圣职责。拯救个人的生命，更是值得高度重视。在某种特定的环境下，保护个人的生命，就是实实在在地坚持"以人为本"。这应该成为全社会的一个不可动摇的共识。无论是 2008 年 5 月 12 日四川汶川大地震、青海玉树县地震、吐鲁番地区遭遇 30 年不遇的强风袭击，乃至近三年全国的抗疫斗争，我国政府、我们的军队，在党中央的统一号令和统一指挥下，为拯救一个个个体的生命所充分表现的令人感动、使人敬佩的义举，生动而具体地体现了"以人为本""生命至上"的理念。

坚持"以人为本"，除了要从人作为个体、集体、国家的属性的具体存在形式外，必须从人的利益角度来理解和把握。简言之，"以人为本"，其实质就是以人的利益为本，以人的需要为本，以满足大多数人民的需求为本，以满足大多数人民群众对美好幸福生活的追求为本，这样才能实现党和国家的利益与人民利益的一致性，才能真正彰显"民族复兴的中国模式"本质。

三、"以人为本"是"民族复兴的中国模式"的本质

无论是胡锦涛提出的"以人为本"的科学发展观，还是习近平提出的民

族复兴的"中国梦"、以中国式现代化推进民族复兴，均为以人为本、人民为本，以人民的富裕幸福为本，这是"民族复兴的中国模式"的本质。"以人为本"作为民族复兴模式的本质，它回答了为什么提出民族复兴、民族复兴为了谁、依靠谁等问题。"以人为本"的"民族复兴的中国模式"内蕴着以下"三大"理念。

（一）"人是第一个可宝贵"的理念

毛泽东说过："世间一切事物中，人是第一个可宝贵的。在共产党领导下，只要有了人，什么人间奇迹也可以造出来。"① 这句言简意明的论断，确实是对人的自身价值的科学阐述和清晰说明。

人是地球上生命有机体发展的最高形式，是社会历史主体，是认识自然、利用自然、合理地改造自然的唯一有意识的存在物。人是地球上万物评价的一个最高尺度。在中国古代，《尚书·泰誓》中已提到人的地位和价值，说"惟人万物之灵"。价值的本质，在最高层次上是属于人的。世界上的万事万物，之所以被称为或被认定有价值，从与人的关系上来说，就是由于它们具有各种与主体需要或人类生活、生存和发展需要相关的属性和功能。在人类社会，如果离开了人的存在，那么地球上的各种存在物，也就失去了价值的含义。从这个意义上说，人是价值的"中心"，人类的价值决定了一切存在物的价值取向。坚持"以人为本"时，必须始终坚持"人是第一个可宝贵"的价值理念

人和一般动物不同，人是具有群体性特征的"社会动物"，人又具有思维和自觉能动性的特征。人的思维和从事的一切活动，不仅能适应客观存在的物质世界，更重要的是通过自己创造性的实践活动能动地改造客观世界，推动社会历史的不断向前发展。人所以是人世间一切事物中最宝贵的存在物，就是因为人自身具有这种能动的创造精神和创造性实践活动。正是马克思恩格斯所指出的"社会历史领域内进行活动的，是具有意识的、经过思虑或凭激情行动的、追求某种目的人；任何事情的发生都不是没有自觉的意图，没有预期目的的"②。促进历史和社会的发展、激发和推动民族复兴的真

---

① 《毛泽东选集》第 4 卷，人民出版社 1991 年版，第 1512 页。
② 《马克思恩格斯选集》第 4 卷，人民出版社 2012 年版，第 253 页。

正动力是人的自觉的创造精神和创造性实践活动。

马克思恩格斯创立的历史唯物主义，与唯心主义基础上的人本主义、"民本"主义的根本区别，就是承认人民群众是历史的创造者，是推动社会发展的根本原动力。在社会历史观和社会发展观上坚持马克思主义的科学理念，就是承认人民群众是历史的创造者，承认人民群众在社会实践活动中所发挥的主动性、创造精神是推动历史发展、社会进步的永世不竭的动力。在民族复兴中坚持"以人为本"的理念，始终坚定"人是第一个可宝贵"的信念，就要确立人民群众是历史的主人的观念，要事事依靠人民群众、处处为人民群众着想，全心全意为人民群众服务。

人的创造精神和创造性实践能力决定于人自身的发展程度。一部人类史，就是一部不断提高人自身的创造精神和创造能力的历史，而这种人自身创造精神和创造能力提高过程，就是人自身不断发展的过程。促进人的全面发展，也就是全面提高人创造精神和创造性实践活动能力。因此，确立"人是第一个可宝贵"的理念，就是要把促进人的全面发展，看成是坚持"以人为本"的一个最重要的价值目标。离开了人是社会价值主体，就不会有"人是第一个可宝贵的"理念；离开了人所特有的创造精神和创造性实践活动，也说不上"人是第一个可宝贵的"价值所在；离开了人的全面发展，更不可能使人真正成为"人是第一个可宝贵的"社会存在物。

（二）"人民发展为中心"的价值理念

习近平根据百年未有大变局之形势，提出了"以人民发展为中心"的中国现代化发展道路的宗旨。

1. 为了人民：坚持中国现代化发展道路的目的

中国现代化发展为了人民，就是要坚持把"人民"作为现代化发展道路的目的。习近平反复指出："我们党干革命、搞建设、抓改革，都是为了让人民过上幸福生活"[①]，"以史为鉴、开创未来，必须团结带领中国人民不断为美好生活而奋斗"[②]。

---

① 中共中央文献研究室编：《习近平关于社会主义社会建设论述摘编》，中央文献出版社 2017 年版，第 19 页。
② 习近平：《在庆祝中国共产党成立 100 周年大会上的讲话（2021 年 7 月 1 日）》，《人民日报》2021 年 7 月 1 日第 2 版。

　　为此，一是决策和政策要从人民利益出发。中国现代化发展就是为了满足人民日益增长的物质和精神生活需求，人民永远是制定政策的初衷、目的和最终的归宿。"想一想是不是站在人民的立场上，是不是有助于解决群众的难题，是不是有利于增进人民福祉"①，"把实现好、维护好、发展好最广大人民根本利益作为推进改革的出发点和落脚点"②，"把人民拥护不拥护、赞成不赞成、高兴不高兴作为制定政策的依据"③，"做到老百姓关心什么、期盼什么，改革就抓住什么、推进什么"④。

　　二是要切实解决关系人民利益的实际问题。中国现代化发展道路的发展与完善，离不开解决各种群众最关心、最直接、最现实的利益问题。习近平多次指出："抓住老百姓最急最忧最怨的问题"⑤，"下大力气解决好人民不满意的问题，多做雪中送炭的事情"⑥。"凡是群众反映强烈的问题都要严肃认真对待，凡是损害群众利益的行为都要坚决纠正"⑦，"一切工作都要落实到为贫困群众解决实际问题上，切实防止形式主义，不能搞花拳绣腿，不能搞繁文缛节，不能做表面文章"⑧。

　　三是要保持对人民的赤子之心。中国现代化发展道路的推进，不仅要强调思想上从人民利益出发、行动上解决关系人民利益的实际问题，还要强调从情感上把人民放到心上，做人民群众的贴心人。"身入"更要"心至"，做到"永远保持对人民的赤子之心"⑨，常怀"忧民、爱民、为民、惠民之

①　中共中央党史和文献研究院、中央"不忘初心、牢记使命"主题教育领导小组办公室编：《习近平关于"不忘初心、牢记使命"论述摘编》，中央文献出版社 2019 年版，第 143 页。

②　中共中央文献研究室编：《习近平关于协调推进"四个全面"战略布局论述摘编》，中央文献出版社 2015 年版，第 77 页。

③　习近平：《在庆祝改革开放 40 周年大会上的讲话（2018 年 12 月 18 日）》，人民出版社 2018 年版，第 24 页。

④　习近平：《在中央全面深化改革领导小组第二十三次会议上的讲话（2016 年 4 月 18 日）》，《习近平谈治国理政》（第二卷），外文出版社 2017 年版，第 103 页。

⑤　中共中央党史和文献研究院、中央"不忘初心、牢记使命"主题教育领导小组办公室编：《习近平关于"不忘初心、牢记使命"论述摘编》，中央文献出版社 2019 年版，第 220 页。

⑥　习近平：《做焦裕禄式的县委书记》，中央文献出版社 2015 年版，第 6 页。

⑦　习近平：《决胜全面建成小康社会夺取新时代中国特色社会主义伟大胜利——在中国共产党第十九次全国代表大会上的报告（2017 年 10 月 18 日）》，人民出版社 2017 年版，第 38 页。

⑧　习近平：《在深度贫困地区脱贫攻坚座谈会上的讲话（2017 年 6 月 23 日）》，人民出版社 2017 年版，第 19 页。

⑨　习近平：《在庆祝中国共产党成立 95 周年大会上的讲话（2016 年 7 月 1 日）》，人民出版社 2017 年版，第 6 页。

心"①，做到"强信心、聚民心、暖人心、筑同心"②，做到"虚心向群众学习，真心对群众负责，热心为群众服务，诚心接受群众监督"③。

2. "人民受益"：是人民发展为中心价值理念的落脚点

现代化发展的落脚点是要让人民受益。改革开放 40 多年来，中国通过全面小康社会建设，使人民逐渐摆脱贫困、达到温饱，实现总体小康，使"人民受益"，谱写了中国现代化发展道路的新篇章，创造了人类繁荣和保障现代化的奇迹。

第一，全面建成小康社会开辟了全体"人民受益"的现代化发展道路的新境界。

全面小康，本质上是全民共享现代化的小康。④ 全面建成小康社会就是要促进所有人都能享受现代化。"在全面建成小康社会的历史进程中，中国构建起机会公平、规则公平和权利公平的社会公平体系，切实保障人民平等参与发展、共同促进发展、共享发展成果。……坚持共同富裕方针，通过一部分人先富带动全体人民共富，让发展成果平等惠及全民，实现分配正义；坚持法律面前人人平等和不歧视原则，确保全体公民不分民族、种族、性别、职业、家庭出身、宗教信仰、教育程度、财产状况、居住期限，一律、无差别地享有人权，受到同等的尊重；坚持保护弱势群体，以坚定决心、精准思路、有力措施，举全社会之力，向绝对贫困发起总攻，重点保障贫困地区、贫困人口的基本权利。"⑤

第二，全面建成小康社会又确定了新时代中国现代化发展事业的基准。

全面建成小康社会的根本标志是"经济更加发展、民主更加健全、科教更加进步、文化更加繁荣、社会更加和谐、人民生活更加殷实"⑥。它既划定了人的全面发展、社会全面进步的基线，又确立了新时代现代化事业的基

① 习近平：《牢固树立"四个意识"，维护党中央权威（2016 年 12 月 26 日—27 日）》，《习近平谈治国理政》（第二卷），外文出版社 2017 年版，第 189 页。
② 习近平：《论党的宣传思想工作》，中央文献出版社 2020 年版，第 338 页。
③ 习近平：《准确把握党的群众路线教育实践活动的指导思想和目标要求（2013 年 6 月 18 日）》，《习近平谈治国理政》（第一卷），外文出版社 2018 年版，第 374 页。
④ 国务院新闻办公室：《全面建成小康社会：中国人权事业发展的光辉篇章》，《人民日报》2021 年 8 月 13 日第 10 版。
⑤ 同上。
⑥ 《十九大以来重要文献选编》（上），中央文献出版社 2019 年版，第 19 页。

准，即生存权全面实现、发展权提升至更高水平。

一是以"发展"为核心的全面小康社会是持续享有一切现代化的前提。全面建成小康社会，仍然要把发展作为第一要务。"坚持创新、协调、绿色、开放、共享的新发展理念……坚持以提高发展质量和效益为中心，实现更高质量、更有效率、更加公平、更可持续的发展。"① 发展是动力，也是标准，"只有不断解放和发展生产力，社会、经济、文化各领域才有源源不断的能量供给，人民才能维持较高的生活水平。发展是享有并持续享有一切现代化的前提，没有发展作为基础的现代化，只能停留于应有权利或不充分权利的状态"②。

二是建成以"全面"为特征的全面小康社会是"人人享有充分现代化"的保障。"'全面'讲的是发展的平衡性、协调性和可持续性。也就是说，覆盖的领域要全面，是'五位一体'全面推进；覆盖的人口要全面，是惠及全体人民的小康；覆盖的区域要全面，是城乡区域共同的小康。"③ 习近平指出："全面建成小康社会，一个也不能少；共同富裕路上，一个也不能掉队。"④ 新时代中国式现代化要实现经济、政治、文化、社会、环境等权利的广泛享有，要实现所有人民的享有，要实现东中西部、东北地区等不同区域的共同享有。这也正是"人人享有充分的现代化"的深意所在。

三是以"三大攻坚战"为重点冲刺全面建成小康社会，使中国现代化发展道路的新成就获得人民广泛认同。实现全面小康必须打赢防范化解重大风险、精准脱贫、污染防治三大攻坚战。"从党的十八大到十九大，脱贫攻坚从全面建成小康社会的'底线任务和标志性指标'上升为'三大攻坚战之一'，体现了生存权在全面小康社会中的基础性价值和显著地位。"⑤ "三大攻坚战"主要目标的实现，促使中国式现代化发展的新成就惠及广大人民群众。

---

① 参见习近平：《在党的十八届五中全会第二次全体会议上的讲话（节选）》，《求是》2016 年第 1 期，第 6 页。
② 郭晔：《新时代美好生活的人权之道——习近平法治思想的人权理论》，《华东政法大学学报》2001 年第 5 期。
③ 同上。
④ 中共中央党史和文献研究院编：《习近平扶贫论述摘编》，中央文献出版社 2018 年版，第 23 页。
⑤ 郭晔：《新时代美好生活的人权之道——习近平法治思想的人权理论》，《华东政法大学学报》2001 年第 5 期。

（三）以人的现代化为民族复兴根本的理念

中国式现代化是基于人口规模巨大、走向共同富裕的现代化，所以，它必须坚持以人为本。中国共产党人的初心和使命是为中国人民谋幸福，为中华民族谋复兴。从本质上讲，这两个奋斗目标的落脚点都在于社会主体，即人本身的自由而全面发展。因此，中国式现代化，归根到底是人的现代化。

1. 人的现代化是中国式现代化向前推进的动力

习近平总书记在党的二十大报告中指出："新时代的伟大成就是党和人民一道拼出来、干出来、奋斗出来的。"人民是历史的创造者，是真正的英雄。在推进现代化过程当中，人民群众既是物质财富的创造者，推进物质现代化的主体力量，也是创造精神财富，提升文化现代化水平的基础力量，更是推动制度变革实现制度现代化的决定力量。党的二十大报告把人才工作放在第五部分单独来讲，彰显了将人才工作摆在治国理政全局中重要位置的深刻考虑、中国式现代化推进中不可替代的重要地位。

2. 人的现代化是中国式现代化向前推进的目的

习近平强调："为人民谋幸福、为民族谋复兴，这既是我们党领导现代化建设的出发点和落脚点，也是新发展理念的'根'和'魂'。"① 中国式现代化区别于以往西方现代化的一大显著特征在于以人为本的基本逻辑，形成了具有中国特色的人本逻辑的现代化发展模式。只有坚持以人民为中心，坚持发展为了人民、发展依靠人民、发展成果由人民共享，才会有正确的发展观、现代化观。中国式现代化作为人类社会发展的一个质的飞跃阶段，必然要以人的现代化，人的全面发展为中心和目的。要为人的现代化提供基础和条件，其中现代化建设的方式步骤等等，都要以是否有助于实现人的现代化为根本判断标准，不能与这一价值标准背道而驰。

3. 人的现代化是中国式现代化向前推进的标志

马克思指出："他们是什么样的，这同他们的生产是一致的——既和他们生产什么一致，又和他们怎样生产一致。"② 人的发展程度、生产力状况，社会现代化水平具有一致性。评价中国式现代化水平，可以从经济、制度、

---

① 习近平：《把握新发展阶段，贯彻新发展理念，构建新发展格局》，《求是》2021 年第 9 期。
② 《马克思恩格斯选集》第 1 卷，人民出版社 2012 年版，第 147 页。

治理水平进行衡量，但是，人的现代化是核心环节最活跃的因素，最重要的制约，是衡量中国式现代化水平的最重要的标志之一。

近百年来，中国共产党团结带领全国人民，推翻帝国主义封建主义，取得了民族独立人民解放的伟大成就，为现代化建设提供了根本社会条件。在新中国成立特别是改革开放以来的长期探索和实践基础上，经过党的十八大以来在理论和实践上的创新突破，我们成功推进和拓展了中国式现代化。

第三节　民族复兴的"中国式现代化"模式的实践探索与完善

在党的十一届三中全会，以邓小平为核心的党中央毅然决然地作出了实行改革开放的重大历史性决策。40多年前从安徽小岗村开始的改革开始，人们以为就是一个落实生产责任制的问题，但实践很快就告诉我们，这是一场从生产力到生产关系、从经济基础到上层建筑的深刻革命。"改革是中国共产党人在新的历史条件下一个了不起的伟大觉醒，是改变'贫穷的社会主义'、改变中国命运的创举。"[1] 中国的改革与发展，"不仅使中国人民稳定地走上了富裕安康的广阔道路，而且为世界经济发展和人类文明进步作出了重大贡献。"[2]

一、在经济社会转型的过程中推进改革与民族复兴

"转型"本是一个生物学范畴，原意指"微生物细胞之间以'裸露的'脱氧核糖核酸的形式转移遗传物质的过程"[3]。以后被移植到社会学中，借喻社会的变迁。"台湾社会学家蔡明哲在他的《社会发展理论——人性与乡村发展取向》一书中首次直接把'social transformation'转译为'社会转型'，并指出'发展'就是由传统社会走向现代社会的一种社会转型与成长

---

① 陈志强、谭跃湘、柳行、彭宏杰：《改革开放是实现中华民族伟大复兴的必由之路》，《人民日报》2008年2月1日。

② 同上。

③ 庞景君：《社会转型的动力和标志》，《社会科学辑刊》1995年第4期。

过程"①。

（一）从"社会转型"的层面认识中国的改革与民族复兴

鲍宗豪等早在 1999 年出版的《当代社会发展导论》的"社会转型与当代中国改革"一章中，专门分析了"社会转型"的概念及其社会结构、社会转型的过程等各方面的问题。"社会转型"可以广义和狭义两个层次来认识：从狭义上理解，社会转型主要指改革开放以来当代中国社会结构的变迁，具体内容包括：从计划经济体制占主导的社会向市场经济体制占主导的社会转型；从农业社会向工业社会转型；从封闭、半封闭社会向开放社会转型；从同质的单一性社会向异质的多样性社会转型；从伦理型社会向法制社会转型；从"以阶级斗争为纲"的社会向"以经济建设为中心"的社会转型；等等。从广义上理解，社会转型泛指一切社会形态的飞跃。社会革命、社会改革、社会重大变迁等都可视为社会转型的形式。在历史上，从奴隶社会到封建社会，从封建社会到资本主义社会，从资本主义社会到社会主义社会，是社会形态的一种飞跃，也是一种社会形态向另一种社会形态的转型。

从广义社会转型层面来分析中国社会，自 1840 年鸦片战争以来，一直处于从传统社会向现代社会转变的过程中，中国近代历史的整个进程就是中国社会的转型过程。到目前为止，这一转型过程已大致经历了四个阶段：1840—1949 年为第一阶段；1949—1978 年为第二阶段；1978—2012 年为第三阶段；2012 年至今为第四阶段。每一阶段都有不同的特点。

第一阶段以被动对外开放和接连不断的政治变革为特点。自鸦片战争后，帝国主义列强用枪炮打开了中国的大门，无情地打破了中国传统的自给自足自然经济结构，近代工业文明开始在中国大地上生根，社会经济结构初步实现转型。同时，在这 100 多年的历史阶段中，政治变革不断：先是戊戌变法、清政府的新政，中经辛亥革命、二次革命、国民革命、新民主主义革命，直至 1949 年中华人民共和国成立。其间政体屡变、政朝迭兴、社会动荡，阶级斗争疾风骤雨般地进行。这是中国人民对社会发展政治模式进行激烈选择的时期。

---

① 庞景君：《社会转型的动力和标志》，《社会科学辑刊》1995 年第 4 期。

第二阶段以中国人民独立自主地进行社会主义建设为特点。自新中国建立后，在中国共产党的领导下，中国人民热情高涨，在"一穷二白"的土地上拼搏进取，制定和实施了一个又一个五年计划。"独立自主，自力更生"，大胆探索社会主义工业化道路，取得了社会主义建设的伟大成就。然而，由于新中国成立之初的西方封锁，20世纪50年代末的中苏关系破裂以及自己的传统封闭意识，这一时期未能及时对外开放，未能有效地实现向现代社会的转型，基本的社会模式依然是政治上的高度集中、经济上的高度统一、社会生活的高度整合。这是一个对中国现代化进程作初步探索，但又走了不少弯路的时期。

第三阶段以改革开放和确立社会主义市场经济体制为特点。党的十一届三中全会实现了工作重心的转移，制定了改革开放政策，确定了经济上对内搞活、对外开放的发展模式。以后，党的十三大确立了社会主义初级阶段理论；党的十四大确立了社会主义市场经济体制的目标；党的十五大高举邓小平理论伟大旗帜，确立了把建设有中国特色社会主义的伟大事业全面推向21世纪的战略目标；党的十六大进一步明确把邓小平理论和"三个代表"重要理论作为我们党指导中国特色社会主义的指导思想，党的十六届六中全会提出了科学发展观和构建社会主义和谐社会的重大战略思想和战略部署；党的十七大则将邓小平理论、"三个代表"重要思想、科学发展观纳入中国特色社会主义理论体系，并强调在该理论体系的指引下，全面推进改革和中国特色社会主义现代化，实现中华民族的伟大复兴。

第四阶段改革开放进入中国特色社会主义新时代。党的十八大以来的10年，确立习近平同志党中央的核心、全党核心地位，确立习近平新时代中国特色社会主义思想的指导地位，为实现中华民族伟大复兴确定领路人和行动指南。加强党的全面领导，深入推进全面从严治党和自我革命，党在革命性锻造中更加坚强，为实现中华民族伟大复兴提供了更为坚强的政治保证；坚持和完善中国特色社会主义制度，积极推进国家治理体系和治理能力现代化，为实现中华民族伟大复兴提供了更为完善的制度保证；全面建成小康社会，开启全面建设社会主义现代化国家的新征程，为实现中华民族伟大复兴奠定了更为坚实的物质基础；坚定文化自信，强化马克思主义在意识形态领域中的指导地位，为实现中华民族伟大复兴凝聚了更为主动的精神力量。

（二）在全球社会转型进程中推进改革与民族复兴①

实际上，当今中国经济社会的转型是全球社会转型、全球社会现代化的一个重要方面。20 世纪 90 年代以来的全球化，日益凸显全球社会现代化的取向，全球化与全球社会现代化的目标、内涵、路径与方式也有所交叉、重复。全球化与全球社会现代化的一致、重合，促进了全球社会转型、社会现代化；社会现代化作为一个全球化的进程，又涉及人类生活所有方面的深刻变化。

20 世纪 90 年代的中国，已开始了由现代性社会向后现代社会的转型。伴随着"后现代社会""后现代化时代"的到来，以获取物质财富为主要动机的"生产本位论"正为"生命本位论""生活本位论"所取代。在"后现代化时代"，关注生命，关注生存和生活的质量，关注可持续发展的需求、能力和保障，成为后现代时期世界各国的一种普遍追求。

融入全球社会现代化进程的中国的改革与发展，当时面临的突出问题是人民群众公共需求的变化与满足问题。大家知道，社会主义初级阶段的主要矛盾是落后的生产力与人民群众日益增长的物质文化需要之间的矛盾。人民群众日益增长的物质文化需求，可以概括为私人需求和公共需求两大部分。私人需求是指个人对食物、衣服、家电等消费品的需求。其主要特点是可以通过竞争性的企业发展来满足，也可以自给自足。但是，老百姓的公共需求，比如教育、医疗、社会保障等增长出现了拐点，增长率首次超过私人需求增长率。特别是 1995 年之后的六年，年均公共需求比重提高了近 2 个百分点，一年的增幅相当于过去五年公共需求比重的总增幅。公共需求是公民个体需求中的共性要求，是公民个体需求的最大公约数。经济水平低时，人们的公共需求主要集中在衣、食、住、行等基本需求上；而社会经济发展水平提高后，就进一步产生了健康舒适的生活环境、便利完善的基础设施、丰富多彩的文化教育，以及个性发展等许多新的需求。

到了中国特色社会主义新时代，我国社会的主要矛盾是人民日益增长的

---

① 这部分的分析阐释参见鲍宗豪：《全球化与社会发展》，上海三联书店 2002 年版。

美好生活需要和不平衡不充分的发展之间的矛盾。改革和民族复兴的一个重要任务也就是要解决好人民日益增长的美好生活需要与发展不平衡、不充分之间的矛盾。

二、在全球风险增长过程中推进改革与民族复兴

全球化现代化在促进全球经济发展、社会进步的同时，不仅刺激了人们公共需求的增长，而且凸显了自然与社会的风险。全球风险的增长几乎与全球需求的增长相伴随，正如德国著名社会学家乌尔里希·贝克（Ulrich Beck）所说的："世界风险社会的形成并非由现代性和现代化的失败，而是由它的成功"，即在社会现代化成功推进的同时，全球风险社会也已形成。

（一）贝克、吉登斯的风险社会理论

1986 年，贝克在《风险社会》一书中第一次提出了风险社会理论。几乎与此同时，苏联切尔诺贝利核电站发生泄漏，引发世界性危机，为贝克的风险社会理论提供了佐证。10 年后，英国疯牛病的爆发与全球性蔓延，使风险社会理论成为西方学界研究的焦点。不约而同的是，安东尼·吉登斯（Anthony Giddens）和斯科特·拉什（Schott Lash）都对现代社会中的风险问题作出了类似的回应。在《现代性的后果》中，吉登斯这样描述："核战争的可能性，生态灾难，不可遏制的人口爆炸，全球经济交流的崩溃，以及其他潜在的全球性灾难，对我们每个人都勾画出了一幅令人不安的危险前景。"[①] 贝克在近年来的一系列研究中，又从"反思的现代化"理论、"风险社会"理论和"世界主义"的构想三个方面，分析了现代化给今日世界带来的严重负面影响，提出"文明风险全球化"的定义，并设计了通过民族国家向"世界主义转型"解决人类文明面临困境的新视角。

贝克的风险社会理论很有启发性，但他的"世界主义"构想未免带有空想的色彩。因为风险社会中的风险不仅是自然的风险，不少是人为制造的风险。这种人为制造的风险其根本在于利益和需要的驱动；不同民族和国家的利益很难趋向于"世界主义"；同时，人为的风险具有"不可计算性""负

---

① ［英］安东尼·吉登斯：《现代性的后果》，译林出版社 2000 年版，第 110 页。

面性"和"扩散性"的特征。风险的可计算性是一个经济学、金融学问题。人为制造的风险是不可计算的，这一方面源于它的复杂性，如食品中的有毒成分可能来源于几十年前除草剂的滥用或几千公里外的污染，也可能源于唯利是图的商人的不良行为；另一方面源于它不符合"大数法则"，例如核战争绝对发生的概率虽然很小，但一旦爆发，其毁灭将是彻底的。确切而言，核风险、化学产品风险、基因工程风险和生态灾难风险已经彻底摧毁了风险计算的四大支柱。这种人为制造的风险又表现为"负面性"，它是现代化本身所带来的"负面性"副作用。人为制造的风险还具有"扩散性"，如禽流感、恐怖袭击、贩毒等，常常超越了一个地区、一个国家，是一种全球的风险。不可计算性、"负面性"与"扩散性"相互交织，互相影响，使得当今社会的风险表现得更为复杂。

（二）全球风险的增长对我国社会现代化进程的影响

当前我国社会发展在总体稳定中呈现出人民内部矛盾凸显、刑事犯罪高发、对敌斗争复杂的特点。从国际上看，西方反华势力仍在加紧对我实施西化、分化战略，一些境外非政府组织加紧对我国进行渗透破坏活动，对维护国家安全、维护社会和谐稳定构成了严峻挑战。

从国内看，社会现代化建设面临许多新课题，维护社会和谐稳定压力加大：一是以民生问题为主的人民内部矛盾还比较突出，贫富差距、城乡差距、分配不公、社会保障、劳动就业等问题引发的矛盾增多；二是人民群众对维护公平正义的强烈要求与司法能力相对滞后的矛盾比较突出，当前，民主法制建设与扩大人民民主和经济社会发展的要求还不完全适应，执法观念、执法水平、司法体制、工作机制与人民群众对司法的需求还不相适应，有法不依、执法不严、违法不究的现象仍然存在，部分群众民主意识、权利意识增强，但法治意识、义务意识淡薄，利益诉求和表达方式不当，对社会和谐稳定造成的冲击加大；三是社会发展仍然滞后于经济发展，社会建设和治理面临诸多新课题，基层社会治理还处于完善过程中。

三、面对国内外复杂严峻形势推进民族复兴

党的十三届四中全会以后，以江泽民为主要代表的中国共产党人面对国

内外复杂严峻形势，向全世界宣告实现中华民族伟大复兴的决心与信心，成功地把民族复兴的历史进程推向 21 世纪。

（一）在党的代表大会广泛使用"中华民族伟大复兴"概念

1999 年 11 月，江泽民赴美国进行国事访问，在哈佛大学的演讲中说道："中国人民所以要进行百年不屈不挠的斗争……归根到底就是为了一个目标：实现中华民族的伟大复兴，争取对人类作出新的更大的贡献。"① 随后，在迎接新世纪和新千年的庆祝贺词中他又重申了"中华民族将在完成祖国统一和建立富强民主文明的社会主义现代化国家的基础上实现伟大的复兴"② 的坚定决心。自此，中共中央领导人明确提出并开始在党的代表大会文件中广泛使用"中华民族伟大复兴"概念，这一概念逐渐成为学界系统研究的热点议题，也越来越多地出现在媒体宣传中。

（二）把实现中华民族伟大复兴的史诗继续谱写下去

党的十六大以后，以胡锦涛为主要代表的中国共产党人坚持聚精会神搞建设，一心一意谋发展，为实现全面建设小康社会的宏伟目标作出各项具体部署，成功地把实现中华民族伟大复兴的历史进程推向新的发展阶段。

2003 年 12 月 26 日，胡锦涛在纪念毛泽东同志诞辰一百一十周年座谈会上的讲话中回顾了毛泽东、邓小平以及千百万革命先烈为实现国家现代化、实现中华民族伟大复兴殚精竭虑、前仆后继的奋斗史，他满怀深情和信心地说，我们对毛泽东同志最好的纪念就是"把实现中华民族伟大复兴的史诗继续谱写下去"，"这是历史赋予我们的神圣使命。我们的事业伟大而艰巨，我们的前程光明而美好"③。2012 年 11 月，胡锦涛在党的十八大报告中明确发出"倡导人类命运共同体意识，增进人类共同利益"的号召，极大地丰富了中华民族伟大复兴的世界意义，是对以毛泽东为代表的革命先辈们"对世界有较大贡献"思想的继承与发展，为中华民族重新自立于世界之林提供了理论向导。

（三）以"中国梦"实现"中华民族伟大复兴"

中国特色社会主义新时代，党明确提出"中国梦"作为"中华民族伟大

---

① 《江泽民文选》第 2 卷，人民出版社 2006 年版，第 63 页。
② 同上书，第 495 页。
③ 《十六大以来重要文献选编（上）》，中央文献出版社 2005 年版，第 654—655 页。

复兴"的代名词,实现"两个一百年"奋斗目标的过程成为中华民族由"富起来"到"强起来"的复兴之路①。

党的民族复兴理论在中国特色社会主义新时代不断走向成熟,"以习近平为主要代表的中国共产党人立足时代潮头,对实现中华民族伟大复兴提出一系列新思想新理念,形成了'中国梦'这一表征中国人民对未来发展美好愿景的新概念"②。

2012 年 11 月 15 日,习近平当选十八届中共中央委员会总书记,他在同中外记者见面时庄严宣告:"我们的责任,就是要团结带领全党全国各族人民,接过历史的接力棒,继续为实现中华民族伟大复兴而努力奋斗,使中华民族更加坚强有力地自立于世界民族之林,为人类作出新的更大贡献。"③ 这一政治宣言鲜明揭示了新一届中央领导集体治国理政的奋斗目标就是接过历史的接力棒,承前启后、继往开来,在新的历史条件下向民族复兴的光辉彼岸迈进。

半个月后,习近平在参观《复兴之路》展览时明确提出"实现中华民族伟大复兴的中国梦"重大命题。"中国梦"一词对实现中华民族伟大复兴的奋斗目标进行了高度概括,有画龙点睛之妙。那么何为"中国梦"?习近平指出,"实现中华民族伟大复兴,就是中华民族近代以来最伟大的梦想。这个梦想,凝聚了几代中国人的夙愿,体现了中华民族和中国人民的整体利益,是每一个中华儿女的共同期盼"④。

"中国梦,绝不是空想者的梦呓遐想,也不是人们一般意义上说的愿景理想,它是在一种特定历史条件下形成的具有特定内涵的群体意识和目标指向"⑤,集中体现了中国人民心中对复兴的强烈渴望。习近平用"中国梦"作为"实现中华民族伟大复兴"的代名词,在很大程度上把全党和全国各族人民的思想统一起来,汇聚成一种"共担民族复兴大任,共享民族复兴荣耀"的强大力量。2017 年 10 月,习近平在党的十九大报告中把"实现中华

① 米亭:《中国共产党民族复兴理论的探索与演进》,《宁夏党校学报》2021 年第 1 期。
② 同上。
③ 《习近平谈治国理政》第 1 卷,外文出版社 2018 年版,第 4 页。
④ 同上书,第 36 页。
⑤ 韩振峰:《坚持以人民为中心是中国梦的本质要求》,《光明日报》2016 年 6 月 13 日第 3 版。

民族伟大复兴的中国梦"确立为中国共产党的历史使命，标志着"中国梦"的概念正式成为我们党引领中华民族实现民族复兴伟大梦想的理论指南。

"从毛泽东最早提出社会主义现代化的理论和实践命题，到邓小平'三步走'的具体战略安排，再到改革开放以来党的历次代表大会对社会主义现代化建设作出的战略调整与部署"，"从站起来、富起来到强起来的伟大飞跃过程就是中华民族伟大复兴的历史征程，也是党的民族复兴理论从萌芽、初步发展、正式形成到走向成熟的过程。"习近平在继承与发展毛泽东、邓小平等共产党人民族复兴伟大梦想的基础上，"用实现'中国梦'的使命引领凝聚起中国人民在追梦进程中积累的强大能量，不断对国家富强、民族振兴、人民幸福的目标要求作出新的战略调整"[①]，以更加昂扬的姿态推进中华民族伟大复兴"中国梦"的实践。

四、新时代"民族复兴的中国模式"的完善

以上分析表明，以中国式现代化全面推进中华民族伟大复兴是一个过程，是一个在中国式现代化实践过程中不断完善"民族复兴的中国模式"，不断提高国家富强、民族振兴、人民幸福水平的过程。

（一）把"民族复兴的中国模式"的实践融入道路自信、理论自信、制度自信、文化自信

党的二十大报告指出，"中国人民的前进动力更加强大、奋斗精神更加昂扬、必胜信念更加坚定，焕发出更为强烈的历史自觉和主动精神，中国共产党和中国人民正信心百倍推进中华民族从站起来、富起来到强起来的伟大飞跃。改革开放和社会主义现代化建设深入推进……实现中华民族伟大复兴进入了不可逆转的历史进程。"[②] 这段论述有两个要点：一是当前民族复兴的历史水平。中国共产党和中国人民正信心百倍推进中华民族从站起来、富起来到强起来的飞跃；二是民族复兴的历史进程。新时代要在百年未有之大变局加速演进的复杂国际环境中，坚定不移推进中华民族伟大复兴历史进程、

---

① 米亭：《中国共产党民族复兴理论的探索与演进》，《宁夏党校学报》2021 年第 1 期。
② 习近平：《高举中国特色社会主义伟大旗帜　为全面建设社会主义现代化国家而团结奋斗——在中国共产党第二十次全国代表大会上的报告》，人民出版社 2022 年版，第 15—16 页。

完成中华民族伟大复兴历史任务，就必须将"民族复兴的中国模式"的完善融入对中国特色社会主义道路自信、理论自信、制度自信、文化自信。

"四个自信"既是中国特色社会主义建设实践伟大成就的深刻反映，也是民族复兴中国模式实践能够不断取得成功的重要支撑。习近平指出，"一百年来，中国共产党团结带领中国人民进行的一切奋斗、一切牺牲、一切创造，归结起来就是一个主题：实现中华民族伟大复兴"①。近代以来，"中国逐步成为半殖民地半封建社会，国家蒙辱、人民蒙难、文明蒙尘，中华民族遭受了前所未有的劫难"②。在中华民族内忧外患、社会危机空前深重的背景下，中国共产党一经诞生，就把为中国人民谋幸福、为中华民族谋复兴确立为自己的初心使命，义无反顾地肩负起历史赋予的重任。

100 多年来，中国共产党团结带领中国人民创造了新民主主义革命的伟大成就，为实现中华民族伟大复兴创造了根本社会条件；创造了社会主义革命和建设的伟大成就，为实现中华民族伟大复兴奠定了根本政治前提和制度基础；创造了改革开放和社会主义现代化建设的伟大成就，为实现中华民族伟大复兴提供了充满新的活力的体制保证和快速发展的物质条件③。

党的十八大以来，中国特色社会主义进入新时代。以习近平为核心的党中央统筹中华民族伟大复兴战略全局和世界百年未有之大变局，以伟大的历史主动精神、巨大的政治勇气、强烈的责任担当，统揽伟大斗争、伟大工程、伟大事业、伟大梦想，"推动党和国家事业发生历史性变革，为实现中华民族伟大复兴提供了更为完善的制度保证、更为坚实的物质基础、更为主动的精神力量"④。

将完善民族复兴的中国模式融入"四个自信"，需要树立正确的历史观、党史观，实事求是看待历史与现实的关系，既要看到现实的特殊性意义，又要看到现实从历史中走来、与历史一脉相承的发展逻辑；更要善于站在整个人类时代的前沿，汲取整个人类文明的精华，秉持美美与共的精神，善纳百

① 习近平：《在庆祝中国共产党成立 100 周年大会上的讲话》，《人民日报》2021 年 7 月 2 日。
② 同上。
③ 程冠军：《百年大党的伟大成就和经验启示——访中共中央党史和文献研究院原院务委员冯俊》，《中国领导科学》2021 年第 6 期。
④ 陈理：《深刻理解把握习近平总书记"七一"重要讲话的重大意义》，《中共党史研究》2021 年第 8 期。

川以汇聚形成实现中华民族伟大复兴的江海洪流；需要以中国式现代化，实现全体人民共同富裕，促进物质文明和精神文明协调发展，保证人与自然和谐共生，全面推进中华民族伟大复兴，不断丰富发展人类文明新形态。

（二）以民族共同体意识筑牢民族复兴中国模式的思想基础

习近平指出，"一部中国史，就是一部各民族交融汇聚成多元一体中华民族的历史，就是各民族共同缔造、发展、巩固统一的伟大祖国的历史"①。新时代民族复兴中国模式完善，还要以中华民族共同体意识的培植和塑造铸牢实现中华民族伟大复兴的思想基础。

1. 在培育和践行核心价值观中熔铸中华民族共同体意识的价值支撑

实现中华民族伟大复兴离不开社会主义核心价值观的引领。首先，要通过多维度的形势政策教育，引导人民在国家层面、社会层面和个人层面认同并践行核心价值观进而"认识中国共产党是为人民谋幸福、为民族谋复兴的马克思主义政党，中国历史是中华民族精诚团结和共同奋斗所开创的千年文明史，以爱国主义为核心的民族精神和以改革创新为核心的时代精神是把全体中华儿女紧密联结在一起的思想纽带，进而旗帜鲜明地反对利用民族历史问题肆意挑起民族矛盾、割裂民族情感甚至破坏中华民族团结统一的错误言行"②。其次，以全民族共有的文化基因提升践行核心价值观的自觉性。要"传承和弘扬中华民族 5 000 多年文明史所沉淀的中华优秀传统文化，发展党带领人民共同铸就的革命文化和社会主义先进文化，加强中华民族和中国人民在实践中形成的伟大创造、奋斗、团结和梦想精神教育，特别是从中国共产党人百年奋斗而锻造的精神谱系中汲取力量，进而'构筑中华民族共有的精神家园'，不断增进各族群众对国家、民族和政党的认同"③，涵养实现中华民族伟大复兴的强劲内生动力。

2. "民族复兴的中国模式"的制度建构为中华民族共同体意识提供坚实保障

制度是国家本质在上层建筑中的重要体现，"通过现代化制度的建构，

---

① 《十九大以来重要文献选编》（中），中央文献出版社 2021 年版，第 215 页。
② 白茂峰、傅慧芳、孙少帅：《中华民族伟大复兴现代性建构的理论探源、历史演进与实践路径》，《贵州民族研究》2022 年第 2 期。
③ 同上。

可以将存在于不同地区与领域中相对分散的因素整合起来，充分挖掘和动员一切潜在的内生动力和社会力量。"① 民族复兴中国模式的完善必须通过优化制度供给来提升中华民族共同体意识。为此，要在贯穿国家主体和民族整体观念的基础上，"健全保障各民族政治权利平等的制度，促进各民族民主权利的有效行使，保障各民族人民平等参与民族事务治理和族际交流"，同时，"完善民族地区制度和治理体系，提升民族事务治理能力和效能"；"要坚持依法治理，加强民族法治建设，落实民族区域自治法，保障各少数民族地区能够依据自身发展的实际状况自主而准确地贯彻党和国家政策"，"改革不能适应民族事务治理现代化和促进民族事业发展要求的体制机制和法律法规"，"为中华民族整体利益和共同繁荣发展提供一整套系统完备和操作可行的现代性制度体系"，"从而铸就起牢不可破的民族情感，进一步增强中华民族共同体认同和实现中华民族伟大复兴力量的自觉。"②

（三）"民族复兴的中国模式"统筹国家安全和世界安全

所谓安全度，其实是指我国改革与发展中的"安全"问题。安全，首先指的是国家安全。《中华人民共和国国家安全法（2015）》第二条为"国家安全"作了明确的界定："国家安全是指国家政权、主权、统一和领土完整、人民福祉、经济社会可持续发展和国家其他重大利益相对处于没有危险和不受内外威胁的状态，以及保障持续安全状态的能力。"③ 这就是说，国家安全是指国家既没有外部威胁和侵扰，又没有内部混乱和危机的一种持续安全的客观状态。"一般来说，总体国家安全观包括政治安全、国土安全、军事安全、经济安全、文化安全、社会安全、科技安全、信息安全、生态安全、资源安全、核安全等 11 种类型的安全观。"④ 新冠肺炎疫情暴发蔓延后，习近平总书记又把"生物安全"纳入了国家安全观的范畴，国家安全观由此扩大到 12 种类型。"在国家安全的各种类型中，我们把政治安全看作国家安全的根本。因为政治安全的核心是巩固政权安全和制度安全，最根本的是维护中

---

① 白茂峰、傅慧芳、孙少帅：《中华民族伟大复兴现代性建构的理论探源、历史演进与实践路径》，《贵州民族研究》2022 年第 2 期。

② 同上。

③ 《中华人民共和国国家安全法》，2015 年 7 月 1 日第十二届全国人民代表大会常务委员会第十五次会议通过。

④ 郝宇青：《新形势对凝聚力、稳定性、安全度的新考验和新要求》，《人民论坛》2021 年 3 月中。

国共产党的领导和执政地位、维护中国特色社会主义制度，而这些都是国家安全的核心目标。"①

对于我国而言，国家安全问题十分重要。《中华人民共和国国家安全法（2015）》第一条就很好地说明了国家安全的重要性："保卫人民民主专政的政权和中国特色社会主义制度，保护人民的根本利益，保障改革开放和社会主义现代化建设的顺利进行，实现中华民族伟大复兴。"② 尤其是我国发展环境面临深刻复杂变化，面对中华民族伟大复兴战略全局和世界百年未有之大变局，国家安全问题更为重要。

客观地说，发展与国家安全是一种相互促进、相互依存的关系。"发展是国家安全的基础，而国家安全保障着发展。如果没有了发展的前提，那么国家安全就没有了基础；如果没有了国家安全的保障，那么就不会有发展，已有的发展成果也有可能丧失。基于发展与国家安全之间的关系，我国发展环境面临深刻复杂变化的新形势，对我国的国家安全提出了新的考验。"③

当前，由于"世纪疫情影响深远，逆全球化思潮抬头，单边主义、保护主义明显上升，世界经济复苏乏力，局部冲突和动荡频发，全球性问题加剧，世界进入新的动荡变革期"④，这不仅对世界和平与发展构成威胁，也对中国的民族复兴中国模式的发展与完善构成挑战。为此，必须坚持党对民族复兴中国模式的领导，坚持中国特色社会主义道路，坚持以人民为中心的发展思想，汇聚全体中国人民实现中华民族伟大复兴的民心、民智与民力，"经受风高浪急甚至惊涛骇浪的重大考验"⑤，在中国式现代化伟大事业的实践中，推进富强民主文明和谐美丽的社会主义现代化强国建设，全面实现中华民族的伟大复兴。

---

① 郝宇青：《新形势对凝聚力、稳定性、安全度的新考验和新要求》，《人民论坛》2021 年 3 月中。
② 《中华人民共和国国家安全法》，2015 年 7 月 1 日第十二届全国人民代表大会常务委员会第十五次会议通过。
③ 郝宇青：《新形势对凝聚力、稳定性、安全度的新考验和新要求》，《人民论坛》2021 年 3 月中。
④ 习近平：《高举中国特色社会主义伟大旗帜　为全面建设社会主义现代化国家而团结奋斗——在中国共产党第二十次全国代表大会上的报告》，人民出版社 2022 年版，第 26 页。
⑤ 《中国共产党第二十届中央委员会第二次全体会议公报》，《人民日报》2023 年 3 月 1 日。

主要参考文献

《马克思恩格斯全集》，人民出版社第 1 版（1956—1986 年出版）。

《马克思恩格斯选集》，人民出版社，2012 年。

《马克思恩格斯文集》，人民出版社，2009 年。

《毛泽东选集》，人民出版社，1991 年。

《毛泽东文集》，人民出版社（1993—1999 年出版）。

《毛泽东著作选读》，人民出版社，1986 年。

《邓小平文选》，人民出版社，1993 年。

胡耀邦：《全面开创社会主义现代化建设的新局面：在中国共产党第十二次全国代表大会上的报告》，人民出版社，1982 年。

《江泽民文选》，人民出版社，2006 年。

《江泽民同志在党的十四届五中全会闭幕时的讲话》，《光明日报》1995 年 9 月 29 日。

《江泽民论社会主义精神文明建设》，中央文献出版社，1999 年。

江泽民：《全面建设小康社会，开创中国特色社会主义事业新局面：在中国共产党第十六次全国代表大会上的报告》，人民出版社，2002 年。

《胡锦涛总书记在 2004 年中央人口资源环境工作座谈会上的讲话》，《人民日报》2004 年 3 月 10 日。

胡锦涛：《高举中国特色社会主义伟大旗帜，为夺取全面建设小康社会新胜利而奋斗》，人民出版社，2007 年。

《习近平谈治国理政》，外文出版社，2014—2022 年版。

《习近平同志在同各界优秀青年代表座谈时的讲话》，《光明日报》2013 年 5 月 5 日。

习近平：《做焦裕禄式的县委书记》，中央文献出版社，2015 年。

习近平：《在党的十八届五中全会第二次全体会议上的讲话（节选）》，《求是》2016 年第 1 期。

习近平：《在纪念孙中山先生诞辰一百五十周年大会上的讲话（2016 年 11 月 11 日）》，人民出版社，2016 年。

习近平：《在深度贫困地区脱贫攻坚座谈会上的讲话（2017 年 6 月 23 日）》，人民出版社，2017 年。

习近平：《决胜全面建成小康社会夺取新时代中国特色社会主义伟大胜利——在中国共产党第十九次全国代表大会上的报告（2017 年 10 月 18 日）》，人民出版社，2017 年。

习近平：《在庆祝改革开放 40 周年大会上的讲话（2018 年 12 月 18 日）》，人民出版社，2018 年。

习近平：《关于〈中共中央关于制定国民经济和社会发展第十四个五年规划和二〇三五年远景目标的建议〉的说明》，资阳日报，http://paper. zyrb. com. cn/resfile/2020‐11‐04/02/zyrb‐20201104‐002. pdf。

习近平：《论党的宣传思想工作》，中央文献出版社，2020 年。

《习近平新时代中国特色社会主义思想基本问题》，人民出版社和中共中央党校出版社，2020 年。

习近平：《坚定理想信念　补足精神之钙》，《求是》2021 年第 21 期。

习近平：《在庆祝中国共产党成立 100 周年大会上的讲话（2021 年 7 月 1 日）》，人民出版社，2021 年。

《费尔巴哈哲学著作选集》，三联书店，1959 年。

《十二大以来主要文献选编》，人民出版社，1986 年。

《十六大以来重要文献选编》，中央文献出版社，2005 年。

《十一届三中全会以来重要文献选编》，人民出版社，1982 年。

《西方哲学原著选读》，商务印书馆，1981 年。

《中国共产党第十九届中央委员会第五次全体会议文件汇编》，人民出版社，2020 年。

鲍宗豪主编：《中国科学发展指数》，学林出版社，2015 年。

欧阳哲生编：《中国近代思想家文库：蔡元培卷》，中国人民大学出版社，

2014 年。

陕甘宁边区财政经济史编写组：《抗日战争时期陕甘宁边区财政经济史料摘编》（第二编），陕西人民出版社，1981 年。

汤志钧编：《章太炎政论选集》，中华书局，1977 年。

中共中央党史和文献研究院、中央"不忘初心、牢记使命"主题教育领导小组办公室编：《习近平关于"不忘初心、牢记使命"论述摘编》，中央文献出版社，2019 年。

中共中央党史和文献研究院编：《习近平扶贫论述摘编》，中央文献出版社，2018 年。

中共中央党史研究室：《中共党史资料》，中共党史出版社，1997 年。

中共中央文献研究室编：《习近平关于社会主义社会建设论述摘编》，中央文献出版社，2017 年。

中华人民共和国史学会编：《毛泽东读社会主义政治经济学批注和谈话（上）》，内部资料，1998 年。

《革故鼎新的哲理——章太炎文选》，上海远东出版社，1996 年。

《龚自珍全集》，上海古籍出版社，1999 年。

《李大钊全集》第 1 卷，人民出版社，2013 年。

《魏源集》，中华书局，1983 年。

康有为：《康南海自编年谱》，中华书局，1992 年。

康有为：《大同书》，中华书局，2012 年。

梁启超：《梁启超论清学史二种》，复旦大学出版社，1985 年。

章太炎：《辛亥革命前十年间时论选集》，三联书店，1960 年。

《严复集》，中华书局，1986 年。

《曾文正公全集》，中国书店，2011 年。

《章太炎全集》，上海人民出版社，1984 年。

"中国现代化报告"课题组：《中国现代化报告》（2001）"序"，北京，北京大学出版社，2001 年。

鲍宗豪等：《当代社会发展导论》，华东师范大学出版社，1999 年。

鲍宗豪：《全球化与社会发展》，上海三联书店，2002年。

鲍宗豪、张华金等：《科学发展观论纲》，华东师范大学出版社，2004年。

鲍宗豪等：《科学发展论》，上海社会科学院出版社，2007年。

鲍宗豪等：《民族复兴的思想纲领——科学发展观的重大理论与实践价值》，上海人民出版社，2008年。

鲍宗豪：《社会现代化模式比较研究》，学林出版社，2015年。

鲍宗豪：《"两个文明"协调发展新论——文明城市创建的理论、实践与制度构建》，人民出版社，2020年。

陈旭麓：《中国近代史十五讲》，中华书局，2008年。

黄丽镛：《魏源年谱》，湖南人民出版社，1985年。

黄逸峰、姜铎：《中国近代经济史论文集》，江苏人民出版社，1981年。

江金权：《"中国模式"研究——中国经济发展道路解析》，人民出版社，2007年。

联合国开发计划署：《2000年人类发展报告》，中国财政经济出版社，2001年。

世界银行：《世界发展报告2006：公平与发展》，清华大学出版社，2006年。

王辉耀、苗绿、郑金连、全球化智库（CCG）中国银行、西南财经大学发展研究院：《中国留学发展报告（2022）》，社会科学文献出版社，2022年。

中国经济学家代表团：《西德社会市场经济考察》，企业管理出版社，1993年。

［美］阿历克斯·英格尔斯：《人的现代化》，四川人民出版社，1985年。

［加］埃伦·米克辛斯·伍德：《资本主义的起源：一个更长远的视角》，中国人民大学出版社，2015年。

［西］费德里科·马约尔：《不要等到明天》，社会科学文献出版社，1993年。

［法］弗朗索瓦·佩鲁：《新发展观》，华夏出版社，1987年。

［美］弗雷德里克·杰姆逊：《后现代主义与文化理论》，北京大学出版社，2005年。

［德］哈贝马斯：《交往行为理论》第1卷，上海人民出版社，2004年。

［德］哈贝马斯：《哈贝马斯访谈录》，上海人民出版社，1997年。

［英］赫伯特·斯宾塞：《群学肄言》，朝华出版社，2017年。

［美］亨利·乔治：《进步与贫困》，商务印书馆，1995年。

〔美〕莱斯特·R. 布朗:《建设一个可持续发展的社会》,科学技术文献出版社,1984 年。

〔英〕理查德·莱亚德:《不幸福的经济学》,中国青年出版社,2009 年。

联合国教科文组织:《发展的新战略》,中国对外翻译出版公司,1990 年。

〔德〕路德维希·艾哈德:《德国的经济政策·社会市场经济之路》,杜赛尔多夫和维也纳出版社,1962 年。

〔美〕迈克尔·P. 托达罗:《经济发展与第三世界》,中国经济出版社,1992 年。

〔美〕塞缪尔·亨廷顿等:《现代化:理论与历史经验的再探讨》,上海译文出版社,1993 年。

〔美〕托马斯·库恩:《科学革命的结构》,北京大学出版社,2003 年。

〔美〕西里尔·E·布莱克编:《比较现代化》,上海译文出版社,1996 年。

Giddens, Anthony (1990). *The Consequences of Modernity*. Cambridge, UK, Polity Press in association with Basil Blackwell, Oxford, UK.

《〔人类经济万年史——196〕德国工业化》,腾讯网,http://new. qq. com/rain/a/20210924A0230Q00。

《19 世纪末 20 世纪初,新兴的电气工业推动了德国的工业化进程》,网易,http://www. 163. com/dy/article/F7FU2JPC05372OQ3, html,2020 年 3 月 12 日。

《百年大党基层工作启示录(二):群众意见是一把最好的尺子》,共产党员网,https://www. 12371. cn/2021/07/06/ARTI1625562400569406. shtml。

《必须坚定不移走和平发展道路共同创造人类美好未来——论学习贯彻习近平总书记在纪念中国人民抗日战争暨世界反法西斯战争胜利 75 周年座谈会上重要讲话》,北京党建群网,https://www. bjdj. gov. cn/article/8790. html。

《财政部:去年土地出让收入 87 051 亿元,同比增长 3.5%》,澎湃新闻网,2022 年 1 月 29 日。

《共同富裕彰显中国共产党的初心使命》,上观新闻网,https://www. jfdaily. com/news/detail. do?id=431676。

《始终坚持以人为本》,中国文明网,http://www. wenming. cn/specials/zxdj/kxfzcjhh/pljd/201210/t20121030_ 909881. shtml。

《新自由主义掏空了美国的实体经济　加剧社会不公和社会矛盾》，中国日报中文网，http://world. chinadaily. com. cn/a/202111/02/WS6180fd9da3107be4979f6273. html。

联合国第二个发展十年国际发展策略文件《A/RES/2626（XXV）》，https://documents-dds-ny. un. org/doc/RESOLUTION/GEN/NR0/347/59/IMG/NR034759. pdf?OpenElement。

申铖、韩浩：《2014 年全国财政收入增长 8.6%》，http://news. xinhuanet. com，2015 年 1 月 30 日。

郑有贵：《全面建设小康社会的部署和成就》，中华人民共和国国史网，http://www. hprc. org. cn/gsyj/jjs/jgzhn/202012/t20201217_ 5233743. html。

中国计划生育协会：《聚焦中国式现代化　读懂"人口规模巨大"的优势红利与压力考验》，https://baijiahao. baidu. com/s?id=1750843503044785718&wfr=spider&for=pc。

后 记

    1999 年 3 月出版《当代社会发展导论》之前，我就从社会学的视域研究西方的现代化理论。回顾 20 多年来这方面的研究，不仅感觉"现代化"需研究的问题多、空间大，而且对各种观点、各种学派、各种理论的分析，需要有历史唯物主义的观点。20 多年来我的研究脉络，大体分为四个阶段。

    第一阶段：关于"现代化"的理论研究，聚焦现代化国际大都市、现代化城市。如 2003 年 4 月 8 日在《文汇报》发表的《现代化国际大都市与人文精神》；2003 年 8 月 22 日在《人民日报》发表的《"现代化"解读》；2003 年 10 月 25 日、28 日在《解放日报》先后发表《追求什么样的现代化？——上海率先基本实现现代化的思考》《该走什么样的现代化道路？——再思上海率先基本实现现代化》两篇文章。2003 年一年间，在《毛泽东邓小平理论研究》第 4 期发表《城市现代化：走向科学的理性追求》，在《上海改革》《党政论坛》《深圳商报》等发表了 8 篇有关现代化和城市现代化研究的论文和文章。

    第二阶段：2007 年以后，开始聚焦"发展""科学发展"等国内外的发展与现代化理论研究。2007 年在《学术月刊》第 3 期发表《发展逻辑论》，首次对西方的发展与现代化理论逻辑及其缺憾作了较系统完整的理论分析，以后又在《红旗文稿》《学习与实践》发表了《发展的悖论与科学发展观》等 5 篇文章。2007 年，我作为首席专家承担国家社科基金重点项目《科学发展的内涵、精神实质和根本要求》，出版的专著《科学发展论》获上海市哲学社会科学优秀成果著作类一等奖。

    第三阶段：2008 年以后，开始从一般的发展与社会发展研究，聚焦到

"社会现代化"研究。社会现代化也就是我所说的"中国式现代化"，一是最初停留于社会生活方式改变的层面，如在 2008 年《中州学刊》第 1 期发表的《社会现代化与当代都市生活方式的重构》；二是开始将"社会现代化"置于"全球化"视域分析，2009 年在《福建论坛》第 1 期发表《全球化与中国特色社会现代化》；三是从"可持续"意义上深化"社会现代化"研究，如在 2009 年第 4 期、第 14 期《红旗文稿》上先后发表《对当今世界发展理论三种逻辑的超越》《金融危机与可持续社会现代化》两篇论文；四是继续深化"社会现代化"的动力机制研究，如 2016 年在《天津社会科学》第 2 期发表《中国特色"社会现代化"的动力机制》一文；五是全面深化"资本与社会现代化"的研究。因为我感到，中国特色的社会现代化如不能解决如何认识"资本"、如何认识"资本"在西方现代化中的作用及其根本弊端，是不够的。为此，在上海华夏发展研究院成立 20 周年之际，我主编了"资本与社会现代化"丛书五种，其中我重点撰写了《社会现代化模式比较研究》一书，系统比较"英美的盎格鲁-撒克逊模式""德法的莱茵模式""日本与东南亚模式"等对世界现代化发展中有影响的六种模式。

第四阶段：2016 年以后，通过研究"两个文明协调发展"，确立"社会现代化"的价值取向，促进人类文明新形态的构建。2016 年 4 月，我作为首席专家承接了国家社科基金重大招标项目《推动物质文明与精神文明协调发展研究：10 年来文明城市创建的理论、实践与制度构建》。2019 年 8 月由东方出版中心出版的拙著《当代中国文明论——文明与文明城市理论研究》，获上海市第十五届（2018—2019）哲学社会科学优秀成果著作类二等奖，此后还在海外出版发行了英文版、日文版，并于 2022 年 10 月全球最大的法兰克福国际书展上展出。2020 年 1 月由人民出版社出版的拙著《"两个文明"协调发展新论——文明城市创建的理论、实践与制度构建》，作为国家社科基金重大招标项目的结项成果。

回顾自己对现代化与中国式现代化研究的过程，意在说明我对现代化的认识是一个随着中国现代化实践而不断提高、完善的过程。能在短短七八个月的时间完成本专著，我不仅对 20 多年来自己选择发展与现代化研究的科学性、合理性感到欣慰，也要对上海华夏发展研究院的顾海贝、陈欣悦、宋婕、赵银兵四位老师积极配合我做好本书稿的打印、编辑和校对等工作表示感谢。东方出版中心张爱民编审为本书稿的出版策划和修改完善提出诸多宝贵意见，对其为作者"作嫁衣裳"的奉献精神，谨表示由衷的敬意！

鲍宗豪

2023 年春